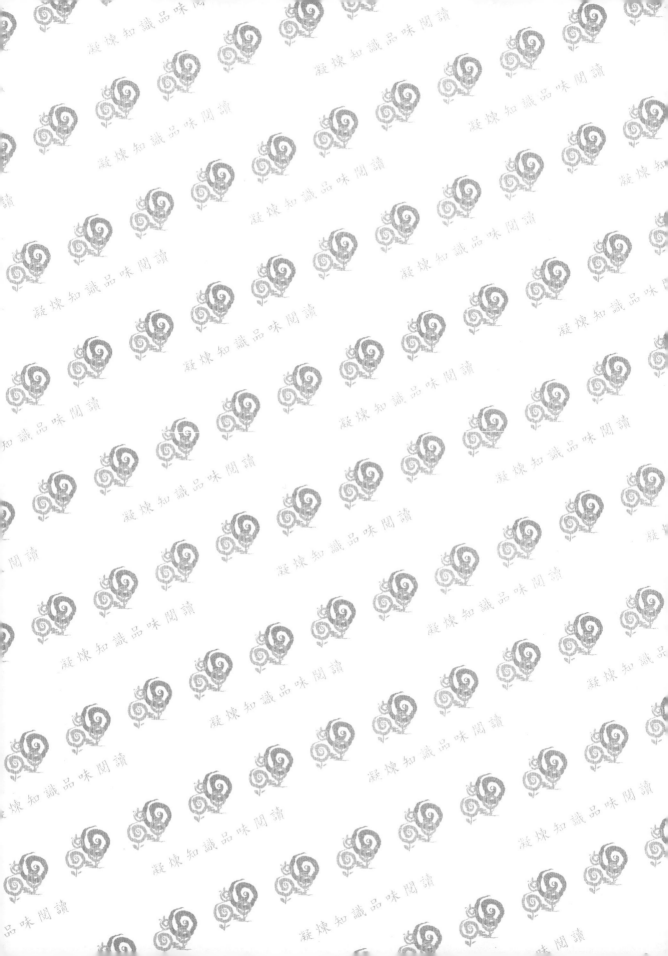

研究&方法

多層次模式
的進階應用

The Advanced Application of Multilevel Modeling

・吳明隆、張毓仁 著・

五南圖書出版公司 印行

序言

　　《多層次模式的實務應用》（五南出版）一書上市後，獲得許多讀者的迴響，認為這是一本淺顯易懂、論述完整的書籍，依據書籍介紹程序，除可於短時間內對多層次模型理論有基本了解外，也可以進行巢套資料結構的多層次模型的統計分析。為使讀者對多層次分析模型有更深入的了解與應用，接續出版《多層次模式的進階應用》。

　　《多層次模式的進階應用》內容延續《多層次模式的實務應用》一書內容，包括多層次模型分析的相關議題、多層次模型的統合應用、結果變項為二分類別變項之多層次邏輯斯迴歸模型的理論與實務、三個階層之多層次模型的理論與實務、多層次縱貫性資料的分析與應用等。書中實務操作介紹與使用的統計分析軟體主要以 HLM 為主，而輔以 SPPS 混合模式的操作程序與結果詮釋。

　　本書從使用者觀察出發，以實務的角度論述，循序漸進，配合圖表及文字解析，兼顧各種多層次模式的基本理論與實務操作方法，並以各種範例詳細說明多層次模式分析的原理，完整深入的詮釋報表結果。對於讀者而言，是一本「淺顯易懂、解晰完整、容易上手、能立即應用」的書籍。本書不僅可作為研究所統計相關課程的學術用書，也可作為讀者自修充實進階計量方法使用的專書。

　　本書得以順利出版，要感謝五南圖書公司的鼎力支持與協助。作者於本書的撰寫期間雖然十分投入用心，但恐有能力不及或論述未周詳之處，這些疏漏或錯誤的內容，盼請讀者、各方先進或專家學者不吝斧正。

吳明隆、張毓仁 謹識

2014 年 6 月

目次

Contents

目次

Contents

目次

Contents

目次

Contents

目次

第 1 章

多層次模式分析
相關議題

　　多層次分析模式的資料結構是有集群或巢套關係的，如多位病患巢套於一位醫生（看同一個醫生門診）、不同醫生巢套於同一個部門（如內科）、不同部門（內科、外科）巢套於同一個醫院；再如同一個班級的學生巢套於同一位班級導師，同一所學校的老師巢套於同一學校組織，不同學校組織巢套於同一縣（市）。巢套是一種集群或內嵌（embedded）的概念，當以所有學生個體為分析樣本時，學生為第一層次的標的樣本，以所有班級群組為分析樣本時，班級群組為第二層次的標的樣本，以學校組織為分析樣本時，學校組織為第三層次的標的樣本。多層次分析模式最多的資料結構一般為三個層次，超過三個層次的資料巢套結構較不易搜集，在行為及社會科學領域中甚少見到，應用與探究最多的層級是二個層次的資料結構，三個層次的多層次分析模式之實徵研究較少，其原因是三層資料結構的搜集較為不易。以組織管理領域為例，有巢套資料結構的三個階層圖示如下：階層三為各組織或機構、階層二為各組織或機構內的部門、階層一為各組織或機構內部門之員工（修改自 O'Connell & Reed, 2012, p. 6）。

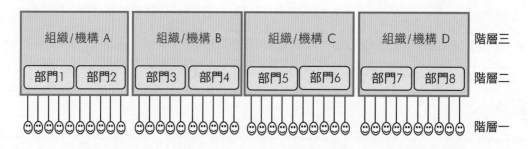

　　上述圖示中若是忽略組織／機構層級，以部門及部門內的員工為探討對象，就是典型的二個層級的多層次分析，第一個層次的標的樣本為各部門內的員工，第二個層次的標的群組為部門。如將組織／機構層級也納入分析，則成為三個層次的多層次模型，隨機效果分別為第三層為各組織／機構間的變異、第二層為各組織（機構）內部門群組間的變異、第一層為各組織（機構）內部門群組中員工間的變異。

　　教育領域研究中，常見的以學生為抽樣樣本，以班級為單位進行叢集抽取，則學生個體為階層一單位、班級群組為階層二單位、班級所屬的學校為階層三單位。

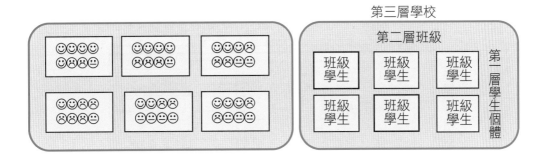

上述巢套結構改以另一種簡明圖示如下：抽樣程序從學校 A 中抽取班級 1、班級 2；學校 B 中抽取班級 3、班級 4；學校 C 中抽取班級 5、班級 6；學校 D 中抽取班級 7、班級 8（從各抽取學校中再隨機抽取二個班級）。

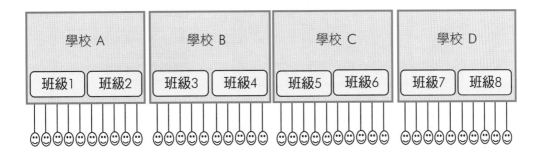

如果是進行潛在特質的成長變化分析，階層一為跨時間點重複量測的數據（相依樣本搜集的資料）、階層二為班級或學校內的學生個體、階層三為個體巢套的班級或學校。階層一探討的是各班內學生跨不同時間點的潛在特質或行為是否有顯著改變（相當於重複量數的單因子變異數分析）；階層二探討的是各班內學生間跨時間點的變化率是否有所差異，即各班內學生與學生間跨時間點的行為或能力改變程度是否有所不同；階層三探討的是班級（／學校）與班級（／學校）間跨時間點的行為或能力之平均改變程度是否有所不同，各班內學生個體與班級群組（／學校組織）是總體層次單位，跨時間點重複量測或搜集的資料為個體層次單位。三個階層之成長變化的圖示如下：

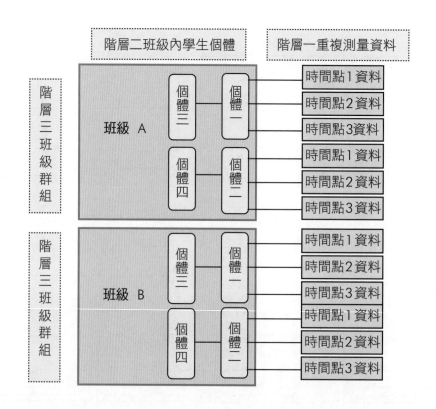

壹 多層次分析的模型界定

與傳統單一層次單變量或多變量方法相比較，使用多層次分析有以下幾個優點：

1. 多層次分析可以幫助研究者避免只選擇個體或群組，作為分析單位的難處；

2. 使研究者可以處理更為複雜的抽樣策略，單一層次分析的假定是簡單隨機抽樣，然而在許多抽樣方法中，個體是從社區、學校或個體所在之次群體中抽取，群組化效果可能破壞簡單隨機抽樣的假定；

3. 個體間的相似性會產生群組化效果，此效果是由於個體分享了相似的情境（如班級文化、組織氣氛等），多層次模型比單一層次分析更能獲得正確的模型參數估計值，計算所得的標準誤會依據參數估計值來推導，得到的標準誤較為精確；

4. 多層次分析允許研究者在資料階層之正確理論層次界定每個層級變項，如

根據學校樣本數界定學校大小變項，變項屬性可歸於總體層次部分；

5. 多層次分析可讓研究者回答較複雜的研究問題，如結果變項的截距與迴歸斜率係數是否有跨群組（如班級或系所）的變動情況。

二個階層的多層次模型（multilevel model）包括個體層次分析與群組層次分析，分析的參數包括二種型態，一為模型結構參數，此種參數即為固定效果（fixed effects），二為模型中未知變異成分的推估，此種係數稱為隨機參數。殘差變異參數有截距、斜率的殘差變異數，截距與斜率殘差變異數的共變數（random parameters）（Heck, Thomas, & Tabata, 2010）。

二個層次的資料結構中，第一層次的樣本通常稱為個體層次（如學生樣本），第二層次的樣本通常稱為總體層次（如教師屬性或班級特徵）。以學生智力對學業成就的影響為例，假定各班學生平均智力是隨機變動的，各班學業成就也是隨機變動的，多層次的模式如下：

$$學業成就_{ij} = \beta_{0j} + \beta_{1j} \times 智力_{ij} + r_{ij}$$

截距 β_{0j} 與迴歸係數斜率 β_{1j} 都是群組依變項（group-dependent），群組依變項係數可以被分割成平均係數與群組依變項的差異量。

$$\beta_{0j} = \gamma_{00} + \mu_{0j}（隨機效果）$$
$$\beta_{1j} = \gamma_{10} + \mu_{1j}（隨機效果）$$

完整的模型為：

$$學業成就_{ij} = \beta_{0j} + \beta_{1j} \times 智力_{ij} + r_{ij} = \gamma_{00} + \mu_{0j} + (\gamma_{10} + \mu_{1j}) \times 智力_{ij} + r_{ij}$$
$$學業成就_{ij} = (\gamma_{00} + \gamma_{10} \times 智力_{ij}) + (\mu_{0j} + \mu_{1j} \times 智力_{ij} + r_{ij})$$

γ_{00} 為平均截距係數、γ_{10} 為平均斜率係數，（$\gamma_{00} + \gamma_{10} \times 智力_{ij}$）為模式的固定效果值（fixed effects），（$\mu_{0j} + \mu_{1j} \times 智力_{ij} + r_{ij}$）為模式的隨機效果值（random effects）。

$\mu_{1j} \times 智力_{ij}$ 項為群組與智力解釋變項的隨機交互作用項，解釋變項「智力」影響班級群組的程度，允許班級與班級間有所差異或不同，因而解釋變項「智力」會有一個隨機斜率（random slope）或隨機效果（random effect），或隨機

係數（random coefficient）。第一層殘差項 r_{ij} 與第二層殘差項 μ_{0j}、μ_{1j} 的平均數均定為 0，變異數分別如下：$\text{Var}(r_{ij}) = \sigma^2$、$\text{Var}(\mu_{0j}) = \tau_{00}$、$\text{Var}(\mu_{1j}) = \tau_{11}$，第二層殘差項 μ_{0j}、μ_{1j} 間的共變數為：$\text{cov}(\mu_{0j}, \mu_{1j}) = \tau_{01}$。二個階層的誤差項變異數包含二個：階層一班級內學生與學生間的變異程度，變異數參數為 σ^2（第二層群組內個體與個體間在結果變項分數的差異變異程度），模型中假定班級內學生間學業成就的變異是相同的，此假定即為階層一個體層次變異數同質性；階層二班級與班級間平均學業成就的變異情況，變異數參數為 τ_{00}（第二層群組與群組間在結果變項平均差異的變異程度）。

班級群組的迴歸係數或斜率為 $\gamma_{10} + \mu_{1j}$，假定這是一個常態分配隨機係數，平均數為 γ_{10}，變異數為 τ_{11}，標準差為 $\sqrt{\tau_{11}}$，斜率係數 95% 的信賴區間為〔$\gamma_{10} - 1.96 \times \sqrt{\tau_{11}}$，$\gamma_{10} + 1.96 \times \sqrt{\tau_{11}}$〕。多層次模型中如果沒有任何預測變項，就稱為虛無模型（null model）或沒有預測變項模型（no predictors model），此種模型會估計三個參數：一為固定效果值截距項參數（β_{0j}）、二為隨機效果截距參數在班級間的變異數 τ_{00}、三為隨機效果截距參數在班級內個體分數差異的變異數 σ^2，根據群組間與群組內的變異參數可以估算出組內相關係數（intraclass correlation;[ICC]），ICC 為群組間變異佔總變異的比值，ICC 值愈大表示群組間的變異程度愈大（學業成就班級平均數間的差異愈明顯）；ICC 值愈小表示群組間的變異程度愈小（學業成就班級平均數間的差異愈不明顯），當 ICC 值小於 0.05 時，採用多層次分析較沒有實質意義，因為較高層次的群組對結果變項的影響效果不明顯，此時採用個體層級的單一層次分析對結果變項的解釋反而更為適切。

二個階層的隨機效果圖示的說明如下：階層一各部門中之個體（如員工）與個體間在結果變項測量值之差異的變異數為 σ^2；階層二各部門與部門群組間在結果變項的部門平均分數之差異的變異數為 τ_{00}，部門群組間的變異與部門內個體間的變異加總為全部的總變異量。

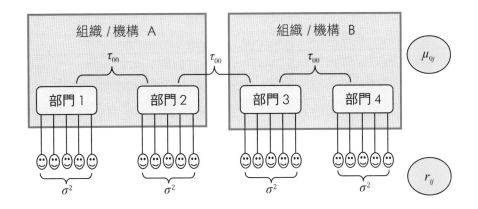

教育研究領域中，如果以班級為第二層單位、班級內學生個體為第一層分析單位，多層次分析模型的架構圖如下：

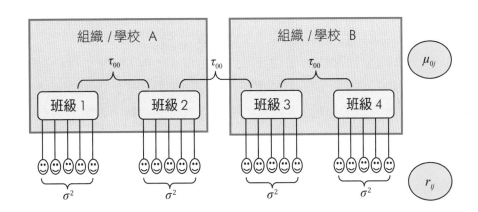

HLM 與 SPSS 統計軟體之多層次模式程序採用的方法為「受限概似估計法」（restricted maximum likelihood）/「殘差概似估計法」（residual maximum likelihood）；[FEML]）。在結構方程模式中採用的模式估計為最大概似估計法（maximum likelihood estimation；[ML]），ML 程序是藉由從獲得的觀察資料最大機率化估算母群參數的數值，概似函數被視為以觀察樣本資料的機率作為模型未知參數的函數，進而讓概似函數最大化，當使用最大概似估計法估計模型的參數時，估計法提供的是概似值，此概似值可以轉換為離異係數（deviance）統計量。離異係數指的是研究者界定的假設模型之對數概似（log-likelihood;[LL]）與飽和模型之對數概似的差異值，飽和模型是能完美適配抽樣樣本資料的模型，離異係數等於負二倍的對數概似 = −2LL（假設模型對數概似與飽和模型對數概似相減），因而離異係數是一種模式適配度的「不良指標值」（badness），其數值大小表示的界定模型與最佳可能模型間差異程度，離異係數值愈大，表示假設模型估計所得的參數與資料間的適配情況愈不理想。但離異係數統計量不能直接作為模型是否「絕對」適配的指標（此指標值與 SEM 整體適配度指標值不同，其模式適配與否沒有絕對的單一臨界指標值作為判別依據），因為離異係數是樣本大小的函數，如果資料是巢套結構，模型間有階層性巢套關係，以相同的資料集進行分析，完全訊息概似估計法（full information likelihood estimation;[FUML]）估算所得的二個離異係數的差異量，可以進行有意義的解釋（McCoach & Black, 2012）。

　　完全訊息概似估計法之變異數與共變數成分的估計是依據固定效果估計值之條件化結果，多層次模型的參數一般包含固定效果與變異數及共變數成分，如果第二層群組個數不夠大，則誤差項變異數 τ_{qq} 估計值會有低估現象，FUML 法估計所得的 τ_{qq} 會比 REML 法估計所得的數值小，REML 法估計所得的參數較為可靠，FUML 法估計值低估的情況，可採用下列公式加以校正：$(J-F)/J$，其中 J 是第二層群組的個數，F 是模型中固定效果的個數，如模型中有三個固定效果，第二層群組的個數為 20，調整後的第二層的變異成分為（20−3）/20 = .85，此參數值約等於使用 REML 法估計所得的變異成分。FUML 法沒有考量到迴歸模式中自由度耗損的個數，當群組個數較小時，REML 法程序會考量模型中自由度耗損的個數，根據不確定的固定效果值進行變異數及共變數成分參數的調整，如果階層二群組個數很大，REML 法與 FUML 法程度估計的變異成分十分接近，對於小的資料集，使用 REML 法進行參數估計是較佳選擇 （Heck, Thomas, & Tabata, 2010; McCoach & Black, 2012）。

　　如果二個模型有巢套關係，研究者可以根據二個模型所得的離異係數與模型中所估計的參數個數（自由參數個數）進行二個模型適配度的比較，因為相同資料集下，二個巢套模型離異係數的差異，是服從二個模型自由參數差值作為自由度的卡方分配，檢定卡方統計量是否達到統計顯著水準，可以檢核二個模型是否有達到顯著差異，如果簡單模型為 M_A、複雜模型為 M_B（複雜模型包含簡單模型的所有參數加上一個以上額外的參數），離異係數的差異量 Δ_D =

$M_A - M_B = -2LL_A - (-2LL_B) \sim \chi^2_{Bp-Ap}$（$Bp$ 為模型 B 的參數個數、Ap 為模型 A 的參數個數）。一般而言，簡單模型的離異係數（如零模型）多會大於複雜模型（如隨機係數的迴歸模型）的離異係數，有較多待估計自由參數的複雜模型其離異係數都會比簡單模型小，適配度的卡方值為二個模型離異係數的差異值，卡方自由度為「$Bp-Ap$」，如果卡方值達到統計顯著水準（$p < .05$），表示複雜模型的適配度較簡單模型為佳（符合簡約）。

資料結構若是沒有巢套關係，模型的比較應改用 AIC（Akaike information criterion）、BIC 指標（Bayesian information criterion）。AIC 指標 = $D + 2p$，其中 D 是離異係數值、p 是模型中估計的參數個數；BIC 指標 = $D + \ln(n) \times p$，其中 D 是離異係數值、p 是模型中估計的參數個數，n 是樣本大小。HLM 統計軟體沒有提供 AIC、BIC 模型適配度指標，SPSS 軟體之混合模式程序則提供 AIC、AICC、CAIC、BIC 等四個資訊準則指標值，從 HLM 統計軟體輸出結果之離異係數值（−2LL）的差異量，可以判別模型間的適配程度。

如果研究者認為教師教學態度也會影響各班平均學業成就，則第二層的解釋變項中可以納入教師教學態度，二個層次的模式為：

第一層次：
學業成就 $_{ij} = \beta_{0j} + \beta_{1j} \times$ 智力 $_{ij} + r_{ij}$

第二層次：
$\beta_{0j} = \gamma_{00} + \gamma_{01} \times$ 教學態度 $_j + \mu_{0j}$（隨機效果）
$\beta_{1j} = \gamma_{10} + \mu_{1j}$（隨機效果）

上述變項中，學業成就 $_{ij}$ 為第 j 個班級第 i 位學生的學業成就，智力 $_{ij}$ 為第 j 個班級第 i 位學生的智力分數，β_{0j} 為第 j 個班級平均學業成就，態度 $_j$ 為第 j 個班級教師的教學態度，「$\beta_{0j} = \gamma_{00} + \gamma_{01} \times$ 教學態度 $_j + \mu_{0j}$」方程式與一般的複迴歸方程式相同，γ_{00} 為截距項，γ_{01} 為迴歸係數，只是此方程的解釋變項與結果變項均為總體層次，而非學生樣本個體層次，γ_{01} 如為正數且達到統計顯著水準，表示班級教師教學態度對各班平均學業成就有正向影響，假定 $\gamma_{01} = 0.785$（p < .05），其意涵為班級教師教學態度增加一個單位，班級平均學業成就分數增加 0.785 分（班級內每位學生個體學業成就平均增加 0.785 分），班級教師教學態度一個標準差（SD）的改變量，班級平均學業成就分數的變化值為 1SD × 0.785。

當 γ_{01} 為正值且達統計顯著水準，表示第二層班級「教師教學態度」與學生學業成就有正向關聯；相反的，若是 γ_{01} 為負值且達統計顯著水準，表示第二層班級「教師教學態度」與學生學業成就的關係為負向。

上述第二層模型中，以斜率 β_{1j} 為結果變項的迴歸方程式中並沒有總體層次的解釋變項，如果研究者認為學生「智力」解釋變項對學業成就結果變項的影響程度受到班級教師教學態度的影響，班級教師教學態度愈積極投入者，班級學生「智力」變項對學業成就的影響愈大；班級教師教學態度愈消極者，班級學生「智力」變項對學業成就的影響愈小，表示「智力」解釋變項與學業成就結果變項的關係受到「班級教師教學態度」的影響，教師教學態度（總體層次）與學生智力（個體層次）同時對學生學業成就（結果變項）有顯著的影響作用，此種影響作用即為跨層次的交互作用。簡易跨層次交互作用的圖示如下：

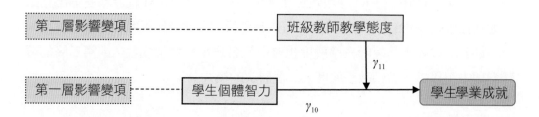

二個層次的模式為：

第一層次：

學業成就 $_{ij}$ = β_{0j} + β_{1j} × 智力 $_{ij}$ + r_{ij}

第二層次：

β_{0j} = γ_{00} + γ_{01} × 教學態度 $_{j}$ + μ_{0j}

β_{1j} = γ_{10} + γ_{11} × 教學態度 $_{j}$ + μ_{1j}

混合模型：

學業成就 $_{ij}$ = (γ_{00} + γ_{01} × 教學態度 $_{j}$ + μ_{0j}) + (γ_{10} + γ_{11} × 教學態度 $_{j}$ + μ_{1j}) × 智力 $_{ij}$ + r_{ij}

學業成就 $_{ij}$ = (γ_{00} + γ_{01} × 教學態度 $_{j}$) + (γ_{10} × 智力 $_{ij}$) + (γ_{11} × 教學態度 $_{j}$ × 智力 $_{ij}$) + (μ_{0j} + μ_{1j} × 智力 $_{ij}$ + r_{ij})

右邊方程式「γ_{10} × 智力 $_{ij}$」中的斜率參數 γ_{10}，為第二層班級群組中個體層

次學生「智力」對學生學業成就的影響效果，「γ_{11} × 教學態度$_j$ × 智力$_{ij}$」中的跨層次交互作用斜率參數 γ_{11}，為總體層次「班級教師教學態度」與個體層次「學生智力」解釋變項對學生學業成就的交互作用影響程度。多層次模型分析結果若是固定效果值 γ_{10} 達到統計顯著水準，表示各班群組中學生智力對其學業成就有顯著直接影響效果，跨層次的固定效果值 γ_{11} 也達到統計顯著水準，表示各班群組中學生智力對其學業成就的直接影響程度，又會受到「各班教師教學態度」的影響。當單一層次的固定效果 γ_{10} 達到統計顯著水準，且跨層次的固定效果 γ_{11} 也達到統計顯著水準，總體層次之班級教師教學態度對學生學業成就才具有調節功能；如果單一層次的固定效果 γ_{10} 未達統計顯著水準，但跨層次的固定效果 γ_{11} 達到統計顯著水準（多層次模式分析之參數估計結果可能出現此種情況），研究結果不宜作出總體層次之班級教師教學態度，對學生智力與學業成就間關係具有調節功能的效果。因為學生智力對學生學業成就的直接影響效果不顯著，調節變項（moderator）對二者間關係不具調節作用。

方程式中的 $(\mu_{0j} + \mu_{1j} × 智力_{ij} + r_{ij})$ 項為隨機效果，三個隨機效果的意涵分別是：

1. μ_{0j}：第二層班級群組間學生學業成就分數的差異，差異程度參數的標準差為 $\sqrt{\tau_{00}}$、變異數估計值為 τ_{00}，若是變異數估計值達到統計顯著水準，表示第二層班級與班級間之「班級平均學業成就分數」有顯著差異存在。

2. r_{ij}：第一層各班級群組內學生與學生間學業成就分數的差異，差異程度參數的標準差為 $\sqrt{\sigma^2}(=\sigma)$、變異數估計值為 σ^2，若是變異數估計值達到統計顯著水準，表示第二層各班級群組內學生與學生間之「學業成就分數」有顯著差異存在。

3. μ_{1j} × 智力$_{ij}$：為第二層班級群組內各班學生智力對學業成就影響的斜率係數估計間的差異，差異程度參數的標準差為 $\sqrt{\tau_{11}}$、變異數估計值為 τ_{11}，若是變異數估計值達到統計顯著水準，表示班級群組內之學生智力對學生學業成就影響的班級斜率係數間有顯著不同，第二層各班斜率係數參數間有顯著不同。

個體層次的解釋變項除「學生智力」外，也投入學生「學習動機」（受試

者在學習動機量表自我評定的測量值愈高，表示學習動機愈強）、家庭「社經地位」（社經地位量表換算的得分愈高，表示學生個體家庭社經地位愈高）；總體層次的解釋變項除教師「教學態度」外，也投入教師的「教學策略」（教師在教學策略量表的得分愈高，表示教學策略愈多元）、教師的「帶班風格」（教師在帶班風格量表的得分愈高，愈偏向學生中心，得分愈低愈傾向教師中心），二個層次的方程模式為：

第一層次：

學業成就 $_{ij} = \beta_{0j} + \beta_{1j} \times$ 智力 $_{ij} + \beta_{2j} \times$ 學習動機 $_{ij} + \beta_{3j} \times$ 社經地位 $_{ij} + r_{ij}$

第二層次：

$\beta_{0j} = \gamma_{00} + \gamma_{01} \times$ 教學態度 $_j + \gamma_{02} \times$ 教學策略 $_j + \gamma_{03} \times$ 帶班風格 $_j + \mu_{0j}$

$\beta_{1j} = \gamma_{10} + \mu_{1j}$

$\beta_{2j} = \gamma_{20} + \mu_{2j}$

$\beta_{3j} = \gamma_{30} + \mu_{3j}$

二個層次殘差項的變異數（隨機效果）如下：

$Var(r_{ij}) = \sigma^2$、$Var(\mu_{0j}) = \tau_{00}$、$Var(\mu_{1j}) = \tau_{11}$、$Var(\mu_{2j}) = \tau_{22}$、$Var(\mu_{3j}) = \tau_{33}$，方程式中的固定效果估計值有 γ_{00}、γ_{10}、γ_{20}、γ_{30}、γ_{01}、γ_{02}、γ_{03}，其意涵為：

γ_{00}：多層次模式方程的截距項參數，即調整後的平均數。

γ_{10}：各班級群組內學生智力對學業成就影響的效果值。

γ_{20}：各班級群組內學生學習動機對學業成就影響的效果值。

γ_{30}：各班級群組內學生家庭結構對學業成就影響的效果值。

γ_{01}：各班級教師教學態度對班級學業成就影響的程度（第二層各班級教師教學態度對學生學業成就影響的班級平均效果）。

γ_{02}：各班級教師教學策略對班級學業成就影響的程度（第二層各班級教師教學策略對學生學業成就影響的班級平均效果）。

γ_{03}：各班級教師帶班風格對班級學業成就影響的程度（第二層各班級教師帶班風格對學生學業成就影響的班級平均效果）。

如果以 X_1、X_2、X_3、……為個體層次的解釋變項，W_1、W_2、W_3、……為總體層次的解釋變項，假設所有 X 變項有變動斜率，隨機截距項可以被所有總體

層次 W 變項所解釋，個體層次有 P 個解釋變項（群組內層次）的迴歸模式為：

$$Y_{ij} = \beta_{0j} + \beta_{1j} X_{1ij} + \beta_{2j} X_{2ij} + \cdots + \beta_{pj} X_{pij} + r_{ij}$$

有 q 個總體層次解釋變項的群組依變項迴歸模式為：

$$\beta_{hj} = \gamma_{h0} + \gamma_{h1} W_{1j} + \gamma_{h2} W_{2j} + \cdots + \gamma_{hq} W_{qj} + \mu_{hj}$$

$Var(\mu_{hj}) = \tau_{hh}$（$h = 1,2,\cdots\cdots, p$），以 $p = 3$（個體層次有三個解釋變項）、$q = 3$（總體層次有三個解釋變項）的範例而言，二個層次的迴歸方程表示如下：

第一層次：
$$Y_{ij} = \beta_{0j} + \beta_{1j} X_{1ij} + \beta_{2j} X_{2ij} + \beta_{3j} X_{3ij} + r_{ij}$$

第二層次：
$$\beta_{0j} = \gamma_{00} + \gamma_{01} W_{1j} + \gamma_{02} W_{2j} + \gamma_{03} W_{3j} + \mu_{0j}$$
$$\beta_{1j} = \gamma_{10} + \mu_{1j} \;（或 \beta_{1j} = \gamma_{10}）$$
$$\beta_{2j} = \gamma_{20} + \mu_{2j} \;（或 \beta_{2j} = \gamma_{20}）$$
$$\beta_{3j} = \gamma_{30} + \mu_{3j} \;（或 \beta_{3j} = \gamma_{30}）$$

若是總體層次解釋變項 W 為個體層次解釋變項以群組組織（第二層的單位）聚合而成，此種總體層次的解釋變項稱為「脈絡變數」，脈絡變數通常以 Z 表示，多層次模型中第一層為個體層次的解釋變項，第二層為脈絡變數對群組截距項的影響，第二層的方程式為：

$$\beta_{0j} = \gamma_{00} + \gamma_{01} Z_{1j} + \gamma_{02} Z_{2j} + \gamma_{03} Z_{3j} + \mu_{0j}$$
$$\beta_{1j} = \gamma_{10} + \mu_{1j} \;（或 \beta_{1j} = \gamma_{10}）$$
$$\beta_{2j} = \gamma_{20} + \mu_{2j} \;（或 \beta_{2j} = \gamma_{20}）$$
$$\beta_{3j} = \gamma_{30} + \mu_{3j} \;（或 \beta_{3j} = \gamma_{30}）$$

以學生學業成就的範例而言，脈絡模型如下：

第一層次：
學業成就 $_{ij} = \beta_{0j} + \beta_{1j} \times$ 智力 $_{ij} + \beta_{2j} \times$ 學習動機 $_{ij} + \beta_{3j} \times$ 社經地位 $_{ij} + r_{ij}$
第二層次：

$$\beta_{0j} = \gamma_{00} + \gamma_{01} \times \overline{智力}_j + \gamma_{02} \times \overline{學習動機}_j + \gamma_{03} \times \overline{社經地位}_j + \mu_{0j}$$

$$\beta_{1j} = \gamma_{10} + \mu_{1j}$$

$$\beta_{2j} = \gamma_{20} + \mu_{2j}$$

$$\beta_{3j} = \gamma_{30} + \mu_{3j}$$

貳 變數集中化議題

多層次模式中，假設 Y 為結果變項（依變項），Y_{ij} 為第 j 個班級 i 位學生的學業成就，X 為解釋變項（自變項），X_{ij} 為第 j 個班級 i 位學生的智力，以班級群組為單位，各班群組學生智力的班級平均數為 $\overline{X}_j$，所有學生樣本的智力總平均數為 $\overline{X}$，以每位學生原始智力分數作為解釋變項的迴歸方程式為：

第一層次：

$$Y_{ij} = \beta_{0j} + \beta_{1j} X_{ij} + r_{ij}$$

第二層次：

$$\beta_{0j} = \gamma_{00} + \mu_{0j}$$

$$\beta_{1j} = \gamma_{10} + \mu_{1j}$$

混合模式為：$Y_{ij} = \gamma_{00} + \gamma_{10} X_{ij} + \mu_{0j} + \mu_{1j} X_{ij} + r_{ij}$

以組平減分數作為解釋變項時，X_{ij} 以 $(X_{ij}-\overline{X}_j)$ 的分數取代，多層次的模型如下：

第一層次：

$$Y_{ij} = \beta_{0j} + \beta_{1j} (X_{ij}-\overline{X}_j) + r_{ij}$$

第二層次：

$$\beta_{0j} = \gamma_{00} + \mu_{0j}$$

$$\beta_{1j} = \gamma_{10} + \mu_{1j}$$

混合模式為：$Y_{ij} = \gamma_{00} + \gamma_{10} (X_{ij}-\overline{X}_j) + \mu_{0j} + \mu_{1j} (X_{ij}-\overline{X}_j) + r_{ij}$

$$Y_{ij} = \gamma_{00} + \gamma_{10} X_{ij} - \gamma_{10} \overline{X}_j + \mu_{0j} + \mu_{1j} (X_{ij}-\overline{X}_j) + r_{ij}$$

以總平減分數作為解釋變項時，X_{ij} 以 $(X_{ij}-\overline{X})$ 的分數取代，多層次的模型如下：

$$Y_{ij} = \beta_{0j} + \beta_{1j} (X_{ij} - \overline{X}) + r_{ij}$$

第二層次：

$$\beta_{0j} = \gamma_{00} + \mu_{0j}$$

$$\beta_{1j} = \gamma_{10} + \mu_{1j}$$

混合模式為：$Y_{ij} = \gamma_{00} + \gamma_{10} (X_{ij} - \overline{X}) + \mu_{0j} + \mu_{1j} (X_{ij} - \overline{X}) + r_{ij}$

$$Y_{ij} = \gamma_{00} + \gamma_{10} X_{ij} - \gamma_{10} \overline{X} + \mu_{0j} + \mu_{1j} (X_{ij} - \overline{X}) + r_{ij}$$

　　變數集中化（centering variables）在多層次迴歸模式是個重要的轉換程序，傳統 OLS 迴歸方法中，結果變項的截距數值是指所有預測變項 X_1、X_2、……X_q 的測量值或分數都是 0 的情況，截距參數要有意義必須是所有預測變項 X 的分數為 0 時也是有意義的，但許多量表或研究者中的虛擬變項或連續變數，都沒有真正的「0」這個分數，因而截距參數在分析程序中很少可以作出有意義的解釋，多層次模式中因為把第一層的截距與斜率作為第二層的結果變項，為了讓變項有實質的數值意義，層次一的解釋變項會進行不同形式的集中化（centering）轉換，常見的轉換為總平均數集中化（grand-mean centering；簡稱 [總平減]）與組平均數集中化（group-mean centering；簡稱 [組平減]），在二個階層的多層次模型中，層次二解釋變項只能進行總平均數集中化轉換。

　　集中化決策關心的是解釋變項的尺度轉換，轉換後的模型可使截距參數變成有意義的參數。除了以平均數進行集中化轉換外，其他集中化（平減）的方法如中位數、群組內標準差、群組內的變異數，多層次迴歸模型中使用「平均數集中化」，包括總平均集中化、組平均數集中化，不同的集中化轉換程序會改變模型中的某些參數。當模型中的共變異數等同於設計規劃的理論架構之數值時，解釋變項的集中化（平減）提供了結果變項 Y 的期望值（expected value），對於固定斜率模型而言，改變解釋變項的測量尺度只會改變截距項的數值（迴歸線與結果變項 Y 軸交叉點位置），不會改變截距參數的變異程度，因為斜率係數本身是固定的。然而，對於隨機斜率模型而言，當解釋變項的尺度改變時，截距參數的變異也會跟著改變，因為迴歸斜率不再是固定平行的線，平減決策的考量對於多層次模型來說是重要的，尤其研究預期的是跨層次交互作用，平減程序更有助於跨群組之間的斜率變動情形（Heck & Thomas, 2008）。Hofmann 與 Gavin（1998）指出：「集中化決策主要是概念性的問題，

而非是調查性的議題。」

　　組平減轉換適用於不同型態的研究問題。當個體解釋變項 X 分數等於群組平均數時，組平減產出的截距參數等於結果變項 Y 的期望值，不像總平減程序，組平減程序是使用群集內個體之間差異未調整的群組平均數。組平減的特質之一是當一個變數表示的是群組平均數的變異，而此變異與群組層次變項（總體層次變項）間沒有相關，當研究強調的是群組成員間就存有差異情況下，採用組平減較為合宜，相對的另一種研究型態是假定群組成員間沒有差異，研究關注的是群組間的比較。組平減認為群組脈絡大於個體，其實務的應用為「池中蛙理論」（frog pond theory），組平減較強調個體在其群組內的相對位置而不考慮組間的影響，組平減與未平減、總平減程序不是等值的，如果研究者想要獲得精確的個體層次估計值，或分開探討總體層次與個體層次的模型成分，研究者宜採用組平減轉換方法（Heck & Thomas, 2008）。

　　解釋變項 X 使用未平減的模型與使用總平減轉換的模型，二種模型是等值的（equivalent），未平減與總平減模式表示二個等值線性模型（equivalent linear model），「等值模型」並不表示二個模式所估計的參數估計值都相同，模式中的參數不是一對一的對等關係，只是模式估計所得的適配度（model fit）會相同，有相同的預測值、相同的殘差（Kreft, Leeuw, & Aiken, 1995; Snijders & Bosker, 2012）。多層次解釋變項平均數集中化使用的時機，Snijders 與 Bosker（2012, p. 88）建議：當研究目的是進行隨機斜率模型（random slope model）的模型適配考驗時，除了有清楚明確的理論基礎，或實證線索佐證，指出相對分數 $X_{ij} - \overline{X_j}$ 與結果變項 Y_{ij} 有關，否則不宜隨意使用組平均數集中化的隨機斜率模式，因為組平均數集中化 $X_{ij} - \overline{X_j}$ 是一個相對分數，而不是一個絕對分數 X_{ij}，$X_{ij} - \overline{X_j}$ 測量值表示的是個體在群組組織中的相對位置，有關解釋變項平均數集中化的決策，最好結合理論與實務加以綜合判斷。

　　Koenig、Lissitz 與 Robert（2001）以美國 1988 年教育縱貫研究資料庫進行多層次分析程序中，階層一解釋變項採用未平減、組平減、總平減三種型態對複雜模型的影響，比較參數估計值大小、顯著水準、解釋變異的增加量，結果發現：採用原始計量數據與總平減所得到的結果相似，二種平減型態的結果與組平減有顯著差異，組平減與總平減都可以估計巢套模型解釋變異增加量，也可以檢驗組間效果與組內效果。研究建議：不同型態的平減方法會引導不同的

解釋結果，但這些結果只有同時使用多種不同平減方法進行模型比較時才會發生，若是研究者只選擇一種平減方法（典型的 HLM 程序都是只有選擇一種），研究者要根據平減方法估算的結果加以解釋。多層次程序中採用平減方法是有用的，實證發現有助於組間與組內效果的探究與說明，平減也可以增加結果解釋的合理性與減少共線性問題，但不同平減方法也可能改動估算結果與結果解釋，平減方法的選取正如 Kreft、Leeuw 與 Aiken 等人（1995）所描述的：「平減方法選擇中沒有統計上正確的選項，研究者選取的型態應根據理論或研究的意圖。」

Myers、Brincks 與 Beauchamp（2010）從統計證明及實徵資料詳細說明二個層次模型的平減方法，研究建議：階層一預測變項平減方法的選取，應根據研究問題、理論或實徵資訊等共同決定。如研究者假定個體層次的預測變項與結果變項有關，結果變項包含個體層次與群組層次，但二個關係大小並不一致，此時，研究者可以只進行個體層次預測變項的平減處理，以探討個體層次的純效果；若是研究假定個體層次與群組層次的關係在大小上近似相等，模型界定中個體層次可以採用總平減處理。

Enders 與 Tofighi 認為若單獨探究脈絡效果模型時，則以總平減較為適切，如果分析關注的是個體層次解釋變項對結果變項（依變項）的影響程度，則建議採用組平減，若是探究跨層級解釋變項對結果變項的交互作用，則採用組平減較為適宜（轉引自溫福星、邱皓政，2011）。Enders 與 Tofighi 進一步提出，若是關注階層二解釋變項的影響效果，最好採用標準化平減方法，因為平減的使用對於階層二解釋變項或跨層次交互作用效果的解釋較為適切（Enders & Tofighi, 2007）。

Hofmann 與 Gavin（1998）認為，當研究者要探討的是控制個體層次預測變項對結果變項的影響下，總體層次（群組層次）解釋變項對結果變項的遞增效果時，採用總平均數集中化較為適合，組平減較不適當，如果採用組平減方法最好將平均數（脈絡變數）再置回第二層的截距項模型中；若是研究探討的是控制個體層次變項及主要效果影響模型（群組內的斜率項被假定是固定的，沒有跨群組變動情況）下，第二層群組變項對結果變項的中介效果（meditational effect）時，採用總平減處理；或是採用組平減方法時，同時將脈絡變項（第一層解釋變項聚合的平均數變項）再置回第二層截距項方程式中。如果要探究跨

層級之總體層次解釋變項對結果變項的調節效果（moderational effect）時，個體層次解釋變項採用組平均數中心化較為適宜，調節效果模型假定斜率參數是跨群組變動的，如果採用總平減方法有時會混淆跨層次交互效果與群組間交互效果。Koenig 與 Lissitz（2001）以模擬數據發現：平減可以增加結果解釋的合理性與減少截距與斜率估計值跨群組間的相關，解決共線性導致估計解值無法聚斂問題。

多層次解釋變項平均數集中化使用的時機，Snijders 與 Bosker（2012, p. 88）建議：當研究目的是進行隨機斜率模型（random slope model）的模型適配考驗時，除了有清楚明確的理論基礎，或實證線索佐證，指出相對分數 $X_{ij}-\overline{X_j}$ 與結果變項 Y_{ij} 有關，否則不宜隨意使用組平均數集中化的隨機斜率模式，因為組平均數集中化 $X_{ij}-\overline{X_j}$ 是一個相對分數，而不是一個絕對分數 X_{ij}，$X_{ij}-\overline{X_j}$ 測量值表示的是個體在群組組織中的相對位置，有關解釋變項平均數集中化的決策，最好結合理論與實務加以綜合判斷。

對於哪種平減模型才是正確的，Kreft 與 Leeuw（1998）認為這個問題無法單從技術層次來回答，未平減、平減轉換後未把脈絡變數置回第二層作為總體層次解釋變項、平減轉換後把平均數置回第二層作為總體解釋變項（脈絡變數）的模型都是正確的模型，選擇的考量必須兼顧研究目的、資料本身的性質、相關的理論知識。若是研究者關注的是模型能夠解釋反應變項之變異量的多寡，而不是第二層（總體層次）的效果，則採用未平減的程序是最簡便的方法，研究者不必理會平均數轉換的問題，因為一開始平均數就沒有被中心化轉換；此外，如果研究者較關心的是個體樣本（學生）的表現，而不是組織層級間（班級或學校）的差異時，未平減的程序也是較為實用的方法。若是研究者想要同時考量個體層次與總體層次的效果，第一層與第二層兩個模型需分別檢測，此時，平均數中心化與脈絡變數置回的程序就需要加以考量，如果研究者要進一步探究總體層次與個體層次解釋變項對結果變項的跨層級交互作用，平均數中心化是個較好的程序，因為此程序可以去除隨機截距與斜率的高相關，透過中心化排除個體層次（學生）與總體層次（班級或學校）二個層級間的相關，減少共線性的問題，成為較穩定的模型。

多層次分析結果有可能出現所謂的「**大魚小池塘效果**」（big-fish-little-pond effect），所謂大魚小池塘效果指的個體層次解釋變項（階層一）對結果變項的

影響效果，在控制階層一解釋變項的影響下，與由解釋變項聚合之脈絡變項（階層二）對結果變項的影響效果剛好相反（Marsh, Ludyke, Morin, Abduljabbar, & Koller, 2012）。Marsh 等人（2008）探究學生學業自我概念，發現：個體學生（階層一）的學業成就對學業成就自我概念（academic self-concept）有正向影響效果，但班級平均學業成就（脈絡變項）在控制個體層次學業成就解釋變項的影響後，對學業成就自我概念卻有負向影響效果，個體層次解釋變項對結果變項（依變項）的影響效果與控制個體層次解釋變項對結果變項的影響後，個體層次聚斂而成之脈絡變項對結果變項（依變項）的影響效果剛好相反（迴歸係數的正負號相反），造成解釋變項對結果變項影響程度方向不一。進行多層次分析時，模式估計結果若是出現此種情況，研究者可能要重新界定模型，或對可能的原因加以說明。

Schreiber 與 Griffin（2004）分析 1992 年至 2002 年《教育研究期刊》中，有關多層次模型或多層次方法的實徵研究，從下列十個指標加以檢核結果呈現的完整性：

1. 研究問題是否明確？
2. 檢定的數學方程模型是否出現？
3. 模式估計方法是否說明？
4. 單因子變異數分析的隨機效果結果（如內在相關係數）與其他複雜模型結果的比較是否呈現？
5. 每個估計模型的迴歸係數與標準誤是否呈現？
6. 每個模型的變異／共變數成分是否呈現？
7. 每個模型估計值的推論檢定是否說明？
8. 迴歸係數與變異成分是否有進行詳細詮釋？
9. 模式的適配統計量是否呈現？（如離異係數、自由度與誤差削減測量百分比 R^2 等）
10. 如何使用集中化（平減方法）？

至於截距及斜率信度估計值與估計的效果值，則可以作為增列的訊息。Schreiber 二人研究發現，已發表的期刊使用的階層模型方程之符號並非一致，

某些結果的敘寫欠缺完整與詳細，讀者閱讀較難理解。相關多層次模式符號的表現，研究者最好根據 HLM 統計軟體之方程符號顯示，因為多層次模式分析中，多數期刊均以 HLM 統計軟體視窗界面的方程表示，讀者較易理解。

主要參考文獻

溫福星、邱皓政（2011）。《多層次模式方法論──階層線性模式的關鍵問題與試解》。新北市：$\alpha\beta\gamma$ 實驗室。

Enders, C., & Tofighi, D. (2007). Centering predictor variables in cross-sectional multilevel models: A new look at an old issue. *Psychological Methods, 12*(2), 121-138.

Heck, R. H., & Thomas, S. T. (2009). *An introduction to multilevel modeling techniques.* New York, NY: Routledge.

Heck, R. H., Thomas, S. L., & Tobata, L. N. (2010). *Multilevel and Longitudinal modeling with IBM SPSS.* New York: Routledge.

Hofmann, D., & Gavin, M. (1998). Centering decisions in hierarchical linear models: Implications for research in organizations. *Journal of Management, 24*(5), 623-641.

Koenig, J. A., & Lissitz, R. W. (2001). *The effects of centering method on parameter estimates and variance explained in multilevel models.* ERIC Document Reproduction Service No. ED 453 261.

Kreft, I. G., & Leeuw, J. (1998). *Introducing multilevel modeling.* Newbury Park, CA: SAGE.

Kreft, I., de Leeuw, J., & Aiken, L. (1995). The effect of different forms of centering in hierarchical linear models. *Multivariate Behavioral Research, 30*(1), 1-22。

Marsh, H. W., Ludyke, O., Morin, A. J. S., Abduljabbar, A. S., & Koller, O. (2012). Classroom climate and contextual effects: conceptual and methodological issues in the evaluation of group-level effects. *Educational Psychologist, 47*(2), 106-124.

Marsh, H. W., Scaton, M., Trautwein, U., Ludtke, O., Hau, K. T., O'Mara, A. J., & Craven, R. Z. (2008). The-big-fish-little-pond-effect stands up to critical scrutiny: Implications for theory, methodology and future research. *Educational Psychology Review, 20*, 319-350.

McCoach, D. B., & Black, A. C. (2012). Introduction to estimation issues in muletilevel modeling. *New Directions for Institutional, Research, 154,* 23-94.

Myers, N. D., Brincks, A. M., & Beauchamp, M. R. (2010). A tutorial on centering in cross-sectional two-level models. *Measurement in Physical Education and Exercise Science, 14,* 275-294.

O'connell, A. A., & Reed, S. J. (2012). Hierarchical data structures institutional research, and multilevel modeling. *New Directions for Institutional Research, 154,* 5-24.

Schreiber, J. B., & Griffin, B. W. (2004). Review of multilevel modeling and multilevel studies in the Journal of Educational Research (1992-2002). *The Journal of Educational Research, 98*(1), 24-33.

Snijders, T., & Bosker, R. J. (2012). *Multilevel analysis: An introduction to basic and advanced multilevel modeling.* Thousand Oaks, CA: Sage Publications.

第 2 章

多層次分析集中化範例

　　HLM 統計軟體中，對於二個階層的資料結構，階層一解釋變項可採用不平減、組平減、總平減投入模型中，階層二解釋變項可採用不平減、總平減投入模型中；對於三個階層的資料結構，階層一、階層二解釋變項可採用不平減、組平減、總平減投入模型中，階層三解釋變項可採用不平減、總平減投入模型中。

壹 平均數中心化模型界定

　　多層次分析模式中，個體層次（第一層）的解釋變項投入迴歸模式中可以採用變數的原始測量值（符號為 X_{ij}），或採用原始測量值減掉組別平均值的數值（符號為 $X_{ij}-\overline{X}_j$，又稱為組平均數集中化；[組平減]），或採用原始測量值減掉總平均值的數值（符號為 $X_{ij}-\overline{X}$，又稱為總平均數集中化；[總平減]）。總體層次（第二層）的解釋變項或脈絡變數投入迴歸模式中，可以採用變數的原始測量值（符號為 W_j 或 Z_j），或採用原始測量值減掉總平均值的數值（符號為 $W_j-\overline{W}$ 或 $Z_j-\overline{Z}$，又稱為總平均數集中化；[總平減]）。

　　下面表格的數據是九個班級 90 位學生的模擬數據（表格只呈現部分樣本數據），依變項為數學成就，自變項為學生性別（虛擬變項）、教師性別（虛擬變項）、學生數學態度、回家練習時間。

班級	性別	教師性別	數學成就	數學態度	組平均_數態	總平均_數態	組平減_數態	總平減_數態	練習時間	組平均_練時	總平均_練時	組平減_練時	總平減_練時
1	1	0	1	1	3.20	5.56	−2.20	−4.56	1	2.60	3.91	−1.60	−2.91
1	0	0	1	4	3.20	5.56	0.80	−1.56	1	2.60	3.91	−1.60	−2.91
1	1	0	2	1	3.20	5.56	−2.20	−4.56	2	2.60	3.91	−0.60	−1.91
2	1	0	4	3	4.50	5.56	−1.50	−2.56	4	5.30	3.91	−1.30	0.09
2	1	0	4	3	4.50	5.56	−1.50	−2.56	3	5.30	3.91	−2.30	−0.91
2	1	0	4	3	4.50	5.56	−1.50	−2.56	5	5.30	3.91	−0.30	1.09
3	1	1	8	7	8.40	5.56	−1.40	1.44	7	5.50	3.91	1.50	3.09
3	1	1	8	8	8.40	5.56	−0.40	2.44	5	5.50	3.91	−0.50	1.09
3	1	1	8	8	8.40	5.56	−0.40	2.44	3	5.50	3.91	−2.50	−0.91
4	1	0	1	1	2.40	5.56	−1.40	−4.56	2	3.00	3.91	−1.00	−1.91
4	1	0	1	1	2.40	5.56	−1.40	−4.56	1	3.00	3.91	−2.00	−2.91
4	1	0	2	1	2.40	5.56	−1.40	−4.56	2	3.00	3.91	−1.00	−1.91
9	0	1	7	10	7.30	5.56	2.70	4.44	4	4.50	3.91	−0.50	0.09
9	1	1	8	6	7.30	5.56	−1.30	0.44	3	4.50	3.91	−1.50	−0.91
9	0	1	8	9	7.30	5.56	1.70	3.44	7	4.50	3.91	2.50	3.09

貳 以個體學生為分析單位

一、簡單迴歸模型

簡單迴歸模型中，自變項（解釋變項）為數學態度、依變項（結果變項）為學生數學成就（有效學生樣本 90 位，組織層級班級數為 9）。

數學態度、每週練習時間、數學成就變項描述性統計量摘要表

變項名稱	個數	最小值	最大值	平均數	標準差	變異數
數學成就	90	1	10	4.94	2.649	7.019
數學態度	90	1	10	5.56	2.665	7.104
練習時間	90	1	10	3.91	2.471	6.104

90 位學生數學成就的平均數與標準差分別為 4.94、2.649；數學態度的平均數與標準差分別為 5.56、2.665；每週回家練習時間的平均數與標準差分別為 3.91、2.471。數學成就的測量值愈高，表示學生的數學成就愈佳；數學態度的

測量值愈高，表示學生的數學態度愈正向積極；每週回家練習時間的測量值愈高，表示學生練習時間愈多。

變項相關係數摘要表（N = 90）

變項	學生性別	教師性別	數學成就	數學態度	練習時間
學生性別	1				
教師性別	.000	1			
數學成就	−.198	.740***	1		
數學態度	−.419***	.479***	.623***	1	
練習時間	−.045	.406***	.639***	.281**	1

** $p < .01$ *** $p < .001$

（一）未平減結果

模式摘要

模式	R	R 平方	調過後的 R 平方	估計的標準誤
1	.623[a]	.389	.382	2.083

a. 預測變數：（常數），數學態度

　　以未平減的數學態度為解釋變項，數學成就為結果變項，R^2 為 .389，調整後的 R^2 為 .382，數學態度自變項可以解釋數學成就結果變項 38.9% 的變異量。

係數 [a]

模式		未標準化係數		標準化係數	t	顯著性
		B 之估計值	標準誤差	Beta 分配		
1	（常數）	1.502	.510		2.945	.004
	數學態度	.620	.083	.623	7.479	.000

a. 依變數：數學成就

　　迴歸方程式中的截距參數 β_0 為 1.502，數學態度解釋變項對數學成就影響的斜率參數為 0.620（$p < .001$），達到統計顯著水準，表示斜率係數 β_1 顯著不

等於 0，由於斜率係數值為正，顯示數學態度自變項對數學態度的影響為正向，平均個體學生的數學態度增加一個單位，數學成就可提高 0.620 個單位（分）。未平減的迴歸方程式為：

$$Y_{ij} = \beta_{0j} + \beta_{1j} X_{ij} [\text{數學態度}] + \varepsilon_{ij} = 1.502 + 0.620 X_{ij} [\text{數學態度}] + e_{ij}$$

單一層次的迴歸方程式可以簡化為：

$$Y_i = \beta_0 + \beta_1 X_1 [\text{數學態度}] + \varepsilon_i = 1.502 + 0.620 X_i [\text{數學態度}] + e_i$$

截距參數 β_0 表示當解釋變項數學態度測量值為 0 分，依變項 Y_i 的分數，其平均數值為 1.502。

（二）組平減結果

模式摘要

模式	R	R 平方	調過後的 R 平方	估計的標準誤
1	.312[a]	.097	.087	2.531

a. 預測變數：（常數），組平減 _ 數態

以數學態度為解釋變項，數學成就為結果變項，數學態度經組平減轉換（組平均中心化，各組受試者在數學態度解釋變項的原始測量值 X_{ij} 減掉各組數學態度的平均數 $\overline{X_j}$），迴歸模式所得的 R^2 為 .097，調整後的 R^2 為 .087，「組平減 _ 數學態度」對結果變項數學成就的解釋變異量為 9.7%。

係數 [a]

模式		未標準化係數		標準化係數	t	顯著性
		B 之估計值	標準誤差	Beta 分配		
1	（常數）	4.944	.267		18.530	.000
	組平減 _ 數態	.428	.139	.312	3.080	.003

a. 依變數：數學成就

迴歸方程式中的截距參數為 4.944，「組平減 _ 數學態度」解釋變項對數學

成就影響的斜率參數為 0.428（$p < .01$），達到統計顯著水準，表示斜率係數顯著不等於 0，由於斜率係數值為正，表示其對數學態度的影響為正向，平均個體學生的數學態度增加一個單位，數學成就可提高 0.428 個單位（分）。

組平減的迴歸方程式為：

$$Y_{ij} = \beta_{0j} + \beta_{1j} X_{ij} \ [\text{組平減} \_ \text{數態}] + \varepsilon_{ij} = 4.944 + 0.428(X_{ij} - \overline{X}_{j}) + e_{ij}$$

（三）總平減結果

模式摘要

模式	R	R 平方	調過後的 R 平方	估計的標準誤
1	.623[a]	.389	.382	2.083

a. 預測變數：（常數），總平減 _ 數態

以數學態度為解釋變項，數學成就為結果變項，數學態度經總平減轉換處理（總平均中心化，受試者在解釋變項數學態度的原始測量值 X_{ij} 減掉數學態度的總均數 $\overline{X}_{..}$），迴歸所得的 R^2 為 .389，調整後的 R^2 為 .382，「總平減 _ 數學態度」對結果變項數學成就的解釋變異為 38.9%。

係數 [a]

模式	未標準化係數		標準化係數	t	顯著性
	B 之估計值	標準誤差	$Beta$ 分配		
1　（常數）	4.947	.220		22.528	.000
總平減 _ 數態	.620	.083	.623	7.479	.000

a. 依變數：數學成就

迴歸方程式中的截距參數為 4.947，「總平減 _ 數學態度」解釋變項對數學成就影響的斜率參數為 0.620（$p < .001$），達到統計顯著水準，表示斜率係數顯著不等於 0，由於斜率係數值為正，表示其對數學態度的影響為正向，平均個體學生的數學態度增加一個單位，數學成就可提高 0.620 個單位（分）。

總平減的迴歸方程式為：

$$Y_{ij} = \beta_{0j} + \beta_{1j} X_{ij} \ [\text{總平減 \_ 數態}] + \varepsilon_{ij} = 4.947 + 0.620(X_{ij} - \overline{X}_{..}) + e_{ij}$$

單一層次總平減的迴歸方程式簡化為：

$$Y_i = \beta_0 + \beta_1 (X_i - \overline{X}_i) + \varepsilon_i = 4.947 + 0.620(X_i - \overline{X}_i) + e_i$$

其中 X_i 為 i 位觀察值數學態度的分數，$\overline{X}_i$ 為所有觀察值數學態度的平均值（總平均數）。

	R	R^2	F 值	截距	斜率
未平減	.623	.389	55.936（$p < .001$）	1.502	0.620***
組平減	.312	.097	9.487（$p < .01$）	4.944	0.428**
總平減	.623	.389	55.936（$p < .001$）	4.947	0.620***

　　從整理的迴歸摘要表中可以發現，未平減（原始測量值）與總平減（總平均數集中化）之迴歸結果，除了截距參數外，其餘 R（多元相關係數）、R^2（多元相關係數平方）、整體迴歸係數顯著性考驗的 F 值、斜率係數 β 均相同，未平減的截距參數為 1.502，總平減的截距參數為 4.947，數學態度對數學成就影響的斜率係數為 0.620（$p < .001$），組平減（組平均數中心化）的五個參數值均與未平減時不同，R^2（多元相關係數平方）從 .389 降為 .097。

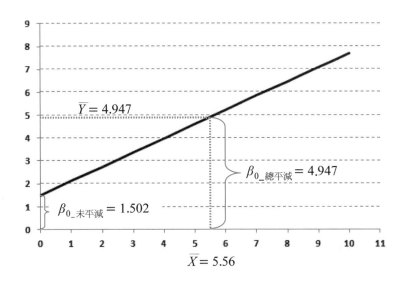

　　未平減與總平減後的截距變化如上圖，由圖中可以發現，未平減的截距參數 β_0 指的是解釋變項數學態度測量值的分數為 0 時，結果變項數學成就 Y 的數值，範例中的 $\beta_{0\_未平減} = 1.502$，如果解釋變項數學態度改以離均差分數（$X_i - \overline{X}_i$）（每位學生的測量值減總平均數）作為迴歸分析的自變項，則總平減的截距參數 β_0 即為數學成就結果變項的平均值 $\beta_{0\_總平減} = 4.947$，未平減與總平減的斜率係數 β_1 均為 0.620，表示未平減時數學態度對數學成就的影響程度與總平減時數學態度對數學成就的影響程度相同。

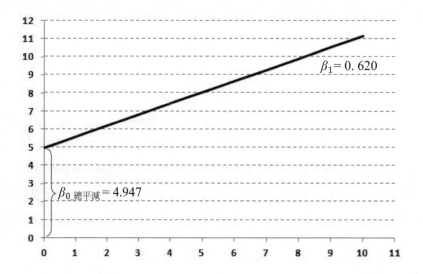

上圖為總平減的迴歸線。

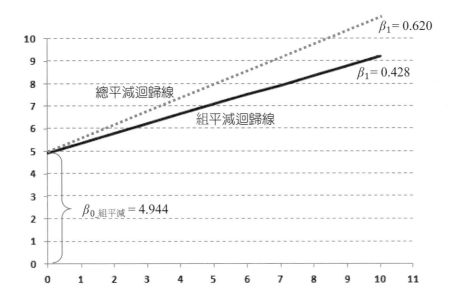

上圖為組平減的迴歸線，組平減的截距項參數 $\beta_{0\_組平減} = 4.944$ 與總平減的截距項參數 $\beta_{0\_總平減} = 4.947$ 雖然不同，但二者差異甚小。

↻ 二、二個解釋變項的複迴歸模型

自變項（解釋變項）為學生數學態度、每週練習時間，依變項（結果變項）為學生數學成就。

（一）未平減結果

模式摘要

模式	R	R 平方	調過後的 R 平方	估計的標準誤
1	.789[a]	.623	.614	1.646

a. 預測變數：（常數），練習時間，數學態度

以未平減的數學態度、練習時間為解釋變項，數學成就為結果變項，R^2 為 .623，調整後的 R^2 為 .614，表示數學態度、練習時間二個自變項共可解釋數學成就 62.3% 的變異量。整體迴歸係數顯著性檢定的 F 值為 71.850，顯著性 p

< .001，達到 .05 顯著水準，表示至少有一個解釋變項的迴歸係數顯著不等於 0。

係數 [a]

模式	未標準化係數		標準化係數	t	顯著性
	B 之估計值	標準誤差	Beta 分配		
1 （常數）	.168	.442		.381	.704
數學態度	.479	.068	.482	7.025	.000
練習時間	.541	.074	.504	7.352	.000

a. 依變數：數學成就

　　未平減的二個解釋變項「數學態度」、「練習時間」之原始迴歸係數分別為 0.479（$p < .001$）、0.541（$p < .001$），均達 .05 顯著水準，表示二個解釋變項對數學成就的影響均為正向，個別學生的數學態度增加一個單位、數學成就就增加 0.479 分；每週練習時間增加一個單位，數學成就就增加 0.541 分，截距項參數為 0.168。

未平減的迴歸方程式為：

$$數學成就_{ij} = \beta_{0j} + \beta_{1j} X_{1ij} + \beta_{2j} X_{2ij} + \varepsilon_{ij}$$
$$= \beta_{0j} + \beta_{1j} \times 數學態度_{1ij} + \beta_{2j} \times 練習時間_{2ij} + \varepsilon_{ij}$$
$$= 0.168 + 0.479 \times 數學態度_{1ij} + 0.541 \times 練習時間_{2ij} + e_{ij}$$

（二）組平減結果

模式摘要

模式	R	R 平方	調過後的 R 平方	估計的標準誤
1	.355[a]	.126	.106	2.505

a. 預測變數：（常數），組平減_練時，組平減_數態

　　以數學態度、練習時間為解釋變項，數學態度、練習時間二個解釋變項經組平減轉換，而以數學成就為結果變項，R^2 為 .126，調整後的 R^2 為 .106。整體迴歸係數顯著性檢定的 F 值為 6.289，顯著性 $p < .01$，達到 .05 顯著水準，表

示至少有一個解釋變項的迴歸係數顯著不等於 0。

係數 [a]

模式		未標準化係數		標準化係數	t	顯著性
		B 之估計值	標準誤差	Beta 分配		
1	（常數）	4.944	.264		18.727	.000
	組平減 _ 數態	.384	.140	.280	2.750	.007
	組平減 _ 練時	.229	.135	.173	1.699	.093

a. 依變數：數學成就

　　組平減的二個解釋變項「組平減 _ 數態」、「組平減 _ 練時」之原始迴歸係數分別為 0.384（$p < .01$）、0.229（$p < .001$），截距項參數為 4.944，與未平減之解釋變項相較之下，解釋變項經組平減後，截距項參數由 0.168 變為 4.944，數學態度、練習時間二個解釋變項的迴歸係數分別由 0.479（$p < .001$）、0.541（$p < .001$）變為 0.384（$p < .01$）、0.229（$p > .05$），練習時間解釋變項迴歸係數的影響力由顯著（$p < .05$）變為不顯著（$p > .05$）。可見，解釋變項經由組平均數中心化轉換後，不僅截距項參數改變，斜率係數也會跟著改變。
組平減的迴歸方程式為：

$$數學成就_{ij} = \beta_{0j} + \beta_{1j}(X_{1ij} - \overline{X_{1.j}}) + \beta_{2j}(X_{2ij} - \overline{X_{2.j}}) + \varepsilon_{ij}$$
$$= \beta_{0j} + \beta_{1j} \times 數學態度_{1ij} + \beta_{2j} \times 練習時間_{2ij} + \varepsilon_{ij}$$
$$= 4.944 + 0.384 \times 數學態度_{1ij} + 0.229 \times 練習時間_{2ij} + e_{ij}$$

（三）總平減結果

模式摘要

模式	R	R 平方	調過後的 R 平方	估計的標準誤
1	.789[a]	.623	.614	1.646

a. 預測變數：（常數），總平減 _ 練時，總平減 _ 數態

　　以數學態度、練習時間為解釋變項，數學態度、練習時間二個解釋變項經

總平減轉換，而以數學成就為結果變項，R^2 為 .623，調整後的 R^2 為 .614。整體迴歸係數顯著性檢定的 F 值為 71.850，顯著性 $p < .01$，達到 .05 顯著水準，表示至少有一個解釋變項的迴歸係數顯著不等於 0。

係數 [a]

模式		未標準化係數		標準化係數	t	顯著性
		B 之估計值	標準誤差	Beta 分配		
1	（常數）	4.946	.173		28.514	.000
	總平減 _ 數態	.479	.068	.482	7.025	.000
	總平減 _ 練時	.541	.074	.504	7.352	.000

a. 依變數：數學成就

　　總平減的二個解釋變項「總平減 _ 數態」、「總平減 _ 練時」之原始迴歸係數分別為 0.479（$p < .001$）、0.541（$p < .001$），截距項參數為 4.946，與未平減之解釋變項相較之下，解釋變項經總平減後，截距項參數由 0.168 變為 4.946，數學態度、練習時間二個解釋變項的迴歸係數 0.479（$p < .001$）、0.541（$p < .001$）與採用原始測量值之未平減時的迴歸係數相同，二個解釋變項迴歸係數值是否為 0 的顯著性檢定 p 值也相同。可見，解釋變項經由總平均數中心化轉換後，只有截距項參數改變，斜率係數與斜率參數的顯著性 p 值均沒有改變。

總平減的迴歸方程式為：

$$數學成就_{ij} = \beta_{0j} + \beta_{1j}(X_{1ij} - \overline{X_{1..}}) + \beta_{2j}(X_{1ij} - \overline{X_{2..}}) + \varepsilon_{ij}$$
$$= \beta_{0j} + \beta_{1j} \times 數學態度_{1ij} + \beta_{2j} \times 練習時間_{2ij} + \varepsilon_{ij}$$
$$= 4.946 + 0.479 \times 數學態度_{1ij} + 0.541 \times 練習時間_{2ij} + e_{ij}$$

平減設定	R	R^2	F 值	截距	數學態度斜率 β_1	練習時間斜率 β_2
未平減	.789	.623	71.850（$p < .001$）	0.168	0.479***	0.541***
組平減	.355	.126	6.289（$p < .01$）	4.944	0.384**	0.229ns
總平減	.789	.623	71.850（$p < .001$）	4.946	0.479***	0.541***

ns $p > .05$　**$p < .01$　***$p < .001$

從整理的迴歸摘要表中可以發現，未平減（原始測量值）與總平減（總平均數集中化）之迴歸結果，除了截距參數外，其餘 R（多元相關係數）、R^2（多元相關係數平方）、整體迴歸係數顯著性考驗的 F 值、斜率係數 β 均相同，未平減的截距參數為 0.168，總平減的截距參數為 4.946，數學態度對數學成就影響的斜率係數為 0.479（$p < .001$），練習時間對數學成就影響的斜率係數為 0.541（$p < .001$），R^2 值為 62.3%，組平減（組平均數中心化）的五個參數值均與未平減時不同，R^2（多元相關係數平方）從 .623 降為 .126，截距項為 4.944，數學態度對數學成就影響的斜率係數為 0.384（$p < .01$），練習時間對數學成就影響的斜率係數為 0.229（$p > .05$）。

⟳ 三、四個解釋變項的複迴歸模型

教師性別解釋變項為班級教師人口變項，以班級教師的樣本數而言，只有九個班級，九個班級組織只有九位教師，有效樣本數為 9，在一般最小平方法（ordinary least squares;[OLS]）的迴歸估計法程序中，教師性別的樣本數為 90，此種方法乃將高階層次（第二層）的變項解構（disaggreated）為個體層次（第一層）的變項，解構程序有時會配合虛擬變數轉換的程序，以符合迴歸分析的假定；相對的，研究者也可能將第一層個體變項聚合成高階層次的變項，以進行高階層次的迴歸分析。此種解構程序單獨進行個體層次的分析，或是聚合程序單獨進行總體層次的分析可能會發生聚合偏誤、誤估估計標準誤，或產生迴歸異質性的問題（Rocconi, 2011）。具有階層屬性的資料，如改用多層次分析模式可以同時估計個體層次解釋變項及總體層次解釋變項對結果變項的影響，除可估計模型的固定效果（截距及斜率係數），也可以估算模型的隨機效果（誤差項的變異成分）。

（一）個體層次分析結果

自變項（解釋變項）為教師性別、學生性別、學生的數學態度、學生每週練習時間，依變項（結果變項）為學生的數學成就。

模式摘要

模式	R	R 平方	調過後的 R 平方	估計的標準誤
1	.872[a]	.761	.750	1.325

a. 預測變數：（常數），教師性別，性別，練習時間，數學態度

個體層次的四個解釋變項與結果變項的多元相關係數為 .872，多元相關係數的平方為 .761，表示學生性別、數學態度、練習時間、教師性別四個解釋變項，可以解釋學生數學成就結果變項 76.1% 的變異量。

係數 [a]

模式	未標準化係數		標準化係數	t	顯著性
	B 之估計值	標準誤差	Beta 分配		
1 （常數）	.982	.472		2.079	.041
學生性別	−.359	.318	−.068	−1.130	.262
數學態度	.268	.069	.270	3.906	.000
練習時間	.402	.063	.375	6.420	.000
教師性別	2.435	.348	.459	6.991	.000

a. 依變數：數學成就

迴歸方程式中的截距（參數）項為 .982，學生性別、數學態度、練習時間、教師性別四個解釋變項的迴歸係數（斜率）分別為 −0.359（$p > .05$）、0.268（$p < .001$）、0.402（$p < .001$）、2.435（$p < .001$），數學態度、練習時間二個解釋變項的迴歸係數均為正值，表示二個解釋變項對數學成就的影響均為正向，個體學生的數學態度增加一個單位，「數學成就」就增加 0.268 個單位（分）；個體學生每週的練習時間增加一個單位，「數學成就」就增加 0.402 個單位（分）。教師性別的迴歸係數為 2.435，由於教師性別水準數值編碼中 1 為女教師、0 為男教師，表示班級教師為女教師的學生，其數學成就平均高出班級教師為男教師的學生 2.435 分。虛擬變項的迴歸係數為水準數值編碼為 1 的組別（比較組）與水準數值編碼為 0 的組別（參照組）之比較，如果迴歸係數值為正，表示比較組在結果變項的平均分數高於參照組的平均分數；相反的，迴歸係數值為負，表示比較組在結果變項的平均分數低於參照組的平均分數。

層次一變項以「班級」群組為單位加以聚合（aggregate）後，解釋變項「班數學態度」、「班練習時間」就變成聚合脈絡變數（aggregated contextual variables）、「班教師性別」為第二層的「班級」組織解釋變項，假定「班教學理念」由班級教師直接填答，並非是個體層次的受試者（學生）填答，其數值不是由個體層次的解釋變項聚合而成，不屬於脈絡變數（contextual variable）類型，而是屬於總體層次的解釋變項。在多層次分析模式中，總體層次（層次二）的解釋變項有二種類型，一種類型是解釋變項直接從層次二組織或組織領導人中搜集到的資料，如班級教師的班級經營理念、班級教師的管教態度、班級的規模大小、教師班級經營信念等。另一種類型的總體層次解釋變項是由層次一的受試者（如學生）填答，再將所有學生填答的數據或從班級學生搜集的資料，以「班級」組織群組為單位加以聚合（班級的平均值）而得，此種由個體層次的解釋變項以巢套組織為單位，加以聚合而成的總體層次解釋變項，稱為「脈絡變項」，層次二的迴歸方程式中納入脈絡變數的模型特別稱為脈絡模型（contextual model）。脈絡模型中的總體層次解釋變項一般以符號 Z 表示，總體層次的解釋變項則以符號 W 表示。

以組織部門及員工二個層次的資料搜集為例，部門相關的資料、特徵或部門領導人的領導信念、人格特質等，一般員工的認知或熟悉度通常不會十分深入，從員工處獲得的資料無法正確反映單一部門領導人相關屬性或特性，此種資訊的取得必須由部門領導人自己回應或自評，才能有效測出。某些班級組織特徵或教師個人的屬性特性，從班級學生的回應中可能也無法正確的反映出來，只有由教師個人本身的自評或回應才能有效搜集，此種變項即是總體層次的解釋變項，脈絡變項與總體層次解釋變項都是階層二群組對結果變項的影響變因，二種變項的層級相同，只是其資料搜集的來源有些不同。

階層線性模式使用的估計方法為漸進最大概似法，此方法的樣本數必須夠大，否則估計所得的估計值會產生較大的偏誤，多層次模式的一個重要議題是模式估計的標的樣本必須是大樣本，如此才能獲得正確的估計值與精確的標準誤。由於多層次分析的資料檔有個體層次（第一層）的樣本數及群組層次（第二層）的樣本數，由於群組層次組織個數會少於個體層次的總樣本數，所以多層次分析模式一般關注的是群組層次（第二層）的樣本數（Rocconi, 2011）。Maas 與 Hox（2004；2005）模擬研究發現：多層次分析程序中，更多的群組

樣本數比每個群組內有較大的個體樣本數來得重要。Kreft 與 Leeuw（1998）建議：多層次模式分析程序第二層群組個數可以接受的樣本數應大於 30 個以上，Maas 與 Hox（2004；2005）提出更嚴謹的建議：認為群組樣本數（總體層次的組織樣本）最少要大於 50，而群組內個體樣本數最好大於 30，如此第二層變異成分（variance components）的標準誤會更精準。此外，對於多層次模式程序的樣本數多寡，Maas 與 Hox（2004, p. 135）提出以下準則：「如果研究者關注的是模型的固定效果，10 個群組個數即能獲得正確的估計值；若是研究者關注的脈絡效果，30 個群組個數才足夠；如果研究者想要得到正確的標準誤估計值，群組個數至少要 50 個。」綜合以上學者的觀點，研究者進行多層次模型分析時，應關注的樣本數是第二層群組個數是否足夠，至少第二層群組個數要大於 20 以上，若能多於 30 更佳，如果第二層群組個數少於 20，得到的參數估計值可能會有較大的偏誤值。

隨機係數的迴歸模型如下：

層次一模型：
學業成就$_{ij}$ = β_{0j} + β_{1j} × 數學態度$_{ij}$ + r_{ij}
層次二模型：
β_{0j} = γ_{00} + μ_{0j}（隨機效果）
β_{1j} = γ_{10} + μ_{1j}（隨機效果）

脈絡模型為層次二的截距列方程，增列脈絡變數（平均班級數學態度）：

層次一模型：
學業成就$_{ij}$ = β_{0j} + β_{1j} × 數學態度$_{ij}$ + r_{ij}
層次二模型：
β_{0j} = γ_{00} + γ_{01} × $\overline{\text{數學態度}}_{j}$ + μ_{0j}
β_{1j} = γ_{10} + μ_{1j}（隨機效果）

下列脈絡模型中，層次一方程式納入個體層次的三個解釋變項：個體學生數學態度、個體學生練習時間、學生性別，由於個體層次學生性別為人口變項，以班級為單位進行聚合，求其平均值沒有實質意義，以脈絡變數的內涵不同，不適合作為層次二的脈絡變項。範例中，層次二納入的二個脈絡變項為班級平

均數學態度、班級平均練習時間。

層次一模型：

學業成就$_{ij}$ = β_{0j} + β_{1j} × 數學態度$_{ij}$ + β_{2j} × 練習時間$_{ij}$ + β_{3j} × 學生性別$_{ij}$ + r_{ij}

層次二模型：

β_{0j} = γ_{00} + γ_{01} × $\overline{\text{數學態度}}_j$ + γ_{02} × $\overline{\text{練習時間}}_j$ + μ_{0j}

β_{1j} = γ_{10} + μ_{1j}（隨機效果）

β_{2j} = γ_{20} + μ_{2j}（隨機效果）

β_{3j} = γ_{30} + μ_{3j}（隨機效果）

　　脈絡模型中，層次二截距列的解釋變項除可納入脈絡變數外，較複雜的模型可以納入總體層次的解釋變項，同時探究脈絡變項及組織層次解釋變項對結果變項的影響。範例中層次二納入的解釋變項有二個脈絡變數、一個組織層次的解釋變項（教師性別）。此種模型探究的是同時考量個體層次解釋變項、總體層次解釋變項時，各解釋變數對結果變數的影響是否達到顯著？

層次一模型：

學業成就$_{ij}$ = β_{0j} + β_{1j} × 數學態度$_{ij}$ + β_{2j} × 練習時間$_{ij}$ + β_{3j} × 學生性別$_{ij}$ + r_{ij}

層次二模型：

β_{0j} = γ_{00} + γ_{01} × $\overline{\text{數學態度}}_j$ + γ_{02} × $\overline{\text{練習時間}}_j$ + γ_{03} × 教師性別$_j$ + μ_{0j}

β_{1j} = γ_{10} + μ_{1j}（隨機效果）

β_{2j} = γ_{20} + μ_{2j}（隨機效果）

β_{3j} = γ_{30} + μ_{3j}（隨機效果）

　　由於脈絡變數是由個體層次（如學生）解釋變項聚合而成，脈絡模型同時包含個體層次的解釋變項（自變項）及脈絡變數，脈絡變數雖由個體層次解釋變項以組織為單位聚合而成，其屬性可作為總體層次組織單位的解釋變項，以學生社經地位對學業成就的影響為例，若學生巢套於學校組織之中，學生個體為個體層次，學校組織為總體層次，以各學校為單位可以求出學校平均社經地位（也可求出學校平均學業成就），學校平均社經地位是以學校為單位，同一學校內有效學生樣本之社經地位聚合而來（以學校組織為單位，同一學校內有效學生樣本社經地位的加總值除以學生個數），「學校平均社經地位」變項屬

學校情境的脈絡變數，此種脈絡變數對學校學業成就會有某種程度的影響。脈絡變數由於是組織單位的平均值，因而其變項尺度屬計量變數（或連續變數），至於組織單位的人口變項，由於變數尺度為名義變項（間斷變項），以組織單位進行聚合，求其平均值沒有統計意義，因而不能作為脈絡變數，如學生巢套於班級之中，教師性別（水準數值編碼 1 為女教師、水準數值編碼 0 為男教師）變項聚合後的水準數值還是 1、0，此種變項不稱為脈絡變數，而是屬於總體層次的解釋變項。

在一般迴歸分析中，假設學生巢套於班級之中，以學生為樣本，人口變項中也會調查任教學生班級教師的基本資料，如教師性別、教師學歷、教師婚姻狀態、學校的屬性（公立、私立）等，組織層次的人口變項或背景變項為第二層的解釋變項，因為變項尺度為名義變數，一般不稱為脈絡變數。以班級學生為受試對象而言，抽樣方法多數是採用叢集取樣，因而是以班級為單位進行抽樣，就教師人口變項而言，假設班級有 30 位學生，則學生勾選結果，教師性別的樣本數就有 30 個，研究者如果抽取 20 個班級，學生層次的有效樣本數為 600 位，以學生人口變項而言，每個人口變項的水準數值群組加總為 600，如男學生有 320 位、女學生有 280 位；由於教師性別是由學生勾選，因而教師性別的水準數值群組加總也為 600 位，如任教班級之班導師為男教師者有 210 位（7 個班）、女教師者有 390 位（13 個班），進行統計分析檢定時，教師性別的有效個數也為 600，此種統計分析程序即是將第二層班級教師解構（disaggregated）到個體層次之中，以和個體層次的樣本數相同。但實際上，研究者只抽取 20 個班，班級導師只有 20 位，因而班級導師性別的水準數值群組加總只有 20，範例中 20 個班級中導師為男教師者有 7 位、導師為女教師者有 13 位，如果將班級教師個人人口變項及班級特徵變因置於第二層，則不會發生上述的情況。此種具巢套關係的資料結構，有關第二層或第三層的人口變項或群組特徵影響變因，在抽樣調查中即是「多對一」或「一對多」樣本填答，其架構圖如下：

第一個班級抽樣如下圖：

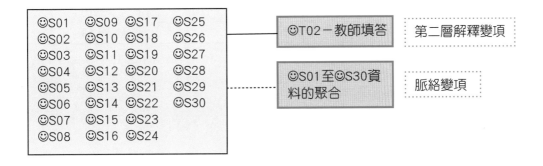

第二個班級抽樣如下圖：

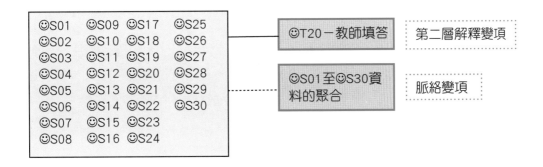

第二十個班級抽樣如下圖：

第二層資料結構中，「班數學成就」為第二層複迴歸的效標變項（依變項），「班數學態度」、「班練習時間」為以各班為單位聚合而成的脈絡變項，「班教師性別」、「班教學信念」為第二層班級教師的人口變項或解釋變項。

班級	班數學成就	班數學態度（脈絡變數）	班練習時間（脈絡變數）	班教師性別（階層二解釋變項）	班教學信念（階層二解釋變項）
1	2.80	3.20	2.60	0	9
2	5.30	4.50	5.30	0	17
3	8.90	8.40	5.50	1	20
4	2.70	2.40	3.00	0	8
5	5.90	5.60	4.10	1	12
6	7.20	6.60	6.00	1	18
7	1.70	6.60	1.70	0	4
8	3.50	5.40	2.50	0	10
9	6.50	7.30	4.50	1	14

（二）總體層次分析結果

層次二（以班級為單位）進行複迴歸分析結果，如下：

模式摘要

模式	R	R 平方	調過後的 R 平方	估計的標準誤
1	.972[a]	.945	.911	.71736

a. 預測變數：（常數），班教師性別，班練習時間，班數學態度

總體層次解釋變項「班數學態度」、「班練習時間」、「班教師性別」與班級數學成就結果變項的多元相關係數為 .972、多元相關係數平方為 .945，三個總體層次的解釋變項，共可以解釋「班級數學成就」94.5% 的變異量。

係數 [a]

模式	未標準化係數		標準化係數	t	顯著性
	B 之估計值	標準誤差	Beta 分配		
1 （常數）	−.863	1.168		−.739	.493
班數學態度	.251	.183	.202	1.370	.229
班練習時間	.978	.232	.619	4.222	.008
班教師性別	1.323	.843	.289	1.569	.177

a. 依變數：班數學成就

　　迴歸方程式中的截距（參數）項為 −.863，「班數學態度」、「班練習時間」、「班教師性別」三個解釋變項的迴歸係數（斜率）分別為 0.251（$p > .05$）、0.978（$p < .01$）、1.323（$p > .05$），三個總體層次的解釋變項對結果變項（班級數學成就）之迴歸係數，只有「班練習時間」達到統計顯著水準，由於其迴歸係數值為正數，表示「班練習時間」解釋變項對班級數學成就的影響為正向，班級平均數學態度增加一個單位，班級平均數學成就就增加 0.978 個單位（分）。當第二層組織群組的樣本數太少時，解釋變項間較易形成線性相依情況，範例中，以組織層級進行複迴歸分析時，多元相關係數 R^2 的數值高達 94.5%，但四個自變項中只有一個自變項的迴歸係數（班練習時間）達到統計顯著水準。

　　在多層次分析程序中，二種平均數集中化（平減）的程序，總平減比組平減較為簡單，因為每個變項的總平均數只有一個，但每個變項的組別平均數可能都不相同。總平減程序產出的截距參數等於在解釋變項具 X 分數的個體於結果變項 Y 的期望值，個體在解釋變項 X 的分數等於整體樣本的平均數，總平減提供群集平均數（cluster means）的調整值，因而適合作為解釋變項。如果研究關注的是組別層次之群集平均數的調整值，此調整值表示的是每個群集之內個體間的差異，則採用總平減轉換是合適的。總平減模型與未平減模型是等值模型，其中的差別在於未平減模型之結果變項 Y 的截距參數只有當解釋變項 X 為 0 時才會存在。在組織研究領域或社會科學領域，未平減的程序較少有實務上重要性，如範例中智力對學生學業成就的影響為例，只有當學生智力分數等於 0 時，截距參數才會存在，但個體層次解釋變項學生智力不可能有 0 分情況，再以家庭收入對學生學習成就的影響而言，如果學生沒有家庭收入（家庭收入的測量值為 0），截矩參數才會存在，但個體學生沒有家庭收入，解釋變

項也沒有意義。因此，使用原始計量分數作為解釋變項的處理策略之一，是當所有解釋變項的數值都是 0 時，截距參數可以被詮釋為結果變項分數的期望分數（expected score）。在許多實務研究中，總平均模型比未平減模型的解釋較為容易，在某些情況下，總平減比未平減有更佳的技術優勢，因為總平減模型可以降低跨群組截距與斜率估計值間的相關，減少多層次分析模式之多元共線性的發生（Heck & Thomas, 2008, p.145）。

參 多層次模型平減的實例

　　HLM 的視窗界面中，第一層（個體層次）的解釋變項納入第一層模式的型態有三種：一為採用原始測量值、二為採用組平均數中心化（組平減）、三為採用總平均數中心化（總平減）；第二層（組織層次）的解釋變項納入第二層模式的型態有二種：一為採用原始測量值、二為採用總平均數中心化（總平減）。解釋變數採用未平減、組平減、總平減投入多層次模式都是「正確的模型」，只是採用不同的平減方法，會造成第一層截距參數 γ_{00} 有很大的波動。

　　範例中說明第一層的結果變數為樣本在「標準化數學成就測驗」的分數，測量值愈高，表示學生的數學成就愈佳，有效樣本數為 936。

　　第二層組織變項學校層級的樣本數為 17，組織變項有校長性別（男校長、女校長）、學校所在地區（水準數值編碼 0 為非都會地區、水準數值編碼 1 為都會地區）、校長關注數學程度（SPCON）。脈絡變數有校平均數學焦慮（SMAXI）、校平均數學態度（SMATT）、校平均家庭資本（SMCAP）、校平均練習時間（MEXER）。

↻ 一、零模型

階層一模型：

$$MACH_{ij} = \beta_{0j} + r_{ij}$$

數學成就$_{ij} = \beta_{0j} + r_{ij}$

階層二模型：

$$\beta_{0j} = \gamma_{00} + \mu_{0j}$$

Final estimation of fixed effects（最後效果估計值）

（with robust standard errors）（採用強韌性標準誤）

Fixed Effect 固定效果	Coefficient 係數	Standard error 標準誤	t-ratio t 值	Approx. d.f. 自由度	p-value 顯著性
For INTRCPT1, β_0					
INTRCPT2, γ_{00}	75.959821	1.079432	70.370	16	< 0.001

零模型檢定結果，截距項 γ_{00} = 75.960，標準誤為 1.079，t_{16} = 70.370（p < .001），零模型的截距項為所有個體樣本在結果變項（數學成就）的整體平均值。

Final estimation of variance components（最後變異成分估計值）

Random Effect 隨機效果	Standard Deviation 標準差	Variance Component 變異數	d.f. 自由度	χ^2 卡方值	p-value 顯著性
INTRCPT1, u_0	4.19567	17.60369	16	97.51275	< 0.001
level-1, r	13.75303	189.14587			

Deviance = 7589.137930

階層二各校平均數學成就的變異數 τ_{00} = 17.604，$\chi^2(16)$ = 97.513，p < .001，拒絕虛無假設：τ_{00} = 0，變異數參數 τ_{00} 顯著不等於 0，各校間數學成就分數的變動是有統計意義的，學生數學成就「學校間」的差異達到統計顯著水準，各校平均數學成就之間具有明顯的差異。

零模型的內在相關係數 ICC = $\rho = \dfrac{\tau_{00}}{\tau_{00} + \sigma^2} = \dfrac{17.604}{17.604 + 189.146} = 0.085 =$ 8.5%，學生數學成就的總變異中有 8.5% 的變異是學校間造成的，至於學校內可以解釋的變異為 91.5%。

⟳ 二、隨機係數的迴歸模型——未平減

階層一投入的解釋變項為學生的數學焦慮、數學態度、家庭文化資本／家庭資本、每週練習時間四個，四個解釋變項未採用任何組平減或總平減轉換。

階層一模型：

$$MACH_{ij} = \beta_{0j} + \beta_{1j} \times (MAXI_{ij}) + \beta_{2j} \times (MATT_{ij}) + \beta_{3j} \times (HCAP_{ij}) + \beta_{4j} \times (EXER_{ij}) + r_{ij}$$

階層二模型：

$$\beta_{0j} = \gamma_{00} + u_{0j}$$
$$\beta_{1j} = \gamma_{10} + u_{1j}$$
$$\beta_{2j} = \gamma_{20} + u_{2j}$$
$$\beta_{3j} = \gamma_{30} + u_{3j}$$
$$\beta_{4j} = \gamma_{40} + u_{4j}$$

Final estimation of fixed effects（最後效果估計值）
（with robust standard errors）（採用強韌性標準誤）

Fixed Effect	Coefficient	Standard error	*t*-ratio	Approx. *d.f.*	*p*-value
For INTRCPT1, β_0					
INTRCPT2, γ_{00}	20.446456	2.222382	9.200	16	< 0.001
For MAXI slope, β_1					
INTRCPT2, γ_{10}	0.473538	0.105834	4.474	16	< 0.001
For MATT slope, β_2					
INTRCPT2, γ_{20}	1.589565	0.158410	10.034	16	< 0.001
For HCAP slope, β_3					
INTRCPT2, γ_{30}	0.474896	0.112009	4.240	16	< 0.001
For EXER slope, β_4					
INTRCPT2, γ_{40}	0.865592	0.137937	6.275	16	< 0.001

　　γ_{00} = 20.446、標準誤為 2.222，$t(16)$ = 9.200（$p < .001$），考量四個個體層次解釋變項對數學成就結果變項的影響時，學生數學成就的整體平均值為 20.446（零模型的截距項 γ_{00} = 75.960）。學生數學焦慮對數學成就影響的斜率（β_1）估計值 γ_{10} = 0.474，$t(16)$ = 4.474（$p < .001$），達統計顯著水準；學生數學態度對數學成就影響的斜率係數（β_2）估計值 γ_{20} = 1.590，$t(16)$ = 10.034（$p < .001$），達統計顯著水準；學生家庭資本對數學成就影響的斜率係數（β_3）估計值 γ_{30} = 0.475，$t(16)$ = 4.240（$p < .001$），達統計顯著水準；學生每週練習時間對數學成就影響的斜率係數（β_4）估計值 γ_{40} = 0.866，$t(16)$ = 6.275（$p < .001$），達統計顯著水準。其意涵表示學生數學焦慮增加一個單位（數學焦慮的測量值愈高，表示數學焦慮感受愈低，增加愈多單位的數學焦慮，表示個體

知覺的數學焦慮程度愈低），學生數學成就可提高 0.474 分；學生數學態度增加一個單位，個體數學成就增加 1.590 分；學生家庭資本增加一個單位，平均學生個體的數學成就提高 0.475 分；學生每週練習時間增加一個單位（小時），平均學生個體數學成就增加 0.866 分。就四個個體層次解釋變項對數學成就影響的重要程度而言，以學生數學態度的影響程度最大，其次依序是每週練習時間、家庭資本、數學焦慮。

Final estimation of variance components（最後變異成分估計值）

Random Effect	Standard	Variance	d.f.	χ^2	p-value
INTRCPT1, u_0	7.25758	52.67250	16	32.53358	0.009
MAXI slope, u_1	0.27270	0.07436	16	24.35830	0.082
MATT slope, u_2	0.47008	0.22097	16	23.22960	0.108
HCAP slope, u_3	0.16524	0.02730	16	18.41049	0.300
EXER slope, u_4	0.29987	0.08992	16	20.42478	0.201
level-1, r	9.08153	82.47412			

Deviance = 6826.776842

　　階層二誤差項 μ_{0j} 的變異數 $\tau_{00} = 52.673$，$\chi^2(16) = 32.534$，$p < .01$，達到統計顯著水準，表示層次一納入數學焦慮、數學態度、家庭資本、每週練習時間四個解釋變項對數學成就的影響後，各校之間平均數學成就還有顯著的學校間差異存在，變異數 τ_{00} 達到統計顯著水準，表示控制學生個體之數學焦慮、數學態度、家庭資本、每週練習時間四個解釋變項對學生數學成就的影響後，學校平均之數學成就間還有顯著的不同。

　　$\tau_{11} = 0.074$（$p > .05$）、$\tau_{22} = 0.221$（$p > .05$）、$\tau_{33} = 0.027$（$p > .05$）、$\tau_{44} = 0.090$（$p > .05$），四個隨機效果斜率係數變異數均未達統計顯著水準，表示各校數學焦慮對數學成就影響的平均斜率間沒有顯著的「學校間」差異存在；各校數學態度對數學成就影響的平均斜率間沒有顯著的「學校間」差異存在；各校家庭資本對數學成就影響的平均斜率間沒有顯著的「學校間」差異存在；各校練習時間對數學成就影響的平均斜率間沒有顯著的「學校間」差異存在。

　　階層一誤差項的變異數 $\sigma^2 = 82.474$，零模型階層一誤差項的變異數為 189.146，層次一投入四個個體層次的解釋變項後，誤差項變異數從 189.146 下

降至 82.474，變異數削減比值為：$\dfrac{\tau_{00(\text{零模型})} - \tau_{00(\text{標的模型})}}{\tau_{00(\text{零模型})}} = \dfrac{189.146 - 82.474}{189.146} = .564$ = 56.4%，表示階層一加入數學焦慮、數學態度、家庭資本、每週練習時間四個解釋變項之後，能解釋學校內學生數學成就變異量的百分比為 56.4%。

↻ 三、隨機係數的迴歸模型——總平減

　　階層一投入的解釋變項為學生的數學焦慮、數學態度、家庭文化資本、每週練習時間四個，四個解釋變項採用總平減轉換。

　　階層一模型：

$$MACH_{ij} = \beta_{0j} + \beta_{1j} \times (MAXI_{ij}) + \beta_{2j} \times (MATT_{ij}) + \beta_{3j} \times (HCAP_{ij}) + \beta_{4j} \times (EXER_{ij}) + r_{ij}$$

階層二模型：

$$\beta_{0j} = \gamma_{00} + u_{0j}$$
$$\beta_{1j} = \gamma_{10} + u_{1j}$$
$$\beta_{2j} = \gamma_{20} + u_{2j}$$
$$\beta_{3j} = \gamma_{30} + u_{3j}$$
$$\beta_{4j} = \gamma_{40} + u_{4j}$$

MAXI MATT HCAP EXER have been centered around the grand mean.

註：MAXI、MATT、HCAP、EXER 四個解釋變項經總平均數集中化轉換。HLM 統計分析軟體的執行分析結果，解釋變項如果經組平減轉換，輸出文件會增列「……been centered around the group mean」，解釋變項如果經總平減轉換，輸出文件會增列「……have been centered around the grand mean」的提示訊息。視窗界面可以直接檢核各種平減情況，但輸出文件的模型則以未平減的模型呈現。

Final estimation of fixed effects（最後效果估計值）

（with robust standard errors）（採用強韌性標準誤）

Fixed Effect	Coefficient	Standard error	t-ratio	Approx. $d.f.$	p-value
For INTRCPT1, β_0					
INTRCPT2, γ_{00}	75.967506	0.576911	131.680	16	< 0.001
For MAXI slope, β_1					
INTRCPT2, γ_{10}	0.473539	0.105834	4.474	16	< 0.001
For MATT slope, β_2					
INTRCPT2, γ_{20}	1.589562	0.158413	10.034	16	< 0.001
For HCAP slope, β_3					
INTRCPT2, γ_{30}	0.474896	0.112008	4.240	16	< 0.001
For EXER slope, β_4					
INTRCPT2, γ_{40}	0.865602	0.137936	6.275	16	< 0.001

　　γ_{00} = 75.968、標準誤為 0.577，$t(16)$ = 131.680（$p < .001$），考量四個個體層次解釋變項對數學成就結果變項的影響時，學生數學成就的整體平均值為 75.968（零模型的截距項 γ_{00} = 75.960）。

　　學生數學焦慮對數學成就影響的斜率（β_1）估計值 γ_{10} = 0.474，$t(16)$ = 4.474（$p < .001$），達統計顯著水準；學生數學態度對數學成就影響的斜率係數（β_2）估計值 γ_{20} = 1.590，$t(16)$ = 10.034（$p < .001$），達統計顯著水準；學生家庭資本對數學成就影響的斜率係數（β_3）估計值 γ_{30} = 0.475，$t(16)$ = 4.240（$p < .001$），達統計顯著水準；學生每週練習時間對數學成就影響的斜率係數（β_4）估計值 γ_{40} = 0.866，$t(16)$ = 6.275（$p < .001$），達統計顯著水準。其意涵表示學生數學焦慮增加一個單位，學生數學成就可提高 0.474 分；學生數學態度增加一個單位，個體數學成就增加 1.590 分；學生家庭資本增加一個單位，平均學生個體的數學成就提高 0.475 分，學生每週練習時間增加一個單位（小時），平均學生個體數學成就增加 0.866 分。就四個個體層次解釋變項對數學成就影響的重要程度而言，以學生數學態度的影響程度最大，其次依序是每週練習時間、家庭資本、數學焦慮。

Final estimation of variance components（最後變異成分估計值）

Random Effect	Standard Deviation	Variance Component	$d.f.$	χ^2	p-value
INTRCPT1, u_0	2.15348	4.63748	16	52.61038	< 0.001
MAXI slope, u_1	0.27268	0.07436	16	24.35829	0.082
MATT slope, u_2	0.47013	0.22102	16	23.22958	0.108
HCAP slope, u_3	0.16523	0.02730	16	18.41048	0.300
EXER slope, u_4	0.29987	0.08992	16	20.42482	0.201
level-1, r	9.08153	82.47417			

Deviance = 6826.776841

　　階層二誤差項 μ_{0j} 的變異數 $\tau_{00} = 4.637$，$\chi^2(16) = 52.610$，$p < .001$，達到統計顯著水準，表示層次一考量數學焦慮、數學態度、家庭資本、每週練習時間四個解釋變項對數學成就的影響後，各校之間平均數學成就還有顯著的學校間差異存在，變異數 τ_{00} 達到統計顯著水準，表示控制學生個體之數學焦慮、數學態度、家庭資本、每週練習時間四個解釋變項對學生數學成就的影響後，各校平均之數學成就間還有顯著的不同。

　　隨機效果各校平均斜率係數之變異數估計值，階層二的四個變異數參數：$\tau_{11} = 0.074$（$p > .05$）、$\tau_{22} = 0.221$（$p > .05$）、$\tau_{33} = 0.027$（$p > .05$）、$\tau_{44} = 0.090$（$p > .05$），四個隨機效果斜率係數變異數均未達統計顯著水準，表示各校數學焦慮對數學成就影響的平均斜率間沒有顯著的「學校間」差異存在；各校數學態度對數學成就影響的平均斜率間沒有顯著的「學校間」差異存在；各校家庭資本對數學成就影響的平均斜率間沒有顯著的「學校間」差異存在；各校練習時間對數學成就影響的平均斜率間沒有顯著的「學校間」差異存在。

　　階層一誤差項的變異數 $\sigma^2 = 82.474$，零模型階層一誤差項的變異數為189.146，層次一投入四個個體層次的解釋變項後，誤差項變異數從 189.146 下降至 82.474，變異數削減比值為：$\dfrac{\tau_{00(零模型)} - \tau_{00(標的模型)}}{\tau_{00(零模型)}} = \dfrac{189.146 - 82.474}{189.146} = .564$ = 56.4%，表示階層一加入數學焦慮、數學態度、家庭資本、每週練習時間四個解釋變項之後，能解釋學校內學生數學成就變異量的百分比為 56.4%。

↻ 四、隨機係數的迴歸模型——組平減

　　階層一投入的解釋變項為學生的數學焦慮、數學態度、家庭文化資本、每

週練習時間四個，四個解釋變項採用組平減轉換。

階層一模型：

$$MACH_{ij} = \beta_{0j} + \beta_{1j} \times (MAXI_{ij}) + \beta_{2j} \times (MATT_{ij}) + \beta_{3j} \times (HCAP_{ij}) + \beta_{4j} \times (EXER_{ij}) + r_{ij}$$

階層二模型：

$$\beta_{0j} = \gamma_{00} + u_{0j}$$

$$\beta_{1j} = \gamma_{10} + u_{1j}$$

$$\beta_{2j} = \gamma_{20} + u_{2j}$$

$$\beta_{3j} = \gamma_{30} + u_{3j}$$

$$\beta_{4j} = \gamma_{40} + u_{4j}$$

MAXI MATT HCAP EXER have been centered around the group mean.

註：MAXI、MATT、HCAP、EXER 四個解釋變項經組平均數集中化轉換。

Final estimation of fixed effects（最後效果估計值）
（with robust standard errors）（採用強韌性標準誤）

Fixed Effect	Coefficient	Standard error	*t*-ratio	Approx. *d.f.*	*p*-value
For INTRCPT1, β_0					
INTRCPT2, γ_{00}	75.968303	1.080190	70.329	16	< 0.001
For MAXI slope, β_1					
INTRCPT2, γ_{10}	0.491743	0.107503	4.574	16	< 0.001
For MATT slope, β_2					
INTRCPT2, γ_{20}	1.597196	0.159371	10.022	16	< 0.001
For HCAP slope, β_3					
INTRCPT2, γ_{30}	0.458142	0.113488	4.037	16	< 0.001
For EXER slope, β_4					
INTRCPT2, γ_{40}	0.828383	0.140108	5.912	16	< 0.001

固定效果截距項估計值 γ_{00} = 75.968、標準誤為 1.080，$t(16)$ = 70.329（$p <$ .001），考量四個個體層次解釋變項對數學成就結果變項的影響時，學生數學成就的整體平均值為 75.968（零模型的截距項 γ_{00} = 75.960）。

學生數學焦慮對數學成就影響的斜率（β_1）估計值 γ_{10} = 0.492，$t(16)$ = 4.574（$p <$ .001），達統計顯著水準；學生數學態度對數學成就影響的斜率係數

（β_2）估計值 $\gamma_{20} = 1.597$，$t(16) = 10.022$（$p < .001$），達統計顯著水準；學生家庭資本對數學成就影響的斜率係數（β_3）估計值 $\gamma_{30} = 0.458$，$t(16) = 4.037$（$p < .001$），達統計顯著水準；學生每週練習時間對數學成就影響的斜率係數（β_4）估計值 $\gamma_{40} = 0.828$，$t(16) = 5.912$（$p < .001$），達統計顯著水準。斜率係數截距參數達到顯著的意涵如下：學生數學焦慮增加一個單位，學生數學成就可提高 0.492 分；學生數學態度增加一個單位，個體數學成就增加 1.597 分；學生家庭資本增加一個單位，平均學生個體的數學成就提高 0.458 分，學生每週練習時間增加一個單位（小時），平均學生個體數學成就增加 0.828 分。就四個個體層次解釋變項對數學成就影響的重要程度而言，以學生數學態度的影響程度最大，其次依序是每週練習時間、數學焦慮、家庭資本。

Final estimation of variance components（最後變異成分估計值）

Random Effect	Standard Deviation	Variance Component	$d.f.$	χ^2	p-value
INTRCPT1, u_0	4.42662	19.59496	16	223.25504	< 0.001
MAXI slope, u_1	0.27362	0.07487	16	24.34753	0.082
MATT slope, u_2	0.46814	0.21916	16	23.21650	0.108
HCAP slope, u_3	0.20460	0.04186	16	18.46526	0.297
EXER slope, u_4	0.34328	0.11784	16	20.28423	0.207
level-1, r	9.08969	82.62246			

Deviance = 6847.169426

階層二誤差項 μ_{0j} 的變異數 $\tau_{00} = 19.595$，$\chi^2(16) = 223.255$，$p < .001$，達到統計顯著水準，表示層次一考量數學焦慮、數學態度、家庭資本、每週練習時間四個解釋變項對數學成就的影響後，各校之間平均數學成就還有顯著的學校間差異存在，變異數 τ_{00} 達到統計顯著水準，表示控制學生個體之數學焦慮、數學態度、家庭資本、每週練習時間四個解釋變項對學生數學成就的影響後，各校平均之數學成就間還有顯著的不同。

隨機效果各校平均斜率係數之變異數估計值中，四個跨學校組織斜率係數變異數：$\tau_{11} = 0.075$（$p > .05$）、$\tau_{22} = 0.219$（$p > .05$）、$\tau_{33} = 0.042$（$p > .05$）、$\tau_{44} = 0.118$（$p > .05$），四個隨機效果斜率係數變異數均未達統計顯著水準，表示各校數學焦慮對數學成就影響的平均斜率間沒有顯著的「學校間」差異存在；

各校數學態度對數學成就影響的平均斜率間沒有顯著的「學校間」差異存在；各校家庭資本對數學成就影響的平均斜率間沒有顯著的「學校間」差異存在；各校練習時間對數學成就影響的平均斜率間沒有顯著的「學校間」差異存在。

階層一誤差項的變異數 $\sigma^2 = 82.622$，零模型階層一誤差項的變異數為 189.146，層次一投入四個個體層次的解釋變項後，誤差項變異數從 189.146 下降至 82.622，變異數削減比值為：$\dfrac{\tau_{00(零模型)} - \tau_{00(標的模型)}}{\tau_{00(零模型)}} = \dfrac{189.146 - 82.622}{189.146} = .563$ = 56.3%，表示階層一加入數學焦慮、數學態度、家庭資本、每週練習時間四個解釋變項之後，能解釋學校內學生數學成就變異量的百分比為 56.3%。（如表一）

零模型層次一截距參數 $\gamma_{00} = 75.960$，個體層次解釋變項採用未平減時之截距參數 $\gamma_{00} = 20.446$，採用總平減時截距參數 $\gamma_{00} = 75.968$，採用組平減時截距參數 $\gamma_{00} = 75.968$，其餘固定效果估計值的差異量甚小。就隨機效果而言，三種平減方法估計所得的階層二截距誤差項 μ_{0j} 的變異量 τ_{00} 有較大的差異，未平減、總平減、組平減的 τ_{00} 值分別為 52.673（$p < .01$）、4.637（$p < .001$）、19.595（$p < .001$），至於第一層誤差項的變異數 σ^2 差異不大，模型估計所得的離異係數值也差不多。

五、隨機效果的單因子共變數分析模型

階層一投入的解釋變項為學生的數學焦慮、數學態度、家庭文化資本、每週練習時間四個，四個解釋變項採用總平減轉換。

階層一模型：

$$MACH_{ij} = \beta_{0j} + \beta_{1j} \times (MAXI_{ij}) + \beta_{2j} \times (MATT_{ij}) + \beta_{3j} \times (HCAP_{ij}) + \beta_{4j} \times (EXER_{ij}) + r_{ij}$$

階層二模型：

$$\beta_{0j} = \gamma_{00} + u_{0j}$$
$$\beta_{1j} = \gamma_{10} \text{（固定效果）}$$
$$\beta_{2j} = \gamma_{20} \text{（固定效果）}$$
$$\beta_{3j} = \gamma_{30} \text{（固定效果）}$$
$$\beta_{4j} = \gamma_{40} \text{（固定效果）}$$

MAXI MATT HCAP EXER have been centered around the grand mean.

表一 學生數學成就在隨機係數的迴歸模型分析結果摘要比較表

固定效果	未平減		總平減		組平減	
	參數	t值	參數	t值	參數	t值
β_0 截距						
階層二學生數學成就之調整後整體平均值 γ_{00}	20.446	9.200***	75.968	131.680***	75.968	70.329***
β_1 斜率						
數學焦慮對數學成就影響之平均值 γ_{10}	0.474	4.474***	0.474	4.474***	0.492	4.574***
β_2 斜率						
數學態度對數學成就影響之平均值 γ_{20}	1.590	10.034***	1.590	10.034***	1.597	10.022***
β_3 斜率						
家庭資本對數學成就影響之平均值 γ_{30}	0.475	4.240***	0.475	4.240***	0.458	4.037***
β_4 斜率						
練習時間對數學成就影響之平均值 γ_{40}	0.866	6.275***	0.866	6.275***	0.828	5.912***
隨機效果	參數	卡方值	參數	卡方值	參數	卡方值
階層二學校間平均數學成就之差異 μ_{0j}（τ_{00}）	52.673	32.534***	4.637	52.610***	19.595	223.255***
學校間數學焦慮對數學成就影響之差異 τ_{11}	0.074	24.358ns	0.074	24.358	0.075	24.348
學校間數學態度對數學成就影響之差異 τ_{22}	0.221	23.230ns	0.221	23.230	0.219	23.217
學校間家庭資本對數學成就影響之差異 τ_{33}	0.027	18.410ns	0.027	18.410	0.042	18.465
學校間練習時間對數學成就影響之差異 τ_{44}	0.090	20.425ns	0.090	20.425	0.118	20.284
第一層學校內平均數學成就分數 ε_{ij}（σ^2）	82.474		82.474		82.622	
離異係數	6826.777		6826.777		6847.169	

ns $p > .05$　** $p < .01$　*** $p < .001$

註：MAXI、MATT、HCAP、EXER 四個解釋變項經總平均數集中化轉換。

階層二模型中的斜率方程式沒有誤差項，$\beta_{1j} = \gamma_{10}$，表示學校 j 數學焦慮對數學成就影響的平均斜率等於一個常數（所有學校的平均斜率），各校平均斜率都等於某個常數值，表示各校平均斜率係數沒有顯著不同，數學焦慮對數學成就影響的程度（斜率）與方向，各校之間（階層二）假定是相同的。

Final estimation of fixed effects（最後效果估計值）

（with robust standard errors）（採用強韌性標準誤）

Fixed Effect	Coefficient	Standard error	*t*-ratio	Approx. *d.f.*	*p*-value
For INTRCPT1, β_0					
INTRCPT2, γ_{00}	75.885598	0.586934	129.291	16	< 0.001
For MAXI slope, β_1					
INTRCPT2, γ_{10}	0.498863	0.106151	4.700	915	< 0.001
For MATT slope, β_2					
INTRCPT2, γ_{20}	1.566235	0.146732	10.674	915	< 0.001
For HCAP slope, β_3					
INTRCPT2, γ_{30}	0.450588	0.116499	3.868	915	< 0.001
For EXER slope, β_4					
INTRCPT2, γ_{40}	0.878136	0.134809	6.514	915	< 0.001

γ_{00} = 75.886、標準誤為 0.587，$t(16)$ = 129.291（$p < .001$），考量四個個體層次解釋變項對數學成就結果變項的影響時，學生數學成就的整體平均值為 75.886（零模型的截距項 γ_{00} = 75.960）。

↻ 六、脈絡模型

階層一投入的解釋變項為學生的數學焦慮、數學態度、家庭文化資本、每週練習時間四個，四個解釋變項採用組平減轉換。階層二解釋變項為階層一的四個解釋變項以學校組織層級聚合的變數，變數名稱分別為校平均數學焦慮（SMAXI）、校平均數學態度（SMATT）、校平均家庭文化資本（SHCAP）、校平均每週練習時間（SEXER），脈絡變數採用總平減轉換。

（一）模型 A

階層一模型：

$$MACH_{ij} = \beta_{0j} + \beta_{1j} \times (MAXI_{ij}) + \beta_{2j} \times (MATT_{ij}) + \beta_{3j} \times (HCAP_{ij}) + \beta_{4j} \times (EXER_{ij}) + r_{ij}$$

階層二模型：

$$\beta_{0j} = \gamma_{00} + \gamma_{01} \times (SMAXI_j) + \gamma_{02} \times (SMATT_j) + \gamma_{03} \times (SHCAP_j) + \gamma_{04} \times (SEXER_j) + u_{0j}$$

$$\beta_{1j} = \gamma_{10} + u_{1j}$$

$$\beta_{2j} = \gamma_{20} + u_{2j}$$

$$\beta_{3j} = \gamma_{30} + u_{3j}$$

$$\beta_{4j} = \gamma_{40} + u_{4j}$$

MAXI MATT HCAP EXER have been centered around the grand mean.

註：MAXI、MATT、HCAP、EXER 個體層次四個解釋變項經組平均數中心化轉換。

SMAXI SMATT SHCAP SEXER have been centered around the grand mean.

註：SMAXI、SMATT、SHCAP、SEXER 總體層次四個脈絡變項經總平均數中心化轉換。

Final estimation of fixed effects（最後效果估計值）

（with robust standard errors）（採用強韌性標準誤）

Fixed Effect	Coefficient	Standard error	t-ratio	Approx. $d.f.$	p-value
For INTRCPT1, β_0					
INTRCPT2, γ_{00}	75.986262	0.529292	143.562	12	< 0.001
SMAXI, γ_{01}	−0.613342	0.446392	−1.374	12	0.195
SMATT, γ_{02}	2.581742	1.085581	2.378	12	0.035
SHCAP, γ_{03}	1.410207	0.702226	2.008	12	0.068
SEXER, γ_{04}	0.754368	0.721028	1.046	12	0.316
For MAXI slope, β_1					
INTRCPT2, γ_{10}	0.502704	0.105762	4.753	16	< 0.001
For MATT slope, β_2					
INTRCPT2, γ_{20}	1.580846	0.155342	10.177	16	< 0.001
For HCAP slope, β_3					
INTRCPT2, γ_{30}	0.473514	0.112670	4.203	16	< 0.001
For EXER slope, β_4					
INTRCPT2, γ_{40}	0.833029	0.144006	5.785	16	< 0.001

　　脈絡模型分析結果，γ_{00} = 75.986、標準誤為 0.529，$t(12)$ = 143.562（p < .001），同時考量四個個體層次解釋變項及總體層次脈絡變數對數學成就結果變項的影響效果時，學生數學成就的整體平均值為 75.986，零模型之截距項參數 γ_{00} = 75.960，脈絡模型中如果個體層次解釋變項採用組平減、脈絡變數採用總平減置回，則截距項參數 γ_{00} = 75.986，二個模型的截距項參數估計值變動甚小。

　　脈絡變數影響各校數學成就的參數中，γ_{01} = −0.613，$t(12)$ = −1.374（p > .05）；γ_{02} = 2.582，$t(12)$ = 2.378（p < .05）；γ_{03} = 1.410，$t(12)$ = 2.008（p > .05）；γ_{04} = 0.754，$t(12)$ = 1.046（p > .05），除「校平均數學態度」對各校數學成就的影響達到顯著外，其餘三個脈絡變數對各校平均數學成就的影響均未達統計顯著水準。γ_{02} = 2.582，表示各校數學態度對各校平均數學成就的影響是正向的，各校數學態度平均增加一個單位，學校平均數學成就可提高 2.582 分。

Final estimation of variance components（最後變異成分估計值）

Random Effect	Standard Deviation	Variance Component	d.f.	χ^2	p-value
INTRCPT1, u_0	2.16196	4.67408	12	54.02625	< 0.001
MAXI slope, u_1	0.28491	0.08118	16	24.42106	0.080
MATT slope, u_2	0.41807	0.17478	16	23.17764	0.109
HCAP slope, u_3	0.17224	0.02967	16	18.39444	0.301
EXER slope, u_4	0.34126	0.11646	16	20.30209	0.207
level-1, r	9.08691	82.57185			

Deviance = 6818.422910

　　脈絡模型的離異係數為 6818.423，解釋變數採用總平減之隨機係數迴歸模型的離異係數為 6826.777、解釋變數採用組平減之隨機係數迴歸模型的離異係數為 6847.169，從離異係數的大小來看，脈絡模型的適配度比隨機係數之迴歸模型的適配度稍好一些而已。單獨離異係數參數估計值不能作為模型是否適配的統計量指標值，離異係數只能進行二個模型間的比較，二個模型進行適配的比較時，離異係數值較小者，表示模型較佳。

（二）模型 B

　　如果第二層脈絡變數未採用總平減置回模型中，採用未平減的原始組別平均數，則脈絡模型估計所得的結果如下（層次一個體層次解釋變項採用組平減轉換）。

　　階層一模型：

$$MACH_{ij} = \beta_{0j} + \beta_{1j} \times (MAXI_{ij}) + \beta_{2j} \times (MATT_{ij}) + \beta_{3j} \times (HCAP_{ij}) + \beta_{4j} \times (EXER_{ij}) + r_{ij}$$

　　階層二模型：

$$\beta_{0j} = \gamma_{00} + \gamma_{01} \times (SMAXI_j) + \gamma_{02} \times (SMATT_j) + \gamma_{03} \times (SHCAP_j) + \gamma_{04} \times (SEXER_j) + u_{0j}$$

$$\beta_{1j} = \gamma_{10} + u_{1j}$$

$$\beta_{2j} = \gamma_{20} + u_{2j}$$

$$\beta_{3j} = \gamma_{30} + u_{3j}$$

$$\beta_{4j} = \gamma_{40} + u_{4j}$$

MAXI MATT HCAP EXER have been centered around the group mean.

　　註：階層一 MAXI、MATT、HCAP、EXER 四個解釋變項採用組平均數集中化，階層二脈絡變項未採用總平減置回，直接採用原始測量值。

Final estimation of fixed effects（最後效果估計值）

（with robust standard errors）（採用強韌性標準誤）

Fixed Effect	Coefficient	Standard error	t-ratio	Approx. $d.f.$	p-value
For INTRCPT1, β_0					
INTRCPT2, γ_{00}	7.614921	10.188425	0.747	12	0.469
SMAXI, γ_{01}	-0.613342	0.446392	-1.374	12	0.195
SMATT, γ_{02}	2.581742	1.085581	2.378	12	0.035
SHCAP, γ_{03}	1.410207	0.702226	2.008	12	0.068
SEXER, γ_{04}	0.754368	0.721028	1.046	12	0.316
For MAXI slope, β_1					
INTRCPT2, γ_{10}	0.502704	0.105762	4.753	16	< 0.001
For MATT slope, β_2					
INTRCPT2, γ_{20}	1.580846	0.155342	10.177	16	< 0.001
For HCAP slope, β_3					
INTRCPT2, γ_{30}	0.473514	0.112670	4.203	16	< 0.001
For EXER slope, β_4					
INTRCPT2, γ_{40}	0.833029	0.144006	5.785	16	< 0.001

　　當階層一採用組平減、階層二採用原始測量值時，脈絡模型分析結果，γ_{00} = 7.615、標準誤為 10.188，$t(12)$ = 0.747（p > .05），同時考量四個個體層次解釋變項及總體層次脈絡變數對數學成就結果變項的影響效果時，階層一採用組平減、階層二採用總平減，學生數學成就的整體平均值為 75.986，零模型之截距項參數 γ_{00} = 75.960。

　　脈絡變數影響各校數學成就的參數中，γ_{01} = -0.613，$t(12)$ = -1.374（p > .05）；γ_{02} = 2.582，$t(12)$ = 2.378（p < .05）；γ_{03} = 1.410，$t(12)$ = 2.008（p > .05）；γ_{04} = 0.754，$t(12)$ = 1.046（p > .05），除「校平均數學態度」對各校數學成就的影響達到顯著外，其餘三個脈絡變數對各校平均數學成就的影響均未達統計顯著水準。

Final estimation of variance components（最後變異成分估計值）

Random Effect	Standard Deviation	Variance Component	d.f.	χ^2	p-value
INTRCPT1, u_0	2.16196	4.67408	12	54.02625	< 0.001
MAXI slope, u_1	0.28491	0.08118	16	24.42106	0.080
MATT slope, u_2	0.41807	0.17478	16	23.17764	0.109
HCAP slope, u_3	0.17224	0.02967	16	18.39444	0.301
EXER slope, u_4	0.34126	0.11646	16	20.30209	0.207
level-1, r	9.08691	82.57185			

Deviance = 6818.422910

　　當階層一解釋變項採用組平減、階層二脈絡變項採用總平減與階層一解釋變項採用組平減、階層二脈絡變項採用原始測量值，變異成分估計值均相同，離異係數也相同，τ_{00} = 4.674（$p < .001$）、τ_{11} = 0.081（$p > .05$）、τ_{22} = 0.175（$p > .05$）、τ_{33} = 0.030（$p > .05$）、τ_{44} = 0.116（$p > .05$），四個隨機效果誤差項的變異數均未達統計顯著水準，階層一誤差項的變異數 σ^2 = 82.571。

（三）模型C

　　層次一個體層次解釋變項採用總平減轉換、層次二脈絡變項採用總平減置回。

　　階層一模型：

$$MACH_{ij} = \beta_{0j} + \beta_{1j} \times (MAXI_{ij}) + \beta_{2j} \times (MATT_{ij}) + \beta_{3j} \times (HCAP_{ij}) + \beta_{4j} \times (EXER_{ij}) + r_{ij}$$

　　階層二模型：

$$\beta_{0j} = \gamma_{00} + \gamma_{01} \times (SMAXI_j) + \gamma_{02} \times (SMATT_j) + \gamma_{03} \times (SHCAP_j) + \gamma_{04} \times (SEXER_j) + u_{0j}$$

$$\beta_{1j} = \gamma_{10} + u_{1j}$$

$$\beta_{2j} = \gamma_{20} + u_{2j}$$

$$\beta_{3j} = \gamma_{30} + u_{3j}$$

$$\beta_{4j} = \gamma_{40} + u_{4j}$$

MAXI MATT HCAP EXER have been centered around the grand mean.

註：階層一 MAXI、MATT、HCAP、EXER 四個解釋變項採用總平減轉換。

SMAXI SMATT SHCAP SEXER have been centered around the grand mean.

註：階層二 SMAXI、SMATT、SHCAP、SEXER 四個脈絡變項，採用總平減轉換。

Final estimation of fixed effects（最後效果估計值）

（with robust standard errors）（採用強韌性標準誤）

Fixed Effect	Coefficient	Standard error	t-ratio	Approx. $d.f.$	p-value
For INTRCPT1, β_0					
INTRCPT2, γ_{00}	75.959869	0.522228	145.453	12	< 0.001
SMAXI, γ_{01}	−1.348757	0.406988	−3.314	12	0.006
SMATT, γ_{02}	0.901668	0.985833	0.915	12	0.378
SHCAP, γ_{03}	1.054774	0.652231	1.617	12	0.132
SEXER, γ_{04}	0.060082	0.642269	0.094	12	0.927
For MAXI slope, β_1					
INTRCPT2, γ_{10}	0.498615	0.105500	4.726	16	< 0.001
For MATT slope, β_2					
INTRCPT2, γ_{20}	1.582940	0.156199	10.134	16	< 0.001
For HCAP slope, β_3					
INTRCPT2, γ_{30}	0.473342	0.112971	4.190	16	< 0.001
For EXER slope, β_4					
INTRCPT2, γ_{40}	0.832909	0.143913	5.788	16	< 0.001

　　階層一解釋變項與階層二脈絡變項均採用總平減處理，γ_{00} = 75.960、標準誤為 0.522，$t(12)$ = 145.453（$p < .001$），同時考量四個個體層次解釋變項及總體層次脈絡變數對數學成就結果變項的影響效果時，學生數學成就的整體平均值為 75.960，零模型之截距項參數 γ_{00} 為 75.960。

　　脈絡變數影響各校數學成就的參數中，γ_{01} = −1.349，$t(12)$ = −3.314（$p < .01$）；γ_{02} = 0.902，$t(12)$ = 0.915（$p > .05$）；γ_{03} = 1.055，$t(12)$ = 1.617（$p > .05$）；γ_{04} = 0.060，$t(12)$ = 0.094（$p > .05$），除「校平均數學焦慮」對各校數學成就的影響達到顯著外，其餘三個脈絡變數對學生數學成就的影響均未達統計顯著水準。γ_{01} = −1.349，其固定效果參數估計值為負值，表示各校平均數學焦慮減少一個單位，學校平均數學成就可提高 1.349 個單位，學校平均數學焦慮增加一個單位，學校平均數學成就會減少 1.349 個單位，學校平均數學焦慮增加表示學生知覺的數學焦慮愈低，當各校學生感受的數學焦慮愈低，學校平

均的數學成就下降。

就四個個體層次解釋變項對數學成就的影響而言，$\gamma_{10} = 0.499$（$p < .001$）、$\gamma_{20} = 1.583$（$p < .001$）、$\gamma_{30} = 0.473$（$p < .001$）、$\gamma_{40} = 0.833$（$p < .001$）均達統計顯著水準，由於四個參數值均大於 0，表示個體層次的數學焦慮、數學態度、家庭資本、練習時間對學生數學成就都有顯著正向影響。$\gamma_{10} = 0.499$，表示各校內學生數學焦慮增加一個單位（數學焦慮測量值愈高，學生感受的數學焦慮愈低），學生的數學成就可提高 0.499 個單位，個體層次數學焦慮對數學成就的影響效果為正向，控制個體層次解釋變項對數學成就的影響下，脈絡變項「各校平均數學焦慮」對各校平均數學成就的影響效果為負向，此種結果即是 Marsh 等人（2008）所論述的「大魚小池塘效果」（big-fish-little-pond effect）。

Final estimation of variance components（最後變異成分估計值）

Random Effect	Standard Deviation	Variance Component	$d.f.$	χ^2	p-value
INTRCPT1, u_0	2.08131	4.33185	12	42.33957	< 0.001
MAXI slope, u_1	0.29391	0.08638	16	24.42146	0.080
MATT slope, u_2	0.42232	0.17835	16	23.20711	0.108
HCAP slope, u_3	0.16434	0.02701	16	18.41453	0.300
EXER slope, u_4	0.34299	0.11764	16	20.32328	0.206
level-1, r	9.08213	82.48505			

Deviance = 6817.850705

當階層一解釋變項採用總平減、階層二脈絡變項採用總平減轉換，變異成分估計值：$\tau_{00} = 4.332$（$p < .001$）、$\tau_{11} = 0.086$（$p > .05$）、$\tau_{22} = 0.178$（$p > .05$）、$\tau_{33} = 0.027$（$p > .05$）、$\tau_{44} = 0.118$（$p > .05$），四個隨機效果誤差項的變異數均未達統計顯著水準，階層一誤差項的變異數 $\sigma^2 = 82.485$，離異係數為 6817.851。（如表二）

上述三種平減組合中，離異係數值差不多，表示三個模型的適配情形差異不大，與零模型截距項（$\gamma_{00} = 75.950$）比較之下，階層一採用組平減、階層二採用總平減與階層一、階層二均採用總平減組合估算的 γ_{00} 數值最為接近，就個別參數估計值的大小與顯著性來看，模型 A 與模型 B 較為接近，模型 C 與模型

表二 學生數學成就在脈絡模型分析結果比較表

固定效果	個體變項組未平減 [模型 B] 脈絡變項組未平減		個體變項組平減 [模型 A] 脈絡變項組總平減		個體變項組總平減 [模型 C] 脈絡變項組總平減	
	參數	t值	參數	t值	參數	t值
β_0 截距						
階層二學生數學成就之調整後整體平均值 γ_{00}	7.615	0.747	75.986	143.562	75.960	145.453***
脈絡頂						
各校平均數學焦慮對數學成就影響的平均值 γ_{01}	−0.613	−1.374	−0.613	−1.374	−1.349	−3.314**
各校平均數學態度對數學成就影響的平均值 γ_{02}	2.582	2.378 *	2.582	2.378 *	0.902	0.915
各校平均家庭資本對數學成就影響的平均值 γ_{03}	1.410	2.008	1.410	2.008	1.055	1.617
各校平均練習時間對數學成就影響的平均值 γ_{04}	0.754	1.046	0.754	1.046	0.060	0.094
β_1 斜率						
數學焦慮對數學成就影響之平均值 γ_{10}	0.503	4.753***	0.503	4.753***	0.499	4.726***
β_2 斜率						
數學態度對數學成就影響之平均值 γ_{20}	1.581	10.177***	1.581	10.177***	1.583	10.134***
β_3 斜率						
家庭資本對數學成就影響之平均值 γ_{30}	0.474	4.203***	0.474	4.203***	0.473	4.190***
β_4 斜率						
練習時間對數學成就影響之平均值 γ_{40}	0.833	5.785***	0.833	5.785***	0.833	5.788***
隨機效果	參數	卡方值	參數	卡方值	參數	卡方值
階層二學校間平均數學成就之差異 μ_{0j}（τ_{00}）	4.674	54.026***	4.674	54.026***	4.332	42.340***
學校間數學焦慮對數學成就影響之差異 τ_{11}	0.081	24.421	0.081	24.421	0.086	24.421
學校間數學態度對數學成就影響之差異 τ_{22}	0.175	23.178	0.175	23.178	0.178	23.207
學校間家庭資本對數學成就影響之差異 τ_{33}	0.030	18.394	0.030	18.394	0.027	18.415
學校間練習時間對數學成就影響之差異 τ_{44}	0.116	20.302	0.116	20.302	0.118	20.323
第一層學校內平均數學成就分數 ε_{ij}（σ^2）	82.572		82.572		82.485	
離異係數	6818.423		6818.423		6817.857	

$*p<.05$　$**p<.01$　$***p<.001$

A、模型 B 的差異較多，模型 C 產生了多層次分析中「大魚小池塘效果」，造成數學焦慮解釋變項對數學成就影響效果在二個層次不同的情況。筆者認為較佳的組合是模型 A，模型 A 估算結果的 γ_{00} 與零模型的差異不大，不會造成截距 γ_{00} 較大的波動，二個階層模式估計所得結果解釋較為合理，因而如果研究者在多層次模型分析中，想把脈絡變項置回，階層一解釋變項可考量以組平減轉換、階層二脈絡變項以總平減轉換後再置回。

七、總體層次及個體層次變因對數學成就的影響

階層一個體層次的解釋變項為學生家庭結構、學生性別、學生數學焦慮、學生數學態度。階層二投入的解釋變項為校平均數學焦慮（脈絡變數）、校平均數學態度（脈絡變數）、校長數學關注程度、學校所在地區（0 為非都會地區、1 為都會地區）。

（一）模型 A——階層一解釋變項經組平減轉換 & 階層二解釋變項經總平減轉換

階層一個體層次的解釋變項學生數學焦慮、學生數學態度採用組平減轉換；校平均數學焦慮（脈絡變數）、校平均數學態度（脈絡變數）採用總平減轉換，學校組織變項校長數學關注程度（SPCON）採用總平減轉換。

階層一模型：

$$MACH_{ij} = \beta_{0j} + \beta_{1j} \times (HOME_{ij}) + \beta_{2j} \times (SSEX_{ij}) + \beta_{3j} \times (MAXI_{ij}) + \beta_{4j} \times (MATT_{ij}) + r_{ij}$$

階層二模型：

$$\beta_{0j} = \gamma_{00} + \gamma_{01} \times (SMAXI_j) + \gamma_{02} \times (SMATT_j) + \gamma_{03} \times (SPCON_j) + \gamma_{04} \times (SAREA_j) + u_{0j}$$

$$\beta_{1j} = \gamma_{10} + u_{1j}$$

$$\beta_{2j} = \gamma_{20} + u_{2j}$$

$$\beta_{3j} = \gamma_{30} + u_{3j}$$

$$\beta_{4j} = \gamma_{40} + u_{4j}$$

MAXI MATT have been centered around the group mean.
註：個體層次解釋變項 MAXI、MATT 採用組平均數中心化處理。
SMAXI SMATT SPCON have been centered around the grand mean.
註：總體層次解釋變項 SMAXI、SMATT、SPCON 採用總平均數中心化處理。

Final estimation of fixed effects（最後效果估計值）
（with robust standard errors）（採用強韌性標準誤）

Fixed Effect	Coefficient	Standard error	t-ratio	Approx. $d.f.$	p-value
For INTRCPT1, β_0					
INTRCPT2, γ_{00}	77.466570	0.760063	101.921	12	< 0.001
SMAXI, γ_{01}	0.506520	0.326104	1.553	12	0.146
SMATT, γ_{02}	2.411688	0.651484	3.702	12	0.003
SPCON, γ_{03}	0.405081	0.047384	8.549	12	< 0.001
SAREA, γ_{04}	1.750409	0.638833	2.740	12	0.018
For HOME slope, β_1					
INTRCPT2, γ_{10}	−2.823137	0.810926	−3.481	16	0.003
For SSEX slope, β_2					
INTRCPT2, γ_{20}	−3.287721	0.790573	−4.159	16	< 0.001
For MAXI slope, β_3					
INTRCPT2, γ_{30}	0.803911	0.098327	8.176	16	< 0.001
For MATT slope, β_4					
INTRCPT2, γ_{40}	2.064415	0.161253	12.802	16	< 0.001

　　γ_{00} = 77.467、標準誤為 0.760，$t(12)$ = 101.921（p < .001），同時考量四個個體層次解釋變項及總體層次解釋變項對數學成就結果變項的影響時，學生數學成就的整體平均值為 77.467（零模型的截距項 γ_{00} = 75.960）。

　　就總體層次學校組織屬性或特性對學生數學成就的影響效果來看，γ_{02} = 2.412、γ_{03} = 0.405、γ_{04} = 1.750 等三個固定效果值均達到統計顯著水準，表示模型投入的總體層級的解釋變項中，「校平均數學態度」（脈絡變數）、「校長數學關注程度」、「學校所在地區」三個對各校平均數學成就均有顯著的影響，控制模型中投入的個體層次與總體層次的解釋變項下，都會地區（比較群組）之學校平均數學成就顯著高於非都會地區（參照群組）之學校平均數學成就 1.750 分。學校平均數學態度分數的一個標準差改變量，學校平均數學成就的變化量為 1SD × 2.412；學校校長關注程度分數的一個標準差改變量，學校平均數學成就的變化量為 1SD × 0.405。階層一的四個斜率係數估計值 γ_{10} = −2.823、γ_{20} = −3.288、γ_{30} = 0.804、γ_{40} = 2.064 均達統計顯著水準。

Final estimation of variance components（最後變異成分估計值）

Random Effect	Standard Deviation	Variance Component	d.f.	χ^2	p-value
INTRCPT1, u_0	1.47028	2.16172	12	23.47940	0.024
HOME slope, u_1	1.98149	3.92629	16	20.18923	0.211
SSEX slope, u_2	2.19120	4.80137	16	28.16302	0.030
MAXI slope, u_3	0.25322	0.06412	16	23.06973	0.112
MATT slope, u_4	0.49304	0.24309	16	33.47493	0.007
level-1, r	9.32095	86.88011			

Deviance = 6859.929588

　　模型的離異係數為 6859.930，階層二截距項變異數 $\tau_{00} = 2.162$（$p < .05$）、斜率係數變異數 $\tau_{11} = 3.926$（$p > .05$）、$\tau_{22} = 4.801$（$p < .05$）、$\tau_{33} = 0.064$（$p > .05$）、$\tau_{44} = 0.243$（$p < .05$），階層一誤差項變異數 $\sigma^2 = 86.880$。

（二）模型 B——階層一解釋變項經組平減轉換 & 階層二解釋變項未經平減轉換

　　階層一個體層次的解釋變項為學生家庭結構、學生性別、學生數學焦慮、學生數學態度。階層二投入的解釋變項為校平均數學焦慮（脈絡變數）、校平均數學態度（脈絡變數）、校長數學關注程度、學校所在地區。階層一個體層次的解釋變項學生數學焦慮、學生數學態度採用組平減轉換；階層二的脈絡變項「校平均數學焦慮」、「校平均數學態度」、學校組織變項「校長數學關注程度」未採用平減轉換。

　　階層一模型：

$$MACH_{ij} = \beta_{0j} + \beta_{1j} \times (\text{HOME}_{ij}) + \beta_{2j} \times (SSEX_{ij}) + \beta_{3j} \times (MAXI_{ij}) + \beta_{4j} \times (MATT_{ij}) + r_{ij}$$

階層二模型：

$$\beta_{0j} = \gamma_{00} + \gamma_{01} \times (SMAXI_j) + \gamma_{02} \times (SMATT_j) + \gamma_{03} \times (SPCON_j) + \gamma_{04} \times (SAREA_j) + u_{0j}$$

$$\beta_{1j} = \gamma_{10} + u_{1j}$$

$$\beta_{2j} = \gamma_{20} + u_{2j}$$

$$\beta_{3j} = \gamma_{30} + u_{3j}$$

$$\beta_{4j} = \gamma_{40} + u_{4j}$$

MAXI MATT have been centered around the group mean.

註：MAXI、MATT 二個個體層次解釋變項經組平減中心化轉換。

Final estimation of fixed effects（最後效果估計值）

（with robust standard errors）（採用強韌性標準誤）

Fixed Effect	Coefficient	Standard error	t-ratio	Approx. $d.f.$	p-value
For INTRCPT1, β_0					
INTRCPT2, γ_{00}	22.848691	6.832869	3.344	12	0.006
SMAXI, γ_{01}	0.506522	0.326104	1.553	12	0.146
SMATT, γ_{02}	2.411683	0.651485	3.702	12	0.003
SPCON, γ_{03}	0.405081	0.047384	8.549	12	< 0.001
SAREA, γ_{04}	1.750406	0.638833	2.740	12	0.018
For HOME slope, β_1					
INTRCPT2, γ_{10}	−2.823138	0.810926	−3.481	16	0.003
For SSEX slope, β_2					
INTRCPT2, γ_{20}	−3.287719	0.790573	−4.159	16	< 0.001
For MAXI slope, β_3					
INTRCPT2, γ_{30}	0.803911	0.098327	8.176	16	< 0.001
For MATT slope, β_4					
INTRCPT2, γ_{40}	2.064415	0.161253	12.802	16	< 0.001

γ_{00} = 22.849、標準誤為 6.833，$t(12)$ = 3.344（p < .01），同時考量四個個體層次解釋變項及總體層次解釋變項對數學成就結果變項的影響時，學生數學成就的整體平均值為 22.849（零模型的截距項 γ_{00} = 75.960）。

就總體層次學校組織屬性或特性對學生數學成就的影響效果來看，γ_{02} = 2.412、γ_{03} = 0.405、γ_{04} = 1.750 等三個固定效果值均達到統計顯著水準。階層一的四個斜率係數估計值 γ_{10} = −2.823、γ_{20} = −3.288、γ_{30} = 0.804、γ_{40} = 2.064 均達統計顯著水準。

Final estimation of variance components（最後變異成分估計值）

Random Effect	Standard Deviation	Variance Component	$d.f.$	χ^2	p-value
INTRCPT1, u_0	1.47028	2.16172	12	23.47939	0.024
HOME slope, u_1	1.98149	3.92631	16	20.18923	0.211
SSEX slope, u_2	2.19120	4.80138	16	28.16302	0.030
MAXI slope, u_3	0.25323	0.06412	16	23.06974	0.112
MATT slope, u_4	0.49304	0.24309	16	33.47493	0.007
level-1, r	9.32095	86.88009			

Deviance = 6859.929610

　　模型的離異係數為 6859.930，階層二截距項變異數 $\tau_{00} = 2.162$（$p < .05$）、斜率係數變異數 $\tau_{11} = 3.926$（$p > .05$）、$\tau_{22} = 4.801$（$p < .05$）、$\tau_{33} = 0.064$（$p > .05$）、$\tau_{44} = 0.243$（$p < .05$），階層一誤差項變異數 $\sigma^2 = 86.880$。

（三）模型 C——階層一及階層二解釋變項經總平減轉換

　　階層一個體層次的解釋變項為學生家庭結構、學生性別、學生數學焦慮、學生數學態度。階層二投入的解釋變項為校平均數學焦慮（脈絡變數）、校平均數學態度（脈絡變數）、校長數學關注程度、學校所在地區。階層一個體層次的解釋變項學生數學焦慮、學生數學態度採用總平減轉換；階層二的脈絡變項「校平均數學焦慮」、「校平均數學態度」、學校組織變項「校長數學關注程度」採用總平減轉換。

　　階層一模型：

$$MACH_{ij} = \beta_{0j} + \beta_{1j} \times (HOME_{ij}) + \beta_{2j} \times (SSEX_{ij}) + \beta_{3j} \times (MAXI_{ij}) + \beta_{4j} \times (MATT_{ij}) + r_{ij}$$

　　階層二模型：

$$\beta_{0j} = \gamma_{00} + \gamma_{01} \times (SMAXI_j) + \gamma_{02} \times (SMATT_j) + \gamma_{03} \times (SPCON_j) + \gamma_{04} \times (SAREA_j) + u_{0j}$$

$$\beta_{1j} = \gamma_{10} + u_{1j}$$

$$\beta_{2j} = \gamma_{20} + u_{2j}$$

$$\beta_{3j} = \gamma_{30} + u_{3j}$$

$$\beta_{4j} = \gamma_{40} + u_{4j}$$

MAXI MATT have been centered around the grand mean.

註：MAXI、MATT 二個個體層次變項經總平減轉換。

SMAXI SMATT SPCON have been centered around the grand mean.

註：SMAXI、SMATT、SPCON 三個總體層次變項經總平減轉換。

Final estimation of fixed effects（最後效果估計值）

（with robust standard errors）（採用強韌性標準誤）

Fixed Effect	Coefficient	Standard error	t-ratio	Approx. $d.f.$	p-value
For INTRCPT1, β_0					
INTRCPT2, γ_{00}	77.375651	0.736319	105.084	12	< 0.001
SMAXI, γ_{01}	−0.310462	0.358452	−0.866	12	0.403
SMATT, γ_{02}	0.319963	0.721674	0.443	12	0.665
SPCON, γ_{03}	0.406946	0.050249	8.099	12	< 0.001
SAREA, γ_{04}	1.770336	0.651254	2.718	12	0.019
For HOME slope, β_1					
INTRCPT2, γ_{10}	−2.822311	0.811413	−3.478	16	0.003
For SSEX slope, β_2					
INTRCPT2, γ_{20}	−3.288372	0.790379	−4.160	16	< 0.001
For MAXI slope, β_3					
INTRCPT2, γ_{30}	0.803751	0.097341	8.257	16	< 0.001
For MATT slope, β_4					
INTRCPT2, γ_{40}	2.066320	0.159469	12.958	16	< 0.001

$\gamma_{00} = 77.376$、標準誤為 0.736，$t(12) = 105.084$（$p < .001$），同時考量四個個體層次解釋變項及總體層次解釋變項對數學成就結果變項的影響時，學生數學成就的整體平均值為 77.376（零模型的截距項 $\gamma_{00} = 75.960$）。

就總體層次學校組織屬性或特性對學生數學成就的影響效果來看，$\gamma_{03} = 0.407$、$\gamma_{04} = 1.770$ 等二個固定效果值達到統計顯著水準。階層一的四個斜率係數估計值 $\gamma_{10} = -2.822$、$\gamma_{20} = -3.288$、$\gamma_{30} = 0.804$、$\gamma_{40} = 2.066$ 均達統計顯著水準。

Final estimation of variance components（最後變異成分估計值）

Random Effect	Standard Deviation	Variance Component	d.f.	χ^2	p-value
INTRCPT1, u_0	1.39595	1.94868	12	22.35936	0.033
HOME slope, u_1	1.96332	3.85464	16	20.14552	0.213
SSEX slope, u_2	2.19086	4.79989	16	28.10188	0.031
MAXI slope, u_3	0.22647	0.05129	16	23.01970	0.113
MATT slope, u_4	0.46117	0.21268	16	33.41354	0.007
level-1, r	9.33118	87.07093			

Deviance = 6860.799852

　　模型的離異係數為 6860.800，階層二截距項變異數 τ_{00} = 1.949（$p < .05$）、斜率係數變異數 τ_{11} = 3.854（$p > .05$）、τ_{22} = 4.800（$p < .05$）、τ_{33} = 0.051（$p > .05$）、τ_{44} = 0.213（$p < .05$），階層一誤差項變異數 σ^2 = 87.071。（如表三）

　　上述三種平減組合之多層次模型的模式估計結果參數差異不大，其中差異比較大者有二項：1. 模型 B（個體層次組平減 & 總體層次未平減）的階層二截距項估計值與其餘二種模型有較大的差異值；2. 模型 C（個體層次總平減 & 總體層次總平減）之模式估計結果的 γ_{02} 由達統計顯著水準變為不顯著，每個層次都採用總平減轉換，參數估計值估計結果可能會與其他平減轉換組合有較大的差異。

　　如果多層次模式估計結果不會在階層二截距項參數估計值有太大的變動，則階層一個體層次解釋變項採用組平減轉換，並以脈絡變項採用總平減置回階層二的截距項迴歸方程式之中，而階層二解釋變項採用總平減轉換，這是國內期刊 HLM 分析中較為多人採用的平減轉換方式，此種平減轉換程序的合理性較為學者肯定。

◐ 八、以平均數為結果的迴歸模型

（一）未平減

　　階層二投入的總體層次解釋變項為「學校校長性別」（虛擬變項）、「學校平均家長教育年數」（脈絡變項）、「學校平均家庭資本」（脈絡變項）、「校長數學的關注程度」（組織變項），層次二解釋變項採用未平減模式。

表三　學生數學成就在脈絡模型分析結果比較表

固定效果	個體變項組平減 脈絡變項總平減		個體變項組平減 脈絡變項未平減		個體變項總平減 脈絡變項總平減	
	參數	t 值	參數	t 值	參數	t 值
β_0 截距						
階層二學生數學成就之調整後整體平均值 γ_{00}	77.467	101.921***	22.849	3.344**	77.376	105.084***
脈絡變項						
各校平均數學焦慮對數學成就影響的平均值 γ_{01}	0.507	1.553	0.507	1.553	−0.310	−0.866
各校平均數學態度對數學成就影響的平均值 γ_{02}	2.412	3.702**	2.412	3.702**	0.320	0.443
各校校長關注程度對數學成就影響的平均值 γ_{03}	0.405	8.549***	0.405	8.549***	0.407	8.099***
各校所在地區對數學成就影響的平均值 γ_{04}	1.750	2.740*	1.750	2.740*	1.770	2.718*
β_1 斜率						
家庭結構對數學成就影響之平均值 γ_{10}	−2.823	−3.481**	−2.823	−3.481**	−2.822	−3.478**
β_2 斜率						
學生性別對數學成就影響之平均值 γ_{20}	−3.288	−4.159***	−3.288	−4.159***	−3.288	−4.160***
β_3 斜率						
數學焦慮對數學成就影響之平均值 γ_{30}	0.804	8.176***	0.804	8.176***	0.804	8.257***
β_4 斜率						
數學態度對數學成就影響之平均值 γ_{40}	2.064	12.802***	2.064	12.802***	2.066	12.958***
隨機效果	參數	卡方值	參數	卡方值	參數	卡方值
階層二學校間平均數學成就之差異 μ_{0j}（τ_{00}）	2.162	23.479*	2.162	23.479*	1.949	22.359*
學校間家庭結構對數學成就影響之差異 τ_{11}	3.926	20.189	3.926	20.189	3.855	20.146
學校間學生性別對數學成就影響之差異 τ_{22}	4.801	28.163*	4.801	28.163*	4.800	28.102*
學校間數學焦慮對數學成就影響之差異 τ_{33}	0.064	23.070	0.064	23.070	0.051	23.020
學校間數學態度對數學成就影響之差異 τ_{44}	0.243	33.475**	0.243	33.475**	0.213	33.414**
第一層學校內平均數學成就內分數 ε_{ij}（σ^2）	86.880		86.880		87.071	
離異係數	6859.930		6859.930		6860.800	

*$p < .05$　**$p < .01$　***$p < .001$

71

階層一模型：

$$MACH_{ij} = \beta_{0j} + r_{ij}$$

階層二模型：

$$\beta_{0j} = \gamma_{00} + \gamma_{01} \times (SPSEX_j) + \gamma_{02} \times (SPEAD_j) + \gamma_{03} \times (SHCAP_j) + \gamma_{04} \times (SPCON_j) + u_{0j}$$

Final estimation of fixed effects（最後效果估計值）
（with robust standard errors）（採用強韌性標準誤）

Fixed Effect	Coefficient	Standard error	t-ratio	Approx. $d.f.$	p-value
For INTRCPT1, β_0					
INTRCPT2, γ_{00}	35.005771	8.509075	4.114	12	0.001
SPSEX, γ_{01}	−1.407806	0.899178	−1.566	12	0.143
SPEAD, γ_{02}	0.009057	0.263731	0.034	12	0.973
SHCAP, γ_{03}	1.777052	0.431034	4.123	12	0.001
SPCON, γ_{04}	0.344244	0.101193	3.402	12	0.005

　　考量「校家長教育年數」、「校家庭資本」二個脈絡變數及「校長性別」、「校長關注程度」二個組織層次解釋變項對數學成就的影響時，迴歸模型截距參數 $\gamma_{00} = 35.006$（學生數學成就的整體平均值為 35.006，零模型的截距項 $\gamma_{00} = 75.960$）、標準誤為 8.509，$t(12) = 4.114$（$p < .001$）。

　　$\gamma_{01} = -1.408$，$t(12) = -1.566$（$p > .05$）、$\gamma_{02} = 0.009$，$t(12) = 0.034$（$p > .05$）、$\gamma_{03} = 1.777$，$t(12) = 4.123$（$p < .01$）、$\gamma_{04} = 0.344$，$t(12) = 3.402$（$p < .01$），組織層次解釋變項中的校長性別對各校數學成就的影響未達統計顯著水準，脈絡變數校平均家長教育年數對各校數學成就的影響也未達統計顯著水準。組織層次解釋變項中的「校長關注程度」對各校數學成就的影響有顯著正向影響，當各校之校長關注程度增加一個單位，學校平均數學成就可提高 0.344 個單位；脈絡變數「校家庭資本」對各校數學成就的影響有顯著正向影響，當各校之學校平均家庭資本增加一個單位，學校平均數學成就可提高 1.777 個單位。

Final estimation of variance components（最後變異成分估計值）

Random Effect	Standard Deviation	Variance Component	d.f.	χ^2	p-value
INTRCPT1, u_0	0.43084	0.18562	12	12.66356	0.394
level-1, r	13.75305	189.14632			

Deviance = 7558.979662

　　階層一誤差項 ε_{ij} 的變異數 σ^2 估計值為 189.146，階層二誤差項 μ_{0j} 的變異數 τ_{00} 為 0.186。控制「校家長教育年數」、「校家庭資本」二個脈絡變數與「校長性別」、「校長關注程度」二個組織層次解釋變項對數學成就的影響後，各校數學成就間的差異未達統計顯著水準，$\tau_{00} = 0.186$，$\chi_{(12)}^2 = 12.664$（$p > .05$）。

（二）總平減

　　階層二投入的總體層次解釋變項為「學校校長性別」（虛擬變項）、「學校平均家長教育年數」（脈絡變項）、「學校平均家庭資本」（脈絡變項）、「校長數學的關注程度」（組織變項），第二層三個計量變數：「校家長教育年數」、「校家庭資本」、「校長關注程度」採用總平減轉換。

　　階層一模型：
$$MACH_{ij} = \beta_{0j} + r_{ij}$$
　　階層二模型：
$$\beta_{0j} = \gamma_{00} + \gamma_{01} \times (SPSEX_j) + \gamma_{02} \times (SPEAD_j) + \gamma_{03} \times (SHCAP_j) + \gamma_{04} \times (SPCON_j) + u_{0j}$$

SPEAD SHCAP SPCON have been centered around the grand mean.
註：SPEAD、SHCAP、SPCON 三個變項經總平減轉換。

Final estimation of fixed effects（最後效果估計值）

（with robust standard errors）（採用強韌性標準誤）

Fixed Effect	Coefficient	Standard error	t-ratio	Approx. $d.f.$	p-value
For INTRCPT1, β_0					
INTRCPT2, γ_{00}	76.793849	0.760633	100.961	12	< 0.001
SPSEX, γ_{01}	−1.407806	0.899178	−1.566	12	0.143
SPEAD, γ_{02}	0.009057	0.263731	0.034	12	0.973
SHCAP, γ_{03}	1.777052	0.431034	4.123	12	0.001
SPCON, γ_{04}	0.344244	0.101193	3.402	12	0.005

　　考量「校家長教育年數」、「校家庭資本」二個脈絡變數及「校長性別」、「校長關注程度」二個組織層次解釋變項對數學成就的影響時，迴歸模型截距參數 $\gamma_{00} = 76.794$（學生數學成就的整體平均值為 76.794，零模型的截距項 $\gamma_{00} = 75.960$）、標準誤為 0.761，$t(12) = 100.961$（$p < .001$）。

　　$\gamma_{01} = -1.408$，$t(12) = -1.566$（$p > .05$）、$\gamma_{02} = 0.009$，$t(12) = 0.034$（$p > .05$）、$\gamma_{03} = 1.777$，$t(12) = 4.123$（$p < .01$）、$\gamma_{04} = 0.344$，$t(12) = 3.402$（$p < .01$），組織層次解釋變項中的校長性別對各校數學成就的影響未達統計顯著水準，脈絡變數校平均家長教育年數對各校數學成就的影響也未達統計顯著水準。組織層次解釋變項中的「校長關注程度」對各校數學成就的影響有顯著正向影響，脈絡變數「校家庭資本」對各校數學成就的影響也有顯著正向影響。

Final estimation of variance components（最後變異成分估計值）

Random Effect	Standard Deviation	Variance Component	$d.f.$	χ^2	p-value
INTRCPT1, u_0	0.43084	0.18562	12	12.66356	0.394
level-1, r	13.75305	189.14632			

Deviance = 7558.979662

　　階層一誤差項 ε_{ij} 的變異數 σ^2 估計值為 189.146，階層二誤差項 μ_{0j} 的變異數 τ_{00} 為 0.186。控制「校家長教育年數」、「校家庭資本」二個脈絡變數與「校長性別」、「校長關注程度」二個組織層次解釋變項對數學成就的影響後，各校數學成就間的差異未達統計顯著水準，$\tau_{00} = 0.186$，$\chi^2_{(12)} = 12.664$（$p >$

.05）。

以平均數為結果的迴歸模型中，第二層解釋變項採用未平減模式及總平減模式時，二種模式估計所得的固定效果與隨機效果的參數中，唯一不同的是截距參數，未平減的截距項 γ_{00} 為 35.006，總平減的截距項 γ_{00} 為 76.794，零模型的截距項 $\gamma_{00} = 75.960$，為避免模型估計所得的截距參數波動過大，未包含第一層解釋變項之「以平均數為結果的迴歸模型中」，如果解釋變項是計量變數，則採用「總平減」轉換較為適宜（組織變項為虛擬變項，因其尺度不是計量變數，不能進行平減轉換）。

Enders 與 Tofighi（2007）認為，若是關注階層二解釋變項的影響效果，且以階層一變項作為控制變項，採用總平減方法較適當，如果關注的是階層一解釋變項的影響效果，組平減較為適切，因為組平減可以從階層一共變中排除群組間的變異，得到合併群組內變異的估計值。如果階層一模型使用組平減，應將脈絡變項置回到較高階層之中，階層二模型若沒有納入脈絡變項或聚合變項，會遺失許多群組間變異的資訊（McCoach & Black, 2012）。Myers、Brincks 與 Beauchamp（2010）從統計證明及實徵資料詳細說明二個層次模型的平減方法，研究建議：階層一預測變項平減方法的選取應根據研究問題、理論或實徵資訊等共同決定。若是成長模式，關注的是截距項（起始狀態）解釋的合理性，平減時機通常為起始狀態或研究開始的年齡處，雖然變項任何時間點都可以進行平減，但縱貫模型的平減選擇還是要依據實務情況決定（McCoach & Black, 2012）。

主要參考文獻

Enders, C., & Tofighi, D. (2007). Centering predictor variables in cross-sectional multilevel models: A new look at an old issue. *Psychological Methods, 12*(2), 121-138.

Heck, R. H., & Thomas, S. T. (2009). *An introduction to multilevel modeling techniques*. New York, NY: Routledge.

Kreft, I. G., & Leeuw, J. (1998). *Introducing multilevel modeling*. Newbury Park, CA: SAGE.

Maas, C. J. M., & Hox, J. J. (2004). Robustness issues in multilevel regression analysis. *Statistical Neerlandica, 58*(2), 127-137.

Maas, C. J. M., & Hox, J. J. (2005). Sufficient sample sizes for multilevel modeling. *Methodology, 1*, 86-92.

McCoach, D. B., & Black, A. C. (2012). Introduction to estiamation issues in multilevel modeling. *New Directions for Institutional, Reseacch, 154*, 23-94.

Myers, N. D., Brincks, A. M., & Beauchamp, M. R. (2010). A tutorial on centering in cross-sectional two-level models. *Measurement in Physical Education and Exercise Science, 14*, 275-294.

Rocconi, L. M. (2011). *Analyzing multilevel data: An empirical comparison of parameter estimates of hierarchical linear modeling and ordinary least squares regression*. Paper presented at the 2011 Association for Institution Research Annual Forum in Toronto.

第3章

跨層次交互作用

　　多層次分析中，個體層次解釋變項對結果變項的影響效果若是達到統計顯著水準，同時，總體層次解釋變項與個體層次解釋變項的交互作用（interaction）固定效果值也達到統計顯著水準，表示總體層次解釋變項對「個體層次解釋變項對結果變項的影響關係」具有調節效果，我們稱此總體層次解釋變項為「調節變項」（moderator）。

　　階層一 936 位學生樣本變項的描述性統計量摘要表如下：

變項名稱	個數	最小值	最大值	平均數	標準差	變異數
數學焦慮	936	5	25	17.57	4.592	21.090
數學態度	936	4	20	15.48	3.312	10.966
每週練習時間	936	4	20	15.44	3.511	12.327
家庭結構	936	0	1	.28	.450	.203
學生性別	936	0	1	.49	.500	.250
數學成就（結果變項）	936	20	100	75.85	14.340	205.622

　　結果變項數學成就的總平均數為 75.85、標準差為 14.340，最低分為 20 分、最高值為 100 分；家庭結構與學生性別為虛擬變項，變項的水準數值編碼為 0 與 1，家庭結構解釋變項的平均數為 .28，表示水準數值編碼為 1 的樣本個數佔全體樣本的 28%；學生性別解釋變項的平均數為 .49，表示水準數值編碼為 1 的樣本個數佔全體樣本的 49%，水準數值編碼為 0 的樣本個數佔全體樣本的 51%。

　　階層二 17 所學校組織在脈絡變項及總體層次解釋變項的描述性統計量摘要表如下：

變項名稱	個數	最小值	最大值	平均數	標準差	變異數
校數學焦慮	17	15.04	21.00	17.581	1.310	1.717
校數學態度	17	14.28	17.26	15.506	0.693	0.480
校練習時間	17	13.57	18.06	15.468	1.075	1.156
校長關注程度	17	10	30	20.530	6.404	41.015
校數學成就	17	67.39	83.92	75.981	4.592	21.091

　　校數學焦慮、校數學態度、校練習時間為以學校層級為單位，聚合的學校

平均值,三個第二層的解釋變項屬性為脈絡變項,「校長關注程度」為以校長為標的樣本評定所得的測量值,分數愈高,表示學校校長對學生數學成就表現的重視程度愈高;「校數學成就」為第二層的結果變項(依變項),當研究者要以第二層學校為分析單位,進行複迴歸分析,則迴歸分析的依變項為「校平均數學成就」,若要以第二層學校組織總體層次進行迴歸分析,則學校組織單位數不能太少,否則會違反母數統計的基本假定。

壹　模型範例 A

階層一個體層次的解釋變項為學生家庭結構、學生數學焦慮、學生數學態度、學生每週練習時間。階層二投入的解釋變項為校平均數學焦慮(脈絡變數)、校平均數學態度(脈絡變數)、校平均練習時間(脈絡變數)、校長數學關注程度。階層一個體層次的解釋變項學生數學焦慮、學生數學態度、學生每週練習時間採用組平減轉換;校平均數學焦慮(脈絡變數)、校平均數學態度(脈絡變數)、校平均練習時間(脈絡變數)採用總平減轉換,學校組織變項校長數學關注程度(SPCON)採用總平減轉換。

一、多層次模型

階層一模型:

$$MACH_{ij} = \beta_{0j} + \beta_{1j} \times (HOME_{ij}) + \beta_{2j} \times (MAXI_{ij}) + \beta_{3j} \times (MATT_{ij}) + \beta_{4j} \times (EXER_{ij}) + r_{ij}$$

階層二模型:

$$\beta_{0j} = \gamma_{00} + \gamma_{01} \times (SMAXI_j) + \gamma_{02} \times (SMATT_j) + \gamma_{03} \times (SEXER_j) + \gamma_{04} \times (SPCON_j) + u_{0j}$$

$$\beta_{1j} = \gamma_{10} + \gamma_{11} \times (SPCON_j) + u_{1j}$$

$$\beta_{2j} = \gamma_{20} + \gamma_{21} \times (SPCON_j) + u_{2j}$$

$$\beta_{3j} = \gamma_{30} + \gamma_{31} \times (SPCON_j) + u_{3j}$$

$$\beta_{4j} = \gamma_{40} + \gamma_{41} \times (SPCON_j) + u_{4j}$$

MAXI MATT EXER have been centered around the group mean.

註:個體層次解釋變項 MAXI、MATT、EXER 經組平均數中心化轉換。

SMAXI SMATT SEXER SPCON have been centered around the grand mean.

　註：總體層次脈絡變數及組織變數 SMAXI、SMATT、SEXER、SPCON 經總平均數中心化轉換。

二、模型估計結果與圖示

Final estimation of fixed effects（最後效果估計值）

（with robust standard errors）（採用強韌性標準誤）

Fixed Effect	Coefficient	Standard error	t-ratio	Approx. $d.f.$	p-value
For INTRCPT1, β_0					
INTRCPT2, γ_{00}	76.717200	0.351252	218.411	12	< 0.001
SMAXI, γ_{01}	0.153356	0.344433	0.445	12	0.664
SMATT, γ_{02}	2.086670	0.789753	2.642	12	0.021
SEXER, γ_{03}	1.241581	0.444537	2.793	12	0.016
SPCON, γ_{04}	0.316273	0.054038	5.853	12	< 0.001
For HOME slope, β_1					
INTRCPT2, γ_{10}	−2.663760	0.819384	−3.251	15	0.005
SPCON, γ_{11}	0.014947	0.114224	0.131	15	0.898
For MAXI slope, β_2					
INTRCPT2, γ_{20}	0.539901	0.095748	5.639	15	< 0.001
SPCON, γ_{21}	−0.005351	0.015826	−0.338	15	0.740
For MATT slope, β_3					
INTRCPT2, γ_{30}	1.716203	0.113952	15.061	15	< 0.001
SPCON, γ_{31}	−0.077202	0.016829	−4.587	15	< 0.001
For EXER slope, β_4					
INTRCPT2, γ_{40}	1.041782	0.138577	7.518	15	< 0.001
SPCON, γ_{41}	0.037969	0.017560	2.162	15	0.047

　　同時考量四個個體層次解釋變項及總體層次解釋變項對數學成就結果變項的影響時，多層次模型的 γ_{00} = 76.717、標準誤為 0.351，$t(12)$ = 218.411（$p <$ .001）（零模型的截距項 γ_{00} = 75.960）。

　　完整模型的固定效果係數考驗中，研究者關注的是學校組織層級對於學生數學成就的跨層級的交互作用，重視的是 γ_{11}、γ_{21}、γ_{31}、γ_{41} 四個參數值是否達到統計顯著水準。γ_{11} = 0.015（$p >$ .05）、γ_{21} = −0.005（$p >$ .05）等二個跨層次交

互作用項未達統計顯著水準。$\gamma_{31} = -0.077$（$p < .001$）達統計顯著水準，$\gamma_{30} = 1.716$（$p < .001$）也達統計顯著水準，γ_{30} 達統計顯著水準表示控制其他解釋變項後，學生數學態度對數學成就有顯著正向影響效果，如果數學態度增加一個單位，學生的數學成就增加 1.716 個單位，數學態度的標準差為 3.312，顯示學生數學態度增加一個標準差，則數學成就的改變為 $1.716 \times 3.312 = 5.683$，各校內學生數學態度對數學成就影響的強度受到校長對數學關注程度的影響，γ_{31} 為負值，表示校長對數學關注程度愈高，學校內學生數學態度對數學成就影響的強度愈弱，校長對數學關注程度愈低，學校內學生數學態度對數學成就影響的強度愈強。學生數學態度對數學成就的影響強度受到校長關注程度變項的影響，跨層次交互作用圖如下：

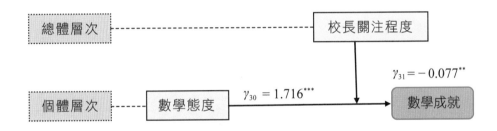

註：$**p < .01$ $***p < .001$

$\gamma_{41} = 0.038$（$p < .05$）達統計顯著水準，此外 $\gamma_{40} = 1.042$（$p < .05$）也達統計顯著水準，表示個體層次解釋變項每週練習時間對學生數學成就的影響程度受到各校校長對數學關注總體層次解釋變項的影響，各校校長對數學關注總體層次解釋變項對個體層次解釋變項每週練習時間與學生數學成就的關係，具有顯著的調節作用。由於 γ_{41} 的係數值為正數，校長對數學關注總體層次解釋變項對個體層次解釋變項每週練習時間與學生數學成就的關係，具有正向的調節作用。就個體層次而言，控制所有解釋變項對數學成就的影響後，學生每週練習時間對數學成就的影響達統計顯著水準，$\gamma_{40} = 1.042$，其意涵為學生每週練習時間改變一個單位，學生的數學成就會改變 1.042 個單位，以學生每週練習時間增加一個標準差（3.511）數值而言，學生的數學成就可提高 $1.042 \times 3.511 = 3.658$ 個單位，每週練習時間減少一個標準差（3.511）數值而言，學生的數學成就會減

低 $1.042 \times 3.511 = 3.658$ 個單位。校長關注程度對「學生練習時間對數學成就的影響效果」具有顯著的調節作用，跨層次交互作用圖如下：

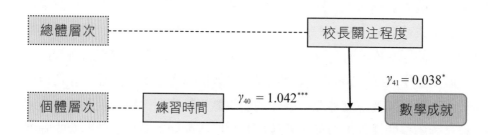

註：$*p < .05$　$***p < .001$

　　就脈絡變項及總體層次解釋變項對各校平均數學成就的影響而言，$\gamma_{01} = 0.153$（$p > .05$）、$\gamma_{02} = 2.087$（$p < .05$）、$\gamma_{03} = 1.242$（$p < .05$）、$\gamma_{04} = 0.316$（$p < .001$），其中學校平均數學態度、學校平均練習時間、校長關注程度等，對各校平均數學成就都有顯著正向影響（總體層次解釋變項學校平均數學態度、學校平均練習時間、校長關注程度與各校內學生數學成就有顯著正向關係），就學校平均數學態度對各校平均數學成就的影響而言，各校平均一個標準差的改變（SD = 0.693），學校平均數學態度的改變值為 $2.087 \times 0.693 = 1.445$，如果脈絡變項各校平均數學態度增加一個單位，則校內每位學生的數學成就各約提高 2.087 分，各校整體數學成就平均提高 2.087 分；就學校校長關注程度的影響效果而言，各校平均一個標準差的改變（SD = 6.404），學校平均數學態度的改變值為 $0.316 \times 6.404 = 2.024$，各校校長關注程度解釋變項測量值增加一個單位，則各校內每位學生數學成就約提高 0.316 分，學校整體平均數學成就可提高 0.316 分，總體層次解釋變項各校「校長關注程度」與各校平均學生數學成就有顯著正向關係。

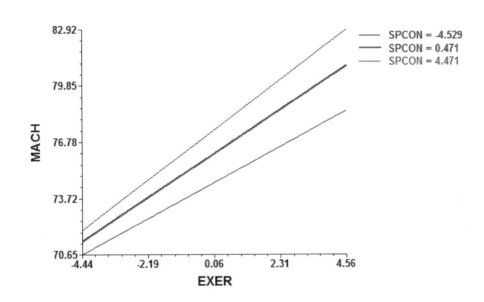

Graph for model in D:\0722HLM\數完整模型.hlm

File　Edit　Graph Settings

　　　上圖為總體層次校長關注態度與個體層次每週練習時間對學生數學成就影響的跨層次交互作用圖，不同校長關注態度之學校，學生練習時間對學生數學成就影響的斜率顯著不同，校長對數學關注程度之測量值在前四分之一（SPCON = 4.471－原圖以綠色顯示）、中間值（SPCON = 0.471－原圖以紅色顯示），與後四分之一（SPCON = −4.529－原圖以藍色顯示）時，斜率有明顯差異，三個總體層次群組中，校長對數學關注程度最高者（SPCON = 4.471），練習時間對學生數學成就影響強度最大（直線最陡峭，表示斜率係數愈大），校長對數學關注程度最低者（SPCON = −4.529），練習時間對學生數學成就影響強度最小，各校內學生練習時間對學生數學成就影響效果顯著受到總體層次校長對數學關注程度變項的影響。

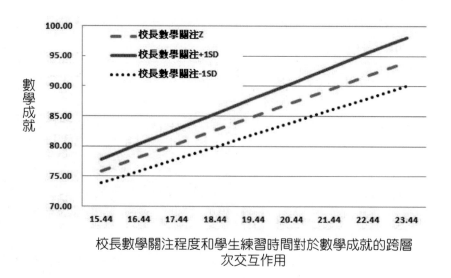

校長數學關注程度和學生練習時間對於數學成就的跨層
次交互作用

　　上圖為以試算表繪製的跨層次交互作用圖，總體層次三個組別為校長關注程度的平均數、校長關注程度＋1SD、校長關注程度－1SD，由圖示可以看出，當校長關注程度－1SD情況下，學生練習時間對數學成就影響的強度最小，而當校長關注程度＋1SD情況下，學生練習時間對數學成就影響的強度最大，總體層次校長關注程度變項對「各校學生練習時間與數學成就的顯著關係」之調節作用是正向的，此圖示與跨層次交互作用固定效果參數 $\gamma_{41} = 0.038$（$p < .05$）為正值是相互呼應的，總體層次「校長關注程度」對「各校學生練習時間對數學成就的影響關係」之影響程度為正向的，由於跨層次交互作用效果值 γ_{41}（＝0.038）的參數不大，圖形繪製之三條迴歸線的斜率（傾斜程度）差異不是十分明顯。

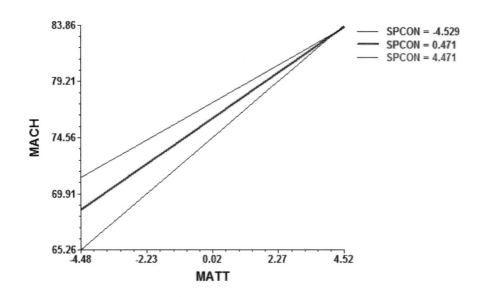

　　上圖為總體層次校長關注態度與個體層次數學態度對學生數學成就影響的跨層次交互作用圖，不同校長關注態度之學校，學生數學態度對學生數學成就影響的斜率顯著不同，校長對數學關注程度之測量值在前四分之一（SPCON = 4.471－原圖以綠色顯示）、中間值（SPCON = 0.471－原圖以紅色顯示），與後四分之一（SPCON = −4.529－原圖以藍色顯示）時，斜率有明顯差異，三個總體層次群組中，校長對數學關注程度最低群組（SPCON = −4.529），數學態度對學生數學成就影響強度最大（直線最陡峭，表示斜率係數愈大），校長對數學關注程度最高群組（SPCON = 4.471），數學態度對學生數學成就影響強度最小，各校內學生數學態度對學生數學成就影響效果顯著受到總體層次校長對數學關注程度變項的影響。當校長關注程度的測量值愈大，校內學生數學態度對數學成就的影響強度愈小；當校長關注程度的測量值愈小，校內學生數學態度對數學成就的影響強度愈大，總體層次校長關注程度對「校內學生數學態度對數學成就影響作用」，具有顯著的負向調節作用。

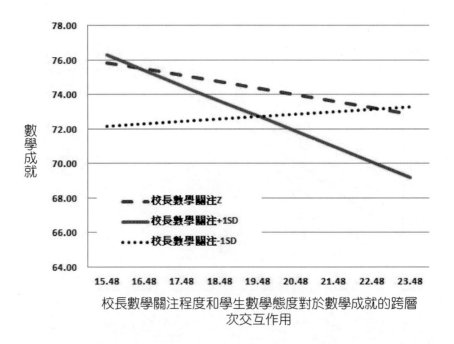

校長數學關注程度和學生數學態度對於數學成就的跨層
次交互作用

上圖為以試算表繪製的跨層次交互作用圖，總體層次三個組別為校長關注
程度的平均數、校長關注程度＋1SD、校長關注程度－1SD。由圖示可以看出，
當校長關注程度－1SD情況下，學生數學態度對數學成就影響的強度為正值，
而當校長關注程度＋1SD情況下，學生數學態度對數學成就影響的強度為負值，
總體層次校長關注程度變項對「各校學生數學態度與數學成就的顯著關係」之
調節作用是負向的，此圖示與跨層次交互作用固定效果參數 γ_{31} ＝ -0.077（$p <$
.05）為負值是相互呼應的，總體層次「校長關注程度」對「各校學生數學態度
對數學成就的影響關係」之影響程度為負向的。

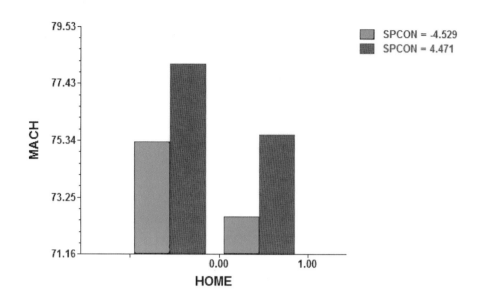

家庭結構對數學影響的固定效果值 $\gamma_{10} = -2.664$（$p < .05$），達統計顯著水準，表示各校內學生之家庭結構對數學成就分數有顯著影響作用，完整家庭學生的數學成就顯著高於單親家庭學生的數學成就；跨層次交互作用項之固定效果值 $\gamma_{11} = 0.015$（$p > .05$），未達統計顯著水準，各校內學生之家庭結構對數學成就的影響程度未受到學校校長對數學關注的影響。高（原圖示為紅色）、低（原圖示為藍色）校長關注態度的學校群組，呈現一致的反應傾向。跨層次交互作用項之固定效果未達統計顯著水準，但各學校內學生之家庭結構個體層次解釋變項對學生數學成就影響的直接效果是顯著的，其圖示如下（ns $p < .05$、** $p < .01$）：

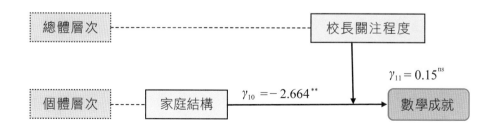

註：ns $p > .05$　** $p < .01$

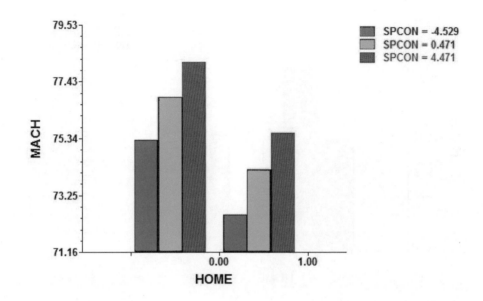

　　三個校長關注狀態程度群組（高為綠色、中為紅色、低為藍色，顏色是 HLM 圖示功能輸出自動繪製），就單親家庭在數學成就的差異而言，是高（綠色）＞中（紅色）＞低（藍色），校長關注程度愈高的學校，學校平均學生之數學成就顯著愈高；校長關注程度愈低的學校，學校平均學生之數學成就顯著愈低。就完整家庭在數學成就的差異而言，也是高（綠色）＞中（紅色）＞低（藍色），校長關注程度愈高的學校，學校平均學生之數學成就顯著愈高；校長關注程度愈低的學校，學校平均學生之數學成就顯著愈低，校長關注態度對單親家庭、完整家庭學生之數學成就影響的程度，呈現一致的傾向。

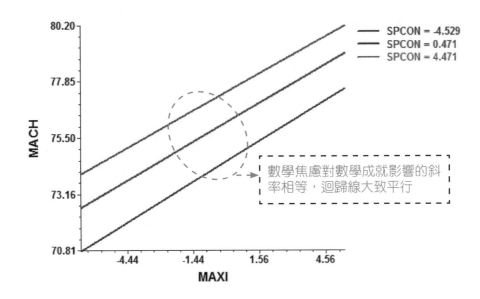

數學焦慮對數學成就影響的固定效果值 $\gamma_{20} = 0.540$（$p < .05$），達統計顯著水準，表示各校內學生之數學焦慮對數學成就分數有顯著影響作用，跨層次交互作用項之固定效果值 $\gamma_{21} = -0.005$（$p > .05$），未達統計顯著水準，各校內學生之數學焦慮對數學成就的影響程度未受到學校校長對數學關注的影響。三個不同校長對數學關注態度學校群組，學校群組內學生之數學焦慮對數學成就影響的斜率大致平行，表示數學焦慮對數學成就的影響強度不受學校校長數學關注變項的影響，跨層次交互作用圖示如下（ns $p > .05$、*** $p < .001$）：

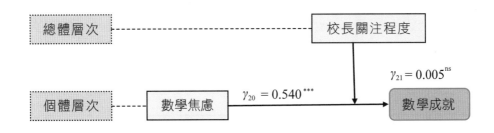

註：ns $p > .05$　　*** $p < .001$

若是個體層次解釋變項對結果變項的直接影響效果不顯著，不論跨層次交互作用估計值是否達到統計顯著水準（$p < .05$），總體層次解釋變項對「個體層次解釋變項與結果變項」的調節效果都應視為不顯著。多層次模型的分析程

序可能發生固定效果估計值 γ_{p0} 未達統計顯著水準，但跨層次交互作用項固定效果參數 γ_{p1} 達到顯著水準（$p < .05$）的情形，因為此種狀態下，個體層次解釋變項對結果變項沒有顯著影響效果，總體層次解釋變項便沒有調節作用。總體層次解釋變項未具顯著調節效果的模型圖如下：

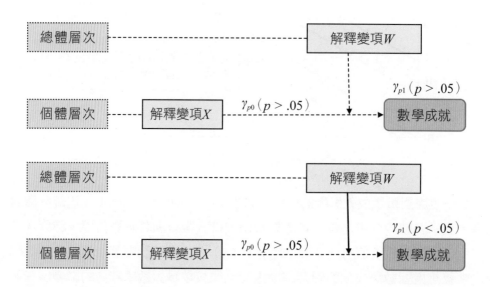

Final estimation of variance components（最後變異成分估計值）

Random Effect	Standard Deviation	Variance Component	d.f.	χ^2	p-value
INTRCPT1, u_0	0.95214	0.90657	12	17.96401	0.116
HOME slope, u_1	2.56257	6.56675	15	24.14796	0.062
MAXI slope, u_2	0.21806	0.04755	15	18.35533	0.244
MATT slope, u_3	0.22436	0.05034	15	14.20378	> 0.500
EXER slope, u_4	0.43637	0.19041	15	26.07140	0.037
level-1, r	9.03753	81.67690			

Deviance = 6820.183061

　　各校內家庭結構、數學焦慮、數學態度對數學成就影響效果的變異成分之 χ^2 值統計量均未達統計顯著水準，表示各校內家庭結構、數學焦慮、數學態度對數學成就的影響程度是相同的，三個斜率均沒有「學校間」差異存在。每週練習時間對數學成就影響之變異成分估計值為 0.190，對應的卡方值統計量達到

統計顯著水準（$\chi^2 = 26.071$，$p < .05$），表示控制其餘解釋變項對數學成就的影響後，練習時間解釋變項對學生數學成就的影響情況有顯著的「學校間」差異存在。

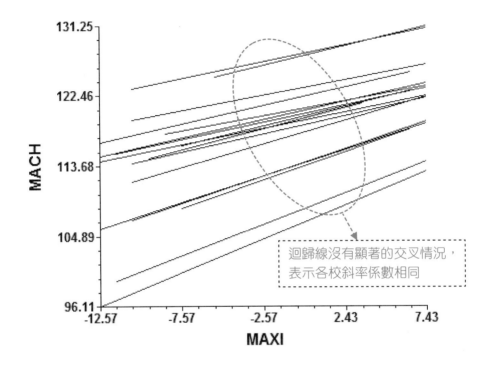

各校（學校群組總體層次單位）之數學焦慮對數學成就影響的迴歸線大致平行，迴歸線沒有顯著交叉的情況，表示迴歸線的斜率（β）係數估計值是相等的，各校平均之數學焦慮對數學成就的影響強度沒有顯著的學校間差異存在。當以學校為分析單位，而以學校內學生「數學焦慮」為預測變項，以學生數學成就為結果變項進行迴歸分析時，估計所得的迴歸斜率參數估計值大小，學校與學校間沒有顯著差異存在，學校單位間斜率變異的變異數為 τ_{22}。

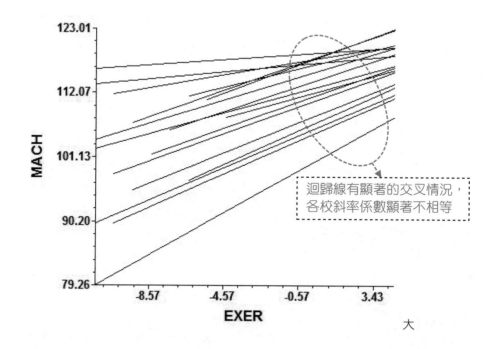

大

　　各校（學校群組總體層次單位）之練習時間對數學成就影響的迴歸線沒有平行，迴歸線有顯著交叉的情況，表示迴歸線的斜率（β）係數估計值顯著不相等，各校平均之練習時間對數學成就的影響強度有顯著的「學校間」差異存在，即以學校為分析單位，而以學校內學生「練習時間」為預測變項，以學生數學成就為結果變項進行迴歸分析時，估計所得的迴歸斜率參數估計值大小，學校與學校間有顯著差異存在，學校單位間斜率變異的變異數為 τ_{44}。

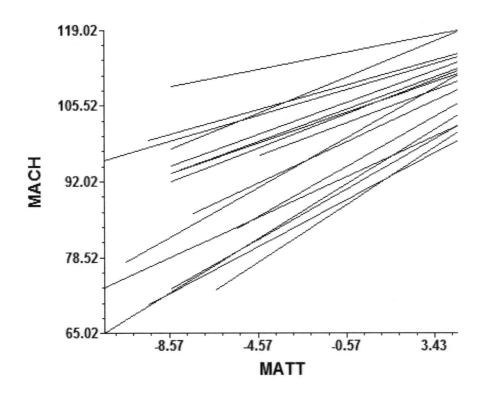

　　各校（學校群組總體層次單位）之數學態度對數學成就影響的迴歸線大致平行，大部分迴歸線沒有顯著交叉的情況，表示迴歸線的斜率（β）係數估計值是相等的，各校平均之數學態度對數學成就的影響程度沒有顯著的學校間差異存在，即數學態度對數學成就的影響情況，各學校間沒有顯著不同。當以學校為分析單位，而以學校內學生「數學態度」為預測變項，以學生數學成就為結果變項進行迴歸分析時，估計所得的迴歸斜率參數估計值大小，學校與學校間沒有顯著差異存在，學校單位間斜率變異的變異數為 τ_{33}。

貳 模型範例 B

　　階層一個體層次的解釋變項為學生家庭結構、學生性別、學生數學焦慮、學生數學態度。階層二投入的解釋變項為校平均數學焦慮（脈絡變數）、校平

均數學態度（脈絡變數）、校長數學關注程度。階層一個體層次的解釋變項，學生數學焦慮、學生數學態度採用組平減轉換；校平均數學焦慮（脈絡變數）、校平均數學態度（脈絡變數）採用總平減轉換；學校組織變項校長數學關注程度（SPCON）採用總平減轉換，層次一解釋變項家庭結構（HOME）、學生性別（SSEX）均為二分類別變項，水準數值編碼為 0、1，因為不是計量變項，無法以學校組織為單位聚合成脈絡變數。

🕐 一、多層次模型

階層一模型：

$$MACH_{ij} = \beta_{0j} + \beta_{1j} \times (HOME_{ij}) + \beta_{2j} \times (SSEX_{ij}) + \beta_{3j} \times (MAXI_{ij}) + \beta_{4j} \times (MATT_{ij}) + r_{ij}$$

階層二模型：

$$\beta_{0j} = \gamma_{00} + \gamma_{01} \times (SMAXI_j) + \gamma_{02} \times (SMATT_j) + \gamma_{03} \times (SPCON_j) + u_{0j}$$

$$\beta_{1j} = \gamma_{10} + \gamma_{11} \times (SPCON_j) + u_{1j}$$

$$\beta_{2j} = \gamma_{20} + \gamma_{21} \times (SPCON_j) + u_{2j}$$

$$\beta_{3j} = \gamma_{30} + \gamma_{31} \times (SPCON_j) + u_{3j}$$

$$\beta_{4j} = \gamma_{40} + \gamma_{41} \times (SPCON_j) + u_{4j}$$

MAXI MATT have been centered around the group mean.

註：個體層次解釋變項 MAXI、MATT 經組平均數中心化轉換。

SMAXI SMATT SPCON have been centered around the grand mean.

註：總體層次脈絡變數及組織變數 SMAXI、SMATT、SPCON 經總平均數中心化轉換。

⟳ 二、模型估計結果

Final estimation of fixed effects（最後效果估計值）

（with robust standard errors）（採用強韌性標準誤）

Fixed Effect	Coefficient	Standard error	t-ratio	Approx. $d.f.$	p-value
For INTRCPT1, β_0					
INTRCPT2, γ_{00}	78.381103	0.586801	133.574	13	< 0.001
SMAXI, γ_{01}	0.600280	0.373441	1.607	13	0.132
SMATT, γ_{02}	2.665244	0.668217	3.989	13	0.002
SPCON, γ_{03}	0.383428	0.090794	4.223	13	< 0.001
For HOME slope, β_1					
INTRCPT2, γ_{10}	−2.825873	0.807375	−3.500	15	0.003
SPCON, γ_{11}	0.006709	0.114978	0.058	15	0.954
For SSEX slope, β_2					
INTRCPT2, γ_{20}	−3.285444	0.788589	−4.166	15	< 0.001
SPCON, γ_{21}	−0.024209	0.130061	−0.186	15	0.855
For MAXI slope, β_3					
INTRCPT2, γ_{30}	0.804289	0.099305	8.099	15	< 0.001
SPCON, γ_{31}	0.007695	0.017058	0.451	15	0.658
For MATT slope, β_4					
INTRCPT2, γ_{40}	2.084149	0.142075	14.669	15	< 0.001
SPCON, γ_{41}	−0.056936	0.021809	−2.611	15	0.020

同時考量四個個體層次解釋變項及總體層次解釋變項對數學成就結果變項的影響時，多層次模型的 γ_{00} = 78.381、標準誤為 0.587，$t(13)$ = 133.574（$p <$ .001），零模型的截距項參數估計值 γ_{00} = 75.960。

跨層級的交互作用項中，固定效果值 γ_{11} = 0.007（$p > .05$）、γ_{21} = −0.024（$p > .05$）、γ_{31} = 0.008（$p > .05$）等三個跨層次交互作用項未達統計顯著水準；γ_{41} = −0.057（$p < .05$）達統計顯著水準。此外 γ_{40} = 2.084（$p < .001$）也達統計顯著水準，表示個體層次解釋變項數學態度對學生數學成就的影響程度受到各校「校長對數學關注」總體層次解釋變項的影響，各校校長對數學關注總體層次解釋變項對個體層次解釋變項數學態度與學生數學成就的關係，具有顯著的調節作用，由於 γ_{41} 的係數值為負數，校長對數學關注總體層次解釋變項對個體層次解

釋變項數學態度與學生數學成就的關係，具有負向的調節作用。總體層次負向的調節效果，表示總體層次解釋變項對「個體層次解釋變項對數學成就影響強度」是負向的，當「校長對數學關注」測量值的分數愈高，則校內學生數學態度對數學成就影響的迴歸線愈平緩；相對的，「校長對數學關注」測量值的分數愈低，則校內學生數學態度對數學成就影響的迴歸線愈陡峭。

參 模型範例 C

階層一個體層次的解釋變項為學生家庭結構、學生性別、學生數學焦慮、學生數學態度。階層二投入的解釋變項為校平均數學焦慮（脈絡變數）、校平均數學態度（脈絡變數）、校長數學關注程度、學校所在地區。階層一個體層次的解釋變項學生數學焦慮、學生數學態度採用組平減轉換；校平均數學焦慮（脈絡變數）、校平均數學態度（脈絡變數）採用總平減轉換；學校組織變項校長數學關注程度（SPCON）採用總平減轉換。層次一解釋變項家庭結構（HOME）、學生性別（SSEX）均為二分類別變項，水準數值編碼為 0、1，因為不是計量變項，無法以學校組織為單位聚合成脈絡變數。學校所在地區組織層級解釋變項為二分類別變項，水準數值編碼為 0（非都會地區）、1（都會地區），變項尺度為虛擬變數，無法以總平均數集中化轉換。

一、多層次模型

階層一模型：

$$MACH_{ij} = \beta_{0j} + \beta_{1j} \times (HOME_{ij}) + \beta_{2j} \times (SSEX_{ij}) + \beta_{3j} \times (MAXI_{ij}) + \beta_{4j} \times (MATT_{ij}) + r_{ij}$$

階層二模型：

$$\beta_{0j} = \gamma_{00} + \gamma_{01} \times (SMAXI_j) + \gamma_{02} \times (SMATT_j) + \gamma_{03} \times (SPCON_j) + \gamma_{04} \times (SAREA_j) + u_{0j}$$

$$\beta_{1j} = \gamma_{10} + \gamma_{11} \times (SPCON_j) + \gamma_{12} \times (SAREA_j) + u_{1j}$$

$$\beta_{2j} = \gamma_{20} + \gamma_{21} \times (SPCON_j) + \gamma_{22} \times (SAREA_j) + u_{2j}$$

$$\beta_{3j} = \gamma_{30} + \gamma_{31} \times (SPCON_j) + \gamma_{32} \times (SAREA_j) + u_{3j}$$

$$\beta_{4j} = \gamma_{40} + \gamma_{41} \times (SPCON_j) + \gamma_{42} \times (SAREA_j) + u_{4j}$$

MAXI MATT have been centered around the group mean.

註：個體層次解釋變項 MAXI、MATT 經組平均數中心化轉換。

SMAXI SMATT SPCON have been centered around the grand mean.

註：總體層次脈絡變數及組織變數 SMAXI、SMATT、SPCON 經總平均數中心化轉換。

↻ 二、模型估計結果

Final estimation of fixed effects （最後效果估計值）

Fixed Effect	Coefficient	Standard error	t-ratio	Approx. $d.f.$	p-value
For INTRCPT1, β_0					
INTRCPT2, γ_{00}	77.330753	0.905032	85.445	12	< 0.001
SMAXI, γ_{01}	0.523772	0.421950	1.241	12	0.238
SMATT, γ_{02}	2.264862	0.849967	2.665	12	0.021
SPCON, γ_{03}	0.383653	0.103293	3.714	12	0.003
SAREA, γ_{04}	1.966610	1.277277	1.540	12	0.150
For HOME slope, β_1					
INTRCPT2, γ_{10}	-4.829348	1.239029	-3.898	14	0.002
SPCON, γ_{11}	-0.074202	0.134353	-0.552	14	0.589
SAREA, γ_{12}	3.508554	1.665771	2.106	14	0.054
For SSEX slope, β_2					
INTRCPT2, γ_{20}	-1.572857	1.117222	-1.408	14	0.181
SPCON, γ_{21}	0.027768	0.124243	0.223	14	0.826
SAREA, γ_{22}	-3.188623	1.552625	-2.054	14	0.059
For MAXI slope, β_3					
INTRCPT2, γ_{30}	0.676205	0.157571	4.291	14	< 0.001
SPCON, γ_{31}	0.005251	0.018648	0.282	14	0.782
SAREA, γ_{32}	0.234967	0.221042	1.063	14	0.306
For MATT slope, β_4					
INTRCPT2, γ_{40}	2.269106	0.217948	10.411	14	< 0.001
SPCON, γ_{41}	-0.053165	0.024904	-2.135	14	0.051
SAREA, γ_{42}	-0.374068	0.302767	-1.236	14	0.237

範例 C 完整模型中，階層一計量解釋變項採用組平減、階層二計量解釋變項採用總平減，截距項參數 $\gamma_{00} = 77.331$，標準誤為 0.905，$t(12) = 85.445$（$p < .001$）（零模型的截距項 $\gamma_{00} = 75.960$）。

「The robust standard errors cannot be computed for this model.」

模型估計結果出現「模型中強韌性標準誤無法計算」提示語，表示從研究者界定的多層次模型中無法估算強韌性標準誤，由於強韌性標準誤無法估算，所以「Final estimation of fixed effects（with robust standard errors）」輸出結果中，強韌性標準誤的最後固定效果估計值表格不會出現，在此種情況下，固定效果參數只能參閱「固定效果最後估計值」（ Final estimation of fixed effects）表格。範例中，跨層次交互作用固定效果值參數為 γ_{11}、γ_{12}、γ_{21}、γ_{22}、γ_{31}、γ_{32}、γ_{41}、γ_{42}，八個跨層次交互作用固定效果值參數均未達統計顯著水準。

第 4 章

變異數的
削減比值

HLM 分析程序中，信度（reliability）指的是隨機效果 τ 參數變異的百分比，總體變異量包含參數變異量（parameter variance）與抽樣變異量（sampling variance），信度是總變異量中可以被組間群組模型解釋的程度（Arnold, 1992）。估算公式為：（參數變異量）/（參數變異量 + 誤差變異量）。HLM 由於有多個階層，每個階層樣本都可以提供信度參數，誤差變異量與群組內樣本大小有關，整體的信度測量值為群組內信度的平均值，由於階層線性模型接近線性多元迴歸（linear multiple regression），因而估算 R^2 統計量是合理的，但 HLM 統計軟體沒有直接提供 R^2 統計量，R^2 統計量必須根據系列巢套模型誤差變異量的削減情況估算。以二個階層的多層次模型而言，總變異量包含群組內的變異（如班級內的變異）與群組間的變異（如班級間的變異）（Koenig & Lissitz, 2011）。

對於多層次模型的議題，McCoach 與 Black（2012）認為應就以下內容加以討論：HLM 的信度、實徵貝氏估計法、離異係數、標準誤估計值、固定效果與隨機效果的假設檢定、模型之卡方差異檢定、模型適配度指標 AIC 與 BIC 值、變異數削減百分比、解釋變項平減的選擇等。就固定效果的假設檢定而言，截距項之虛無與對立假設分別為：$H_0:\gamma_{00} = 0$、$H_1:\gamma_{00} \neq 0$，如果 t 值統計量達到統計顯著水準（$p < .05$），表示有足夠的證據拒絕虛無假設，截距參數顯著不等於 0；斜率參數之虛無與對立假設分別為：$H_0:\gamma_{qs} = 0$、$H_1:\gamma_{qs} \neq 0$，若是 t 值統計量達到統計顯著水準（$p < .05$），表示有足夠的證據拒絕虛無假設，斜率參數顯著不等於 0，斜率係數不為 0，表示斜率對應的解釋變項對結果變項有顯著影響效果。SPSS 混合線性模式之固定效果估計值的統計顯著性檢定，亦採用 t 值統計量。就隨機效果的假設檢定而言，截距變異數之虛無與對立假設分別為：$H_0:\tau_{00} = 0$、$H_1:\tau_{00} > 0$；斜率變異數之虛無與對立假設分別為：$H_0:\tau_{qq} = 0$、$H_1:\tau_{qq} > 0$，變異數成分檢定是單尾考驗，因為變異數不可能為負值，變異數假設檢定在考驗是否顯著等於 0 或顯著大於 0，假設考驗在於評估圍繞固定效果的截距 β_{0j} 或斜率 β_{qj} 是否具有隨機群組間的變動，階層一隨機係數 β_q 之 95% 的合理區間為 $\gamma_{q0} \pm 1.96 \sqrt{\tau_{qq}}$（McCoach & Black, 2012）。$\tau_{00}$ 達到統計顯著水準（$p < .05$），表示控制模型中解釋變項對結果變項的影響後，結果變項在第二層群組間還有顯著的差異；τ_{qq} 達到統計顯著水準（$p < .05$），表示對應的解釋變項對結果變項影響的「斜率」（迴歸線的陡峭程度）間有顯著的群組間差異。HLM

統計軟體對於隨機效果估計值顯著性檢定採用卡方統計量，卡方分配本身即為單尾檢定；SPSS 混合線性模式對於隨機效果估計值顯著性檢定，採用 Wald Z 統計量，其顯著性為雙尾檢定的參數，進行隨機效果估計值參數統計顯著性檢定時，真正的顯著性機率值為原顯著性欄的數值除以 2。

多層次的巢套模型由於將階層一係數完全切割為組間與組內部分，因而組內誤差項 ε_{ij} 的變異量與群組間誤差項的變異量 τ_{qq} 的加總不會剛好等於總變異量（Kreft & Deleeuw, 1998），因而有時增加解釋變項到模型中，組間變異增加，但可以解釋的變異量百分比反而減少的矛盾現象。Snijders 與 Bosker（1998）認為，此種情況通常都是模型界定不當導致，當違反 HLM 基本假定（階層一或階層二解釋變項的誤差項有關）時，或模型中沒有納入重要解釋變項，就可能使解釋變異的百分比不升反降，R^2 統計量也可以作為共線性診斷與模型是否不當界定的參考指標。多層次分析程序一般會以零模型（模型中沒有第一層解釋變項，也沒有第二層解釋變項）為參照模型，以零模型之第一層殘差變異數及第二層截距變異數作為參照參數，當模型中投入第一層解釋變項（個體層次預測變項）後，第一層殘差變異數會變小，第二層截距變異數也可能會變小，因為第一層解釋變項除了會縮小第一層個體與個體間的變異程度外，也可能會降低第二層總體層次群組與群組間的差異，模型如隨機係數的迴歸模型或脈絡模型；當模型中只投入第二層解釋變項（總體層次預測變項）後，不會對第一層殘差變異數產生影響，只會對第二層總體層次群組與群組間的變異程度產生影響，模型如以平均數（截距）為結果變項的迴歸模型。

二個層次之多層次誤差項的變異圖示如下（修改自 Rodriguez & Goldman, 2001），σ_1 為第一層各家庭群組內個體與個體間的差異，變異數通用符號為 σ^2；σ_2 為第二層各家庭群組與家庭群組間的變異程度，變異數通用符號為 τ_{00}。

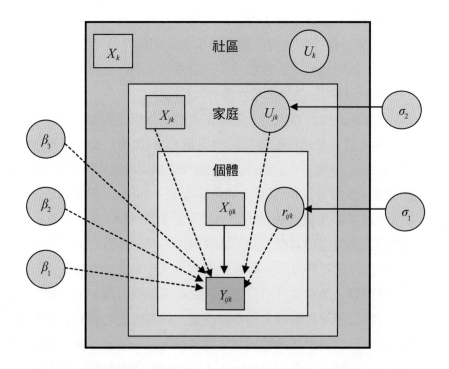

　　三個層次之多層次誤差項的變異圖示如下：σ_1 為第一層各社區組織內，各家庭群組中個體與個體間的差異，變異數通用符號為 σ^2；σ_2 為第二層各社區組織內，各家庭群組與家庭群組間的差異情況，變異數通用符號為 τ_π；σ_3 為第三層各社區組織與各社區組織的變異程度，變異數通用符號為 τ_β。

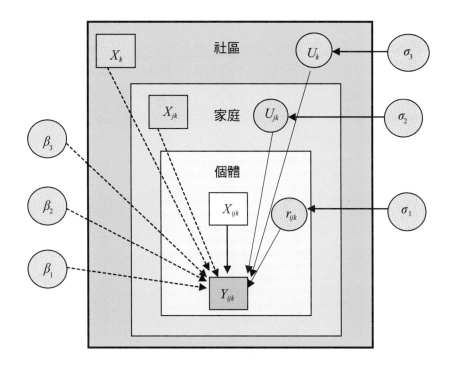

　　階層一模型增加群組內的預測變項，可以減少群組內的殘差變異量（如各班內學生間變異），也可能減少群組間的殘差變異量（如各班間平均分數的變異），以單因子變異數模型（虛無模型）與目前估計模型之殘差變異進行比較，可以求出各階層殘差變異量減少的比值，此數值類似迴歸分析的 R^2 統計量，表示的預測變項可以解釋模型群組內（如班級內學生間）變異百分比與群組間（如班級間）變異百分比。

　　二種變異數削減比值的公式為（Koenig & Lissitz, 2011）：

$$R^2_{\text{階層}1} = \frac{\sigma^2_{\text{初始模型}} - \sigma^2_{\text{標的模型}}}{\sigma^2_{\text{初始模型}}} \text{、} R^2_{\text{階層}2} = \frac{\tau_{00(\text{初始模型})} - \tau_{00(\text{標的模型})}}{\tau_{00(\text{初始模型})}}$$

σ^2 為群組內的變異（ε_{ij} 或 r_{ij}）、τ_{00} 為群組間的變異（μ_{0j}）。

$$R^2_{\text{階層}1} = 1 - \frac{\sigma^2_{\text{標的模型}} + \tau_{00(\text{標的模型})}}{\sigma^2_{\text{初始模型}} + \tau_{00(\text{初始模型})}}$$

$$R^2_{\text{階層}2} = 1 - \frac{\sigma^2_{\text{標的模型}} / j + \tau_{00(\text{標的模型})}}{\sigma^2_{\text{初始模型}} / j + \tau_{00(\text{初始模型})}}$$，其中 j 為階層二群組單位的個數（如班級

數或學校數）。Snijders 與 Bosker（1998）認為當母群中群組個數很大，群組內變異的數值會減少，R^2 就是二個群組間變異數估計值的比值。

　　模型中投入個體層次解釋變項後，通常會使階層一群組內個體間的差異變異 σ^2 值變小，也可能使階層二群組間的差異變異 τ_{00} 變小，此時與零模型相比較之下，個體層次解釋變項可以解釋結果變項的總變異量（組間變異 + 群組內個體間變異 = 總變異）為：

$$\frac{[\sigma^2_{零模型} + \tau_{00(零模型)}] - [\sigma^2_{標的模型} + \tau_{00(標的模型)}]}{\sigma^2_{零模型} + \tau_{00(零模型)}}$$

🕐 一、零模型

　　階層一模型：

$$MACH_{ij} = \beta_{0j} + r_{ij}$$

　　階層二模型：

$$\beta_{0j} = \gamma_{00} + u_{0j}$$

　　混合模型：

$$MACH_{ij} = \gamma_{00} + u_{0j} + r_{ij}$$

Final estimation of fixed effects（最後固定效果估計值）

（with robust standard errors）（採用強韌性標準誤）

Fixed Effect	Coefficient	Standard error	t-ratio	Approx. d.f.	p-value
For INTRCPT1, β_0					
INTRCPT2, γ_{00}	4.944444	0.757206	6.530	8	< 0.001

　　零模型中固定效果的截距參數 $\gamma_{00} = 4.944$，$t(8) = 6.530$（$p < .001$），截距參數估計值若未達到統計顯著水準，表示 γ_{00} 估計值顯著等於 0；相對的，如果參數估計值達 .05 顯著水準，表示 γ_{00} 估計值顯著不等於 0。零模型時，由於未納入任何個體層次或總體層次解釋變項，$\gamma_{00} = 4.944$ 的數值為所有樣本（N = 90）在結果變項（數學成就）的總平均數。

Final estimation of variance components（最後變異成分估計值）

Random Effect	Standard Deviation	Variance Component	$d.f.$	χ^2	p-value	
INTRCPT1, u_0	2.36799	5.60738	8	234.67374	< 0.001	階層二的誤差項
level-1, r	1.40677	1.97901				階層一的誤差項

Deviance = 343.014242

　　最後變異成分估計值為二個層次之隨機效果（變異數估計值），層次一為班級群組內變動的變異數參數（σ^2），模型假定階層一各班內數學成就的變異情況相同，當 σ^2 的數值愈大（標準差就愈大），表示班級內學生間數學成就分數的差異情形愈大，班級內數學成就表現的個別差異愈大；相對的，若是 σ^2 的數值愈小（標準差就愈小），表示班級內學生與學生間數學成就分數的差異情形愈不明顯，班級內數學成就表現的個別差異愈小。班級間變異的參數估計值為 τ_{00}，τ_{00} 變異數為階層二班級與班級間平均數學成就的差異，如果 τ_{00} 估計值愈大，表示班級與班級間之班級平均數學成就的差異愈大；相對的，τ_{00} 估計值愈小，表示班級與班級間之班級平均數學成就的差異愈不明顯，τ_{00} 估計值接近 0 或等於 0，班級與班級間之平均數成就分數十分接近或相同，此時班級群組解釋變項在數學成就的差異，就不會達到統計顯著水準（$p > .05$）。

　　τ_{00} 值是否顯著不等於 0，採用的檢定統計量為卡方值 χ^2，當 χ^2 值檢定統計量達到 .05 顯著水準時，表示 τ_{00} 係數值顯著不等於 0。範例中的 $\tau_{00} = 5.607$，$\chi^2(8) = 234.674$，$p < .001$，顯示班級間數學成就分數的變動是有統計意義的，學生數學成就「班級間」的差異達到統計顯著水準，表示學生數學成就有顯著的「班級間」差異存在。

　　零模型的組內相關係數 ICC $= \rho = \dfrac{\tau_{00}}{\tau_{00} + \sigma^2} = \dfrac{5.607}{5.607 + 1.979} = 73.9\%$，表示學生數學成就的總變異中有 73.9% 的變異是班級間造成的，至於班級內可以解釋的變異為 26.1%。一般實徵性的資料結構，採用 HLM 分析結果，第二層組織單位間（如班級間或學校間）可以解釋結果變項的變異比例會小於第一層組織單位內（如班級內或學校內）可以解釋的變異，而階層一的誤差項變異數 σ^2 通常會大於階層二誤差項變異數 τ_{00}。無條件模型（模型中沒有納入任何的解釋變項）估計結果，離異係數值為 343.014，有二個共變數參數估計值（τ_{00}、σ^2）。

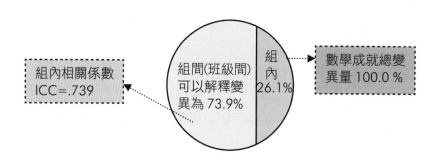

【SPSS 混合線性模式輸出結果】

固定效果估計 [a]

參數	估計	標準誤差	d.f.	t	顯著性	95% 信賴區間	
						下界	上界
截距	4.944444	.803138	8	6.156	.000	3.092405	6.796484

a. 依變數：數學成就 數學成就

　　固定效果估計值之估計欄的數值為 γ_{00} 參數，γ_{00} = 4.944、標準誤 = 0.803，參數是否為 0 的顯著性 t 統計量 = 6.156（$p < .001$）。

估計共變異數參數 [a]

參數	估計	標準誤差	Wald Z	顯著性	95% 信賴區間	
					下界	上界
殘差	1.979012	.310972	6.364	.000	1.454438	2.692787
截距 [subject = 班級變異數]	5.607377	2.902805	1.932	.053	2.032886	15.467015

a. 依變數：數學成就 數學成就

　　估計共變異數參數表為隨機效果估計值，截距項 μ_{0j} 的變異數 τ_{00} =5.607（p = .053/2.027 < .05），各班內個體層次間的變異數 σ^2 =1.979（$p < .001$），SPSS 混合模型估計結果的參數與 HLM 統計軟體估計結果相同，隨機效果估計值的唯一差別在於 SPSS 呈現的變異數顯著性檢定是採用雙側考驗，估計值顯著檢定的統計量為 Wald Z 而非卡方統計量，變異數顯著性檢定應為單側考驗，實際的顯著性機率值為原輸出表格中的顯著性除以 2。根據「估計共變異數參數」摘要表的截距變異數與殘差估計值，也可以估算組內相關係數 ICC。

資訊條件 [a]

−2 限制對數概似值	344.852
Akaike 的訊息條件 （AIC）	348.852
Hurvich 和 Tsai 的條件 （AICC）	348.992
Bozdogan 的條件 （CAIC）	355.829
Schwarz 的貝葉斯條件 （BIC）	353.829

以愈小愈好的形式顯示資訊條件。
a. 依變數：數學成就 數學成就

　　SPSS 混合模式估計結果的 −2LL 值 = 344.852（HLM 統計軟體之 Deviance 參數為 343.014），SPSS 混合模式估計結果會增列下列四個模式適配度判別指標值：AIC（ = 348.852）、AICC（ = 348.992）、CAIC（ = 355.829）、BIC（ = 353.829）。

二、隨機係數的迴歸模型

第一層增加的個體層次變數為「學生每週練習時間」。

$$數學成就_{ij} = \beta_{0j} + \beta_{1j} \times 練習時間_{ij} + r_{ij}$$

階層一模型：

$$MACH_{ij} = \beta_{0j} + \beta_{1j} \times (EXER_{ij}) + r_{ij}$$

階層二模型：

$$\beta_{0j} = \gamma_{00} + u_{0j}$$

$$\beta_{1j} = \gamma_{10} + u_{1j}$$

Final estimation of fixed effects（最後固定效果估計值）

（with robust standard errors）（採用強韌性標準誤）

Fixed Effect	Coefficient	Standard error	t-ratio	Approx. $d.f.$	p-value
For INTRCPT1, β_0					
INTRCPT2, γ_{00}	3.715341	0.767840	4.839	8	0.001
For EXER slope, β_1					
INTRCPT2, γ_{10}	0.341582	0.063425	5.386	8	< 0.001

　　個體層次每週練習時間對學生數學成就影響的斜率係數 $\gamma_{10} = 0.342$，標準誤為 0.063，$t(8) = 5.386$（$p < .001$），達統計顯著水準，γ_{10} 係數估計值顯著不等於 0，由於其數值為正，解釋變項每週練習時間對學生數學成就影響為正向，當學生個體每週練習時間平均增加一個單位（小時），學生的數學成就會增加 0.342 分。考量個體層次每週練習時間對學生數學成就影響後，學生整體平均數學成就的分數為 3.715（$\gamma_{00} = 3.715$）。

Final estimation of variance components（最後變異成分估計值）

Random Effect	Standard Deviation	Variance Component	$d.f.$	χ^2	p-value
INTRCPT1, u_0	2.30004	5.29018	8	64.23921	< 0.001
EXER slope, u_1	0.09690	0.00939	8	9.15456	0.329
level-1, r	1.25193	1.56733(σ^2)			

Deviance = 325.465791

　　階層一模式之隨機效果中，納入學生個體層次解釋變項「每週練習時間」後，階層一誤差項 ε_{ij} 的標準差為 1.252，變異數 σ^2 為 1.567，零模型階層一誤差項的變異數為 1.979，隨機係數迴歸模型的階層一誤差項的變異數為 1.567，表示階層一加入個體層次「每週練習時間」解釋變項後，誤差項 ε_{ij} 變異數（σ^2）由 1.979 降為 1.567。當階層一誤差項 ε_{ij} 的變異數（σ^2），表示組織群組內（班級內）個體在結果變項（數學成就）的變異愈小，二個模型變異數削減比值為 $\dfrac{\sigma^2_{零模型} - \sigma^2_{標的模型}}{\sigma^2_{零模型}} = \dfrac{1.979 - 1.567}{1.979} = .208 = 20.8\%$，表示階層一加入「每週練習時間」個體層次的解釋變項後，能解釋班級內（組織群組內）學生數學成就總變異之 20.8% 的變異量，無法解釋的變異量百分比為 79.2%，顯示影響班級內（組織群組內）學生數學成就的變因還有其他的解釋變項。

　　階層二的隨機效果中，誤差項 μ_{0j} 的標準差為 2.300，變異數 τ_{00} 為 5.290，零模型階層二的隨機效果中，誤差項 μ_{0j} 的變異數為 5.607（τ_{00}），誤差項 μ_{0j} 變異數 τ_{00} 的削減比值（減少的百分比）為：$\dfrac{\tau_{00(零模型)} - \tau_{00(標的模型)}}{\tau_{00(零模型)}} = \dfrac{5.607 - 5.290}{5.607} = .057 = 57\%$，階層一投入個體層次「每週練習時間」解釋變項後，可以解釋班級間（組織群組間）數學成就變異的百分比為 5.7%。

　　控制學生個體層次「每週練習時間」解釋變項對學生數學成就的影響後，

班級間（組織群組間）平均數學成就還是有顯著的差異，$\tau_{00} = 5.290$、$\chi^2_{(df=8)} = 64.239$（$p < .001$）。

階層二（班級間）變異數削減百分比	階層一（班級內）變異數削減比值
$\dfrac{\tau_{00(零模型)} - \tau_{00(標的模型)}}{\tau_{00(零模型)}}$ 百分比值為解釋變項能解釋班級間結果變項（如班級平均數學成就）變異的百分比	$\dfrac{\sigma^2_{零模型} - \sigma^2_{標的模型}}{\sigma^2_{零模型}}$ 百分比值為解釋變項能解釋班級內結果變項（如數學成就）變異的百分比

學生個體層次「每週練習時間」解釋變項，可以解釋學生數學成就總變異量（班級間變異與班級內學生間的變異）的百分比為：

$$\frac{[\sigma^2_{零模型} + \tau_{00(零模型)}] - [\sigma^2_{標的模型} + \tau_{00(標的模型)}]}{\sigma^2_{零模型} + \tau_{00(零模型)}} = \frac{(1.979 + 5.607) - (1.567 + 5.290)}{(1.979 + 5.607)} = 96\%$$

【SPSS 混合線性模式輸出結果】

固定效果估計 [a]

參數	估計	標準誤差	$d.f.$	t	顯著性	95% 信賴區間	
						下界	上界
截距	3.690	0.709	10.267	5.203	0.000	2.115	5.264
練習時間	0.321	0.066	82.963	4.824	0.000	0.189	0.453

a. 依變數：數學成就 數學成就

固定效果估計值 $\gamma_{00} = 3.690$（$p < .001$）、$\gamma_{10} = 0.321$（$p < .001$）。

估計共變異數參數 [b]

參數		估計	標準誤差	Wald Z	顯著性	95% 信賴區間	
						下界	上界
殘差		1.612	0.255	6.316	0.000	1.182	2.199
截距 [subject = 班級]	變異數	3.756	1.990	1.887	0.059	1.330	10.611
練習時間 [subject = 班級]	變異數	.000[a]	0.000	.	.	.	.

a. 這個共變異數參數多餘，無法計算檢定統計量和信賴區間。
b. 依變數：數學成就 數學成就

隨機效果估計值中，第一層殘差項的變異數 $\sigma^2 = 1.612$（$p < .001$）、第二層截距項變異數 $\tau_{00} = 3.756$（$p = .059 \div 2 = .03 < .05$）、斜率變異數 $\tau_{11} = 0.000$（$p > .05$）。當第一層樣本總數與第二層群組個數不夠大時，SPSS 估計所得的參數與 HLM 估計的結果會有較大的差異值。

⟲ 三、個體層次的影響

階層一模型投入個體層次三個解釋變項：學生性別（SEX）、學生數學態度（MATT）、每週學生練習時間（EXER）。多層次分析模式中投入個體層次的解釋變數後，通常會使得第一層誤差項 ε_{ij} 的變異數（σ^2）減少，第一層變異數（隨機效果）的變化情況是模式分析關注的重點之一，因為第一層變異成分的改變情形，可以看出投入的個體層次解釋變項共可解釋群組內數學成就結果變項的多少變異量。納入的解釋變項雖屬個體層次（階層一），但對於階層二班級群組間平均數學成就的變異也會有影響，因而階層二誤差項 μ_{0j} 變異數 τ_{00} 估計值也會變小，因為階層二參數變異數的變化情況，也會受到第一層個體層次解釋變項的影響。

數學成就$_{ij} = \beta_{0j} + \beta_{1j} \times$ 學生性別$_{ij} + \beta_{2j} \times$ 數學態度$_{ij} + \beta_{3j} \times$ 練習時間$_{ij} + r_{ij}$

階層一模型：

$MACH_{ij} = \beta_{0j} + \beta_{1j} \times (SEX_{ij}) + \beta_{2j} \times (MATT_{ij}) + \beta_{3j} \times (EXER_{ij}) + r_{ij}$

階層二模型：

$\beta_{0j} = \gamma_{00} + u_{0j}$

$\beta_{1j} = \gamma_{10} + u_{1j}$

$\beta_{2j} = \gamma_{20} + u_{2j}$

$\beta_{3j} = \gamma_{30} + u_{3j}$

Final estimation of fixed effects（最後固定效果估計值）

（with robust standard errors）（採用強韌性標準誤）

Fixed Effect	Coefficient	Standard error	t-ratio	Approx. $d.f.$	p-value
For INTRCPT1, β_0					
INTRCPT2, γ_{00}	1.648192	0.488677	3.373	8	0.010
For SEX slope, β_1					
INTRCPT2, γ_{10}	−0.117964	0.281668	−0.419	8	0.686
For MATT slope, β_2					
INTRCPT2, γ_{20}	0.426926	0.062635	6.816	8	< 0.001
For EXER slope, β_3					
INTRCPT2, γ_{30}	0.248051	0.054727	4.533	8	0.002

$\gamma_{10} = -0.118$，$t(8) = -0.419$（$p > .05$）未達統計顯著水準，表示班級內個體層次學生性別對數學態度的影響不顯著，男生、女生的數學成就平均分數沒有顯著不同。學生個體層次解釋變項之「數學態度」對學生數學成就的影響，達到統計顯著水準，$\gamma_{20} = 0.427$，標準誤為 0.063，$t(8) = 6.816$（$p < .001$），學生個體每週練習時間對數學成就的影響達到統計顯著水準，$\gamma_{30} = 0.248$，標準誤為 0.055，$t(8) = 4.533$（$p < .01$），由於 γ_{20} 與 γ_{30} 的參數估計值均為正數，表示數學態度與每週練習時間對數學成就的影響均為正向，各班級群組內學生個體的數學態度若增加一個單位，學生數學成就平均可增加 0.427 分；學生個體每週練習時間若增加一個單位（小時），學生數學成就平均可增加 0.248 分。

Final estimation of variance components（最後變異成分估計值）

Random Effect	Standard Deviation	Variance Component	$d.f.$	χ^2	p-value
INTRCPT1, u_0	1.19872	1.43694	8	15.01622	0.058
SEX slope, u_1	0.66040	0.43612	8	13.63496	0.091
MATT slope, u_2	0.16346	0.02672	8	8.92407	0.348
EXER slope, u_3	0.12562	0.01578	8	6.96860	> 0.500
level-1, r	0.85011	0.72268		階層一的誤差項	

Deviance = 271.681289

　　階層一模式中，納入學生個體三個解釋變項（數學態度、練習時間、學生

性別）後，階層一誤差項的標準差為 0.850，變異數 σ^2 為 0.723，階層一誤差項的變異數愈小，表示班級內（階層一群組）學生數學成就的個體間差異愈小（各班級內學生與學生間數學成就的變異情況或差異情形愈小）。零模型階層一誤差項的變異數為 1.979，隨機係數迴歸模型的階層一誤差項的變異數為 0.723，表示階層一加入個體層次（學生層級）三個解釋變項後，誤差變異數由 1.979 降為 0.723，變異數削減比值為 $\dfrac{\sigma^2_{零模型} - \sigma^2_{標的模型}}{\sigma^2_{零模型}} = \dfrac{1.979 - 0.723}{1.979} = .634 = 63.4\%$，階層一投入三個個體層次的解釋變項後，能解釋班級內學生數學成就總變異的 63.4% 的變異量，無法解釋的變異量百分比為 36.6%，表示影響班級內（群組內）學生數學成就的變因，還有其他的解釋變項。

　　階層二的隨機效果中，誤差項 μ_{0j} 的標準差為 1.199，變異數 τ_{00} 為 1.437，零模型階層二的隨機效果中，誤差項 μ_{0j} 的變異數為 5.607（τ_{00}），誤差項 μ_{0j} 變異數 τ_{00} 的削減比值（減少的百分比）為：$\dfrac{\tau_{00(零模型)} - \tau_{00(標的模型)}}{\tau_{00(零模型)}} = \dfrac{5.607 - 1.437}{5.607} = .744 = 74.4\%$，階層一投入個體層次「每週練習時間」、「數學態度」、「學生性別」三個解釋變項後，可以解釋總體層次班級間（組織群組間）數學成就變異的百分比為 74.4%。

　　學生個體層次「每週練習時間」、「數學態度」、「學生性別」三個解釋變項，可以解釋學生數學成就總變異量（班級間變異與班級內學生間的變異）的百分比為：

$$\frac{[\sigma^2_{零模型} + \tau_{00(零模型)}] - [\sigma^2_{標的模型} + \tau_{00(標的模型)}]}{\sigma^2_{零模型} + \tau_{00(零模型)}} = \frac{(1.979 + 5.607) - (0.723 + 1.437)}{(1.979 + 5.607)} = 72.9\%$$

【SPSS 混合線性模式輸出結果】

固定效果估計 [a]

參數	估計	標準誤差	d.f.	t	顯著性	95% 信賴區間	
						下界	上界
截距	1.751	.482	7.432	3.633	.008	.625	2.878
性別	−.176	.285	13.170	−.618	.547	−.791	.439
數學態度	.417	.096	13.438	4.346	.001	.211	.624
練習時間	.226	.049	73.691	4.593	.000	.128	.325

a. 依變數：數學成就 數學成就

　　固定效果估計值 $\gamma_{00} = 1.751$（$p < .01$）、$\gamma_{10} = -0.176$（$p > .05$）、$\gamma_{20} = 0.417$（$p < .01$）、$\gamma_{30} = 0.226$（$p < .001$），其中 γ_{00} 為調整後平均數、γ_{10} 為班級內學生性別對其數學成就的影響效果、γ_{20} 為班級內學生數學態度對其數學成就的影響效果、γ_{30} 為班級內學生練習時間對其數學成就的影響效果。

估計共變異數參數[b]

參數		估計	標準誤差	Wald Z	顯著性	95% 信賴區間	
						下界	上界
殘差		0.782	0.139	5.623	0.000	0.552	1.108
截距 [subject = 班級]	變異數	0.466	0.771	0.605	0.545	0.018	11.921
練習時間 [subject = 班級]	變異數	.000[a]	0.000	.	.	.	.
性別 [subject = 班級]	變異數	0.260	0.284	0.917	0.359	0.031	2.205
數學態度 [subject = 班級]	變異數	0.051	0.033	1.565	0.117	0.015	0.180

a. 這個共變異數參數多餘，無法計算檢定統計量和信賴區間。
b. 依變數：數學成就 數學成就

　　隨機效果估計值中，第一層殘差項的變異數 $\sigma^2 = 0.782$（$p < .001$）、第二層截距項變異數 $\tau_{00} = 0.466$（$p > .05$）、斜率變異數 $\tau_{11} = 0.000$（$p > .05$）、斜率變異數 $\tau_{22} = 0.260$（$p > .05$）、斜率變異數 $\tau_{33} = 0.051$（$p > .05$）。

◎ 四、一個總體層次解釋變項的影響效果

　　組織層次（階層二）加入「班級教師教學信念」（CTBEL），班級教師教學信念是直接以班級教師為標的樣本所搜集的資料，其測量值是教師於「教師教學信念量表」上填答的分數，得分愈高表示教師愈重視班級學生的課業成就，此種組織變數並不是由所有班級學生填答再求其班級平均值，因而不是脈絡變數，多層次模式為以平均數（截距）為結果的迴歸模型。階層二截距項增加組織層次（總體層次）的解釋變項，一般會使第二層截距誤差項 μ_{0j} 的變異數 τ_{00} 減少，變異數削減的比值關注的第二層截距誤差項 μ_{0j} 變異數 τ_{00} 的變化情況。若是模型中同時納入個體層次解釋變項、總體層次脈絡變項與解釋變項後，有時會發生與零模型（或初始模型）相較之下，標的模型（或新模型）變異數參數 τ_{00} 不減反增，表示加入的第二層組織層次之解釋變項對結果變項沒有顯著影

響，此種情況會使 $\dfrac{\tau_{00(\text{零模型})} - \tau_{00(\text{標的模型})}}{\tau_{00(\text{零模型})}}$ 的數值成為負值，負的虛擬決定係數（虛擬 R^2）是一種不合理的參數估計值，HLM 程序中，採用變異數削減百分比的方法可能會得到一個不合理的解釋量。

　　以平均數為結果變項的迴歸模型中，投入一個總體層次的解釋變項：班級教師教學信念（CTBEL）。

　　數學成就$_{ij} = \beta_{0j} + r_{ij}$

　　$\beta_{0j} = \gamma_{00} + \gamma_{01} \times$ 班級教師教學信念$_j + \mu_{0j}$

　　階層一模型：

　　$MACH_{ij} = \beta_{0j} + r_{ij}$

　　階層二模型：

　　$\beta_{0j} = \gamma_{00} + \gamma_{01} \times (CTBEL_j) + u_{0j}$

Final estimation of fixed effects（最後固定效果估計值）
（with robust standard errors）（採用強韌性標準誤）

Fixed Effect	Coefficient	Standard error	t-ratio	Approx. $d.f.$	p-value
For INTRCPT1, β_0					
INTRCPT2, γ_{00}	−1.423497	1.094289	−1.301	7	0.234
CTBEL, γ_{01}	0.477596	0.089843	5.316	7	0.001

　　$\gamma_{01} = 0.478$，$t(7) = 5.316$（$p < .01$），達到統計顯著水準，表示總體層次解釋變項「班級教師教學信念」對各班平均數學成就有顯著正向的影響，當總體層次班級教師教學信念的測量值增加一個單位，各班平均數學成就可提高 0.478 分。

Final estimation of variance components（最後變異成分估計值）

Random Effect	Standard Deviation	Variance Component	$d.f.$	χ^2	p-value
INTRCPT1, u_0	1.56885	2.46129	7	94.05862	< 0.001
level-1, r	1.40677	1.97901			

　　階層二模式中，納入班級組織總體層次一個解釋變項（班級教師教學信念）後，階層二誤差項的標準差為 1.569，變異數 τ_{00} 為 2.461，階層二誤差項的變異數愈小，表示（階層二群組）平均學生數學成就的班級間差異愈小，零模型階層二誤差項的變異數為 5.607（τ_{00}），以平均數為結果之迴歸模型的階層二誤差項的變異數為 2.461，階層二加入總體層次（班級層級）「班級教師教學信念」解釋變項後，誤差變異數（τ_{00}）由 5.607 降為 2.461，變異數削減比值為 $\dfrac{\tau_{00(零模型)} - \tau_{00(標的模型)}}{\tau_{00(零模型)}} = \dfrac{5.607 - 2.461}{5.607} = .561 = 56.1\%$，表示階層二加入「班級教師教學信念」總體層次的解釋變項後，能解釋各班平均學生數學成就差異的變異達 56.1% 的變異量，無法解釋的變異量百分比為 43.9%，表示影響班級學生數學成就的高低，還有其他變因存在。

　　組內相關係數 $ICC = \rho = \dfrac{\tau_{00}}{\tau_{00} + \sigma^2} = \dfrac{2.461}{2.461 + 1.979} = .554 = 55.4\%$，學生數學成就在班級與班級間的變異佔學生數學成就總變異的 55.4%。零模型時，組內相關係數為 73.9%，表示學生間數學成就的總變異中，班級間造成的差異變異百分比有 73.9%，班級內個體學生造成的變異百分比有 26.1%，納入「班級教師教學信念」解釋變項對學生數學成就的影響後，組內相關係數或群組效果的變異由 73.9% 降為 55.4%，班級與班級間可以解釋數學成就的變異效果由 73.9% 降低至 55.4%，表示「班級教師教學信念」解釋變項對班級學生平均數學成就有顯著影響，階層二「班級教師教學信念」解釋變項確實可以縮小班級間平均數學成就的差異。

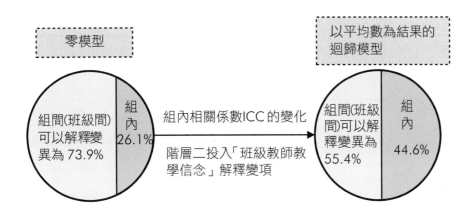

　　與零模型相較之下，階層一誤差項 ε_{ij} 的標準差與變異數參數並沒有改變，變異數（σ^2）估計值均為 1.979，因為在以平均數（截距）為結果的迴歸模型中，階層一並沒有投入個體層次的解釋變項，即階層一模型中沒有任何個體層次的自變項，階層一模型誤差項的變異數與零模型誤差項的變異數相同。τ_{00} 估計值是否顯著不等於 0 的檢定統計量 $\chi^2(7) = 94.059$（$p < .001$），達到統計顯著水準，有足夠的證據可以拒絕虛無假設：$\tau_{00} = 0$，τ_{00} 顯著不等於 0 其意涵為班級與班級間平均數學成就的差異是有統計意義的，即控制班級特徵「班級教師教學信念」解釋變項對班級平均數學成就的影響後，班級與班級間平均數學成就還是有顯著的班級間差異存在，表示影響班級間數學成就差異的變因還有模型中未納入的變項存在。

五、二個總體層次解釋變項的影響效果

　　以平均數為結果變項的迴歸模型中，投入的二個總體層次變項為「班級教師性別」（CTSEX）、「班級教師教學信念」（CTBEL）。

階層一模型：

$MACH_{ij} = \beta_{0j} + r_{ij}$

階層二模型：

$\beta_{0j} = \gamma_{00} + \gamma_{01} \times (CTSEX_j) + \gamma_{02} \times (CTBEL_j) + u_{0j}$

Final estimation of fixed effects（最後固定效果估計值）

（with robust standard errors）（採用強韌性標準誤）

Fixed Effect	Coefficient	Standard error	t-ratio	Approx. $d.f.$	p-value
For INTRCPT1, β_0					
INTRCPT2, γ_{00}	0.301876	0.930863	0.324	6	0.757
CTSEX, γ_{01}	2.819137	0.713356	3.952	6	0.008
CTBEL, γ_{02}	0.254221	0.080587	3.155	6	0.020

　　$\gamma_{01} = 2.819$（$p < .01$）、$\gamma_{02} = 0.254$（$p < .05$）均達到統計顯著水準，表示班級教師性別與班級教師教學信念二個總體層次解釋變項對學生數學成就都有顯著正向影響，女教師（水準數值編碼為 1）班上平均數學成就顯著的高於男教

師（水準數值編碼為 0）班上平均數學成就；班級教師教學信念增加一個單位，平均班上數學成就可提高 0.254 個單位。

Final estimation of variance components（最後變異成分估計值）

Random Effect	Standard Deviation	Variance Component	$d.f.$	χ^2	p-value
INTRCPT1, u_0	0.98768	0.97551	6	35.57558	< 0.001
level-1, r	1.40677	1.97901			

Deviance = 329.407733

　　階層二模式中，納入班級組織總體層次二個解釋變項（班級教師性別、班級教師教學信念）後，階層二誤差項的標準差為 0.988，變異數 τ_{00} 為 0.976，零模型階層二誤差項的變異數 τ_{00} 為 5.607，以平均數為結果之迴歸模型的階層二誤差項變異數為 0.976，表示階層二加入總體層次（班級層級）「班級教師性別」、「班級教師教學信念」解釋變項後，誤差變異數（τ_{00}）由 5.607 降為 0.976，變異數削減比值為 $\dfrac{\tau_{00(零模型)} - \tau_{00(標的模型)}}{\tau_{00(零模型)}} = \dfrac{5.607 - 0.976}{5.607} = .826 = 82.6\%$，階層二加入「班級教師性別」、「班級教師教學信念」總體層次的解釋變項後，能解釋各班平均學生數學成就差異的變異達 82.6% 的變異量，無法解釋的變異量百分比為 17.4%，表示影響班級學生數學成就的高低還有其他變因存在。

　　組內相關係數 ICC $= \rho = \dfrac{\tau_{00}}{\tau_{00} + \sigma^2} = \dfrac{0.976}{0.976 + 1.979} = .330 = 33.0\%$，表示學生數學成就在班級與班級間的變異佔學生數學成就總變異的 33.4%。零模型時，組內相關係數為 73.9%，表示學生間數學成就的總變異中，班級間造成的差異變異百分比有 73.9%，班級內個體學生造成的變異百分比有 26.1%，納入「班級教師性別」、「班級教師教學信念」解釋變項對學生數學成就的影響後，組內相關係數或群組效果的變異由 73.9% 降為 33.4%，班級與班級間可以解釋數學成就的變異效果由 73.9% 減少至 33.4%，表示「班級教師性別」、「班級教師教學信念」解釋變項對班級學生平均數學成就有顯著影響效果。納入二個總體層次的解釋變項的標的模型與零模型相較之下，第一層殘差項的變異數參數並沒有改變，以平均數（截距）為結果變項的迴歸模型，模式估計結果的變異數改變情況，只會對階層二總體層次群組間的變異程度有影響作用。

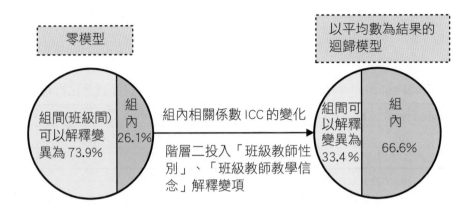

與零模型相較之下，階層一誤差項 ε_{ij} 的標準差與變異數參數並沒有改變，變異數（σ^2）估計值均為 1.979（標準差為 1.407），因為在以平均數（截距）為結果的迴歸模型中，階層一並沒有投入個體層次的解釋變項，即階層一模型中沒有任何個體層次的自變項，階層一模型與零模型相同。多層次模式分析時，納入階層一個體層次的解釋變項後，會同時影響階層一（班級內學生間）誤差項的變異與階層二（班級群組間）誤差項的變異，若只對階層二截距項（班級平均數）投入總體層次解釋變項，模式估計結果只會影響階層二（班級群組間）誤差項的變異，不會影響階層一（班級內學生間）誤差項的變異。以截距為結果的迴歸模型中，階層二不論納入多少個總體層次的解釋變項，階層一誤差項 ε_{ij} 的變異數（σ^2）參數估計值均與零模型相同，表示總體層次的解釋變項對於組織層級內結果變項的變異程度（如班級內學生間數學成就差異）沒有影響。

六、四個總體層次解釋變項的影響效果

以平均數為結果變項的迴歸模型中，投入的四個總體層次變數有班級數學態度（脈絡變數，變數名稱為 CMATT）、班級練習時間（脈絡變數，變數名稱為 CEXER）、班級教師性別（組織變數，變數名稱為 CTSEX）、班級教師教學信念（組織變數，變數名稱為 CTBEL）。

階層一模型：

$MACH_{ij} = \beta_{0j} + r_{ij}$

階層二模型：

$$\beta_{0j} = \gamma_{00} + \gamma_{01} \times (CMATT_j) + \gamma_{02} \times (CEXER_j) + \gamma_{03} \times (CTSEX_j) + \gamma_{04} \times (CTBEL_j) + u_{0j}$$

CMATT CEXER CTBEL have been centered around the grand mean.
註：CMATT、CEXER、CTBEL 三個變數經總平均數集中化轉換。

Final estimation of fixed effects（最後固定效果估計值）
（with robust standard errors）（採用強韌性標準誤）

Fixed Effect	Coefficient	Standard error	t-ratio	Approx. $d.f.$	p-value
For INTRCPT1, β_0					
INTRCPT2, γ_{00}	4.416940	0.270048	16.356	4	< 0.001
CMATT, γ_{01}	0.245255	0.134380	1.825	4	0.142
CEXER, γ_{02}	1.469544	0.330795	4.442	4	0.011
CTSEX, γ_{03}	1.186885	0.393997	3.012	4	0.039
CTBEL, γ_{04}	−0.191942	0.111753	−1.718	4	0.161

　　$\gamma_{02} = 1.470$（$p < .05$）、$\gamma_{03} = 1.187$（$p < .05$）均達到統計顯著水準，表示班級練習時間、班級教師性別二個總體層次解釋變項對學生數學成就都有顯著正向影響，「班級練習時間」增加一個單位，平均班上數學成就可提高 1.470 個單位，女教師對班上數學成就平均數的影響顯著的高於男教師對班上數學成就平均數的影響。$\gamma_{01} = 0.245$（$p > .05$）、$\gamma_{04} = -0.192$（$p > .05$）二個固定效果值均未達統計顯著水準，表示「班級數學態度」、「班級教師教學信念」對各班數學成就的平均數，未有顯著的影響作用。

Final estimation of variance components（最後變異成分估計值）

Random Effect	Standard Deviation	Variance Component	$d.f.$	χ^2	p-value
INTRCPT1, u_0	0.54535	0.29741	4	10.01120	0.040
level-1, r	1.40677	1.97901			

Deviance = 323.356664

　　階層二同時投入班級數學態度（脈絡變項）、班級練習時間（脈絡變項）、

班級教師性別、班級教師教學信念四個解釋變項，模式為以平均數為結果的迴歸模型。隨機效果中階層一誤差項 ε_{ij} 的標準差為 1.407、變異數參數（σ^2）估計值為 1.979，變異數估計值與零模型時相同。階層二誤差項的標準差為 0.545，變異數 τ_{00} 為 0.297，零模型階層二誤差項的變異數 τ_{00} 為 5.607，階層二投入班級教師性別、班級教師教學信念二個解釋變項時，以平均數為結果模型階層二誤差項的變異數為 0.976，可見總體層次的解釋變項如果對結果變項有顯著的影響結果，階層二誤差項的變異數會降低。以新模型（置回脈絡變項）及初始模型（未包含脈絡變項）的參數變異數變化而言，階層二參數變異數的變異百分比為：

$$R^2_{\text{階層}2} = \frac{\tau_{00(\text{初始模型})} - \tau_{00(\text{標的模型})}}{\tau_{00(\text{初始模型})}} = \frac{0.976 - 0.297}{0.976} = 69.6\%$$

此外，結果變項（數學成就）在組織層級間顯著性差異檢定的卡方值也會變小，範例中零模型的卡方值為 234.674（$p < .001$），納入一個總體層次解釋變項（班級教師教學信念）的卡方值為 94.059（$p < .001$），納入二個總體層次解釋變項（班級教師教學信念、班級教師性別）的卡方值為 35.576（$p < .001$），同時納入二個總體層次解釋變項（班級教師教學信念、班級教師性別）與二個脈絡變數（班級數學態度、班級練習時間）的卡方值為 10.011（$p < .05$）。以平均數為結果的迴歸模型中，若是投入的總體層次解釋變項，可以使原本達到顯著性的卡方值統計量（$p < .05$），變成卡方值統計量未達 .05 顯著水準（$p > .05$），表示總體層次解釋變項對結果變項有顯著的影響作用，這些組織解釋變項的確是造成組織群組（如班級、學校）間在結果變項差異的變因。在此種情況之下，由於階層二誤差項的變異數估計值很小，組內相關係數估計結果也會很小。

主要參考文獻

Koenig, J. A., & Lissitz, R. W. (2011). *The effects of centering method on parameter estimates and variance explained in multilevel models.* ERIC Document Reproduction Service No. ED 453 261.

Kreft, I., & Leeuw, J. (1998). *Introducing multilevel modeling.* Thousand Oaks, CA: Sage Publications.

Kreft, I., Leeuw, J., & Aiken (1995). The effect of different forms of centering in hierarchical linear models. *Multivariate Behavioral Research, 30* (1), 1-21.

McCoach, D. B., & Black, A. C. (2012). Introduction to estiamation issues in multilevel modeling. *New Directions for Institutional, Reseacch, 154*, 23-94.

Myers, N. D., Brincks, A. M., & Beauchamp, M. R. (2010). A tutorial on centering in cross-sectional two-level models. *Measurement in Physical Education and Exercise Science, 14*, 275-294.

Rodriguez, G., & Goldman, N. (2001). Improved estimation procedures for multilevel models with binary response: a case-study. *Journal of Research Statistical Society, 164*, 339-355.

Snijders, T., & Bosker, R. J. (1998). *Multilevel analysis.* Thousand Oaks, CA: Sage Publications.

第 5 章

多層次模型的
應用範例

　　多層次的分析資料結構除包括巢套資料外，也可進行縱貫性資料的分析，結果變項除計量變項（連續變項）外，也可為類別變項（二分類別變項、多分類別變項）、次序變項，常見的結果變項尺度為等距或比率變項，結果變項為二分類別變項，必須先將結果變項轉換為對數勝算比係數。

壹　多層次模型的架構圖示

　　假設模型中個體層次的解釋變項有四個，學生性別、家庭結構、閱讀時間、閱讀態度。

　　脈絡變項有二個：「班閱讀時間」（以班級為單位聚合而成的班級平均分數）、「班閱讀態度」（以班級為單位聚合而成的班級平均分數）；階層二的解釋變項有二個：「教師閱讀態度」（從教師處取得的單一測量分數）、「教師教學策略」（從教師處取得的單一測量分數）。

　　HLM 中分別採用零模型、具隨機效果的單因子共變數分析模型、隨機係數的迴歸模型、脈絡模型、以截距為結果的迴歸模型、完整模型（以截距及斜率為結果的迴歸模型）等進行迴歸係數的檢定。

一、模型 A——零模型

層次 1 模型／階層一模型：

閱讀成就$_{ij} = \beta_{0j} + r_{ij}$

層次 2 模型／階層二模型：

$\beta_{0j} = \gamma_{00} + \mu_{0j}$

零模型中，階層一與階層二方程式都沒有投入任何解釋變項，圖示如下：

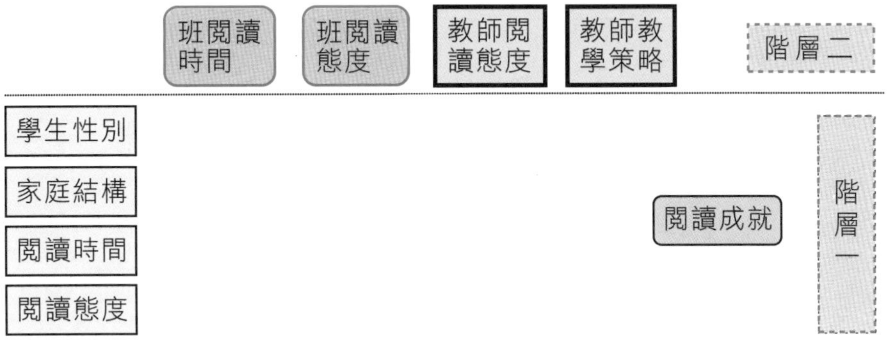

```
[班閱讀    [班閱讀    [教師閱    [教師教           階層二
 時間]     態度]      讀態度]    學策略]

[學生性別]
[家庭結構]
[閱讀時間]                        [閱讀成就]        階層一
[閱讀態度]
```

⏱ 二、模型 B——具隨機效果的單因子共變數分析模型

層次 1 模型：

閱讀成就$_{ij}$ = β_{0j} + β_{1j}(學生性別$_{ij}$) + β_{2j}(家庭結構$_{ij}$) + β_{3j}(閱讀時間$_{ij}$) + β_{4j}(閱讀態度$_{ij}$) + r_{ij}

層次 2 模型：

$\beta_{0j} = \gamma_{00} + \mu_{0j}$（隨機效果）
$\beta_{1j} = \gamma_{10}$（固定效果）
$\beta_{2j} = \gamma_{20}$（固定效果）
$\beta_{3j} = \gamma_{30}$（固定效果）

具隨機效果的單因子共變數分析模型中，階層一投入個體層次的解釋變項，探討個體層次的解釋變項對結果變項的影響。假定各解釋變項對結果變項的影響程度沒有跨班級群組的差異、斜率沒有跨群組的變異，表示個體層次解釋變項對結果變項如有顯著影響效果時，此種影響效果在各班級群組（第二層單位）之間是相同的，影響程度班級間沒有顯著差異存在。

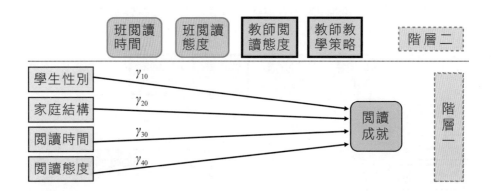

⟳ 三、模型 C──隨機係數的迴歸模型

層次 1 模型：

閱讀成就$_{ij}$ = β_{0j} + β_{1j}(學生性別$_{ij}$) + β_{2j}(家庭結構$_{ij}$) + β_{3j}(閱讀時間$_{ij}$) + β_{4j}(閱讀態度$_{ij}$) + r_{ij}

層次 2 模型：

β_{0j} = γ_{00} + μ_{0j}（隨機效果）

β_{1j} = γ_{10} + μ_{1j}（隨機效果）

β_{2j} = γ_{20} + μ_{2j}（隨機效果）

β_{3j} = γ_{30} + μ_{3j}（隨機效果）

β_{4j} = γ_{40} + μ_{4j}（隨機效果）

具隨機係數的迴歸模型中，階層一投入個體層次的解釋變項，探討個體層次的解釋變項對結果變項的影響。假定各解釋變項對結果變項的影響程度有跨班級群組變動的差異、斜率有跨群組的變動，表示個體層次解釋變項對結果變項如有顯著影響效果時，此種影響效果在各班級之間是有不同，影響程度在班級間有顯著差異存在。

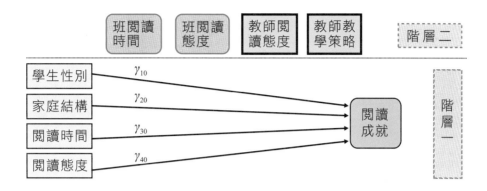

🔄 四、模型 D——脈絡模型

層次 1 模型：

閱讀成就 $_{ij}$ = β_{0j} + β_{1j}(學生性別$_{ij}$) + β_{2j}(家庭結構$_{ij}$) + β_{3j}(閱讀時間$_{ij}$) + β_{4j}(閱讀態度$_{ij}$) + r_{ij}

層次 2 模型：

β_{0j} = γ_{00} + γ_{01}(班閱讀時間$_j$) + γ_{02} × (班閱讀態度) + μ_{0j}

β_{1j} = γ_{10} + μ_{1j}（隨機效果）

β_{2j} = γ_{20} + μ_{2j}（隨機效果）

β_{3j} = γ_{30} + μ_{3j}（隨機效果）

β_{4j} = γ_{40} + μ_{4j}（隨機效果）

　　脈絡模型中階層一投入個體層次的解釋變項，階層二截距方程式投入脈絡變項（將脈絡變數置回截距方程式中），模型探討的是同時投入個體層次解釋變項與脈絡變項時，各解釋變項對結果變項的影響是否達到顯著。詳細的意涵為控制脈絡變項對結果變項的影響下，個體層次解釋變項對結果變項閱讀成就的影響效果為何？與控制個體層次解釋變項對結果變項的影響下，脈絡變項對結果變項閱讀成就的影響效果為何？

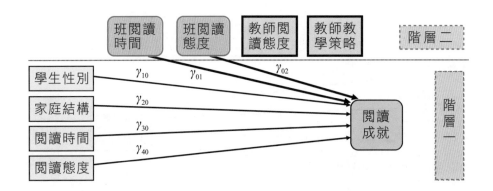

廣義脈絡模型為階層二截距方程式除投入脈絡變項外，也納入總體層次的解釋變項：教師閱讀態度、教師教學策略。

層次 1 模型：

$$閱讀成就_{ij} = \beta_{0j} + \beta_{1j}(\,學生性別_{ij}) + \beta_{2j}(\,家庭結構_{ij}) + \beta_{3j}(\,閱讀時間_{ij}) +$$
$$\beta_{4j}(\,閱讀態度_{ij}) + r_{ij}$$

層次 2 模型：

$$\beta_{0j} = \gamma_{00} + \gamma_{01}(\,班閱讀時間_{j}) + \gamma_{02}(\,班閱讀態度) + \gamma_{03}(\,教師閱讀態度_{j}) +$$
$$\gamma_{04}(\,教師教學策略_{j}) + \mu_{0j}$$
$$\beta_{1j} = \gamma_{10} + \mu_{1j}（隨機效果）$$
$$\beta_{2j} = \gamma_{20} + \mu_{2j}（隨機效果）$$
$$\beta_{3j} = \gamma_{30} + \mu_{3j}（隨機效果）$$
$$\beta_{4j} = \gamma_{40} + \mu_{4j}（隨機效果）$$

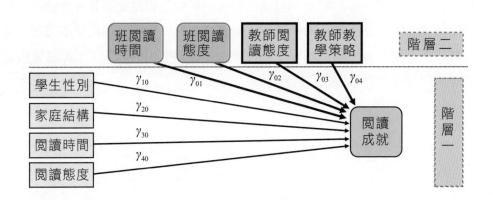

🕐 五、模型 E──以截距為結果的迴歸模型

層次 1 模型：

閱讀成就 $_{ij} = \beta_{0j} + r_{ij}$

層次 2 模型：

$$\beta_{0j} = \gamma_{00} + \gamma_{01}(\text{班閱讀時間}_j) + \gamma_{02}(\text{班閱讀態度}) + \gamma_{03}(\text{教師閱讀態度}_j) + \gamma_{04}(\text{教師教學策略}_j) + \mu_{0j}$$

以截距（平均數）為結果的迴歸模型，旨在探究總體層次解釋變項／脈絡變項對結果變項閱讀成就的影響效果，階層一則沒有投入任何個體層次的解釋變項。

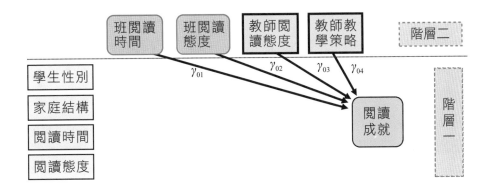

以平均數為結果的迴歸模型，第二種型態為截距項方程式中只投入總體層次的解釋變項，而沒有投入脈絡變項。

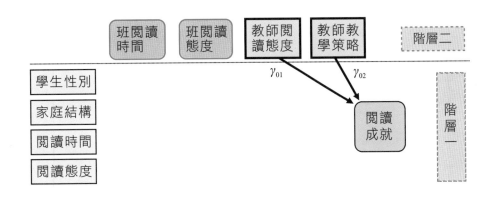

↻ 六、模型 F——完整模型（以截距與斜率為結果的迴歸模型）

層次 1 模型：

閱讀成就 $_{ij}$ = β_{0j} + β_{1j}(學生性別 $_{ij}$) + β_{2j}(家庭結構 $_{ij}$) + β_{3j}(閱讀時間 $_{ij}$) + β_{4j}(閱讀態度 $_{ij}$) + r_{ij}

層次 2 模型：

β_{0j} = γ_{00} + γ_{01}(班閱讀時間 $_{j}$) + γ_{02}(班閱讀態度) + γ_{03}(教師閱讀態度 $_{j}$) + γ_{04}(教師教學策略 $_{j}$) + μ_{0j}

β_{1j} = γ_{10} + γ_{11}(教師閱讀態度 $_{j}$) + γ_{12}(教師教學策略 $_{j}$) + μ_{1j}

β_{2j} = γ_{20} + γ_{21}(教師閱讀態度 $_{j}$) + γ_{22}(教師教學策略 $_{j}$) + μ_{2j}

β_{3j} = γ_{30} + γ_{31}(教師閱讀態度 $_{j}$) + γ_{32}(教師教學策略 $_{j}$) + μ_{3j}

β_{4j} = γ_{40} + γ_{41}(教師閱讀態度 $_{j}$) + γ_{42}(教師教學策略 $_{j}$) + μ_{4j}

完整模型包含廣義脈絡模型方程式外，階層二斜率項方程式也納入總體層次的解釋變項（教師閱讀態度、教師教學策略），完整模型探究的重點在於多層次模型的跨層次交互作用項效果，跨層次的交互作用效果參數為 γ_{11}、γ_{12}；γ_{21}、γ_{22}；γ_{31}、γ_{32}；γ_{41}、γ_{42}，其中 γ_{11}、γ_{21}、γ_{31}、γ_{41} 分別為「班級教師閱讀態度」對「班級內學生性別對閱讀成就影響」的跨層次影響作用、「班級教師閱讀態度」對「班級內學生家庭結構對閱讀成就影響」的跨層次影響作用、「班級教師閱讀態度」對「班級內學生閱讀時間對閱讀成就影響」的跨層次影響作用、「班級教師閱讀態度」對「班級內學生閱讀態度對閱讀成就影響」的跨層次影響作用。γ_{12}、γ_{22}、γ_{32}、γ_{42} 分別為「班級教師閱讀教學策略」對「班級內學生性別對閱讀成就影響」的跨層次影響作用、「班級教師閱讀教學策略」對「班級內學生家庭結構對閱讀成就影響」的跨層次影響作用、「班級教師閱讀教學策略」對「班級內學生閱讀時間對閱讀成就影響」的跨層次影響作用、「班級教師閱讀教學策略」對「班級內學生閱讀態度對閱讀成就影響」的跨層次影響作用。

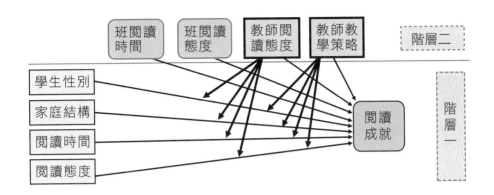

上述六種模型統整的綜合表格摘要表如下：

多層次模型分析結果摘要表

參數估計值	模型 A	模型 B	模型 C	模型 D	模型 E	模型 F
固定效果						
閱讀成就平均數 γ_{00}	○	○	○	○	○	○
脈絡變項／解釋變項						
班閱讀時間 γ_{01}				○	○	○
班閱讀態度 γ_{02}				○	○	○
教師閱讀態度 γ_{03}					○	○
教師教學策略 γ_{04}					○	○
斜率						
學生性別 γ_{10}		○	○	○		○
教師閱讀態度 γ_{11}						◉
教師教學策略 γ_{12}						◉
家庭結構 γ_{20}		○	○	○		○
教師閱讀態度 γ_{21}						◉
教師教學策略 γ_{22}						◉
閱讀時間 γ_{30}		○	○	○		○
教師閱讀態度 γ_{31}						◉
教師教學策略 γ_{32}						◉
閱讀態度 γ_{40}		○	○	○		○
教師閱讀態度 γ_{41}						◉
教師教學策略 γ_{42}						◉

隨機效果						
μ_{0j} 的變異數 τ_{00}	○	○	○	○	○	○
μ_{1j} 的變異數 τ_{11}			○	○		○
μ_{2j} 的變異數 τ_{22}			○	○		○
μ_{3j} 的變異數 τ_{33}			○	○		○
μ_{4j} 的變異數 τ_{44}			○	○		○
ε_{ij} 的變異數 σ^2	○	○	○	○	○	○
離異係數	○	○	○	○	○	○

◉：跨層級交互作用效果

上述參數估計值的意涵如下：

γ_{00}：班級平均學生閱讀成就之平均值，零模型（模型 A）的 γ_{00} 估計值等於所有學生閱讀成就的總平均值。

脈絡變項／解釋變項：

γ_{01}：為「班閱讀時間」脈絡變項對各班平均閱讀成就的影響效果，γ_{01} 係數值如大於 0 且達統計顯著水準，表示「班閱讀時間」脈絡變項對學生閱讀成就有正向的影響作用，統計檢定的虛無假設與對立假設分別為 $\gamma_{01} = 0$、$\gamma_{01} \neq 0$。

γ_{02}：為「班閱讀態度」脈絡變項對各班平均閱讀成就的影響效果，γ_{02} 係數值如大於 0 且達統計顯著水準，表示「班閱讀態度」脈絡變項對學生閱讀成就有正向的影響作用。

γ_{03}：為「班教師閱讀態度」對各班平均閱讀成就的影響效果，γ_{03} 係數值如大於 0 且達統計顯著水準，表示「班教師閱讀態度」總體層次解釋變項對學生閱讀成就有正向的影響作用。

γ_{04}：為「班教師教學策略」對各班平均閱讀成就的影響效果，γ_{04} 係數值如大於 0 且達統計顯著水準，表示「班教師教學策略」總體層次解釋變項對學生閱讀成就有正向的影響作用。

斜率參數估計值：

γ_{10}：為班級內學生之學生性別對閱讀成就的影響效果，γ_{10} 係數值如大於 0 且達統計顯著水準，表示比較組（水準數值編碼為 1 的群體）閱讀成就顯著高於參照組（水準數值編碼為 0 的群體）；相對的，γ_{10} 係數值如小於 0 且達統計顯著水準，表示比較組閱讀成就顯著低於參照組。

　　γ_{20}：為班級內學生之家庭結構對閱讀成就的影響效果，γ_{20} 係數值如大於 0 且達統計顯著水準，表示比較組（水準數值編碼為 1 的群體）閱讀成就顯著高於參照組（水準數值編碼為 0 的群體）；相對的，γ_{20} 係數值如小於 0 且達統計顯著水準，表示比較組閱讀成就顯著低於參照組。

　　γ_{30}：為班級內學生之閱讀時間對閱讀成就的影響效果，γ_{30} 係數值如大於 0 且達統計顯著水準，表示各班級內「學生閱讀時間」預測變項對學生閱讀成就有正向的影響作用。

　　γ_{40}：為班級內學生之閱讀態度對閱讀成就的影響效果，γ_{40} 係數值如大於 0 且達統計顯著水準，表示各班級內「學生閱讀態度」預測變項對學生閱讀成就有正向的影響作用。

　　跨層級交互效果檢定參數估計值：

　　γ_{11}：為階層二教師閱讀態度與階層一學生性別對閱讀成就影響的跨層次交互效果。

　　γ_{12}：為階層二教師教學策略與階層一學生性別對閱讀成就影響的跨層次交互效果。

　　γ_{21}：為階層二教師閱讀態度與階層一學生家庭結構對閱讀成就影響的跨層次交互效果。

　　γ_{22}：為階層二教師教學策略與階層一學生家庭結構對閱讀成就影響的跨層次交互效果。

　　γ_{31}：為階層二教師閱讀態度與階層一學生閱讀時間對閱讀成就影響的跨層次交互效果。

　　γ_{32}：為階層二教師教學策略與階層一學生閱讀時間對閱讀成就影響的跨層次交互效果。

　　γ_{41}：為階層二教師閱讀態度與階層一學生閱讀態度對閱讀成就影響的跨層次交互效果。

　　γ_{42}：為階層二教師教學策略與階層一學生閱讀態度對閱讀成就影響的跨層次交互效果。

　　隨機效果之變異數：

　　τ_{00}：階層二班級間平均閱讀成就的差異。

　　τ_{11}：階層二班級間學生性別對閱讀成就影響平均程度的差異（班級與班級

間學生之學生性別對閱讀成就影響的平均效果之差異）。

　　τ_{22}：階層二班級間學生家庭結構對閱讀成就影響平均程度的差異（班級與班級間學生之家庭結構對閱讀成就影響的平均效果之差異）。

　　τ_{33}：階層二班級間學生閱讀時間對閱讀成就影響平均程度的差異（班級與班級間學生之閱讀時間對閱讀成就影響的平均效果之差異）。

　　τ_{44}：階層二班級間學生閱讀態度對閱讀成就影響平均程度的差異（班級與班級間學生之閱讀態度對閱讀成就影響的平均效果之差異）。

　　σ^2：各班內學生與學生間閱讀成就分數的差異。

貳 範例說明

結果變項：學生學業成就。

個體層次解釋變項：家庭結構、學生性別、學生學習態度、學生學習動機。家庭結構、學生性別為虛擬變項，家庭結構水準數值編碼中 0 為完整家庭、1 為單親家庭；學生性別水準數值編碼中 0 為女學生、1 為男學生。

階層二脈絡變項：班級平均學習態度 [班學習態度]、班級平均學習動機 [班學習動機]、教師性別、教師班級經營策略 [教師班經策略]。教師性別為虛擬變項，水準數值編碼中 0 為男教師、1 為女教師。

第一層資料結構之敘述統計摘要表

變項	個數	最小值	最大值	平均數	標準差
學業成就	930	20	100	75.76	14.336
家庭結構	930	0	1	.28	.450
學生性別	930	0	1	.49	.500
學習態度	930	4	20	15.33	3.297
學習動機	930	5	25	19.43	4.164

　　第一層的有效樣本數共 930 位，結果變項學業成就的平均數為 75.76、標準差為 14.336。

第二層資料結構之敘述統計摘要表

變項	個數	最小值	最大值	平均數	標準差
CATT（班學習態度）	31	12.88	17.60	15.3296	1.30163
CMOT（班學習動機）	31	16.67	22.43	19.4337	1.69612
TSEX（教師性別）	31	0	1	.55	.506
TMAN（教師班經策略）	31	10	40	22.10	10.199
CACH（班學業成就）	31	59.61	88.85	75.7584	7.17762

第二層班級的群組數共有 31 個，31 個班級學生在學業成就的總平均數為 75.76（個體層次的學生樣本數 930 位的平均值）。二個層次資料結構共同的關鍵變數為「CLID」（班級編號），共同關鍵變數的名稱在二個層次資料結構中必須相同，且必須依數值遞增排序，沒有依數值遞增排序，資料檔無法進行 MDM 模組的整合。

以「班級」為固定因子，學生的學業成就為依變項，進行一般線性模式之單變量程序的統計結果如下：

受試者間效應項的檢定　　依變數：學業成就

來源	型 III 平方和	自由度	平均平方和	F 檢定	顯著性	淨相關 Eta 平方 [b]	觀察的檢定能力 [a]
CLID	46366.464	30	1545.549	9.612	.000	.243	1.000
誤差	144555.362	899	160.796				
總和	190921.826	929					

a 使用 alpha = .05 計算
b R 平方 = .243 （調過後的 R 平方 = .218）

班級間學業成就差異的 F 值統計量 = 9.612（$p < .001$），達到統計顯著水準，表示 31 個班級群組學生的學業成就分數間有顯著不同，關聯強度係數 $\omega^2 = .218$，數值大於 .15，「班級」因子與學生學業成就間有高度關聯關係，統計顯著性的檢定考驗力等於 1.000，表示裁決正確率為 100%。「班級」固定因子可以解釋學生學業成就的變異為 21.8%，即學生學業成就的總變異中，可以被「班級」因子解釋的部分達 21.8%，班級群組變因對學生學業成就的影響不能忽視。

多層次模式的進階應用

↺ 一、模型 A——零模型

具隨機效果的單因子 ANOVA 模型（又稱非模型、虛無模型、零模型），模型中沒有投入任何個體層次或總體層次的解釋變項。

階層一模型：

$$SACH_{ij} = \beta_{0j} + r_{ij}$$

階層二模型：

$$\beta_{0j} = \gamma_{00} + u_{0j}$$

零模型輸出結果之固定效果及隨機效果如下（以下固定效果之輸出表格為採用強韌性標準誤的固定效果估計值摘要表）：

Final estimation of fixed effects（最後固定效果估計值）
（with robust standard errors）（採用強韌性標準誤）

Fixed Effect	Coefficient	Standard error	t-ratio	Approx. $d.f.$	p-value
For INTRCPT1, β_0					
INTRCPT2, γ_{00}	75.758431	1.268176	59.738	30	< 0.001

Final estimation of variance components（最後變異成分估計值）

Random Effect	Standard Deviation	Variance Component	$d.f.$	χ^2	p-value
INTRCPT1, u_0	6.79400	46.15844	30	288.35631	< 0.001
level-1, r	12.68053	160.79573			

Deviance = 7428.720323
Number of estimated parameters = 2

零模型的離異係數為 7428.720。根據零模型的隨機成分最後估計值摘要表的二個層次的隨機效果，可以算出組內相關係數參數，如果組內相關係數值小於 .050，則資料結構採用多層次分析的方法較為不適宜。

（一）SPSS 執行結果

執行 SPSS「混合模式 (X)」/「線性 (L)」程序之輸出結果如下：

資訊條件 [a]

−2 限制對數概似值	7430.558
Akaike 的訊息條件 （AIC）	7434.558
Hurvich 和 Tsai 的條件 （AICC）	7434.571
Bozdogan 的條件 （CAIC）	7446.226
Schwarz 的貝葉斯條件 （BIC）	7444.226

以愈小愈好的形式顯示資訊條件。
a. 依變數：學業成就 學業成就

資訊條件（information criteria）摘要表為模式適配度指標（model-fitting criteria），當進行具巢套模型的模式適配度比較或二個連續模型的適配度比較時，上述五個指標值均可作為判別指標（HLM 統計軟體只提供 −2LL 離異係數指標值）。

固定效果估計 [a]

參數	估計	標準誤差	$d.f.$	t	顯著性	95% 信賴區間	
						下界	上界
截距	75.758	1.289	30.000	58.767	0.000	73.126	78.391

a. 依變數：學業成就 學業成就

混合模型之「固定效果估計」（Estimate of fixed effects）摘要表為 HLM 統計軟體分析結果之「Final estimation of fixed effects」表中的參數（固定效果最後估計值摘要表），二種分析程序結果的參數會有稍許差異，但結果及顯著性多數會大致相同。表中的 $\gamma_{00}=75.758$（$p < .001$），由於模型中沒有投入任何預測變項，截距參數估計值為全體樣本在學業成就分數的總平均值。

估計共變異數參數 [a]

參數		估計	標準誤差	Wald Z	顯著性	95% 信賴區間	
						下界	上界
殘差		160.796	7.584	21.201	0.000	146.597	176.369
截距 [subject = CLID]	變異數	46.158	13.304	3.469	0.001	26.237	81.207

a. 依變數：學業成就 學業成就

　　「估計共變異數參數」（Estimates of covariance parameters）為多層次分析模型的隨機效果，$\sigma^2 = 160.796$、$\tau_{00} = 46.158$，組內相關係數等於 $[46.158/(46.158 + 160.796) = 46.158/206.954 = .223]$，班級群組間可以解釋學生學業成就的變異量為 22.3%。組內相關係數提供結果變項學生學業成就總變異量中，可以被第二層總體層次單位（班級）解釋的變異程度，截距參數跨班級單位間的變動達統計顯著水準（Wald Z = 3.469, $p < .01$）。

（二）SPSS 的操作程序

1. 執行功能表列『分析 (A)』/『混合模式 (X)』/『線性 (L)』程序（Analyze/ Mixed Models/Linear），開啟「線性混合分析：指定受試者和重複」對話視窗。

註：SPSS 的資料檔不用將階層一與階層二的資料檔分割成二個獨立檔案，主要是採用傳統的資料建檔方式，不過要將原先階層二的脈絡變項及解釋變項解構，即每個班級編號中學生在脈絡變項及解釋變項均是相同的數值。此外，第二層脈絡變項及解釋變項要進行總平減轉換時，必須將各變項的平均數以描述性統計量求出來，再以「轉換」/「計算變數」程序分別求出各變數減掉其對應總平均數的數值。第一層預測變項如要採用組平減，也要先求出各班級群組的平均數，之後，以班級為單位，將個體學生的原始分數減掉對應的組別平均數。

將第二層單位「班級編號 [CLID]」變數選入右邊「受試者 (S)」下的方格中，按『繼續』鈕，開啟「線性混合模式」對話視窗。

2. 「線性混合模式」對話視窗中，點選左邊變數清單結果變項「學業成就 [SACH]」至右邊「依變數 (D)」下的方格中。由於是零模型，模式中沒有點選任何預測變項，模型中若要點選預測變項，預測變項的屬性若是類別變項，則點選至「因子 (F)」下的方格內；預測變項的變項尺度若是計量變項，則點選至「共變量 (C)」下的方格內。二元虛擬變項的變項尺度為計量

變項,也可點選至「共變量 (C)」下的方格內。

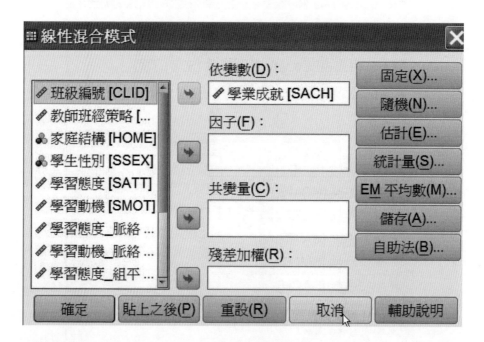

3. 按『隨機』鈕,開啟「線性混合模式:隨機效果」對話視窗,此視窗在設定多層次模型中的隨機效果,零模型中沒有個體層次的預測變項,所以不用點選隨機效果變項,但第二層截距項的變異數 τ_{00} 一定要呈現,因而不管任何模型都要勾選「☑ 包含截距 (U)」選項;「共變異數類型 (V)」右邊的選項內定為「變異數成分」,此選項不能修改。按『繼續』鈕,回到「線性混合模式」對話視窗。

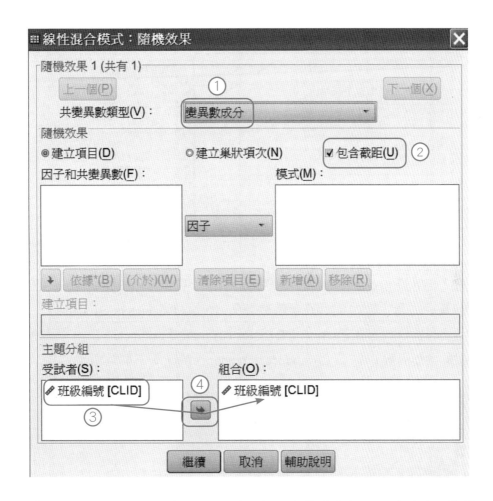

「線性混合模式：隨機效果」對話視窗下方「受試者 (S)」方盒內，為第二層單位「班級編號（CLID）」變數，點選此變項至右邊「組合 (O)」的方盒中，此功能相當於進行資料檔的整合，學生個體為第一層，「班級編號」變項為第二層。

4. 按『估計（E）』鈕，開啟「線性混合模式：估計值」對話視窗，模式內定的方法為「◉ 限制最大概似值（REML）」法，另一模式估計法為「最大概似值（ML）法」；疊代方法中，內定最大疊代次數為 100，多數模型疊代運算次數到 100 時，模型還尚未收斂，參數值無法估計出來，可將最大疊代次數的數值調整大一些，如 1000。

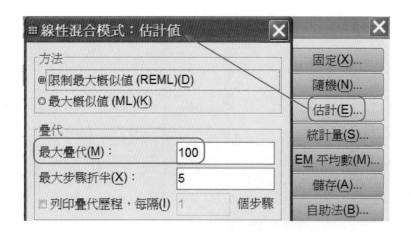

5. 按『統計量 (S)』鈕，開啟「線性混合模式：統計量」對話視窗，「模式統計量」方盒中要勾選「☑ 參數估計值 (P)」（Parameters estimates）、「☑ 共變異數參數的檢定 (A)」（Tests for covariance parameters）、「☑ 隨機效果的共變異數 (N)」（Covariance of random effects）三個選項。

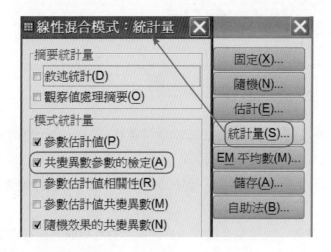

🕙 二、模型 B──具隨機效果的單因子共變數分析模型

具隨機效果的單因子共變數分析模型中，個體層次投入四個解釋變項：學生家庭結構（HOME）、學生性別（SSEX）、學生學習態度（SATT）、學生學習動機（SMOT）。階層二以四個斜率項為結果變項的方程式之誤差項均設

為固定效果，假定班級間的影響差異都是相同的。

階層一模型：

$$SACH_{ij} = \beta_{0j} + \beta_{1j} \times (HOME_{ij}) + \beta_{2j} \times (SSEX_{ij}) + \beta_{3j} \times (SATT_{ij}) + \beta_{4j} \times (SMOT_{ij}) + r_{ij}$$

階層二模型：

$$\beta_{0j} = \gamma_{00} + u_{0j}$$

$$\beta_{1j} = \gamma_{10}$$

$$\beta_{2j} = \gamma_{20}$$

$$\beta_{3j} = \gamma_{30}$$

$$\beta_{4j} = \gamma_{40}$$

SATT SMOT have been centered around the group mean.

註：SATT（學生學習態度）、SMOT（學生學習動機）二個個體層次的解釋變項經組平減轉換。HLM 原視窗界面中的方程式為：「$\beta_{3j}(SATT_{ij} - \overline{SATT}_{.j}) + \beta_{4j}(SMOT_{ij} - \overline{SMOT}_j)$」，其中 $\overline{SATT}_j$ 為班級 j 平均之學習態度分數（j 班級中所有學生學習態度的平均數）；$\overline{SMOT}_j$ 為班級 j 平均之學習動機分數（j 班級中所有學生學習動機的平均數）。

具隨機效果的單因子共變數分析模型估計結果之固定效果與隨機效果摘要表如下：

Final estimation of fixed effects（最後固定效果估計值）

（with robust standard errors）（採用強韌性標準誤）

Fixed Effect	Coefficient	Standard error	t-ratio	Approx. $d.f.$	p-value
For INTRCPT1, β_0					
INTRCPT2, γ_{00}	78.327883	1.200989	65.219	30	< 0.001
For HOME slope, β_1					
INTRCPT2, γ_{10}	−3.819384	0.903491	−4.227	895	< 0.001
For SSEX slope, β_2					
INTRCPT2, γ_{20}	−3.019374	0.664051	−4.547	895	< 0.001
For SATT slope, β_3					
INTRCPT2, γ_{30}	1.153484	0.191974	6.009	895	< 0.001
For SMOT slope, β_4					
INTRCPT2, γ_{40}	1.318325	0.165590	7.961	895	< 0.001

Final estimation of variance components（最後變異成分估計值）

Random Effect	Standard Deviation	Variance Component	$d.f.$	χ^2	p-value
INTRCPT1, u_0	6.56876	43.14867	30	447.06404	< 0.001
level-1, r	9.64858	93.09516			

Deviance = 6933.508746
Number of estimated parameters = 2

（一）SPSS 執行結果

執行 SPSS「分析 (A)」/「混合模式 (X)」/「線性 (L)」程序之輸出結果如下：

資訊條件 [a]

−2 限制對數概似值	6935.347
Akaike 的訊息條件 （AIC）	6939.347
Hurvich 和 Tsai 的條件 （AICC）	6939.360
Bozdogan 的條件 （CAIC）	6951.006
Schwarz 的貝葉斯條件 （BIC）	6949.006

以愈小愈好的形式顯示資訊條件。
a. 依變數：學業成就 學業成就

模式適配度之離異係數（−2LL）統計量為 6935.347，HLM 統計軟體執行結果之 離異係數（Deviance）為 6933.509。

固定效果估計 [a]

參數	估計	標準誤差	*d.f.*	*t*	顯著性	95% 信賴區間	
						下界	上界
截距	78.327858	1.277976	35.765	61.291	.000	75.735411	80.920306
HOME	−3.819364	.725028	899.265	−5.268	.000	−5.242308	−2.396419
SSEX	−3.019336	.653009	901.480	−4.624	.000	−4.300931	−1.737741
SATT_組平	1.153485	.122419	894.972	9.422	.000	.913224	1.393746
SMOT_組平	1.318325	.097268	894.932	13.554	.000	1.127425	1.509226

a 依變數：學業成就 學業成就

四個固定效果參數估計值：$\gamma_{10} = -3.819$（$p < .001$）、$\gamma_{20} = -3.019$（$p < .001$）、$\gamma_{30} = 1.153$（$p < .001$）、$\gamma_{40} = 1.318$（$p < .001$），SPSS 統計分析結果與 HLM 輸出結果相同。

估計共變異數參數 [a]

參數		估計	標準誤差	Wald Z	顯著性	95% 信賴區間	
						下界	上界
殘差		93.095088	4.401057	21.153	.000	84.856739	102.133262
截距 [subject = CLID]	變異數	43.150621	11.968163	3.605	.000	25.055301	74.314656

a 依變數：學業成就 學業成就

共變異數參數摘要表為隨機效果值，殘差列為第一層誤差項的變異數：$\sigma^2 = 93.095$，截距變異數列為第二層截距項的變異數估計值：$\tau_{00} = 43.150$（$p < .001$），SPSS 統計分析之隨機效果估計值及顯著性檢定結果與 HLM 統計軟體輸出結果差異不大。SPSS 之變異數是否顯著大於 0，採用的是「Wald Z」統計檢定法，此方法是雙尾檢定，但變異數只可能為正值或等於 0，因而是單尾檢定，SPSS 輸出表格之顯著性欄是雙尾檢定，實際判別參數是否達到統計顯著水準，必須將原來的顯著性參數估計值除以 2，才是真正的顯著性機率值（Heck,

Thomas, & Tabata, 2010）。

　　SPSS 的操作程序如下：

（二）SPSS 的操作

1.　個體層次投入的預測變項有 HOME（家庭結構）、SSEX（學生性別）、學習態度組平減、學習動機組平減四個，於「線性混合模式」對話視窗中，將四個解釋變項點選至中間「共變量 (C)」下的方格中，按『固定 (X)』鈕，設定模型中的固定效果變項。

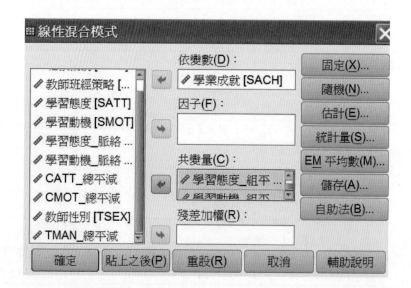

2.　於「線性混合模式：固定效果」對話視窗，在左邊「因子和共變量 (V)」的變數清單中，逐一點選變項，按『新增 (A)』鈕，將變項選至右邊「模式 (M)」中，此對話視窗在設定模型中的固定效果參數：γ_{10}（家庭結構對依變項學業成就的影響）、γ_{20}（學生性別對依變項學業成就的影響）、γ_{30}（學習態度對依變項學業成就的影響）、γ_{40}（學習動機對依變項學業成就的影響）。

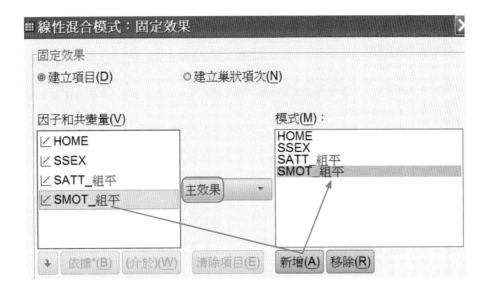

三、模型 C——隨機係數的迴歸模型

隨機係數的迴歸模型中，個體層次投入四個解釋變項：學生家庭結構（HOME）、學生性別（SSEX）、學生學習態度（SATT）、學生學習動機（SMOT）。階層二以四個斜率項為結果變項的方程式之誤差項均設為隨機效果，假定班級間的影響程度是隨機的，隨機的意涵為各班級群組內學生家庭結構／學生性別／學生學習態度／學生學習動機對其學業成就影響的斜率係數，班級與班級間可能是有差異的。

階層一模型：

$$SACH_{ij} = \beta_{0j} + \beta_{1j} \times (HOME_{ij}) + \beta_{2j} \times (SSEX_{ij}) + \beta_{3j} \times (SATT_{ij}) + \beta_{4j} \times (SMOT_{ij}) + r_{ij}$$

階層二模型：

$$\beta_{0j} = \gamma_{00} + u_{0j}$$
$$\beta_{1j} = \gamma_{10} + u_{1j}$$
$$\beta_{2j} = \gamma_{20} + u_{2j}$$
$$\beta_{3j} = \gamma_{30} + u_{3j}$$
$$\beta_{4j} = \gamma_{40} + u_{4j}$$

SATT SMOT have been centered around the group mean.

註：SATT（學生學習態度）、SMOT(學生學習動機）二個個體層次的解釋變
　　項經組平減轉換。

File　Basic Settings　Other Settings　Run Analysis　Help

| Outcome |
| Level-1 |
| >> Level-2 << |
| INTRCPT2 |
| CATT |
| CMOT |
| TSEX |
| TMAN |

LEVEL 1 MODEL

$$SACH_{ij} = \beta_{0j} + \beta_{1j}(HOME_{ij}) + \beta_{2j}(SSEX_{ij}) + \beta_{3j}(SATT_{ij} - \overline{SATT}_{.j}) + \beta_{4j}(SMOT_{ij} - \overline{SMOT}_{.j}) + r_{ij}$$

LEVEL 2 MODEL

$$\beta_{0j} = \gamma_{00} + u_{0j}$$
$$\beta_{1j} = \gamma_{10} + u_{1j}$$
$$\beta_{2j} = \gamma_{20} + u_{2j}$$
$$\beta_{3j} = \gamma_{30} + u_{3j}$$
$$\beta_{4j} = \gamma_{40} + u_{4j}$$

　　　　隨機係數的迴歸模型之模式，估計結果的固定效果與隨機效果如下：

Final estimation of fixed effects（最後固定效果估計值）
（with robust standard errors）（採用強韌性標準誤）

Fixed Effect	Coefficient	Standard error	t-ratio	Approx. $d.f.$	p-value
For INTRCPT1, β_0					
INTRCPT2, γ_{00}	78.133265	1.190643	65.623	30	< 0.001
For HOME slope, β_1					
INTRCPT2, γ_{10}	−3.344418	0.775767	−4.311	30	< 0.001
For SSEX slope, β_2					
INTRCPT2, γ_{20}	−2.623737	0.669338	−3.920	30	< 0.001
For SATT slope, β_3					
INTRCPT2, γ_{30}	1.007902	0.186736	5.397	30	< 0.001
For SMOT slope, β_4					
INTRCPT2, γ_{40}	1.159851	0.152243	7.618	30	< 0.001

Final estimation of variance components（最後變異成分估計值）

Random Effect	Standard Deviation	Variance Component	d.f.	χ^2	p-value
INTRCPT1, u_0	6.29496	39.62657	30	201.24371	< 0.001
HOME slope, u_1	2.30885	5.33079	30	41.72758	0.075
SSEX slope, u_2	2.32226	5.39291	30	36.84333	0.182
SATT slope, u_3	0.83957	0.70487	30	82.33074	< 0.001
SMOT slope, u_4	0.68966	0.47563	30	89.14518	< 0.001
level-1, r	8.70418	75.76273			

Deviance = 6826.624761
Number of estimated parameters = 16

（一）SPSS 輸出結果

執行 SPSS 功能表列「分析 (A)」/「混合模式 (X)」/「線性 (L)」程序之輸出結果如下：

資訊條件 [a]

−2 限制對數概似值	6845.383
Akaike 的訊息條件 （AIC）	6857.383
Hurvich 和 Tsai 的條件 （AICC）	6857.475
Bozdogan 的條件 （CAIC）	6892.362
Schwarz 的貝葉斯條件 （BIC）	6886.362

以愈小愈好的形式顯示資訊條件。
a. 依變數：學業成就 學業成就

模式適配度之離異係數（−2LL）統計量為 6845.383，HLM 統計軟體執行結果之離異係數（Deviance）為 6826.625。從 AIC、AICC、CAIC、BIC 四個模式比較適配度指標值來看，具隨機效果的單因子共變數分析模型（模型 B）的指標值分別為 6939.347、6939.360、6951.006、6949.006，隨機係數的迴歸模型（模型 C）的指標值分別為 6857.383、6857.475、6892.362、6886.362，模型 C 在 AIC、AICC、CAIC、BIC 四個適配度指標值均小於模型 B，表示隨機係數的迴歸模型的模式適配度，較具隨機效果的單因子共變數分析模型的模式適配度為佳。

固定效果估計 [a]

參數	估計	標準誤差	d.f.	t	顯著性	95% 信賴區間	
						下界	上界
截距	78.059	1.239	33.437	62.986	0.000	75.538	80.579
HOME	−3.468	0.864	28.061	−4.014	0.000	−5.238	−1.699
SSEX	−2.601	0.672	32.784	−3.870	0.000	−3.968	−1.233
SATT_ 組平	1.062	0.198	31.565	5.377	0.000	0.660	1.465
SMOT_ 組平	1.183	0.160	32.389	7.412	0.000	0.858	1.509

a 依變數：學業成就 學業成就

四個固定效果參數估計值：$\gamma_{10} = -3.468$（$p < .001$）、$\gamma_{20} = -2.601$（$p < .001$）、$\gamma_{30} = 1.062$（$p < .001$）、$\gamma_{40} = 1.183$（$p < .001$），調整後的截距參數 $\gamma_{00} = 78.059$，SPSS 統計分析結果與 HLM 輸出結果的固定效果參數估計值有稍許的差異，HLM 輸出結果之固定效果估計值分別為：$\gamma_{00} = 78.133$、$\gamma_{10} = -3.344$（$p < .001$）、$\gamma_{20} = -2.624$（$p < .001$）、$\gamma_{30} = 1.008$（$p < .001$）、$\gamma_{40} = 1.160$（$p < .001$）。

估計共變異數參數 [a]

參數		估計	標準誤差	Wald Z	顯著性	95% 信賴區間	
						下界	上界
殘差		76.072	3.823	19.897	0.000	68.936	83.947
截距 [subject = CLID]	變異數	41.222	11.637	3.542	0.000	23.704	71.685
HOME [subject = CLID]	變異數	8.695	6.049	1.438	0.151	2.224	33.995
SSEX [subject = CLID]	變異數	2.524	3.475	0.726	0.468	0.170	37.483
SATT_ 組平 [subject = CLID]	變異數	0.759	0.298	2.545	0.011	0.352	1.640
SMOT_ 組平 [subject = CLID]	變異數	0.505	0.193	2.621	0.009	0.239	1.066

a 依變數：學業成就 學業成就

$\tau_{00} = 41.222$（$p < .001$），達統計顯著水準，表示控制個體層次學生家庭結構、學生性別、學生學習態度、學生學習動機對學業成就的影響後，班級群組間的學業成就還有顯著不同。$\tau_{11} = 8.695$（$p > .05$）、$\tau_{22} = 2.524$（$p > .05$）均未達統計顯著水準，$\tau_{33} = 0.759$（$p = .011/2 = .006$）、$\tau_{44} = 0.505$（$p = .009/2 =$

.005），均達統計顯著水準，第一層誤差項的變異數 $\sigma^2 = 76.072$。SPSS 統計分析結果與 HLM 輸出結果的隨機效果參數估計值有稍許不同，但結果則是一樣的。HLM 統計軟體估計之隨機效果估計值分別為：$\tau_{00} = 39.627$（$p < .001$）、$\tau_{11} = 5.331$（$p > .05$）、$\tau_{22} = 5.393$（$p > .05$）、$\tau_{33} = 0.705$（$p < .001$）、$\tau_{44} = 0.476$（$p < .001$）、$\sigma^2 = 75.763$。

（二）SPSS 的操作

1. 前面的操作步驟與具隨機效果的單因子共變數分析模型的程序相同，唯一的差異在於隨機係數的迴歸模型要增列斜率項方程式的隨機效果。

2. 於「線性混合模式：隨機效果」對話視窗中，於「因子和共變異數」變數清單中，逐一選取個體層次的四個預測變數，按『新增』鈕將變項選至右邊「模式 (M)」方盒中，變項在模式中的屬性選取「主效果」（Main effects）。

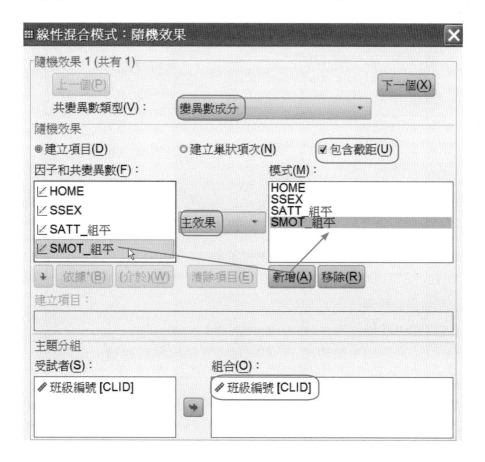

⟳ 四、模型 D——脈絡模型

脈絡模型中，階層一個體層次投入四個解釋變項：HOME、SSEX、SATT、SMOT；階層二以截距為結果變項的方程式投入二個脈絡變項：班平均學習態度（CATT）、班平均學習動機（CMOT），二個脈絡變項是以各班為單位，班級內所有學生之學習態度、學習動機聚合而成的變項（班級內所有學生學習態度的平均值、班級內所有學生學習動機的平均值）。脈絡模型中由於同時投入個體層次解釋變項及脈絡變項，估計值的意涵為控制模型中的脈絡變數預測變項後，個體層次解釋變項（學生家庭結構、學生性別、學生學習態度、學生學習動機）對學生學業成就是否還有顯著影響效果？控制個體層次解釋變項（學生家庭結構、學生性別、學生學習態度、學生學習動機）等預測變項對學生學業成就的影響後，脈絡變項「班學習態度」、「班學習動機」對學生學業成就是否有顯著的影響效果。

階層一模型：
$$SACH_{ij} = \beta_{0j} + \beta_{1j} \times (HOME_{ij}) + \beta_{2j} \times (SSEX_{ij}) + \beta_{3j} \times (SATT_{ij}) + \beta_{4j} \times (SMOT_{ij}) + r_{ij}$$
階層二模型：
$$\beta_{0j} = \gamma_{00} + \gamma_{01} \times (CATT_j) + \gamma_{02} \times (CMOT_j) + u_{0j}$$
$$\beta_{1j} = \gamma_{10} + u_{1j}$$
$$\beta_{2j} = \gamma_{20} + u_{2j}$$
$$\beta_{3j} = \gamma_{30} + u_{3j}$$
$$\beta_{4j} = \gamma_{40} + u_{4j}$$

SATT SMOT have been centered around the group mean.

註：SATT（學生學習態度）、SMOT（學生學習動機）二個個體層次的解釋變項經組平減轉換。

CATT CMOT have been centered around the grand mean.

註：CATT（班平均學習態度）、CMOT（班平均學習動機）二個脈絡變項經總平減轉換。HLM 原視窗界面中的方程式為：「$\gamma_{01}(CATT_j - \overline{CATT}) + \gamma_{02}(CMOT_j - \overline{CMOT})$」，其中 $\overline{CATT}$ 為所有班級之學習態度的總平均值；$\overline{CMOT}$ 為所有班級之學習動機的總平均值。

WHLM: hlm2 MDM File: 範例說明　Command File: D_3.hlm

File　Basic Settings　Other Settings　Run Analysis　Help

| Outcome |
| Level-1 |
| >> Level-2 << |

INTRCPT2
CATT
CMOT
TSEX
TMAN

LEVEL 1 MODEL

$SACH_{ij} = \beta_{0j} + \beta_{1j}(HOME_{ij}) + \beta_{2j}(SSEX_{ij}) + \beta_{3j}(SATT_{ij} - \overline{SATT}_{.j}) + \beta_{4j}(SMOT_{ij} - \overline{SMOT}_{.j}) + r_{ij}$

LEVEL 2 MODEL

$\beta_{0j} = \gamma_{00} + \gamma_{01}(CATT_j - \overline{CATT}_{.}) + \gamma_{02}(CMOT_j - \overline{CMOT}_{.}) + u_{0j}$

$\beta_{1j} = \gamma_{10} + u_{1j}$

$\beta_{2j} = \gamma_{20} + u_{2j}$

$\beta_{3j} = \gamma_{30} + u_{3j}$

$\beta_{4j} = \gamma_{40} + u_{4j}$

　　如果階層二截距方程式中的預測變項，同時包含脈絡變項與總體層次解釋變項，模型也屬脈絡模型之一，檢定的問題為同時考量個體層次解釋變項與總體層次解釋變項／脈絡變項對結果變項的影響時，各解釋變項對結果變項是否有顯著的影響效果。視窗界面中，範例階層二以截距為結果變項的方程式為：
$\beta_{0j} = \gamma_{00} + \gamma_{01} \times (CATT_j) + \gamma_{02} \times (CMOT_j) + \gamma_{03} \times (TSEX_j) + \gamma_{04} \times (TMAN_j) + u_{0j}$，其中班學習態度（CATT-- 脈絡變項）、班學習動機（CMOT-- 脈絡變項）、教師班經策略（TMAN-- 總體層次解釋變項）經總平減轉換，HLM 原視窗界面中的完整方程式為：$\beta_{0j} = \gamma_{00} + \gamma_{01}(CATT_j - \overline{CATT}_{.}) + \gamma_{02}(CMOT_j - \overline{CMOT}_{.}) + \gamma_{03}(TSEX_j) + \gamma_{04}(TMAN_j - \overline{TMAN}_{.}) + u_{0j}$。

| Outcome |
| >> Level-1 << |
| Level-2 |

INTRCPT1
HOME
SSEX
SATT
SMOT
SACH

LEVEL 1 MODEL

$SACH_{ij} = \beta_{0j} + \beta_{1j}(HOME_{ij}) + \beta_{2j}(SSEX_{ij}) + \beta_{3j}(SATT_{ij} - \overline{SATT}_{.j}) + \beta_{4j}(SMOT_{ij} - \overline{SMOT}_{.j}) + r_{ij}$

LEVEL 2 MODEL

$\beta_{0j} = \gamma_{00} + \gamma_{01}(CATT_j - \overline{CATT}_{.}) + \gamma_{02}(CMOT_j - \overline{CMOT}_{.}) + \gamma_{03}(TSEX_j) + \gamma_{04}(TMAN_j - \overline{TMAN}_{.}) + u_{0j}$

$\beta_{1j} = \gamma_{10} + u_{1j}$

$\beta_{2j} = \gamma_{20} + u_{2j}$

$\beta_{3j} = \gamma_{30} + u_{3j}$

$\beta_{4j} = \gamma_{40} + u_{4j}$

脈絡模型估計結果之固定效果與隨機效果估計值如下：

Final estimation of fixed effects（最後固定效果估計值）
（with robust standard errors）（採用強韌性標準誤）

Fixed Effect	Coefficient	Standard error	t-ratio	Approx. $d.f.$	p-value
For INTRCPT1, β_0					
INTRCPT2, γ_{00}	78.081024	0.641602	121.697	28	< 0.001
CATT, γ_{01}	3.445676	0.575392	5.988	28	< 0.001
CMOT, γ_{02}	1.185009	0.416170	2.847	28	0.008
For HOME slope, β_1					
INTRCPT2, γ_{10}	−3.347101	0.788387	−4.246	30	< 0.001
For SSEX slope, β_2					
INTRCPT2, γ_{20}	−2.570475	0.679740	−3.782	30	< 0.001
For SATT slope, β_3					
INTRCPT2, γ_{30}	1.016987	0.183345	5.547	30	< 0.001
For SMOT slope, β_4					
INTRCPT2, γ_{40}	1.168424	0.149211	7.831	30	< 0.001

Final estimation of variance components（最後變異成分估計值）

Random Effect	Standard Deviation	Variance Component	$d.f.$	χ^2	p-value
INTRCPT1, u_0	2.77735	7.71366	28	62.65601	< 0.001
HOME slope, u_1	2.62831	6.90799	30	41.78357	0.075
SSEX slope, u_2	2.39402	5.73134	30	36.84822	0.182
SATT slope, u_3	0.81780	0.66879	30	82.45374	< 0.001
SMOT slope, u_4	0.66213	0.43841	30	89.22183	< 0.001
level-1, r	8.69850	75.66396			

Deviance = 6775.546546
Number of estimated parameters = 16

（一）SPSS 執行結果

資訊條件 [a]

−2 限制對數概似值	6796.983
Akaike 的訊息條件 （AIC）	6808.983
Hurvich 和 Tsai 的條件 （AICC）	6809.075
Bozdogan 的條件 （CAIC）	6843.949
Schwarz 的貝葉斯條件 （BIC）	6837.949

以愈小愈好的形式顯示資訊條件。
a. 依變數：學業成就 學業成就

　　−2LL（−2 Restricted Log Likelihood）估計值為 6796.983，HLM 統計軟體估計之「Deviance」估計值為 6775.546。

固定效果估計 [a]

參數	估計	標準誤差	d.f.	t	顯著性	95% 信賴區間	
						下界	上界
截距	78.056	0.639	43.141	122.133	0.000	76.767	79.345
CATT_ 總平減	2.725	0.817	27.360	3.336	0.002	1.050	4.400
CMOT_ 總平減	1.565	0.626	27.077	2.502	0.019	0.282	2.849
HOME	−3.431	0.821	31.211	−4.181	0.000	−5.104	−1.758
SSEX	−2.594	0.692	41.838	−3.750	0.001	−3.990	−1.198
SATT_ 組平	1.057	0.197	31.532	5.363	0.000	0.655	1.459
SMOT_ 組平	1.186	0.161	32.411	7.348	0.000	0.857	1.514

a 依變數：學業成就 學業成就

　　固定效果估計值中，脈絡變項 γ_{01} = 2.725（p < .01）、γ_{02} = 1.565（p < .05）均達統計顯著水準，表示控制個體層次學生家庭結構、學生性別、學習態度、學習動機等四個解釋變項對學生學業成就的影響後，「班學習態度」、「班學習動機」對各班學生學業成就均有顯著正向影響。γ_{10} = −3.431（p < .001）、γ_{20} = −2.594（p < .01）、γ_{30} = 1.057（p < .001）、γ_{40} = 1.186（p < .001）等四個個體層次解釋變項均達統計顯著水準，調整後截距參數 γ_{00} = 78.056；HLM 統計軟體估計結果 γ_{00} = 78.081、γ_{01} = 3.446（p < .001）、γ_{02} = 1.185（p < .01）、γ_{10}

$= -3.347 \ (p < .001) \ \text{、} \gamma_{20} = -2.570 \ (p < .001) \ \text{、} \gamma_{30} = 1.017 \ (p < .001) \ \text{、} \gamma_{40} = 1.168$
$(p < .001)$，二個統計方法之估計結果大致相同。

估計共變異數參數 [a]

參數		估計	標準誤差	Wald Z	顯著性	95% 信賴區間	
						下界	上界
殘差		76.123	3.805	20.007	0.000	69.019	83.958
截距 [subject = CLID]	變異數	6.290	2.712	2.320	0.020	2.702	14.642
HOME [subject = CLID]	變異數	6.532	5.146	1.269	0.204	1.395	30.598
SSEX [subject = CLID]	變異數	3.444	3.235	1.065	0.287	0.546	21.706
SATT_ 組平 [subject = CLID]	變異數	0.754	0.297	2.538	0.011	0.348	1.632
SMOT_ 組平 [subject = CLID]	變異數	0.521	0.197	2.650	0.008	0.249	1.092

a 依變數：學業成就 學業成就

　　隨機效果估計值中，$\sigma^2 = 76.123$、$\tau_{00} = 6.290 \ (p = .020 \div 2 = .010 < .05)$、$\tau_{11} = 6.532 \ (p > .05)$、$\tau_{22} = 3.444 \ (p > .05)$、$\tau_{33} = 0.754 \ (p = .011 \div 2 = .005 < .01)$、$\tau_{44} = 0.521 \ (p = .008 \div 2 = .004 < .01)$。HLM 統計分析結果之隨機效果估計值：$\sigma^2 = 75.664$、$\tau_{00} = 7.714 \ (p < .001)$、$\tau_{11} = 6.908 \ (p > .05)$、$\tau_{22} = 5.731$ $(p > .05)$、$\tau_{33} = 0.669 \ (p < .001)$、$\tau_{44} = 0.438 \ (p < .001)$。

（二）SPSS 操作程序

1. 「線性混合模式」對話視窗中選入的預測變項有：HOME（學生家庭結構）、SSEX（學生性別）、SATT_ 組平（學生學習態度組平減）、SMOT_ 組平（學生學習動機組平減）、CATT_ 總平減（學習態度脈絡變項）、CMOT_ 總平減（學習動機脈絡變項）。

2. 「線性混合模式：固定效果」對話視窗中，從「因子和共變量 (V)」變數清單中，逐一將六個變項選入右邊「模式 (M)」方格內。

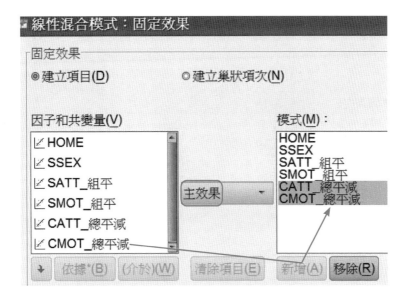

3. 「線性混合模式：隨機效果」對話視窗中，從「因子和共變量 (V)」變數清單中，將 HOME（學生家庭結構）、SSEX（學生性別）、SATT_ 組平（學生學習態度組平減）、SMOT_ 組平（學生學習動機組平減）四個個體層次預測變項，逐一選入右邊「模式 (M)」方格內。「共變異數類型 (V)」右邊的選項選取「非結構化」或直接選用內定選項「變異數成分」（Variance Components），範例結果輸出結果之「共變異數類型 (V)」選項選取「變異數成分」，勾選「☑ 包含截距 (U)」選項，於「受試者 (S)」方盒中點選「班級編號 [CLID]」至右邊「組合 (O)」下的方格中。

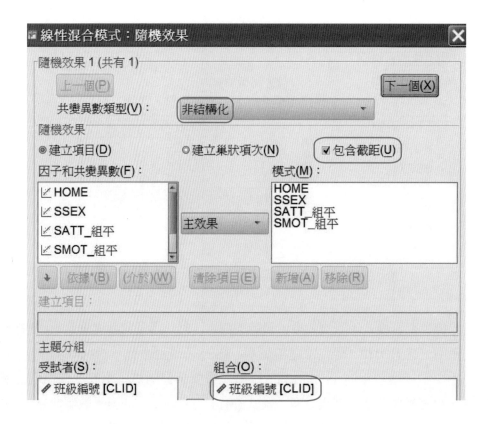

其餘操作勾選與隨機係數的迴歸模型相同。

五、模型 E——以截距為結果的迴歸模型

以截距（平均數）為結果的迴歸模型中，階層一沒有投入任何個體層次的解釋變項，以階層一各班學習成就的平均值（截距項參數）作為階層二的效標變項，投入的總體層次解釋變項/脈絡變項有班學習態度（CATT）、班學習動機（CMOT）、教師性別（TSEX）、教師班經策略（TMAN）。

階層一模型：

$SACH_{ij} = \beta_{0j} + r_{ij}$

階層二模型：

$\beta_{0j} = \gamma_{00} + \gamma_{01} \times (CATT_j) + \gamma_{02} \times (CMOT_j) + \gamma_{03} \times (TSEX_j) + \gamma_{04} \times (TMAN_j) + u_{0j}$

CATT CMOT TMAN have been centered around the grand mean.

註：班學習態度（CATT-- 脈絡變項）、班學習動機（CMOT-- 脈絡變項）、教師班經策略（TMAN-- 總體層次解釋變項）經總平減轉換。HLM 視窗界面中的完整方程式為：

$$\beta_{0j} = \gamma_{00} + \gamma_{01}(CATT_j - \overline{CATT_.}) + \gamma_{02}(CMOT_j - \overline{CMOT_.}) + \gamma_{03}(TSEX_j) + \gamma_{04}(TMAN_j - \overline{TMAN_.}) + \mu_{0j} \circ$$

| File | Basic Settings | Other Settings | Run Analysis | Help |

Outcome
Level-1
>> Level-2 <<
INTRCPT2
CATT
CMOT
TSEX
TMAN

LEVEL 1 MODEL

$SACH_{ij} = \beta_{0j} + r_{ij}$

LEVEL 2 MODEL

$\beta_{0j} = \gamma_{00} + \gamma_{01}(CATT_j - \overline{CATT_.}) + \gamma_{02}(CMOT_j - \overline{CMOT_.}) + \gamma_{03}(TSEX_j) + \gamma_{04}(TMAN_j - \overline{TMAN_.}) + u_{0j}$

以截距為結果的迴歸模型之模型估計結果的固定效果與隨機效果如下：

Final estimation of fixed effects（最後固定效果估計值）

（with robust standard errors）（採用強韌性標準誤）

Fixed Effect	Coefficient	Standard error	t-ratio	Approx. $d.f.$	p-value
For INTRCPT1, β_0					
INTRCPT2, γ_{00}	74.106959	0.858741	86.297	26	< 0.001
CATT, γ_{01}	2.637618	0.635473	4.151	26	< 0.001
CMOT, γ_{02}	0.303488	0.533921	0.568	26	0.575
TSEX, γ_{03}	3.011507	1.236709	2.435	26	0.022
TMAN, γ_{04}	0.224409	0.095110	2.359	26	0.026

Final estimation of variance components（最後變異成分估計值）

Random Effect	Standard Deviation	Variance Component	$d.f.$	χ^2	p-value
INTRCPT1, u_0	1.20649	1.45563	26	33.06107	0.160
level-1, r	12.68053	160.79573			

Deviance = 7364.467169

Number of estimated parameters = 2

執行 SPSS「混合模式 (X)」/「線性 (L)」程序之輸出結果如下：

資訊條件 [a]

−2 限制對數概似值	7366.709
Akaike 的訊息條件（AIC）	7370.709
Hurvich 和 Tsai 的條件（AICC）	7370.722
Bozdogan 的條件（CAIC）	7382.368
Schwarz 的貝葉斯條件（BIC）	7380.368

以愈小愈好的形式顯示資訊條件。
a. 依變數：學業成就 學業成就.

模式適配度之離異係數（−2LL）統計量為 7366.709，HLM 統計軟體執行結果之離異係數（Deviance）為 7364.467。

固定效果估計 [a]

參數	估計	標準誤差	d.f.	t	顯著性	95% 信賴區間 下界	上界
截距	74.170	.821	26.319	90.360	.000	72.483	75.856
CATT_ 總平減	2.630	.725	26.022	3.625	.001	1.139	4.121
CMOT_ 總平減	.305	.608	25.999	.501	.621	−.946	1.555
TSEX	2.906	1.231	26.477	2.360	.026	.377	5.435
TMAN_ 總平減	.228	.100	26.113	2.293	.030	.024	.433

a 依變數：學業成就 學業成就

就以截距為結果的迴歸模型估計結果（模型 E）而言，$\gamma_{01} = 2.630$（$p < .01$）、$\gamma_{03} = 2.906$（$p < .05$）、$\gamma_{04} = 0.228$（$p < .05$）等達到統計顯著水準，其參數估計值均為正數，表示班學習態度、教師性別、教師班經策略對各班平均學業成就分數均有顯著正向影響效果，$\gamma_{02} = 0.305$（$p > .05$），「班學習動機」脈絡變項對班級學生學業成就分數的影響未達統計顯著水準。HLM 統計軟體估計之固定效果估計值及顯著性分別為：$\gamma_{01} = 2.638$（$p < .001$）、$\gamma_{02} = 0.303$（$p > .05$）、$\gamma_{03} = 3.012$（$p < .05$）、$\gamma_{04} = 0.224$（$p < .05$）；調整後截距參數 $\gamma_{00} = 74.107$，SPSS 混合模型估計之調整後截距參數 $\gamma_{00} = 74.170$。

估計共變異數參數 [a]

參數		估計	標準誤差	Wald Z	顯著性	95% 信賴區間	
						下界	上界
殘差		160.875	7.588	21.201	0.000	146.670	176.457
截距 [subject = CLID]	變異數	1.442	1.904	0.757	0.449	0.108	19.193

a 依變數：學業成就 學業成就

　　SPSS 混合模型估計分析之隨機效果參數值中，第一層 $\sigma^2 = 160.875$、第二層 $\tau_{00} = 1.442$（$p > .05$），HLM 統計軟體估計之隨機效果參數值中，第一層 $\sigma^2 = 160.800$、第二層 $\tau_{00} = 1.456$（$p > .05$）。

　　以截距為結果的迴歸模型之隨機效果設定與具隨機效果的單因子共變數分析模型的操作程序相同，其誤差項的變異數只有第一層的殘差 σ^2 與第二層的截距變異數 τ_{00}。

　　線性混合模式對話視窗中，點選的預測變項為第二層的脈絡變項與解釋變項，脈絡變項 CATT、CMOT、TMAN 經總平減轉換，因而選取的是總平減轉換的變數名稱：「CATT_總平減」、「CMOT_總平減」、「TMAN_總平減」，另一解釋變項為教師性別（TSEX）。

◎ 六、模型 F──以截距與斜率為結果的迴歸模型

以截距與斜率為結果的迴歸模型為多層次分析中的完整模型，階層二以斜率為依變項的方程式中，投入的總體層次解釋變項為班級教師性別與教師班級經營策略的分數。

階層一模型：

$$SACH_{ij} = \beta_{0j} + \beta_{1j} \times (HOME_{ij}) + \beta_{2j} \times (SSEX_{ij}) + \beta_{3j} \times (SATT_{ij}) + \beta_{4j} \times (SMOT_{ij}) + r_{ij}$$

階層二模型：

$$\beta_{0j} = \gamma_{00} + \gamma_{01} \times (CATT_j) + \gamma_{02} \times (CMOT_j) + \gamma_{03} \times (TSEX_j) + \gamma_{04} \times (TMAN_j) + u_{0j}$$

$$\beta_{1j} = \gamma_{10} + \gamma_{11} \times (TSEX_j) + \gamma_{12} \times (TMAN_j) + u_{1j}$$

$$\beta_{2j} = \gamma_{20} + \gamma_{21} \times (TSEX_j) + \gamma_{22} \times (TMAN_j) + u_{2j}$$

$$\beta_{3j} = \gamma_{30} + \gamma_{31} \times (TSEX_j) + \gamma_{32} \times (TMAN_j) + u_{3j}$$

$$\beta_{4j} = \gamma_{40} + \gamma_{41} \times (TSEX_j) + \gamma_{42} \times (TMAN_j) + u_{4j}$$

SATT SMOT have been centered around the group mean.

註：SATT、SMOT 採用組平減轉換。

CATT CMOT TMAN have been centered around the grand mean.

註：班學習態度（CATT-- 脈絡變項）、班學習動機（CMOT-- 脈絡變項）、教師班經策略（TMAN-- 總體層次解釋變項）經總平減轉換。

Outcome
Level-1
>> Level-2 <<
INTRCPT2
CATT
CMOT
TSEX
TMAN

LEVEL 1 MODEL

$$SACH_{ij} = \beta_{0j} + \beta_{1j}(HOME_{ij}) + \beta_{2j}(SSEX_{ij}) + \beta_{3j}(SATT_{ij} - \overline{SATT}_{.j}) + \beta_{4j}(SMOT_{ij} - \overline{SMOT}_{.j}) + r_{ij}$$

LEVEL 2 MODEL

$$\beta_{0j} = \gamma_{00} + \gamma_{01}(CATT_j - \overline{CATT}_.) + \gamma_{02}(CMOT_j - \overline{CMOT}_.) + \gamma_{03}(TSEX_j) + \gamma_{04}(TMAN_j - \overline{TMAN}_.) + u_{0j}$$

$$\beta_{1j} = \gamma_{10} + \gamma_{11}(TSEX_j) + \gamma_{12}(TMAN_j - \overline{TMAN}_.) + u_{1j}$$

$$\beta_{2j} = \gamma_{20} + \gamma_{21}(TSEX_j) + \gamma_{22}(TMAN_j - \overline{TMAN}_.) + u_{2j}$$

$$\beta_{3j} = \gamma_{30} + \gamma_{31}(TSEX_j) + \gamma_{32}(TMAN_j - \overline{TMAN}_.) + u_{3j}$$

$$\beta_{4j} = \gamma_{40} + \gamma_{41}(TSEX_j) + \gamma_{42}(TMAN_j - \overline{TMAN}_.) + u_{4j}$$

完整模型估計之固定效果與隨機效果參數估計值如下：

Final estimation of fixed effects（最後固定效果估計值）

（with robust standard errors）（採用強韌性標準誤）

Fixed Effect	Coefficient	Standard error	t-ratio	Approx. $d.f.$	p-value
For INTRCPT1, β_0					
INTRCPT2, γ_{00}	77.617550	1.210974	64.095	26	< 0.001
CATT, γ_{01}	3.072365	0.541624	5.673	26	< 0.001
CMOT, γ_{02}	0.060317	0.459958	0.131	26	0.897
TSEX, γ_{03}	0.851198	1.655094	0.514	26	0.611
TMAN, γ_{04}	0.171343	0.104252	1.644	26	0.112
For HOME slope, β_1					
INTRCPT2, γ_{10}	−4.285035	1.510173	−2.837	28	0.008
TSEX, γ_{11}	1.657153	1.964866	0.843	28	0.406
TMAN, γ_{12}	0.087247	0.080504	1.084	28	0.288
For SSEX slope, β_2					
INTRCPT2, γ_{20}	−4.229509	1.028578	−4.112	28	< 0.001
TSEX, γ_{21}	3.203887	2.177280	1.472	28	0.152
TMAN, γ_{22}	−0.004919	0.102650	−0.048	28	0.962
For SATT slope, β_3					
INTRCPT2, γ_{30}	1.570841	0.385056	4.080	28	< 0.001
TSEX, γ_{31}	−1.024765	0.593643	−1.726	28	0.095
TMAN, γ_{32}	0.021117	0.030622	0.690	28	0.496
For SMOT slope, β_4					
INTRCPT2, γ_{40}	1.325410	0.245817	5.392	28	< 0.001
TSEX, γ_{41}	−0.269598	0.424785	−0.635	28	0.531
TMAN, γ_{42}	−0.002641	0.020614	−0.128	28	0.899

Final estimation of variance components（最後變異成分估計值）

Random Effect	Standard Deviation	Variance Component	$d.f.$	χ^2	p-value
INTRCPT1, u_0	2.66954	7.12644	26	55.75562	< 0.001
HOME slope, u_1	2.57336	6.62217	28	38.67739	0.086
SSEX slope, u_2	2.03865	4.15608	28	28.53543	0.437
SATT slope, u_3	0.77049	0.59366	28	71.18214	< 0.001
SMOT slope, u_4	0.68650	0.47128	28	87.62679	< 0.001
level-1, r	8.68637	75.45311			

Deviance = 6764.725715

Number of estimated parameters = 16

（一）SPSS 執行結果之固定效果估計值摘要表

固定效果估計

參數	估計	標準誤差	d.f.	t	顯著性	95% 信賴區間 下界	上界
截距	78.442	1.322	25.220	59.346	0.000	75.721	81.163
HOME	−3.936	1.361	22.433	−2.892	0.008	−6.755	−1.117
SSEX	−4.235	1.107	25.806	−3.827	0.001	−6.510	−1.959
SATT_ 組平	1.612	0.434	12787.419	3.714	0.000	0.761	2.463
SMOT_ 組平	1.380	0.397	3813.131	3.473	0.001	0.601	2.158
TSEX	−0.712	1.955	24.930	−0.364	0.719	−4.739	3.315
TMAN_ 總平減	0.534	0.096	23.632	5.582	0.000	0.337	0.732
HOME × TSEX	0.993	2.047	23.785	0.485	0.632	−3.234	5.220
SSEX × TSEX	3.296	1.633	25.382	2.018	0.054	−0.065	6.657
SATT_ 組平 × TSEX	−1.054	0.641	11164.547	−1.644	0.100	−2.310	0.203
SMOT_ 組平 × TSEX	−0.429	0.580	1885.101	−0.739	0.460	−1.566	0.709
HOME × TMAN_ 總平減	0.094	0.102	23.403	0.917	0.369	−0.118	0.305
SSEX × TMAN_ 總平減	−0.002	0.082	26.443	−0.026	0.979	−0.171	0.166
SATT_ 組平 × TMAN_ 總平減	0.020	0.032	17733.686	0.643	0.520	−0.042	0.083
SMOT_ 組平 × TMAN_ 總平減	0.001	0.029	11012.291	0.041	0.967	−0.056	0.059

　　跨層次交互作用項估計值 $\gamma_{11} = 0.993$（$p > .05$）、$\gamma_{21} = 3.296$（$p > .05$）、$\gamma_{31} = -1.054$（$p > .05$）、$\gamma_{41} = -0.429$（$p > .05$）均未達統計顯著水準；跨層次交互作用項估計值 $\gamma_{12} = 0.094$（$p > .05$）、$\gamma_{22} = -0.002$（$p > .05$）、$\gamma_{32} = 0.020$（$p > .05$）、$\gamma_{42} = 0.001$（$p > .05$）也均未達統計顯著水準，表示個體層次四個解釋變項對學生學業成就的影響強度不會受到班級「教師性別」或「班級教師班級經營策略」的影響。HLM 估計結果之跨層次交互作用項估計值：$\gamma_{11} = 1.657$（$p > .05$）、$\gamma_{12} = 0.087$（$p > .05$）；$\gamma_{21} = 3.204$（$p > .05$）、$\gamma_{22} = -0.005$（$p > .05$）；$\gamma_{31} = -1.025$（$p > .05$）、$\gamma_{32} = 0.021$（$p > .05$）；$\gamma_{41} = -0.270$（$p > .05$）、$\gamma_{42} = -0.003$（$p > .05$）等均未達統計顯著水準，二者分析的結果是相似的。

（二）SPSS 操作程序

1.　將四個個體層次解釋變項及二個總體層次解釋變項「TSEX」、「TMAN_

總平減」選至線性混合模式共變量方盒中，於「線性混合模式：固定效果」對話視窗中，於左邊「因子和共變量 (V)」的方盒中逐一點選六個預測變項至右邊「模式 (M)」下方格內，點選時中間變項屬性設定為「主效果」（單一固定效果值）。

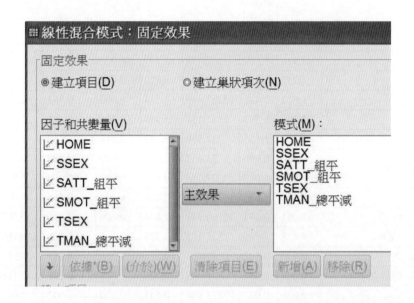

視窗界面之「模式 (M)」方盒中，已選入的變項主效果（固定效果）有 HOME、SSEX、SATT_ 組平、SMOT_ 組平、TSEX、TMAN_ 總平減，其對應的固定效果值分別 γ_{10}、γ_{20}、γ_{30}、γ_{40}、γ_{01}、γ_{02}。

2. 將中間變項屬性改選「交互作用」項，於「因子和共變量 (V)」方盒內，同時選取跨層次交互作用的二個解釋變項（加按『Ctrl』可以加選分開的變項），點選的變項組合為「HOME & TSEX」、「SSEX & TSEX」、「SATT_ 組平 & TSEX」、「SMOT_ 組平 & TSEX」、「HOME & TMAN_ 總平減」、「SSEX & TMAN_ 總平減」、「SATT_ 組平 & TMAN_ 總平減」、「SMOT_ 組平 & TMAN_ 總平減」，逐一將配對變數按『新增』鈕選入「模式 (M)」方盒內，交互作用項的符號為「HOME × TSEX」、「SSEX × SEX」、「SATT_ 組平 × TSEX」、「SMOT_ 組平 × TSEX」、「HOME × TMAN_ 總平減」、「SSEX & TMAN_ 總平減」、「SATT_ 組平 × TMAN_ 總平減」、「SMOT_ 組平 × TMAN_ 總平減」。

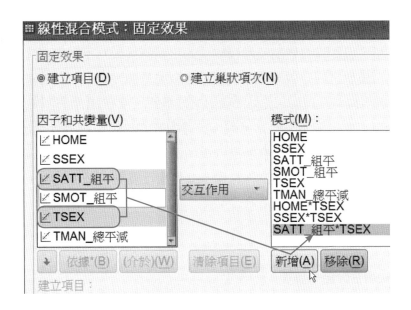

視窗界面中，同時選取「SATT_組平」（學習態度組平減轉換變項）與「TSEX」（教師性別總體層次變項），之後按『新增 (A)』鈕，二個變項之交互作用項變為「SATT_組平 × TSEX」。

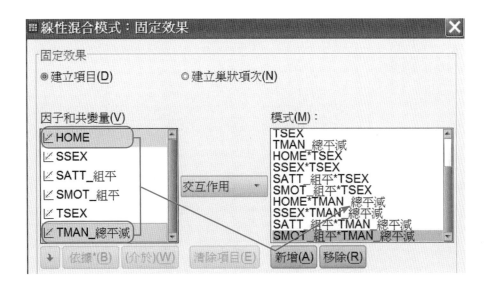

視窗界面中，同時選取「HOME」（學生家庭結構）與「TMAN_總平減」（教師班經策略總體層次變項總平減轉換），之後按『新增 (A)』鈕，二個變項之交互作用項變為「HOME × TMAN_總平減」。

　　SPSS 統計軟體之線性混合模式程序，雖然也可以進行多層次模型分析及縱貫性資料模式分析，但從資料建檔及解釋變項的平減轉換較為不方便。此外操作程序中對於混合模型之固定效果與隨機效果變項要分開設定，對於初學多層次分析模型的研究者較無法理解。此外，輸出之結果報表沒有 HLM 統計軟體，有增列參數估計值符號，解讀上較為困難，上述中的 SPSS 操作與輸出結果僅作為研究者另類統計程序的參考。在多層次模型的統計分析程序方面，筆者還是建議研究者使用 HLM 統計軟體較為便利，尤其進行解釋變項各種平減轉換時，會節省許多資料重新轉換的時間。

七、統整說明

　　上述 HLM 軟體估計結果整理如下表：

六種多層次模型分析結果摘要表

參數估計值	模型 A	模型 B	模型 C	模型 D	模型 E	模型 F
固定效果						
閱讀成就平均數 γ_{00}	75.758***	78.328***	78.133***	78.081***	74.107***	77.618***
脈絡變項／解釋變項				3.446***	2.638***	3.072***
班學習態度 γ_{01}					1.185**	0.060ns
班學習動機 γ_{02}					3.012*	0.851ns
教師性別 γ_{03}					0.224*	0.171ns
教師班經策略 γ_{04}						
斜率						
家庭結構 γ_{10}		−3.819***	−3.344***	−3.347***		−4.285**
教師性別 γ_{11}						1.657 ns
教師班經策略 γ_{12}						0.087 ns
學生性別 γ_{20}		−3.019***	−2.624***	−2.570***		−4.230***
教師性別 γ_{21}						3.204 ns
教師班經策略 γ_{22}						−0.005 ns
學習態度 γ_{30}		1.153***	1.008***	1.017***		1.571***
教師性別 γ_{31}						−1.025 ns
教師班經策略 γ_{32}						0.021 ns
學習動機 γ_{40}		1.318***	1.160***	1.168***		1.325***
教師性別 γ_{41}						−0.270ns
教師班經策略 γ_{42}						−0.003 ns
隨機效果						
μ_{0j} 的變異數 τ_{00}	46.158***	43.149***	39.627***	7.714***	1.456ns	7.126***
μ_{1j} 的變異數 τ_{11}			5.331ns	6.908ns		6.622ns
μ_{2j} 的變異數 τ_{22}			5.393ns	5.731ns		4.156ns
μ_{3j} 的變異數 τ_{33}			0.705***	0.669***		0.594***
μ_{4j} 的變異數 τ_{44}			0.476***	0.438***		0.471***
ε_{ij} 的變異數 σ^2	160.796	93.095	75.763	75.664	160.796	75.453
離異係數（−2LL）	7428.720	6933.509	6826.625	6775.547	7364.467	6764.726

ns $p > .05$　　**$p < .01$　　***$p < .001$
註：期刊論文的表格數值可以只呈現到小數第二位

　　從上述表格中可以發現：

1. 就模型 A（零模型）而言，$\gamma_{00} = 75.758$（$p < .001$），全體學生學業成就的總平均數為 75.758。班級間學習成就平均差異變異數 $\tau_{00} = 46.158$、班級內

學生間學習成就平均差異變異數 $\sigma^2 = 160.796$，ICC =（46.158）/（46.158 + 160.796) = .223，群組或集群效果為 .223，模式估計所得的組內相關係數 $\rho > .059$，代表的是一種高度相關程度，學生學習成就的總變異量中可以由班級變項解釋的變異量有 22.3%。此外 γ_{00} 估計值達統計顯著水準，表示班級與班級之間的平均學習成就有顯著的差異存在。

2. 就隨機效果的單因子共變數分析模型結果（模型 B）而言，$\gamma_{10} = -3.819$（$p < .001$）、$\gamma_{20} = -3.019$（$p < .001$）、$\gamma_{30} = 1.153$（$p < .001$）、$\gamma_{40} = 1.318$（$p < .001$）均達統計顯著水準，表示各班級內學生個體層次之「家庭結構」、「學生性別」、「學生學習態度」、「學生學習動機」對學生學習成就均有顯著影響效果。γ_{10} 參數估計值為負值，表示比較組（水準數值編碼 1 為單親家庭組）的平均數顯著低於參照組（水準數值編碼 0 為完整家庭組）的平均數，各班內單親家庭學生的學習成就顯著低於完整家庭學生的學習成就；γ_{20} 參數估計值為負值，表示比較組（水準數值編碼 1 為男學生）的平均數顯著低於參照組（水準數值編碼 0 為女學生）的平均數，男學生的學習成就顯著低於女學生的學習成就，控制班級內家庭結構、學生學習態度、學生學習動機對學習成就分數的影響後，班級內女學生學習成就分數顯著高於男學生學習成就分數約 3.019 分。學生的學習態度、學習動機對學習成就均有顯著正向影響效果，各班內學生學習態度增加一個單位，學生學習成就分數可提高 1.153 分；學習動機增加一個單位，學生學習成就分數可提高 1.318 分。

$\tau_{00} = 43.149$（$p < .001$），達統計顯著水準，表示控制個體層次學生家庭結構、學生性別、學生學習態度、學生學習動機對學業成就的影響後（假定各變項對學業成就的影響程度各班間都相同），班級間平均學業成就分數還是有顯著差異存在。與零模型相較之下，τ_{00} 從 46.158 降至 43.149，就班級內學生間學業成就的差異變異量來看，σ^2 從 160.796 降至 93.095，變異數削減百分比為 (160.796−93.095)/(160.796) = 42.1%，階層一納入個體層次四個解釋變項後，可以解釋班級內學生學業成就的變異數百分比為 42.1%，此外，離異係數從 7428.720 降為 6933.509，減少了 495.211，可見具隨機效果的單因子共變數分析模型比零模型的適配度還好。

3. 就隨機係數的迴歸模型結果（模型 C）而言，$\gamma_{10} = -3.344$（$p < .001$）、γ_{20}

= −2.624（$p < .001$）、$\gamma_{30} = 1.008$（$p < .001$）、$\gamma_{40} = 1.160$（$p < .001$）均達統計顯著水準，表示各班內學生家庭結構、學生性別、學生學習態度、學生學習動機對學生學習成就均有顯著影響效果。各班內單親家庭學生的學習成就顯著低於完整家庭學生的學習成就，男學生的學習成就顯著低於女學生的學習成就，學習態度、學習動機對學習成就均有顯著正向影響效果。各班內學生學習態度增加一個單位，學生學習成就分數可提高 1.008 分，各班內學生學習態度一個標準差的改變量，學生學習成就分數的變化值為 1SD × 1.008；學習動機增加一個單位，學生學習成就分數可提高 1.160 分，各班內學生學習動機一個標準差的改變量，學生學習成就分數的變化值為 1SD × 1.160。

$\tau_{00} = 39.627$（$p < .001$），達統計顯著水準，表示控制個體層次學生家庭結構、學生性別、學生學習態度、學生學習動機對學業成就的影響後（假定各變項對學業成就的影響程度各班間都不相同），班級間平均學業成就分數還是有顯著差異存在。與零模型相較之下，τ_{00} 從 46.158 降至 39.627，變異數削減百分比為：(46.158−39.627)/(46.158) = 14.1%；就班級內學生間學業成就的差異變異量來看，σ^2 從 160.796 降至 75.763，變異數削減百分比為 (160.796−75.763)/(160.796) = 52.9%，階層一納入個體層次四個解釋變項後，可以解釋班級內學生學業成就的變異數百分比為 52.9%。此外，離異係數從 7428.720 降為 6826.625，與具隨機效果的單因子共變數分析模型相比，離異係數從 6933.509 降為 6826.625，表示隨機係數的迴歸模型之模式適配度比具隨機效果的單因子共變數分析模型還好。

$\tau_{33} = 0.705$（$p < .001$）、$\tau_{44} = 0.476$（$p < .001$）都達到統計顯著水準，表示學習態度對學業成就的影響程度各班級間有顯著不同，學習動機對學業成就的影響程度各班級間有顯著不同。至於 $\tau_{11} = 5.331$（$p > .05$）、$\tau_{22} = 5.393$（$p > .05$）則均未達統計顯著水準，表示家庭結構對學業成就的影響程度各班級間沒有顯著不同，學生性別對學業成就的影響程度各班級間沒有顯著差異存在（各班級間斜率係數的差異值顯著等於 0）。

4. 就脈絡模型估計結果（模型 D）而言，$\gamma_{01} = 3.446$（$p < .001$）、$\gamma_{02} = 1.185$（$p < .01$）都達到統計顯著水準，其參數估計值均為正數，表示控制個體層次解釋變項對學業成就的影響下，「班學習態度」、「班學習動機」二個脈

絡變項對班上平均學業成就有正向影響效果。「班級學習態度」增加一個單位，各班平均學業成就可提高 3.446 分（班級平均學習態度一個標準差的改變量，班級平均學業成就分數的變化值為 1SD × 3.446），班級學習動機增加一個單位，各班平均學業成就可提高 1.185 分（班級平均學習動機一個標準差的改變量，班級平均學業成就分數的變化值為 1SD × 1.185）。γ_{10} = −3.347（p < .001）、γ_{20} = −2.570（p < .001）、γ_{30} = 1.017（p < .001）、γ_{40} = 1.168（p < .001）均達統計顯著水準，表示控制脈絡變項對學業成就的影響下，各班級內學生家庭結構、學生性別、學生學習態度、學生學習動機對學生學習成就的影響效果還是顯著。各班內單親家庭學生的學習成就顯著低於完整家庭學生的學習成就，男學生的學習成就顯著低於女學生的學習成就，學習態度、學習動機對學習成就的影響均為正向。各班內學生學習態度增加一個單位，學生學習成就可提高 1.017 分；學生學習動機增加一個單位，學生學習成就可提高 1.168 分，個體層次解釋變項對學業成就的影響效果與隨機係數的迴歸模型差不多。控制脈絡變數預測變項對學生學習成就的影響下，學生個體層次學習態度的迴歸係數為 1.008，之前未投入脈絡變數預測變項模型（隨機係數的迴歸模型）結果的迴歸係數為 1.017；控制脈絡變數預測變項對學生學習成就的影響下，學生個體層次學習動機的迴歸係數為 1.168，之前未投入脈絡變數預測變項模型（隨機係數的迴歸模型）的迴歸係數為 1.160，估計值變化不大。

τ_{00} = 7.714（p < .001），達統計顯著水準，表示控制個體層次學生家庭結構、學生性別、學生學習態度、學生學習動機及脈絡變項「班學習態度」、「班學習動機」對學業成就的影響後，班級間平均學業成就分數還是有顯著差異存在。與零模型相較之下，τ_{00} 從 46.158 降至 7.714，變異數削減百分比為：(46.158−7.714)/(46.158) = 83.3%；就班級內學生間學業成就的差異變異量來看，σ^2 從 160.796 降至 75.664，變異數削減百分比為 (160.796−75.664)/(160.796) = 52.9%，此結果與隨機係數的迴歸模型差不多。τ_{33} = 0.669（p < .001）、τ_{44} = 0.438（p < .001）都達到統計顯著水準，表示學習態度對學業成就的影響程度各班級間有顯著不同，學生學習動機對學業成就的影響程度各班級間也有顯著不同。隨機係數的迴歸模型之離異係數為 6826.625，脈絡模型的離異係數為 6775.547，可見脈絡模型的模式適配度比隨機係數

的迴歸模型的模式適配度還好。

5. 就以截距為結果的迴歸模型估計結果（模型 E）而言，$\gamma_{01} = 2.638$（$p <$ .001）、$\gamma_{03} = 3.012$（$p < .05$）、$\gamma_{04} = 0.224$（$p < .05$）等達到統計顯著水準，其參數估計值均為正數，表示班學習態度、教師性別、教師班經策略對班上平均學業成就分數均有顯著正向影響效果。班學習態度增加一個單元，各班平均學業成就分數可提高 2.638 分，女教師（水準數值編碼為 1—比較組）班上平均學業成就顯著高於男教師（水準數值編碼為 0—參照組）班上平均學業成就，班級教師班經策略增加一個單位，各班平均學業成就可提高 0.224 分（每位同學的學業成就約增加 0.224 分）。

階層二同時投入「班學習態度」、「班學習動機」、「教師性別」、「班級教師班經策略」四個解釋變項後，班級與班級間平均學業成就的差異就未達統計顯著水準（$\tau_{00} = 1.456$，$p > .05$），與零模型相比較之下，模型的 ICC 值大幅下降，只剩至 0.8%。

6. 就完整模型（模型 F）估計結果而言，跨層次交互作用項估計值：$\gamma_{11} = 1.657$（$p > .05$）、$\gamma_{12} = 0.087$（$p > .05$）；$\gamma_{21} = 3.204$（$p > .05$）、$\gamma_{22} = -0.005$（$p > .05$）；$\gamma_{31} = -1.025$（$p > .05$）、$\gamma_{32} = 0.021$（$p > .05$）；$\gamma_{41} = -0.270$（$p > .05$）、$\gamma_{42} = -0.003$（$p > .05$）等均未達統計顯著水準，表示同時納入總體層次解釋變項及個體層次解釋變項對學業成就的影響時，各班個體層次之學生家庭結構、學生性別、學習態度、學習動機對學業成就的影響效果，不會受到總體層次「班級教師性別」的影響；各班個體層次之學生家庭結構、學生性別、學習態度、學習動機對學業成就的影響效果，不會受到總體層次「班級教師班經策略」的影響。總體層次班級教師性別與班級教師班級經營策略對於班級內學生家庭結構（/ 學生性別 / 學習態度 / 學習動機）與其學習成就分數間的關係，未具調節作用效果。

主要參考文獻

Heck, R. H., Thomas, S. L., & Tobata, L. N. (2010). *Multilevel and Longitudinal modeling with IBM SPSS*. New York: Routledge.

【HLM 統計程序第二層資料結構】

CLID 班級編號	CATT 班學習態度	CMOT 班學習動機	TSEX 教師性別	TMAN 教師班經策略
1	13.43	16.67	0	12
2	16.53	20.00	1	24
3	14.20	20.10	0	12
4	16.70	20.94	1	38
5	15.40	18.78	1	34
6	14.73	19.44	0	17
7	14.50	19.13	1	19
8	14.40	19.07	0	19
9	15.23	19.70	1	20
10	15.47	18.62	0	11
11	16.20	19.67	1	30
12	13.53	16.97	0	11
13	16.13	17.77	0	14
14	13.80	17.43	0	12
15	16.47	21.66	1	39
16	14.97	18.86	0	11
17	16.53	19.43	0	27
18	14.93	19.33	1	18
19	15.70	19.57	1	22
20	16.37	21.76	1	40
21	14.80	18.81	1	14
22	17.60	22.22	1	37
23	13.73	16.89	0	10
24	17.33	22.20	1	37
25	12.88	16.90	0	10

【HLM 統計程序第二層資料結構】（續）

CLID 班級編號	CATT 班學習態度	CMOT 班學習動機	TSEX 教師性別	TMAN 教師班經策略
26	15.87	20.93	1	28
27	16.27	21.90	1	32
28	17.50	22.43	0	35
29	16.13	19.33	0	13
30	13.20	17.63	1	16
31	14.67	18.30	1	23

【SPSS 資料結構——前二個班級群組】

CLID	TMAN	HOME	SSEX	SATT	SMOT	SACH	SATT_脈絡	SMOT_脈絡	SATT_組平
1	12	1	1	15	13	35	13.43	16.67	2
1	12	1	1	11	14	38	13.43	16.67	−2
1	12	0	1	12	17	47	13.43	16.67	−1
1	12	0	1	11	7	49	13.43	16.67	−2
1	12	0	0	11	11	49	13.43	16.67	−2
1	12	0	1	7	17	50	13.43	16.67	−6
1	12	0	1	7	18	53	13.43	16.67	−6
1	12	1	0	12	15	55	13.43	16.67	−1
1	12	1	1	12	19	56	13.43	16.67	−1
1	12	0	1	13	13	58	13.43	16.67	0
1	12	0	0	18	22	59	13.43	16.67	5
1	12	0	0	12	11	60	13.43	16.67	−1
1	12	1	0	12	15	60	13.43	16.67	−1
1	12	1	1	14	21	62	13.43	16.67	1
1	12	1	1	16	18	62	13.43	16.67	3
1	12	1	1	14	18	64	13.43	16.67	1
1	12	1	1	12	17	64	13.43	16.67	−1
1	12	0	1	18	20	66	13.43	16.67	5
1	12	1	1	16	18	66	13.43	16.67	3
1	12	1	1	13	18	68	13.43	16.67	0
1	12	1	1	16	19	69	13.43	16.67	3

【SPSS 資料結構──前二個班級群組】（續）

CLID	TMAN	HOME	SSEX	SATT	SMOT	SACH	SATT_脈絡	SMOT_脈絡	SATT_組平
1	12	0	1	13	20	69	13.43	16.67	0
1	12	0	1	19	17	69	13.43	16.67	6
1	12	0	1	16	20	69	13.43	16.67	3
1	12	1	0	16	20	69	13.43	16.67	3
1	12	0	0	13	15	70	13.43	16.67	0
1	12	0	0	16	20	71	13.43	16.67	3
1	12	0	1	13	18	71	13.43	16.67	0
1	12	0	0	9	12	72	13.43	16.67	−4
1	12	0	1	16	17	73	13.43	16.67	3
2	24	0	0	16	20	73	16.53	20.00	−1
2	24	0	1	16	22	73	16.53	20.00	−1
2	24	0	1	16	19	74	16.53	20.00	−1
2	24	0	1	20	24	74	16.53	20.00	3
2	24	0	1	16	20	74	16.53	20.00	−1
2	24	0	1	16	20	74	16.53	20.00	−1
2	24	1	0	14	12	75	16.53	20.00	−3
2	24	0	1	14	12	75	16.53	20.00	−3
2	24	0	0	16	20	75	16.53	20.00	−1
2	24	0	0	16	20	75	16.53	20.00	−1
2	24	0	0	16	20	76	16.53	20.00	−1
2	24	0	1	18	14	77	16.53	20.00	1
2	24	0	0	16	21	77	16.53	20.00	−1
2	24	0	1	16	20	78	16.53	20.00	−1
2	24	0	0	15	23	78	16.53	20.00	−2
2	24	0	1	17	22	78	16.53	20.00	0
2	24	0	0	13	17	79	16.53	20.00	−4
2	24	0	0	16	20	79	16.53	20.00	−1
2	24	0	1	17	22	80	16.53	20.00	0
2	24	0	1	16	21	81	16.53	20.00	−1
2	24	0	0	18	19	81	16.53	20.00	1
2	24	0	0	19	22	82	16.53	20.00	2
2	24	1	0	16	20	82	16.53	20.00	−1
2	24	0	1	16	18	84	16.53	20.00	−1

【SPSS 資料結構——前二個班級群組】（續）

CLID	TMAN	HOME	SSEX	SATT	SMOT	SACH	SATT_脈絡	SMOT_脈絡	SATT_組平
2	24	0	0	20	22	84	16.53	20.00	3
2	24	1	0	14	19	85	16.53	20.00	−3
2	24	1	0	18	21	89	16.53	20.00	1
2	24	0	0	17	21	89	16.53	20.00	0
2	24	0	1	19	24	89	16.53	20.00	2
2	24	1	1	19	25	90	16.53	20.00	2

「SATT_組平減」變數為各觀察值在SATT（學習態度）的分數減掉「SATT_脈絡」（各班學習態度平均數）的分數；「SMOT_組平減」變數為各觀察值在SMOT（學習態度）的分數減掉「SMOT_脈絡」（各班學習態度平均數）的分數。「SATT_脈絡」、「SMOT_脈絡」為HLM資料結構中的脈絡變項。

CLID	SMOT_組平	CATT_總平減	CMOT_總平減	TSEX	TMAN_總平減
1	−4	−1.897	−2.767	0	−10.100
1	−3	−1.897	−2.767	0	−10.100
1	0	−1.897	−2.767	0	−10.100
1	−10	−1.897	−2.767	0	−10.100
1	−6	−1.897	−2.767	0	−10.100
1	0	−1.897	−2.767	0	−10.100
1	1	−1.897	−2.767	0	−10.100
1	−2	−1.897	−2.767	0	−10.100
1	2	−1.897	−2.767	0	−10.100
1	−4	−1.897	−2.767	0	−10.100
1	5	−1.897	−2.767	0	−10.100
1	−6	−1.897	−2.767	0	−10.100
1	−2	−1.897	−2.767	0	−10.100
1	4	−1.897	−2.767	0	−10.100
1	1	−1.897	−2.767	0	−10.100
1	1	−1.897	−2.767	0	−10.100
1	0	−1.897	−2.767	0	−10.100
1	3	−1.897	−2.767	0	−10.100
1	1	−1.897	−2.767	0	−10.100

（續）

CLID	SMOT_ 組平	CATT_ 總平減	CMOT_ 總平減	TSEX	TMAN_ 總平減
1	1	−1.897	−2.767	0	−10.100
1	2	−1.897	−2.767	0	−10.100
1	3	−1.897	−2.767	0	−10.100
1	0	−1.897	−2.767	0	−10.100
1	3	−1.897	−2.767	0	−10.100
1	3	−1.897	−2.767	0	−10.100
1	−2	−1.897	−2.767	0	−10.100
1	3	−1.897	−2.767	0	−10.100
1	1	−1.897	−2.767	0	−10.100
1	−5	−1.897	−2.767	0	−10.100
1	0	−1.897	−2.767	0	−10.100
2	0	1.203	0.566	1	1.900
2	2	1.203	0.566	1	1.900
2	−1	1.203	0.566	1	1.900
2	4	1.203	0.566	1	1.900
2	0	1.203	0.566	1	1.900
2	0	1.203	0.566	1	1.900
2	−8	1.203	0.566	1	1.900
2	−8	1.203	0.566	1	1.900
2	0	1.203	0.566	1	1.900
2	0	1.203	0.566	1	1.900
2	0	1.203	0.566	1	1.900
2	−6	1.203	0.566	1	1.900
2	1	1.203	0.566	1	1.900
2	0	1.203	0.566	1	1.900
2	3	1.203	0.566	1	1.900
2	2	1.203	0.566	1	1.900
2	−3	1.203	0.566	1	1.900
2	0	1.203	0.566	1	1.900
2	2	1.203	0.566	1	1.900
2	1	1.203	0.566	1	1.900
2	−1	1.203	0.566	1	1.900
2	2	1.203	0.566	1	1.900

（續）

CLID	SMOT_組平	CATT_總平減	CMOT_總平減	TSEX	TMAN_總平減
2	0	1.203	0.566	1	1.900
2	−2	1.203	0.566	1	1.900
2	2	1.203	0.566	1	1.900
2	−1	1.203	0.566	1	1.900
2	1	1.203	0.566	1	1.900
2	1	1.203	0.566	1	1.900
2	4	1.203	0.566	1	1.900
2	5	1.203	0.566	1	1.900

「CATT_總平減」變數為各觀察值在「SATT_脈絡」（學習態度脈絡變項）的分數減掉所有樣本在「CATT」變項的總平均數（= 15.33）、「CMOT_總平減」變數為各觀察值在「SMOT_脈絡」（學習動機脈絡變項）的分數減掉所有樣本在「SMOT」變項的總平均數（= 19.43）。

第 **6** 章

多層次邏輯斯迴歸的介紹與應用

　　階層廣義線性模式（hierarchical generalized linear model;[HGLM]）指模型中的結果變項可以是具常態分配（依變項為計量變項），或是未常態分配的資料型態（依變項為名義或類別變項），前者為一般的階層線性模式（HLM），後者變項尺度如二分類別變項（dichotomous variables/binary variables）。階層廣義線性模式有時又稱為廣義線性混合模型（generalized linear mixed model;[GLMM]），或帶隨機效果的廣義線性模型（generalized linear model with random effects），在實徵論文中研究者常使用 HLM 來分析結果變項為等距或比率尺度的方法，其實屬於 HGLM 法 /GLMM 法的一種型態（Raudenbush & Anthony, 2002）。

壹 前言

　　結果變項或效標變項如果是間斷變項（健康檢查有無腫瘤、參加公職考試有無錄取等），此種資料屬性並沒有符應常態分配，以標準化線性模型來估計預測會得到不正確結果，一般學者都建議以邏輯斯迴歸（logistic regression）進行結果變項的預測分析，邏輯斯迴歸是一般線性模式的一個特例。為符合線性模型的假定，二元類別之結果變項會使用連結函數（link function）加以轉換，單位連結函數轉換時並不用將線性預測變項加以轉換，最常使用的轉換函數為邏輯（logit）連結函數或對數勝算（log-odds）連結函數（Spain, Jackson, & Edmonds, 2012）。

　　多層次模型估計值的估算方法，一般採用的是最大概似法（maximum likelihood;[ML]），HLM 統計軟體中提供二種最大概似法，一為完全訊息最大概似估計法（full information maximum likelihood;[FIML]/[FUML]），二為限制最大概似估計法（restricted maximum likelihood;[REML]），採用最大概似法來估計模型參數時，有一些基本假定，如觀察變項必須是連續變項且符合常態分配，要有足夠的樣本數，符合多變量常態性，模型的界定要適當等，當符合上述基本假定時，使用最大概似法估計所得的參數會較為可靠、一致，沒有偏誤，以漸近標準誤提供正確的卡方值進行模型適配度的檢定。結果變項如果不是連續變項，則常態性基本假定一定會違反，此種情況下，可將結果變項進行轉換，

以連接函數形態將間斷變項轉換為連續變項，因而多層次模型也可適用於非常態誤差分配，或非線性連結函數資料型態，這即是廣義線性階層模型的應用（Heck & Thomas, 2009）。

　　二元資料在社會學領域中是社會學家常用來作為依變項的結果變項，其原因有二：一為社會家較科學家較關注解釋與預測具二元屬性變項的現象，如高中的留級與否、大學四年教育是否畢業、有無結婚、有無小孩、是否離婚、是否有使用藥物、是否使用某種新科技、選舉時是否會去投票等，此種結果變項，邏輯斯迴歸（logistic regression）與機率迴歸（probit regression）是社會學者較愛使用的資料分析方法；二為檢驗具階層性社會結構的資料，採用多層次分析模式更有實用性，因為社會學許多資料都具有階層性與巢套結構。社會學於教育領域的應用，即是教育社會學資料結構的分析，許多教育學領域中的依變項也是二元間斷變項（Guo & Zhao, 2000）。

　　醫學領域、心理學與社會科學領域中，常見的資料特徵為階層（hierarchical）資料結構、多層次（multilevel）資料結構或群組化（clustered）資料結構，此種資料結構是一種巢套關係，或是個體的成長變化。個體的成長變化是一種縱貫性的資料結構，如果又巢套於群組組織中，資料結構的型態會成為三階層資料結構。群組資料分析方法多數採用多層次或隨機效果迴歸分析（random effects regression analysis），之所以使用隨機效果模型而沒有採用傳統固定效果迴歸模型，其原因有三：1. 希望能估算群組層級間的共變效果，因為在固定效果模型中不可能將群組效果從群組層級之共變效果抽離出來；2. 隨機效果模型認為，群組數是從群組母群體中隨機抽樣而來，使用固定效果模型，在個體樣本中無法進行群組屬性的推論；3. 統計推論可能是錯誤的，傳統迴歸技巧無法識別多層次結構，所得之迴歸係數標準誤的估計不是十分精確，導致可能過度高估或低度推估高層次與低層次共變參數估計值的統計顯著性。結果變項或依變項為二元變數時，採用邏輯斯隨機效果迴歸方法進行參數估計的使用情況，變得十分普遍（Li, Lingsma, Steyerberg, & Lesaffre, 2011）。

貳 勝算比與對數勝算比

在迴歸分析中，如果結果變項是二分類別變項（水準數值編碼為 1、0），採用的迴歸方法稱為邏輯斯迴歸。邏輯斯迴歸程序中，結果變項事件會發生的樣本（如通過、及格、有心臟病等），一般編碼為 1；結果變項事件不會發生的樣本（如不通過、不及格、沒有心臟病等），一般編碼為 0。事件會發生的機率如為 p，則事件不會發生的機率為 $1-p$，p 與（$1-p$）的比值稱為勝算比（odds ratio）。若變項 Y 為二元類別變項，事件結果 1 發生的機率為 p，事件結果 0 發生的機率為 $1-p$、變項 Y 的平均數為 $E(Y) = p$、變異數為 $\text{var}(Y) = p \times 1-p$，變異數估計值並不是一個自由參數，二元類別變項之結果事件發生的機率與未發生的機率比值（勝算比）的變項屬性，並非是一種連續變項（計量變項），但如果取其「對數」將其轉換，則迴歸線會變為直線，對數勝算比表示式子為：$\text{logit}(p) = \ln\left(\dfrac{p}{1-p}\right)$，$\text{logit}(p)$ 是數值 p 的自然對數，若是 p 為事件成功的機率，則 p 的數值介於 0 至 1 中間，p 的自然對數介於負的無限大至正的無限大。邏輯轉換的程序先將結果變項發生的事件機率轉換成勝算比，之後再估算勝算比的自然對數，採用邏輯轉換的優點有二：一為雖然機率的上下限介於 0 至 1 之間，但勝算比的上限值並不是 1，機率的微小增加值，可以轉換成為一個較大的勝算比值，二是經轉換後的二元類別變項會具連續變項的屬性，可以採用線性迴歸統計方法（Spain, Jackson, & Edmonds, 2012）。邏輯斯迴歸分析模型是屬於廣義的線性模型之一種（Long, 1997; McCullagh & Nelder, 1989），邏輯斯迴歸分析模型之 $\text{logit}(p)$ 是解釋變項（預測變項）的線性函數。

多層次模型分析程序，如果結果變項是計量變數，一般會先計算群組內變異與群組間的變異，根據二個階層的變異數估算出組內相關係數（intraclass correlation;[ICC]）。多層次線性模型的 ICC 表示的群組間的變異，可以解釋總變異的程度，典型 ICC 的計算公式為：$\dfrac{\tau_{00}}{\tau_{00} + \sigma^2}$。當結果變項尺度為二元依變項時，上述 ICC 估計法就無法有效適用（Spain, Jackson, & Edmonds, 2012）。標準 ICC 參數無法應用於二元類別屬性之結果變項，多層次邏輯斯迴歸模型中沒有納入任何解釋變項的零模型或無條件模型，基本方程式為：$Y_{ij} = p_j + r_{ij}$，其中

群組 j 中的個體 i（不是 1 就是 0）是群組的機率（平均成功的比值）加上個體——依變項殘差（individual-dependent residual），p_j 為群組 j 成功的機率，殘差項的變異數 $\text{var}(r_{ij}) = p_j \times (1-p_j)$，每個群組 p_j 參數不同，表示各群組都有不同的群組內變異數，參數是平均殘差變異數（average residual variance），是所有群組母群的平均值，這與連續結果變項之零模型的假定有顯著不同。一般多層次線性模型假定階層一之殘差項變異數是常數，即各群組內的變異是同質（Snijders & Bosker, 2012）。

結果變項是計量變項，二個階層型態中，階層一抽樣模型可以表示為：$Y_{ij}|\mu_{ij} \sim \text{NID}(\mu_{ij}, \sigma^2)$，表示給予預測數值 μ_{ij} 下，階層一結果變項 Y_{ij} 是常態與獨立分配，母群的期望值是 μ_{ij}，常數的變異數為 σ^2（Raudenbush, Bryk, Cheong, & Congdon, 2004），階層一的期望值與變異數也可以以下列式子表示：$\text{E}(Y_{ij}|\mu_{ij}) = \mu_{ij}$、$\text{VAR}(Y_{ij}|\mu_{ij}) = \sigma^2$。若是結果變項為二分類別變項，經過連結函數轉換後，依變項便具有等距尺度變數屬性（計量變項）。一個二分結果變項，結果變項事件發生的機率（$y = 1$）為：$\text{Prob}(Y_{ij} = 1|X_{ij}) = \pi_{ij}$，事件未發生的機率（$y = 0$）為：$\text{Prob}(Y_{ij} = 0|X_{ij}) = 1-\pi_{ij}$，其中 π 根據連結函數（link function）給予 X_{ij} 預測 $y = 1$ 的機率，常用的邏輯斯函數方程為（Heck & Thomas, 2009）：一個解釋變項 $\text{Prob}(y = 1|X_{ij}) = \pi_{ij}|X_{ij} = \dfrac{1}{1 + e^{-(\beta_{0j} + \beta_{1j}X_{1ij})}}$；二個解釋變項 $\text{Prob}(y = 1|X_{ij}) = \pi_{ij}|X_{ij} = \dfrac{1}{1 + e^{-(\beta_{0j} + \beta_{1j}X_{1ij} + \beta_{2j}X_{2ij})}}$，其中參數 β 是邏輯斯迴歸係數，將模型以線性邏輯方程式轉換，二元變項的邏輯（logit）或對數勝算比的邏輯斯函數為：$\text{logit}(\pi_{ij}|X_{ij}) = \beta_{0j} + \beta_{1j}X_{1ij} + \beta_{2j}X_{2ij} + \cdots + \beta_{pj}X_{pij}$，其中 $\text{logit}(\pi_{ij}|X_{ij}) = \text{logit}(\pi_{ij}/(1-\pi_{ij}))$。

以二個個體層次的預測變項為例，假定 X_{1ij} 與處理因素 X_{2ij} 有共變關係，二者有交互作用項，邏輯斯函數的線性方程為：$\pi_{ij} = \{1 + \exp[-(\beta_0 + \beta_{1j}X_{1ij} + \beta_{2j}X_{2ij} + \beta_{3j}X_{1ij}X_{2ij} + \mu_{0j})]\}^{-1}$，$\mu_{0j}$ 是群組層次的隨機誤差項，平均數為 0、變異數為 τ_{00}（或 τ^2），μ_{0j} 指的是模型中有關結果變項群組間可以解釋的變異程度。方程式表示為：$\text{logit}(\pi_{ij}) = \log(\dfrac{\pi_{ij}}{1-\pi_{ij}}) = \beta_0 + \beta_{1j}X_{1ij} + \beta_{2j}X_{2ij} + \beta_{3j}X_{1ij}X_{2ij} + \mu_{0j}$，此方程式為線性預測變項方程，方程式包含固定效果部分「$\beta_0 + \beta_{1j}X_{1ij} + \beta_{2j}X_{2ij} + \beta_{3j}X_{1ij}X_{2ij}$」，隨機效果部分為「$\mu_{0j}$」，多層次邏輯斯模型是一種非線性混合模式（Moerbeek & Maas, 2005）。

$logit(\pi_{ij}) = log(\frac{\phi_{ij}}{1-\phi_{ij}})$ 或 $log(\frac{\pi_{ij}}{1-\pi_{ij}}) = \eta_{ij}$，$\eta_{ij}$ 是勝算比的對數，如果事件發生的機率為 0.5（$y=1$ 的發生率，$p=0.5$），事件沒有發生的機率也為 0.5（$y=0$ 的發生率），事件發生的勝算比為 0.5/0.5 = 1，對應的對數勝算比（log odds ratio）為 0（試算表函數為 LN(1) = 0），符號表示為 logit(1) = 0；當事件發生的機率為 0.9（$y=1$ 的發生率），事件沒有發生的機率為 0.1（$y=0$ 的發生率），事件發生的勝算比為 0.9/0.1 = 9，對應的對數勝算比為 2.197；當事件發生的機率為 0.2（$y=1$ 的發生率），事件沒有發生的機率也為 0.8（$y=0$ 的發生率），事件發生的勝算比為 0.2/0.8 = 0.25，對應的對數勝算比為 −1.386。事件發生的機率大於 0.50，勝算比值會大於 1.00，對應的對數勝算比為正數；事件發生的機率小於 0.50，勝算比值會小於 1.00，對應的對數勝算比為負數。對數勝算比轉換為勝算比的試算表函數為「EXP」，如對數勝算比係數為 −1.386，對應的勝算比為 LN(−1.386) = 0.25，符號表示為 $e^{\beta} = 2.71828^{-1.386} = 0.25$，對數勝算比係數符合迴歸分析屬性，但「勝算比」的概念較容易讓使用者瞭解。

經濟與心理領域中的二元反應模型中，一般以符號 Y^* 表示潛在連續變項，以潛在連續變項為結果變項的迴歸模型為：$Y^* = \alpha + \beta X_i + \varepsilon_i$，其中 ε 不是一個標準化常態變項就是一個標準化邏輯斯變項，由於潛在變項 Y^* 尺度的不確定性，隨機誤差的分配型態假定是平均數為 0、變異數為固定參數的分配，如果是機率單位模型（probit model），ε 的變異數被固定為 1；若是對數模型（logit model），ε 的變異數被固定為 $\frac{\pi^2}{3} = 3.29$（邏輯斯迴歸分析階層一的誤差項變異數接近 3.29），標準差為 $\sqrt{\frac{\pi^2}{3}} = 1.81$，若是採用機率單位模型轉換，階層一誤差項的標準差為 1，邏輯斯模型階層一誤差項標準差是機率單位模型的 1.81 倍，階層模型中，二元反應的結果變項，殘差變異數被設定為固定參數有其意義，邏輯斯模型的誤差項隨機效果的變異數，約為機率單位模型的 3.29 倍（Aldrich & Nelson, 1984; Elo, 2003; Snijders & Bosker, 2012）。多層次邏輯斯模型也可應用於內在依變項之二元結果變項，若是階層二群組的個數夠大，McMahon、Pouget 與 Tortu 等人（2006）建議可採用配對內在相關係數（pairwise intraclass correlation coefficient; [PICC]）取代 ICC，PICC 是一種皮爾遜積差相關係數統計量，當群組個數大於 50 時，PICC 數值會接近 ICC 數值（Zou & Donner,

2004）。不像標準的 ICC 參數，PICC 統計量不必提供群組對結果變項貢獻的變異數估計值。只要提供階層二群組混合成員間之內在依變項估計值，藉由 SAS 統計軟體之「PROC FREQ」語法即可估算 PICC 參數，但多層次邏輯斯模型的實務應用中，使用 PICC 值取代 ICC 參數值的實徵研究不多。

結合邏輯斯迴歸與多層次的架構模型，即成為「多層次邏輯斯模式」（multilevel logistic model），多層次邏輯斯模式中沒有納入任何預測變項的模型為零模型或完全無條件模型。完全無條件模型如下：

階層一模型：

機率 $(Y_{ij} = 1|\beta_j) = \phi_{ij}$（事件發生結果為 1 的機率）

$\log(\dfrac{\phi_{ij}}{1-\phi_{ij}}) = \eta_{ij}$ [將事件發生的勝算比以對數轉換，連結函數為 η_{ij}，固定效果係數估計值為對數勝算比]

$\eta_{ij} = \beta_{0j}$

階層二模型：

$\beta_{0j} = \gamma_{00} + \mu_{ij}$

結果變項為二分類別變項的多層次完全條件化的模型，可以簡化為下列方程（Li, Lingsma, Steyerberg, & Lesaffre, 2011）：$\log(\dfrac{\phi_{ij}}{1-\phi_{ij}}) = \log(\dfrac{p(Y_{ij}=1\,|\,X_{ij},\mu_j)}{p(Y_{ij}=0\,|\,X_{ij},\mu_j)})$ $= \alpha_1 + \sum_{k=1}^{K}\beta_k X_{kij} + \mu_j$，其中 $\mu_j \sim N(0, \sigma^2)$，$j = 1, 2, \cdots\cdots, J$；$i = 1, 2, \cdots\cdots, n_j$。$Y_{ij}$ 是 j 個群組第 i 位個體樣本的二元結果測量值（事件發生的結果編碼為 1，事件未發生的結果編碼為 0），X_{kij} 表示階層一與階層二的共變項、α_1 為截距項、β_k 為第 k 個迴歸係數，表示的是自變項增加一個單位，結果變項對數勝算比改變的程度，μ_j 為隨機效果，表示的是第 j 個群組的效果，假定 μ_j 是符應平均數為 0、變異數為 σ^2 的常態分配。跨階層邏輯斯隨機效果模型方程表示為：

$\log(\dfrac{p(Y_{ij}=1\,|\,X_{ij},\mu_j,\upsilon_1)}{p(Y_{ij}=0\,|\,X_{ij},\mu_j,\upsilon_1)}) = \alpha_1 + \sum_{k=1}^{K}\beta_k X_{kij} + \mu_j + \upsilon_j$。

多層次模型中，如果階層二的群組個數很小，同時具隨機截距項與隨機斜率項模式估計結果，一般會有低度識別的情況（underidentified），資料結構所提供的共變數元素個數不足以估計許多的參數估計值，此時，階層二的斜率方程的誤差項可以由隨機效果改為固定效果（Newsom, 2002），個體層次有二個

預測變項的邏輯斯混合模型簡化為：$\eta_{ij} = \gamma_{00} + \gamma_{10} \times X_{1ij} + \gamma_{20} \times X_{2ij} + \mu_{0j}$，其中 μ_{0j} 是隨機效果（隨機截距項），表示各群組間在結果變項的對數勝算比可以有變動的情況，斜率項全部為固定效果，表示各群組平均個體層次預測變項對結果變項之對數勝算比的影響程度是相同的；若是斜率項為隨機效果，則邏輯斯混合模型為 $\eta_{ij} = \gamma_{00} + \gamma_{10} \times X_{1ij} + \gamma_{20} \times X_{2ij} + \mu_{0j} + \mu_{1j} \times X_{1ij} + \mu_{2j} \times X_{2ij}$（Spain, Jackson, & Edmonds, 2012）。

　　結果變項是二分類別變項（變項水準數值編碼為 1 及 0），則階層一誤差項的標準差 $\sqrt{\dfrac{\pi^2}{3}} = 1.81$，數值編碼為 1 機率模型之邏輯斯模型的估計值為固定參數，標準差為 1.81，變異數為 $\dfrac{\pi^2}{3} = 3.29$，因而 $\text{ICC} = \tau_{00}/(\tau_{00} + \pi^2/3) = \tau_{00}/(\tau_{00} + \pi^2/3.29)$，此外，如果把潛在變項 $\breve{Y}_{ij}$ 階層一殘差變異數設定為 1（機率單位模型），則 ICC 可定義為 $\tau_{00}/(\tau_{00} + 1)$，機率單位模型或對數模型階層一潛在變項之殘差變異數均為固定參數。潛在變項 $\breve{Y}_{ij}$ 的總變異量為 $\text{VAR}(\breve{Y}_{ij}) = \tau_{00} + 3.29 + \sigma_F^2$，$\sigma_F^2$ 為線性預測變項 Y 的變異量，即可以解釋的變異部分，模型中無法解釋的變異為 $\tau_{00} + 3.29$，τ_{00} 為階層二殘差變異，$\dfrac{\pi^2}{3}$（$= 3.29$）為階層一殘差變異，解釋變項可以解釋的變異部分為 $\dfrac{\sigma_F^2}{\tau_{00} + 3.29 + \sigma_F^2}$（Snijders & Bosker, 2012）。

　　邏輯斯迴歸模型也可擴展為三個階層的模式，三個階層的邏輯斯迴歸模型範例，如病人巢套於醫生、醫生巢套於醫院組織，或個體巢套於家庭、家庭巢套於社區組織。假設 Y_{ijk} 表示的是第 k 個社區、第 j 個家庭中第 i 個學童通過全民中級英檢的結果，隨機效果項 U_{jk}、U_k 分別表示無法觀察的家庭特徵或屬性、社區特徵或屬性，Y_{ijk} 是具有（條件的）期望值 π_{ijk} 之獨立的 Bernoulli 隨機變項，機率統計的邏輯（logit）方程為：$\text{logit}(\pi_{ijk}) = \beta_0 + \beta_1 X_{ijk} + \beta_2 X_{jk} + \beta_3 X_k + U_{jk} + U_k$，其中 X_{ijk}、X_{jk}、X_k 分別表示為個體層次、家庭層次、社區層次之觀察變項特性（或觀察變項的向量），其對應的固定效果值分別為 β_1、β_2、β_3；隨機效果項是獨立的與符應常態分配：$U_{jk} \sim \text{N}(0, \sigma_2^2)$、$U_k \sim \text{N}(0, \sigma_3^2)$。以個體層次之二元類別變數為結果變項，家庭（階層二群組）與社區（階層三組織）影響效果之三個階層的邏輯斯迴歸模型如圖 6-1 所列，模型中方形或橢圓形表示的是變項或估計值，方形表示的是已知的量數、橢圓形表示的是未知的量數，實線箭號表示的是或然性的依變項，虛線箭號表示的是決定性的關係。如果以向量代表

變項間的關係，一般線性混合模式為：$\text{logit}(\pi) = X\beta + ZU$，$U$ 代表家庭層次與社區層次隨機效果的向量、β 是固定效果的向量、X 是固定效果的模型矩陣（包含常數與觀察共變數）、Z 是隨機效果的模型矩陣，σ^2 是家庭與社區層次隨機效果的變異數之向量（Rodriguez & Goldman, 2001）。

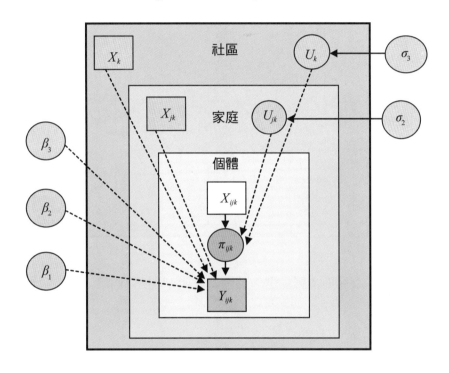

資料來源："Improved estimation procedures for multilevel models with binary response: a case-study" by G. Rodriguez & N. Goldman (2001). *Journal of Research Statistical Society*, *164*, 339-355.

圖 6-1　三個階層邏輯斯迴歸模型：階層二家庭與階層三社區對個體二元類別變項的影響效果圖

　　簡化三個層次的邏輯斯迴歸模型，二個層次的邏輯斯迴歸模型簡要架構圖如圖 6-2，當結果變項的變項尺度為二分類別變數時，不論是二個階層的資料結構或三個階層的資料結構，第一層殘差項的變異數為固定參數而非自由參數，其數值為 3.29。

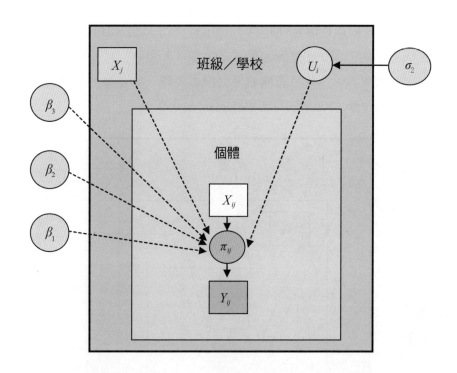

圖 6-2　二個階層邏輯斯迴歸模型：階層二班級 / 學校對個體二元類別變項的影響效果

　　HLM 的輸出表格中有二種型態的輸出結果，一為「特定單位」（unit specific）估計值，二為「母體平均」（population-average）估計值。在保持其他解釋變項不變與保持隨機效果 μ_{0j} 參數值不變的條件之下，解釋變項的單位增量相關聯之對數勝算比上的期望差異值，稱為「特定單位」估計，如班級為第二層群組單位，班級有別就是特定單位估計。特定單位估計值關注的是相同群組（如班級）內，學生事件發生（$Y = 1$）的勝算之期望差異，當控制隨機效果 μ_{0j} 值為常數下，階層一預測變項 X 單位改變情況的變異。在階層二模型中，特定單位估計值關注的是具有相同總體層次解釋變項數值（如有相同學業成就，或有相等的社經地位）的二位學生間事件發生勝算的期望差異，當控制隨機效果值為常數下，階層二預測變項 W 單位改變時群組成員間的差異。特定單位模型描述了發生於階層二各單位中的過程，此一過程是由階層一模型所掌控的，尤其是階層一係數反映，研究主要關心的重點是這些過程在階層二單位的總體之間的變化情況。如果保持其他解釋變項不變的條件下，與各解釋變項的單位

增量相關聯的對數勝算比上的期望差異值，此差異值是經過了對階層二隨機效果分配的平均，母體平均沒有將隨機效果設定相同，但將所有第二層誤差項 μ_{0j} 的參數值加以平均，母體平均模型重視的是有相同的預測變項 X 數值的二個個體在結果事件對數勝算比之平均差異，此差異主要是個體所在群組（階層二單位）之屬性特徵 W 造成的。「特定單定」與「母體平均」估計值二個表格的估計值所指向的結論經常是相同的，統計顯著水準也幾乎會一致，只是與特定單位係數值相比，母體平均係數總是向參數 0 縮動（郭志剛等譯，2008；Heck & Thomas, 2009）。

範例中，二個階層變項的描述性統計量摘要表如下：

階層一描述性統計量						
變數	個數	最小值	最大值	平均數	標準差	變異數
學業成就	930	5	25	19.43	4.16	17.34
投入時間	930	4	20	15.44	3.52	12.38
學生性別	930	0	1	.51	.50	.25
家庭結構	930	0	1	.31	.46	.21
通過證照（結果變項）	930	0	1	.56	.496	.246
階層二描述性統計量						
變數	個數	最小值	最大值	平均數	標準差	變異數
班學業成就	31	16.67	22.43	19.43	1.70	2.88
班投入時間	31	12.90	17.97	15.44	1.39	1.94
教師性別	31	0	1	.52	.508	.258
教師期望	31	3	40	19.45	9.84	96.79

「通過證照」結果變項的最小值為 0、最大值為 1，表示其編碼為虛擬變項，平均數等於 0.56，即水準數值編碼為 1（通過證照考試學生）的樣本佔全體樣本的 56%，水準數值編碼為 0（未通過證照考試學生）的樣本佔全體樣本的 44%；學生性別變項的平均數為 .50，表示水準數值編碼為 1（男生）的樣本佔全體樣本的 50%；學生家庭結構變項的平均數為 .31，表示水準數值編碼為 1（單親家庭）的樣本佔全體樣本的 31%，水準數值編碼為 0（完整家庭）的樣本佔全體樣本的 69%。第二層解釋變項之教師性別的平均數為 .52，表示水準數值編碼為 1（男教師）的教師佔全體教師的 52%，女教師（水準數值編碼為 0）

佔全體教師的 48%。就虛擬變項之解釋變項而言，水準數值編碼為 1 的群組為比較組、水準數值編碼為 0 的群組為參照組，若是結果變項為計量變項，迴歸係數為正值且達統計顯著水準，表示比較組的平均數顯著高於參照組；相對的，迴歸係數為負值且達統計顯著水準，表示比較組的平均數顯著低於參照組；若是結果變項為二分類別變項，對數勝算比係數為正值且達統計顯著水準，表示比較組的勝算（事件結果為 1 的機率）顯著高於參照組。

通過證照

		次數	百分比	有效百分比	累積百分比
有效的	未通過	405	43.5	43.5	43.5
	通過	525	56.5	56.5	100.0
	總和	930	100.0	100.0	

樣本通過證照考試的機率為 $525 \div 930 = 0.565$、樣本未通過證照考試的機率為 $405 \div 930 = 0.435$，通過證照考試的勝算比為 $0.565 \div 0.435 = 1.296$。

階層一資料檔變數檢視之變項名稱及變項標記如下：結果變項為學生通過證照「PASS」考試的情況（編碼 1 為通過、編碼 0 為未通過），結果變項為二分類別變項；「CLID」為班級編號，是二個資料檔共同的 ID 關鍵變項，學生層次的解釋變項有學業成就（SACH）、每週投入時間（INVO）、學生性別（SSEX）、家庭結構（HOME）。

名稱	類型	寬度	小數	標記	值
CLID	數字的	4	0	班級編號	無
SACH	數字的	8	0	學業成就	無
INVO	數字的	8	0	投入時間	無
SSEX	數字的	11	0	學生性別	{0, 女生}...
HOME	數字的	4	0	家庭結構	{0, 完整家庭}...
PASS	數字的	8	0	通過證照	{0, 未通過}...

階層二資料檔變數檢視之變項名稱及變項標記如下，其中「CLID」為班級編號，是二個資料檔共同的 ID 關鍵變項，第二層的解釋變項有班學業成就

（CACH）、班投入時間（CINV）、教師性別（TSEX）、教師期望（TEXP）、班級所在地區（CARE）。班學業成就（CACH）、班投入時間（CINV）二個變項是脈絡變項，是根據各班群組內學生樣本測量值，以班級為單位聚合求得的班級平均數，教師期望（TEXP）是由教師個人自評所得的分數，是單一分數，測量值愈高表示教師對班級通過證照考試的期待愈大（信心愈高）。

名稱	類型	寬度	小數	標記	值
CLID	數字的	4	0	班級編號	無
CACH	數字的	8	2	班學業成就	無
CINV	數字的	8	2	班投入時間	無
TSEX	數字的	8	0	教師性別	{0, 女教師}...
TEXP	數字的	8	0	教師期望	無
CARE	數字的	4	0	班級所在地區	{0, 非都會地區}...

 ## HLM 的操作程序

　　「Make MDM-HLM2」對話視窗中，階層一界定「Level-1 Specification」方盒內，『Browse』（瀏覽）鈕選取階層一標的資料檔「二分 01.sav」（階層一資料檔存放的路徑與檔名），按『Choose variables』（選擇變項）鈕開啟「Choose variables-HLM2」次對話視窗，二個階層資料檔共同關鍵連結的 ID 變項為「CLID」（班級編號），階層一 MDM 模組中的變項選取「SACH」（學生在校學業成就）、「INVO」（學生每週投入時間）、「SSEX」（學生性別）、「HOME」（學生家庭結構）、「PASS」（學生通過證照考試的結果，水準數值 1 為通過、水準數值 0 為未通過，變項為多層次模型的結果變項，變項尺度為二分類別變項，通過表示事件成功的結果、未通過表示事件失敗或未成功的結果），在多層次分析模型中一定要選取一個共同 ID 變數，此變數名稱在二個資料檔中一定要相同，資料檔要經排序程序，否則無法進行資料檔整合，資料檔之變項若於 HLM 統計分析程序未作為個體層次解釋變項，則可以不必將變項選進 MDM 模組中，變數對應的「□ in MDM」的方框不用勾選。

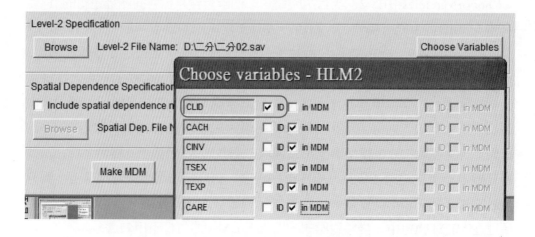

「Make MDM-HLM2」對話視窗中，階層二界定「Level-2 Specification」
方盒內，『Browse』（瀏覽）鈕選取階層二標的資料檔「二分02.sav」，按『Choose
variables』（選擇變項）鈕開啟「Choose variables-HLM2」次對話視窗，二個階
層資料檔共同關鍵連結的 ID 變項為「CLID」（班級編號），階層二 MDM 模
組中的變項選取「CACH」（班級學生平均學業成就—脈絡變項）、「CINV」（班
級學生平均投入時間—脈絡變項）、「TSEX」（教師性別──總體層次解釋變
項）、「TEXP」（教師對班級期望測量數──總體層次解釋變項）、「CARE」
（班級學校所在的地區──總體層次解釋變項）。

「MDM File Name」下方盒內輸入 MDM 檔案名稱「證照考試」（檔案名

稱研究者可以自訂，此檔案名稱不影響資料檔的整合程序，但一定要鍵入，不能留空白），「MDM template file」（MDM暫存檔）方盒內按MDM暫存檔『Save mdmt file』鈕，將MDM暫存檔以「PASS.mdmt」存檔（檔案名稱研究者可以自訂）。

按『Make MDM』鈕，進行二個資料檔的整合，整合後二個階層的敘述性統計量如下（自動以記事本開啟文書檔案內容）。「HLM2MDM.STS-記事本」對話視窗中，上半部為階層一選入MDM模組中變項的描述性統計量，範例中被選入的解釋變項有「SACH」、「INVO」、「SSEX」、「HOME」、「PASS」，下半部為階層二的脈絡變項及總體層次解釋變項，包括「CACH」、「CINV」、

「TSEX」、「TEXP」、「CARE」。描述性統計量包括有效樣本數、變項平均數、變項標準差、變項最小值、變項最大值,其中「PASS」為樣本通過證照考試的結果,由於水準數值編碼為 1、0,平均數為 0.56,表示樣本通過證照考試的百分比佔全部樣本的 56%,沒有通過證照考試的百分比為 44%。

```
HLM2MDM.STS - 記事本

檔案(F)   編輯(E)   格式(O)   檢視(V)   說明(H)

              LEVEL-1 DESCRIPTIVE STATISTICS

VARIABLE NAME        N        MEAN        SD        MINIMUM        MAXIMUM
     SACH           938      19.43       4.16        5.00          25.00
     INVO           938      15.44       3.52        4.00          20.00
     SSEX           938       0.51       0.50        0.00           1.00
     HOME           938       0.31       0.46        0.00           1.00
     PASS           938       0.56       0.50        0.00           1.00

              LEVEL-2 DESCRIPTIVE STATISTICS

VARIABLE NAME        N        MEAN        SD        MINIMUM        MAXIMUM
     CACH            31      19.43       1.78       16.67          22.43
     CINV            31      15.44       1.39       12.90          17.97
     TSEX            31       0.52       0.51        0.00           1.00
     TEXP            31      19.45       9.84        3.00          40.00
     CARE            31       0.48       0.51        0.00           1.00

MDM template:   D:\二分\PASS.mdmt
MDM file name:  證照考試
Date:           Sep 19, 2013
Time:           07:55:46
```

關閉記事本,按『Done』鈕,開啟「WHLM: hlm2 MDM File: 證照考試」對話視窗,進行多層次模型的設定。

```
WHLM: hlm2 MDM File: 證照考試

File   Basic Settings   Other Settings   Run Analysis   Help

  Outcome
>> Level-1 <<
  Level-2

INTRCPT1
SACH
INVO
SSEX
HOME
PASS
```

　　階層一的變數清單中，包括「INTRCPT1」（截距）、「SACH」、「INVO」、「SSEX」、「HOME」、「PASS」等變項，結果變項（依變項）為 PASS（通過證照的情況，水準數值編碼 1 為通過、水準數值編碼 0 為未通過，變項屬性為二分類別變項）。

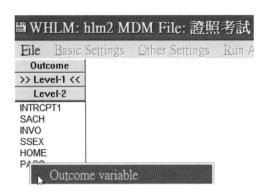

　　以滑鼠左鍵點選「PASS」變項，快顯功能表選項中點選「Outcome variable」（結果變項）。界定零模型，選取階層一「PASS」變項為結果變項後，因為結果變項分配內定的選項為「⊙Normal（Continuous）」，表示結果變項為計量變項，其分配符應常態分配，階層一與階層二的模型為：

階層一模型：$PASS_{ij} = \beta_{0j} + r_{ij}$

階層二模型：$\beta_{0j} = \gamma_{00} + \mu_{0j}$

由於結果變項為二分類別變項，必須經由對數勝算比的轉換才能符應多層次分析的假定，因而必須改變變項原內定的屬性。

Basic Settings Other Settings Run Analysis Help

Basic Model Specifications - HLM2

Distribution of Outcome Variable
- ⊙ Normal (Continuous) → 結果變項內定分配方盒中，內定的選項為「⊙Normal（Continuous）」，結果變項為連續變項
- ○ Bernoulli (0 or 1)
- ○ Poisson (constant exposure)
- ○ Binomial (number of trials)
- ○ Poisson (variable exposure)   None ▼
- ○ Multinomial
- ○ Ordinal   Number of categories

□ Over dispersion

[Level-1 Residual File] [Level-2 Residual File]

Title   no title

二個階層之多層次邏輯斯迴歸模式估計結果，內定輸出檔案「hlm2.html」

Output file name D:\二分\hlm2.html →

(See File->Preferences to set default output type)
☑ Make graph file
Graph file name D:\二分\grapheq.geq

　　執行功能列『Basic Settings』（基本設定）程序，開啟「Basic Model Specifications－HLM2」對話視窗，於「Distribution of Outcome Variable」（結果變項的分配型態）方盒中勾選「⊙Bernoulli（0 or 1）」選項，表示結果變項為二分類別變項，內定的結果變項為計量變項，變項具常態且獨立分配，內定選項為「⊙Normal（Continuous）」。結果變項的分配選項，還有多項式分配（多類別變項）（Multinomial）、次序變項（Ordinal）、卜瓦松（Poisson）分配。

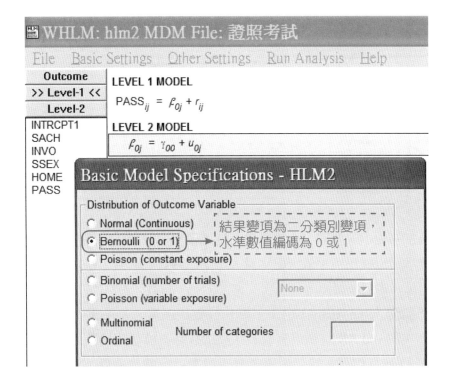

結果變項為二分類別變項的零模型如下：

階層一模型：

$Prob\ (PASS_{ij} = 1|\beta_j) = \phi_{ij}$

$\log[\phi_{ij}/(1-\phi_{ij})] = \mu_{0j}$

$\eta_{ij} = \beta_{0j}$

階層二模型：$\beta_{0j} = \gamma_{00} + \mu_{0j}$

其中，$PASS_{ij}$ 為群體 j 個體 i 於結果變項事件發生的情況，1 為學生通過證照考試、0 為學生未通過證照考試，ϕ_{ij} 為群體 j 中所有個體 i 通過證照的機率，$1-\phi_{ij}$ 為群體 j（班級 j 中）學生未通過證照的機率，$\log[\phi_{ij}/(1-\phi_{ij})]$ 為對數勝算比，γ_{00} 為所有班級對數勝算比的總平均值，μ_{0j} 為階層二的誤差項，符應平均數為 0，變異數為 σ^2 的常態分配。

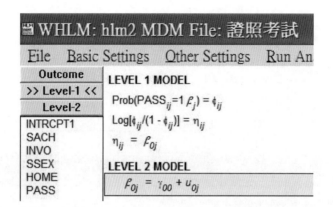

之後解釋變項的選取，與結果變項為連續變項的操作程序相同，階層一連續解釋變項可以採用不平減、組平減、總平減轉換，階層二連續解釋變項可以採用不平減、總平減轉換。

按功能列『Run Analysis』鈕，會執行疊代運算，如果疊代運算次數到內定的最高次數 100，模式還沒有收斂，表示多層次模型的參數尚未估計出來，此時，HLM 執行程序會詢問使用者是否繼續執行疊代運算（Y 或 N），視窗範例界面為：「The maximum number of macro iterations has been reached, but the analysis has not converged. Do you want to continue until convergence?」此時，只要鍵入 Y 鍵，即可繼續執行疊代運算之參數估計的程序。

```
C:\Program Files\HLM7Student\HLM2S.EXE                    - □ ×

                    MACRO ITERATION 98

Starting values computed.  Iterations begun.
Should you wish to terminate the iterations prior to convergence, enter cntl-c
For macro 98/micro iteration 1, the log-likelihood is = -1.228831E+003
For macro 98/micro iteration 2, the log-likelihood is = -1.228831E+003

                    MACRO ITERATION 99

Starting values computed.  Iterations begun.
Should you wish to terminate the iterations prior to convergence, enter cntl-c
For macro 99/micro iteration 1, the log-likelihood is = -1.228831E+003
For macro 99/micro iteration 2, the log-likelihood is = -1.228831E+003

                    MACRO ITERATION 100

Starting values computed.  Iterations begun.
Should you wish to terminate the iterations prior to convergence, enter cntl-c
For macro 100/micro iteration 1, the log-likelihood is = -1.228831E+003
For macro 100/micro iteration 2, the log-likelihood is = -1.228831E+003

The maximum number of macro iterations has been reached, but the analysis has
not converged. Do you want to continue until convergence? _
```

　　使用者若是將疊代運算次數的最大數值調高，如 5000，會便於估計值的估算，而不會暫停估計程序。執行功能表列『Other Settings』（其他設定）/『Iteration Settings』（疊代設定）程序，開啟「Iteration Control-HLM2」對話視窗，將「Number of macro iterations」（最大疊代運算次數）右邊方格中的內定數值 100，變為較大的數值 5000。

```
File    Basic Settings   Other Settings   Run Analysis   Help
  Outcome       LEVEL 1 N      Iteration Settings
>> Level-1 <<
  Iteration Control - HLM2
INT
SAC
INV(   Number of (micro) iterations    14          How to handle bad Tau(0)
SSE                                                 ○ Set off diagonals to 0
HOM   Number of macro iterations     5000          ○ Manual reset
PAS                                                 ● Automatic fixup
      Frequency of accelerator       5

      % change to stop iterating     0.0001000000

      What to do when maximum number of iterations achieved without convergence
      ● Prompt         ○ Continue iterating          ○ Stop iterating
```

「How to handle bad Tau（0）」的方盒內定選項為「⊙Automatic fixup」，表示模式估計結果，階層二的誤差項變異數如出現負的變異數（不合理的解值）時，由 HLM 統計軟體自行修正。「What to do when maximum number of iterations achieved without convergence」方盒選項中內定的選項「⊙ Prompt」，表示模式運算結果，疊代運算次數已達內定或設定的最大疊代次數，但模式尚未收斂時（模式估計值尚未估計出來），會出現自動提示訊息，研究者可以按『Y』鍵繼續執行疊代運算，或是按其他鍵停止疊代運算，停止疊代運算模式的參數不會呈現出來。

多層次邏輯斯迴歸模型與一般二個層次之多層次模型一樣，偏好設定的內定輸出結果檔案為「hlm2.html」，如果此檔案名稱正在開啟狀態，則執行多層次模型程序時，會出現以下警告訊息：

「Permission denied Unable to open D:\ 二分 \hlm2.html for writing」

由於模式估計結果之參數摘要表無法寫入「hlm2.html」檔案之中，最後多層次模型估計程序會出現「WHLM」對話視窗，視窗內的提示語為「The analysis completed with errors」（分析程序錯誤）。研究者只要將輸出結果檔案關閉，或於偏好對話視窗中，更多輸出結果的儲存檔案，再執行模式估計程序就可以。

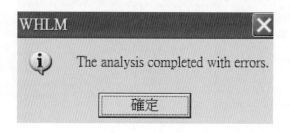

多層次邏輯斯迴歸模型執行程序與一般多層次迴歸模型執行程序的其他設定大致相同，在「Preferences」（偏好）對話視窗中，「Type of output」（輸出

型態）最好勾選「⊙HTML output」選項及「⊙view HTML in Word」選項，以 HTML 檔案型態儲存輸出結果，並以 WORD 應用軟體開啟，這樣在事後整理表格較為方便。此外，變項的下標註解符號如能完整呈現，則模型方程的表達較易為他人理解，因而「☑Use level subscripts」選項最好勾選。

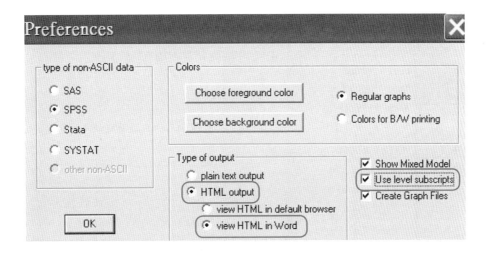

隨機係數的迴歸模型中，沒有勾選「☑Use level subscripts」選項的視窗界面範例如下，其中階層一解釋變項組平減時改以粗體字表示，總平減改以斜體粗體字表示；階層二總體層次解釋變項總平減時，以粗體字表示。

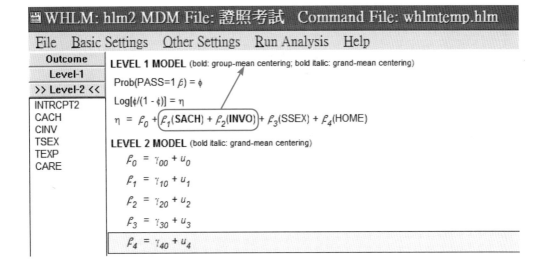

多層次模式的進階應用

　　勾選「☑Use level subscripts」選項後，「WHLM:hlm2 MDM File」對話視窗中的解釋變項如果採用組平減或總平減轉換，會呈現完整的模型方程，變項下標的個體層次（i）、總體層次（j）會完整呈現出來〔如果是三個階層的多層次模型，階層三的下標註解為（k）〕。

WHLM: hlm2 MDM File: 證照考試　Command File: whlmtemp.hlm

File　Basic Settings　Other Settings　Run Analysis　Help

| Outcome |
| Level-1 |
| >> Level-2 << |
| INTRCPT2 |
| CACH |
| CINV |
| TSEX |
| TEXP |
| CARE |

LEVEL 1 MODEL

$\text{Prob}(PASS_{ij}=1|\beta_j) = \phi_{ij}$

$\text{Log}[\phi_{ij}/(1-\phi_{ij})] = \eta_{ij}$

$\eta_{ij} = \beta_{0j} + \beta_{1j}(SACH_{ij} - \overline{SACH}_{.j}) + \beta_{2j}(INVO_{ij} - \overline{INVO}_{.j}) + \beta_{3j}(SSEX_{ij}) + \beta_{4j}(HOME_{ij})$

LEVEL 2 MODEL

$\beta_{0j} = \gamma_{00} + u_{0j}$

$\beta_{1j} = \gamma_{10} + u_{1j}$

$\beta_{2j} = \gamma_{20} + u_{2j}$

$\beta_{3j} = \gamma_{30} + u_{3j}$

$\beta_{4j} = \gamma_{40} + u_{4j}$

肆　多層次邏輯斯迴歸分析模型應用

一、完全無條件的模型

階層一模型：

$Prob\ (PASS_{ij} = 1|\beta_j) = \phi_{ij}$

$\log[\phi_{ij}/(1-\phi_{ij})] = \eta_{ij}$

$\eta_{ij} = \beta_{0j}$

階層二模型：$\beta_{0j} = \gamma_{00} + \mu_{0j}$

階層一誤差項的變異數（Level-1 variance) $= 1/[\phi_{ij}/(1-\phi_{ij})]$

混合模型：$\eta_{ij} = \gamma_{00} + \mu_{0j}$

（一）特定單位（強韌性標準誤）估計結果

Final estimation of fixed effects（最後效果估計值）

（Unit-specific model with robust standard errors）（強韌性標準誤之特定單位模式）

Fixed Effect 固定效果	Coefficient 對數勝算比係數	Standard error 標準誤	t-ratio t 值	Approx. $d.f.$ 自由度	p-value 顯著性
For INTRCPT1, β_0					
INTRCPT2, γ_{00}	0.312699	0.231062	1.353	30	0.186

對數勝算比係數 $\gamma_{00} = 0.313$（$p > 0.05$），未達統計顯著水準，表示對數勝算比係數 γ_{00} 等於 0，方程符號為：$logit(\pi_{ij}) = \log(\frac{\phi_{ij}}{1-\phi_{ij}})$ 或 $\log(\frac{\pi_{ij}}{1-\pi_{ij}}) = \eta_{ij} = 0$，對應的勝算比為 $1(\frac{\phi_{ij}}{1-\phi_{ij}}$ 或 $\frac{\pi_{ij}}{1-\pi_{ij}} = 1)$，母群體中學生通過證照考試的勝算（機率）與未通過證照考試的勝算（機率）大致相等。t 值統計量或臨界比值為對數勝算比係數除以標準誤，$0.312699 \div 0.231062 = 1.353$，若是 t 值統計量未達統計顯著水準，表示對數勝算比係數顯著等於 0（一般多層次模型中為迴歸係數顯著為 0），當對數勝算比係數為 0 時，其對應的「勝算比」為 1，表示通過證照考試的機率（事件結果為 1 的機率）與未通過證照考試的機率（事件結果為 0 的機率）各等於 0.50。

Fixed Effect 固定效果	Coefficient 對數勝算比係數	Odds Ratio 勝算比	Confidence Interval 勝算比信賴區間
For INTRCPT1, β_0			
INTRCPT2, γ_{00}	0.312699	1.367109	(0.853, 2.192)

固定效果輸出表格中，$\gamma_{00} = 0.313$，標準誤（SE）$= 0.231$，對數的勝算比為 0.313，對應的勝算比（OR）$=$ EXP（0.313）$= 1.367$，勝算比（OR）的信賴區間為〔0.853，2.192〕。勝算比值（OR）$= 1.367$，取其自然對數 LN（1.367）的數值等於 0.313。

Final estimation of variance components（變異成分最後估計值）

Random Effect 隨機效果	Standard Deviation 標準差	Variance Component 變異數	d.f. 自由度	χ^2 卡方值	p-value 顯著性
INTRCPT1, μ_0	1.23073	1.51469	30	185.39602	< 0.001

　　隨機效果之變異成分 $\tau_{00} = 1.515$，多層次邏輯斯迴歸模式中階層一誤差項的變異數為 3.29，多層次機率模型中階層一誤差項的變異數為 1。範例中殘差內在相關係數等於 $\dfrac{\tau_{00}}{\tau_{00}+3.29} = \dfrac{1.515}{1.515+3.29} = 0.315$，班級間可以解釋學生通過證照勝算比的變異百分比為 31.5%。$\tau_{00} = 1.515$，$\chi^2 = 185.396$（$p < .001$），達到統計顯著水準，表示班級間通過證照的勝算比值間有顯著的不同。95% 的班級之 β_{0j} 值位於 $0.313 \pm 1.96\sqrt{1.515} = [-2.099，2.725]$，此數值為對數勝算比 95% 的信賴區間，將「對數勝算比」係數轉換為「勝算比」，換算成機率值為〔0.109，0.938〕，有些班級通過的機率只有 10.9%，有些班級通過的機率高達九成以上。對數勝算比換算為機率的公式為：$\phi_{ij} = \dfrac{1}{1+EXP(-\eta_{ij})}$，其求法為：$\phi_{ij} = \dfrac{1}{1+EXP(-(-2.099))} = \dfrac{1}{9.158} = .109$、$\phi_{ij} = \dfrac{1}{1+EXP(-(-2.725))} = \dfrac{1}{1.066} = .938$。

　　上述零模型的估計結果，可以統整為以下表格：

學生通過證照考試在零模型之分析結果摘要表

固定效果	對數勝算比	t 值	自由度
β_0 截距項			
階層二班級平均通過證照考試之總平均值 γ_{00}	0.313(1.367)	29.753***	30
隨機效果（變異成分）	變異數	χ^2	自由度
階層二班級間平均通過證照考試的差異 μ_{0j} (τ_{00})	1.515	185.396***	30
階層一各班級內學生間通過證照考試的差異 ε_{ij} (σ^2)	3.29		

*** $p < .001$ 括號內的數值為勝算比值

（二）母群平均估計結果

Final estimation of fixed effects（最後效果估計值）

（Population-average model with robust standard errors）（強韌性標準誤之母體平均模式）

Fixed Effect 固定效果	Coefficient 對數勝算比係數	Standard error 標準誤	t-ratio t 值	Approx. $d.f.$ 自由度	p-value 顯著性
For INTRCPT1, β_0					
INTRCPT2, γ_{00}	0.259509	0.172279	1.506	30	0.142

固定效果輸出表格中，$\gamma_{00} = 0.260$，標準誤（SE）＝ 0.173。

Fixed Effect 固定效果	Coefficient 對數勝算比係數	Odds Ratio 勝算比	Confidence Interval 勝算比信賴區間
For INTRCPT1, β_0			
INTRCPT2, γ_{00}	0.259509	1.296293	(0.912, 1.843)

固定效果輸出表格中，$\gamma_{00} = 0.260$，勝算比（OR）＝ 1.296，勝算比（OR）的信賴區間為〔0.912，1.843〕，勝算比（OR）＝ 1.296 為根據樣本推估母群的勝算比值。

二、隨機係數的迴歸模型 A

解釋變項投入個體層次學生學業成就（SACH）與投入時間（INVO）。

階層一模型：

$Prob\ (PASS_{ij} = 1|\beta_j) = \phi_{ij}$

$\log[\phi_{ij}/(1-\phi_{ij})] = \eta_{ij}$

$\eta_{ij} = \beta_{0j} + \beta_{1j} \times (SACH_{ij}) + \beta_{2j} \times (INVO_{ij})$

階層二模型：

$\beta_{0j} = \gamma_{00} + \mu_{0j}$

$\beta_{1j} = \gamma_{10} + \mu_{1j}$

$\beta_{2j} = \gamma_{20} + \mu_{2j}$

階層一的變異數（Level-1 variance）＝ $1/[\phi_{ij}/(1-\phi_{ij})]$

混合模型：

$$\eta_{ij} = \gamma_{00} + \gamma_{10} \times SACH_{ij} + \gamma_{20} \times INVO_{ij} + \mu_{0j} + \mu_{1j} \times SACH_{ij} + \mu_{2j} \times INVO_{ij}$$

HLM 視窗界面的圖示如下：

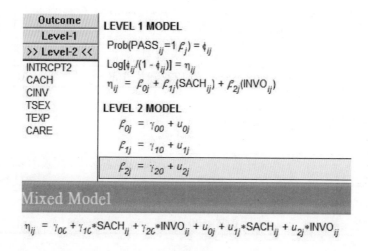

（一）特定單位模型（有強韌性標準誤）

Final estimation of fixed effects（最後效果估計值）

（Unit-specific model with robust standard errors）（強韌性標準誤之特定單位模式）

Fixed Effect 固定效果	Coefficient 對數勝算 比係數	Standard error 標準誤	t-ratio t 值	Approx. $d.f.$ 自由度	p-value 顯著性
For INTRCPT1, β_0					
INTRCPT2, γ_{00}	−7.962054	0.869246	−9.160	30	< 0.001
For SACH slope, β_1					
INTRCPT2, γ_{10}	0.202777	0.032714	6.199	30	< 0.001
For INVO slope, β_2					
INTRCPT2, γ_{20}	0.279524	0.046539	6.006	30	< 0.001

固定效果摘要表中的對數勝算比 $\gamma_{10} = 0.203$（$p < .001$），達到統計顯著水準，對數勝算比 $\gamma_{20} = 0.280$（$p < .001$），達到統計顯著水準，表示學生的學業成就與投入時間對於學生通過證照的勝算比有顯著影響。

Fixed Effect 固定效果	Coefficient 對數勝算比係數	Odds Ratio 勝算比	Confidence Interval 勝算比信賴區間
For INTRCPT1, β_0			
INTRCPT2, γ_{00}	-7.962054	0.000348	(0.000, 0.002)
For SACH slope, β_1			
INTRCPT2, γ_{10}	0.202777	1.224799	(1.146, 1.309)
For INVO slope, β_2			
INTRCPT2, γ_{20}	0.279524	1.322500	(1.203, 1.454)

　　γ_{10} 的對數勝算比（log-odds ratio）為 0.203，對應的勝算比值為 EXP(0.203) = 1.225，表示學生學業成就增加一個單位，通過證照的對數勝算比會增加 0.203，其意涵為學生在其他變因都相等情況下，班級學業成就增加一個單位，通過證照考試的對數勝算比會增加 0.203，γ_{10} 的標準差為 0.033，學業成就一個標準差（SD）的改變，會使得證照通過對數勝算比改變 0.203 × 0.033 = 0.007，對應勝算比改變量為 EXP(0.007) = 1.007。γ_{20} 的對數勝算比為 0.280，對應的勝算比值為 EXP(0.280) = 1.323，表示學生每週投入時間增加一個單位，通過證照的對數勝算比係數值會增加 0.280，每週投入時間的一個 SD（0.047）改變，會使得證照通過對數勝算比改變為：0.280 × 0.047 = 0.013，對數勝算比會增加 1.013。

　　控制其他的解釋變項（其他解釋變項是常數數值時），OR 數值等於 1，表示預測變項一個單位的改變，對學生證照通過率沒有顯著影響作用；OR 數值大於 1，表示預測變項一個單位的改變，對學生證照通過率有顯著正向影響作用；OR 數值小於 1，表示預測變項一個單位的改變，對學生證照通過率有顯著負向影響作用，學業成就的勝算比為 1.225，表示學業成就增加一個 SD，學生證照通過勝算約為沒有通過勝算的 1.225 倍；投入時間的勝算比為 1.323，表示每週投入時間增加一個 SD，學生證照通過勝算約為沒有通過勝算的 1.323 倍。

Final estimation of variance components（變異成分最後估計值）

Random Effect 隨機效果	Standard Deviation 標準差	Variance Component 變異數	d.f. 自由度	χ^2 卡方值	p-value 顯著性
INTRCPT1, μ_0	3.39464	11.52357	30	49.27550	0.015
SACH slope, μ_1	0.04862	0.00236	30	27.92448	> 0.500
INVO slope, μ_2	0.15175	0.02303	30	41.62161	0.077

隨機效果估計值中，階層二 $\tau_{11} = 0.002$（$p > .05$），未達統計顯著水準，表示班級間學業成就對證照考試通過與否的平均對數勝算比沒有顯著不同；$\tau_{22} = 0.023$（$p > .05$），未達統計顯著水準，表示班級間每週投入時間對證照考試通過與否的平均對數勝算比沒有顯著不同。截距 $\tau_{00} = 11.524$（$p < .05$），達統計顯著水準，表示控制學生在校學業成就、每週投入時間對證照考試通過與否的影響後，班級間平均證照考試通過的對數勝算比還有顯著的差異存在，平均對數勝算比值有班級間差異，表示班級間平均通過證照考試的比例有顯著不同。

上述隨機係數之迴歸模型的估計結果，可以統整為以下表格：

學生通過證照考試在隨機係數之迴歸模型的分析結果摘要表

固定效果	對數勝算比	t 值	自由度
β_0 截距項			
階層二班級平均通過證照考試之總平均值 γ_{00}	−7.962(0.000)	−9.160***	30
β_1 斜率			
學業成就對通過證照考試之平均值 γ_{10}	0.203(1.225)	6.199***	30
β_2 斜率			
投入時間對通過證照考試之平均值 γ_{20}	0.280(1.323)	6.006***	30
隨機效果（變異成分）	變異數	χ^2	自由度
階層二班級間平均通過證照考試的差異 μ_{0j}（τ_{00}）	11.524	49.276*	30
班級學業成就對通過證照考試間的差異 τ_{11}	0.002	27.924	30
班級投入時間對通過證照考試間的差異 τ_{22}	0.023	41.622	30
階層一各班級內學生間通過證照考試的差異 ε_{ij}（σ^2）	3.29		

$* p < .05$　　$*** p < .001$ 括號內的數值為勝算比值

（二）母體平均模型（有強韌性標準誤）

Final estimation of fixed effects（最後效果估計值）

（Population-average model with robust standard errors）（強韌性標準誤之母體平均模式）

Fixed Effect 固定效果	Coefficient 對數勝算 比係數	Standard error 標準誤	*t*-ratio *t* 值	Approx. *d.f.* 自由度	*p*-value 顯著性
For INTRCPT1, β_0					
INTRCPT2, γ_{00}	−5.526270	0,441648	−12.513	30	< 0.001
For SACH slope, β_1					
INTRCPT2, γ_{10}	0.147540	0.022964	6.425	30	< 0.001
For INVO slope, β_2					
INTRCPT2, γ_{20}	0.195360	0.030269	6.454	30	< 0.001

Fixed Effect 固定效果	Coefficient 對數勝算比係數	Odds Ratio 勝算比	Confidence Interval 勝算比信賴區間
For INTRCPT1, β_0			
INTRCPT2, γ_{00}	−5.526270	0.003981	(0.002, 0.010)
For SACH slope, β_1			
INTRCPT2, γ_{10}	0.147540	1.158980	(1.106, 1.215)
For INVO slope, β_2			
INTRCPT2, γ_{20}	0.195360	1.215748	(1.143, 1.293)

　　固定效果摘要表中的對數勝算比 γ_{10} = 0.148（p < .001），達到統計顯著水準，對數勝算比 γ_{20} = 0.195（p < .001），達到統計顯著水準，表示學生的學業成就與投入時間對於學生通過證照的對數勝算比有顯著影響效果，二個對數勝算比係數對應的勝算比分別為 1.159、1.216，勝算比值均大於 1.000，表示學生的學業成就與每週投入時間對於學生通過證照的勝算比有顯著正向影響，班級內學生學業成就愈高、每週投入時間愈多，通過證照考試的機率愈大。

🕑 三、隨機係數的迴歸模型 B

　　解釋變項投入學生層次的學業成就、每週投入時間、學生性別與家庭結構，學業成就與每週投入時間採用組平減轉換。

階層一模型：

$Prob\,(PASS_{ij} = 1|\beta_j) = \phi_{ij}$

$\log[\phi_{ij}/(1-\phi_{ij})] = \eta_{ij}$

$\eta_{ij} = \beta_{0j} + \beta_{1j} \times (SACH_{ij}) + \beta_{2j} \times (INVO_{ij}) + \beta_{3j} \times (SSEX_{ij}) + \beta_{4j} \times (HOME_{ij})$

階層二模型：

$\beta_{0j} = \gamma_{00} + \mu_{0j}$

$\beta_{1j} = \gamma_{10} + \mu_{1j}$

$\beta_{2j} = \gamma_{20} + \mu_{2j}$

$\beta_{3j} = \gamma_{30} + \mu_{3j}$

$\beta_{4j} = \gamma_{40} + \mu_{4j}$

階層一的變異數（Level-1 variance) $= 1/[\phi_{ij}/(1-\phi_{ij})]$

混合模型：

$\eta_{ij} = \gamma_{00} + \gamma_{10} \times SACH_{ij} + \gamma_{20} \times INVO_{ij} + \gamma_{30} \times SSEX_{ij} + \gamma_{40} \times HOME_{ij} + \mu_{0j} + \mu_{1j} \times$
$\quad SACH_{ij} + \mu_{2j} \times INVO_{ij} + \mu_{3j} \times SSEX_{ij} + \mu_{4j} \times HOME_{ij}$

HLM 視窗界面中，個體層次之學生學業成就與每週投入時間組平減轉換的方程符號為：$(SACH_{ij}-\overline{SACH}_{.j})$、$(INVO_{ij}-\overline{INVO}_{.j})$，階層一的模型為：

$Prob\,(PASS_{ij} = 1|\beta_j) = \phi_{ij}$

$\log[\phi_{ij}/(1-\phi_{ij})] = \eta_{ij}$

$\eta_{ij} = \beta_{0j} + \beta_{1j} \times (SACH_{ij}-\overline{SACH}_{.j}) + \beta_{2j} \times (INVO_{ij}-\overline{INVO}_{.j}) + \beta_{3j} \times (SSEX_{ij}) + \beta_{4j} \times$
$\quad (HOME_{ij})$

Final estimation of fixed effects（最後效果估計值）

（Unit-specific model with robust standard errors）（強韌性標準誤之特定單位模式）

Fixed Effect 固定效果	Coefficient 對數勝算比係數	Standard error 標準誤	t-ratio t 值	Approx. $d.f.$ 自由度	p-value 顯著性
For INTRCPT1, β_0					
INTRCPT2, γ_{00}	-6.995910	0.810835	-8.628	30	< 0.001
For SACH slope, β_1					
INTRCPT2, γ_{10}	0.204792	0.033129	6.182	30	< 0.001
For INVO slope, β_2					
INTRCPT2, γ_{20}	0.271763	0.049884	5.448	30	< 0.001
For SSEX slope, β_3					
INTRCPT2, γ_{30}	-0.928687	0.167941	-5.530	30	< 0.001
For HOME slope, β_4					
INTRCPT2, γ_{40}	-1.239730	0.267142	-4.641	30	< 0.001

　　固定效果摘要表中的對數勝算比 $\gamma_{10} = 0.205$（$p < .001$）、$\gamma_{20} = 0.272$（$p < .001$）、$\gamma_{30} = -0.929$（$p < .001$）、$\gamma_{40} = -1.240$（$p < .001$）均達到統計顯著水準，表示學生的學業成就、每週投入時間、學生性別、家庭結構四個學生層次解釋變項，對學生通過證照的勝算比均有顯著影響。學生學業成就、每週投入時間增加一個單位（一個 SD），學生通過證照的對數勝算比係數會增加 0.205、0.272。

Fixed Effect 固定效果	Coefficient 對數勝算比係數	Odds Ratio 勝算比	Confidence Interval 勝算比信賴區間
For INTRCPT1, β_0			
INTRCPT2, γ_{00}	-6.995910	0.000916	$(0.000, 0.005)$
For SACH slope, β_1			
INTRCPT2, γ_{10}	0.204792	1.227270	$(1.147, 1.313)$
For INVO slope, β_2			
INTRCPT2, γ_{20}	0.271763	1.312276	$(1.185, 1.453)$
For SSEX slope, β_3			
INTRCPT2, γ_{30}	-0.928687	0.395072	$(0.280, 0.557)$
For HOME slope, β_4			
INTRCPT2, γ_{40}	-1.239730	0.289462	$(0.168, 0.500)$

對數勝算比係數 $\gamma_{30} = -0.929$，對應的勝算比值為 0.395〔$2.71828^{-0.929} = 0.395$，用試算表函數表示為 EXP(−0.929) = 0.395〕，勝算改變的百分比為：[(1÷ 勝算比)−1] = [(1÷0.395)−1] = 1.53，0.395 勝算比之勝算改變的百分比為 153%。對數勝算比係數 $\gamma_{40} = -1.240$ 對應的勝算比值為 0.289（$2.71828^{-1.240} = 0.289$，用試算表函數表示為 EXP(−1.240) = 0.289），勝算改變的百分比為：[(1÷ 勝算比)−1] = [(1÷0.289)−1] = 2.46，表示完整家庭學生通過證照的比例，是單親家庭學生通過證照比例的 2.46 倍，0.289 勝算比之勝算改變的百分比為 246%。

為了解釋小於 1 的勝算比，可以改用勝算比的倒數來解釋較易使人理解，如學生缺席情況對畢業與否的勝算比為 0.16，其意涵與缺席情況對學生留級的勝算比的影響為 6.25 是等同的（1÷0.16 = 6.25），勝算比 6.25 表示的是缺席情況增加一個 SD 改變量，學生的留級就會約增加 6.25 倍（Heck & Thomas, 2009）。就性別通過證照的比率而言，$\gamma_{30} = -0.929$，表示各班中水準數值編碼為 1 的樣本（男生）與水準數值編碼為 0 的樣本（女生）比較之下，有較低的對數勝算比係數（因為對數勝算比係數為負值），γ_{30}（= −0.929）對應的「勝算比值」為 0.395，1÷0.395 = 2.53，表示在其他條件都等同的情況下，女生（水準數值編碼為 0）通過證照考試之勝算為男生（水準數值編碼為 1）通過證照考試之勝算的 2.53 倍。

就家庭結構通過證照的比率而言，勝算比值 0.289，1÷0.289 = 3.46，表示在其他條件都等同的情況下，完整家庭學生（水準數值編碼為 0）通過證照考試之勝算為單親家庭學生（水準數值編碼為 1）通過證照考試之勝算的 3.46 倍。

Final estimation of variance components（變異成分最後估計值）

Random Effect 隨機效果	Standard Deviation 標準差	Variance Component 變異數	$d.f.$ 自由度	χ^2 卡方值	p-value 顯著性
INTRCPT1, μ_0	3.04551	9.27512	30	39.32314	0.119
SACH slope, μ_1	0.08499	0.00722	30	28.56618	> 0.500
INVO slope, μ_2	0.16769	0.02812	30	38.47909	0.138
SSEX slope, μ_3	0.37115	0.13775	30	21.21260	> 0.500
HOME slope, μ_4	0.93743	0.87878	30	37.80622	0.155

　　隨機效果估計值中，階層二 $\tau_{11} = 0.007$（$p > .05$），未達統計顯著水準，表示班級間學業成就對證照考試通過與否的平均對數勝算比沒有顯著不同；$\tau_{22} = 0.028$（$p > .05$），未達統計顯著水準，表示班級間每週投入時間對證照考試通過與否的平均對數勝算比沒有顯著不同；$\tau_{33} = 0.138$（$p > .05$），未達統計顯著水準，表示班級間學生性別對證照考試通過與否的平均對數勝算比沒有顯著不同；$\tau_{44} = 0.878$（$p > .05$），未達統計顯著水準，表示班級間學生家庭結構對證照考試通過與否的平均對數勝算比沒有顯著不同。

　　截距 $\tau_{00} = 9.275$（$p > .05$），未達統計顯著水準，表示控制學生在校學業成就、每週投入時間、學生性別、家庭結構對證照考試通過與否的影響後，班級間平均證照考試通過的勝算（比例）沒有顯著差異存在。

　　上述隨機係數之迴歸模型的估計結果，可以統整為以下表格：

學生通過證照考試在隨機係數之迴歸模型的分析結果摘要表

固定效果	對數勝算比	t 值	自由度
β_0 截距項			
階層二班級平均通過證照考試之總平均值 γ_{00}	−6.996(0.000)	−8.268***	30
β_1 斜率			
學業成就對通過證照考試之平均值 γ_{10}	0.205(1.228)	6.182***	30
β_2 斜率			
投入時間對通過證照考試之平均值 γ_{20}	0.272(1.312)	5.448***	30
β_3 斜率			
學生性別對通過證照考試之平均值 γ_{30}	−0.929(0.395)	−5.530***	30
β_4 斜率			
家庭結構對通過證照考試之平均值 γ_{40}	−1.240(0.289)	−4.641***	30
隨機效果（變異成分）	**變異數**	χ^2	**自由度**
階層二班級間平均通過證照考試的差異 $\mu_{0j}(\tau_{00})$	9.275	39.323	30
班級學業成就對通過證照考試間的差異 τ_{11}	0.007	28.566	30
班級投入時間對通過證照考試間的差異 τ_{22}	0.028	38.479	30
班級學生性別對通過證照考試間的差異 τ_{33}	0.138	21.213	30
班級家庭結構對通過證照考試間的差異 τ_{44}	0.879	37.806	30
階層一各班級內學生間通過證照考試的差異 $\varepsilon_{ij}(\sigma^2)$	3.29		

*** $p < .001$　括號內的數值為勝算比值

下表為母群平均模型（強韌性標準誤）估計值：

Final estimation of fixed effects（最後效果估計值）

（Population-average model with robust standard errors）（強韌性標準誤之母體平均模式）

Fixed Effect 固定效果	Coefficient 對數勝算比 係數	Standard error 標準誤	*t*-ratio *t* 值	Approx. *d.f.* 自由度	*p*-value 顯著性
For INTRCPT1, β_0					
INTRCPT2, γ_{00}	−4.114309	0.352022	−11.688	30	< 0.001
For SACH slope, β_1					
INTRCPT2, γ_{10}	0.125010	0.018888	6.619	30	< 0.001
For INVO slope, β_2					
INTRCPT2, γ_{20}	0.164717	0.026553	6.203	30	< 0.001
For SSEX slope, β_3					
INTRCPT2, γ_{30}	−0.503745	0.091712	−5.493	30	< 0.001
For HOME slope, β_4					
INTRCPT2, γ_{40}	−0.785870	0.151459	−5.189	30	< 0.001

Fixed Effect 固定效果	Coefficient 對數勝算比係數	Odds Ratio 勝算比	Confidence Interval 勝算比信賴區間
For INTRCPT1, β_0			
INTRCPT2, γ_{00}	−4.114309	0.016337	(0.008, 0.034)
For SACH slope, β_1			
INTRCPT2, γ_{10}	0.125010	1.133159	(1.090, 1.178)
For INVO slope, β_2			
INTRCPT2, γ_{20}	0.164717	1.179059	(1.117, 1.245)
For SSEX slope, β_3			
INTRCPT2, γ_{30}	−0.503745	0.604264	(0.501, 0.729)
For HOME slope, β_4			
INTRCPT2, γ_{40}	−0.785870	0.455723	(0.334, 0.621)

　　固定效果摘要表中的對數勝算比 $\gamma_{10} = 0.125$（$p < .001$）、$\gamma_{20} = 0.165$（$p < .001$）、$\gamma_{30} = -0.504$（$p < .001$）、$\gamma_{40} = -0.786$（$p < .001$）均達到統計顯著水準，表示學生的學業成就、每週投入時間、學生性別、家庭結構四個學生層次解釋

變項，對學生通過證照的勝算比均有顯著影響。四個對數勝算比係數對應的勝算比值，分別為 1.133、1.179、0.604、0.456。

↻ 四、脈絡模型 A

解釋變項投入學生層次的學業成就、每週投入時間、學生性別與家庭結構與脈絡變項「班級平均學業成就」（CACH）、「班級平均投入時間」（CINV），學生層次學業成就、每週投入時間以組平減轉換，脈絡變項總體層次以總平減轉換。

階層一模型：

$Prob\ (PASS_{ij} = 1|\beta_j) = \phi_{ij}$

$\log[\phi_{ij}/(1-\phi_{ij})] = \eta_{ij}$

$\eta_{ij} = \beta_{0j} + \beta_{1j} \times (SACH_{ij}) + \beta_{2j} \times (INVO_{ij}) + \beta_{3j} \times (SSEX_{ij}) + \beta_{4j} \times (HOME_{ij})$

階層二模型：

$\beta_{0j} = \gamma_{00} + \gamma_{01} \times (CACH_j) + \gamma_{02} \times (CINV_j) + \mu_{0j}$

$\beta_{1j} = \gamma_{10} + \mu_{1j}$

$\beta_{2j} = \gamma_{20} + \mu_{2j}$

$\beta_{3j} = \gamma_{30} + \mu_{3j}$

$\beta_{4j} = \gamma_{40} + \mu_{4j}$

SACH INVO have been centered around the group mean.（SACH 與 INVO 變項經組平減轉換）。

CACH CINV have been centered around the grand mean.（CACH 與 CINV 變項經總平減轉換）。HLM 視窗界面階層二總體層次總平減的符號為：$(CACH_j - \overline{CACH})$、$(CINV_j - \overline{CINV})$，完整截距項的方程式為：$\beta_{0j} = \gamma_{00} + \gamma_{01} \times (CACH_j - \overline{CACH}) + \gamma_{02} \times (CINV_j - \overline{CINV}) + \mu_{0j}$。

階層一的變異數 (Level-1 variance) $= 1/[\phi_{ij}/(1-\phi_{ij})]$

混合模型：

$\eta_{ij} = \gamma_{00} + \gamma_{01} \times CACH_j + \gamma_{02} \times CINV_j + \gamma_{10} \times SACH_{ij} + \gamma_{20} \times INVO_{ij} + \gamma_{30} \times SSEX_{ij} + \gamma_{40} \times HOME_{ij} + \mu_{0j} + \mu_{1j} \times SACH_{ij} + \mu_{2j} \times INVO_{ij} + \mu_{3j} \times SSEX_{ij} + \mu_{4j} \times HOME_{ij}$

LEVEL 1 MODEL

$\text{Prob}(\text{PASS}_{ij}=1|\beta_j) = \phi_{ij}$

$\text{Log}[\phi_{ij}/(1 - \phi_{ij})] = \eta_{ij}$

$\eta_{ij} = \beta_{0j} + \beta_{1j}(\text{SACH}_{ij} - \overline{\text{SACH}}_{\cdot j}) + \beta_{2j}(\text{INVO}_{ij} - \overline{\text{INVO}}_{\cdot j}) + \beta_{3j}(\text{SSEX}_{ij}) + \beta_{4j}(\text{HOME}_{ij})$

LEVEL 2 MODEL

$\beta_{0j} = \gamma_{00} + \gamma_{01}(\text{CACH}_j - \overline{\text{CACH}}_\cdot) + \gamma_{02}(\text{CINV}_j - \overline{\text{CINV}}_\cdot) + u_{0j}$

$\beta_{1j} = \gamma_{10} + u_{1j}$

$\beta_{2j} = \gamma_{20} + u_{2j}$

$\beta_{3j} = \gamma_{30} + u_{3j}$

$\beta_{4j} = \gamma_{40} + u_{4j}$

(左側選單)
Outcome
Level-1
\>\> Level-2 \<\<
INTRCPT2
CACH
CINV
TSEX
TEXP
CARE

（一）特定單位（強韌性標準誤）估計值

Final estimation of fixed effects（最後效果估計值）

（Unit-specific model with robust standard errors）（強韌性標準誤之特定單位模式）

Fixed Effect 固定效果	Coefficient 對數勝算 比係數	Standard error 標準誤	t-ratio t 值	Approx. $d.f.$ 自由度	p-value 顯著性
For INTRCPT1, β_0					
INTRCPT2, γ_{00}	1.169720	0.225711	5.182	28	< 0.001
CACH, γ_{01}	0.064008	0.208275	0.307	28	0.761
CINV, γ_{02}	0.908378	0.299477	3.033	28	0.005
For SACH slope, β_1					
INTRCPT2, γ_{10}	0.200606	0.033424	6.002	30	< 0.001
For INVO slope, β_2					
INTRCPT2, γ_{20}	0.254515	0.048810	5.214	30	< 0.001
For SSEX slope, β_3					
INTRCPT2, γ_{30}	−0.886451	0.166582	−5.321	30	< 0.001
For HOME slope, β_4					
INTRCPT2, γ_{40}	−1.245537	0.267234	−4.661	30	< 0.001

　　固定效果估計值中，脈絡變項對數勝算比係數 $\gamma_{01} = 0.064$（$p > 0.05$），未達統計顯著水準，表示「班級平均學業成就」（CACH）對各班證照考試通過率沒有顯著影響效果；$\gamma_{02} = 0.908$（$p < 0.05$），達統計顯著水準，表示「班級

平均投入時間」（CINV）對各班證照考試通過率有顯著影響效果，如果班級投入時間平均增加一個單位，班級通過證照考試之對數勝算比係數會增加0.908分。班級投入時間的標準差為1.39，增加一個SD，對數勝算比係數會增加0.908 × 1.39 = 1.263，班級通過證照考試的勝算比提高至 3.536 倍。

學生層次固定效果中的對數勝算比係數 $\gamma_{10} = 0.201$（$p < .001$）、$\gamma_{20} = 0.255$（$p < .001$）、$\gamma_{30} = -0.886$（$p < .001$）、$\gamma_{40} = -1.246$（$p < .001$）均達到統計顯著水準，表示學生的學業成就、每週投入時間、學生性別、家庭結構四個學生層次解釋變項，對學生通過證照的勝算比均有顯著影響。學生學業成就、每週投入時間增加一個單位（一個SD），學生通過證照的對數勝算比係數會增加0.201、0.255。

Fixed Effect 固定效果	Coefficient 對數勝算比係數	Odds Ratio 勝算比	Confidence Interval 勝算比信賴區間
For INTRCPT1, β_0			
INTRCPT2, γ_{00}	1.169720	3.221089	(2.028, 5.115)
CACH, γ_{01}	0.064008	1.066101	(0.696, 1.634)
CINV, γ_{02}	0.908378	2.480296	(1.343, 4.581)
For SACH slope, β_1			
INTRCPT2, γ_{10}	0.200606	1.222143	(1.141, 1.309)
For INVO slope, β_2			
INTRCPT2, γ_{20}	0.254515	1.289836	(1.167, 1.425)
For SSEX slope, β_3			
INTRCPT2, γ_{30}	−0.886451	0.412116	(0.293, 0.579)
For HOME slope, β_4			
INTRCPT2, γ_{40}	−1.245537	0.287786	(0.167, 0.497)

學生學業成就解釋變項對證照考試通過與否的勝算比值 $\gamma_{10} = 1.222$，勝算比大於 1，表示學業成就對證照考試通過率有正向顯著影響；學生每週投入時間解釋變項對證照考試通過與否的勝算比值 $\gamma_{20} = 1.290$，勝算比大於 1，表示每週投入時間對證照考試通過率有正向顯著影響。班級內學生學業成就愈高、每週投入時間愈多，通過證照考試的勝算比愈高，學業成就增加一個標準差（4.16）會使學生通過證照考試的勝算比提高為 EXP(0.201 × 4.16) = 2.307 倍；每週投入時間增加一個標準差（3.52）會使學生通過證照考試的勝算比提高為 EXP(0.255 × 3.52) = 2.454 倍。

就性別通過證照的比率而言，勝算比值 0.412，1÷0.412 = 2.427，表示女生（水準數值編碼為 0）通過證照考試之勝算為男生（水準數值編碼為 1）通過證照考試之勝算的 2.427 倍（各班級群組內男生通過證照考試的勝算是女生的 0.412 倍）；就家庭結構通過證照的比率而言，勝算比值 0.288，1÷0.288 = 3.472，表示完整家庭學生（水準數值編碼為 0）通過證照考試之勝算為單親家庭學生（水準數值編碼為 1）通過證照考試之勝算的 3.472 倍（各班級群組內單親家庭學生通過證照考試的勝算是完整家庭學生的 0.288 倍）。

Final estimation of variance components（變異成分最後估計值）

Random Effect 隨機效果	Standard Deviation 標準差	Variance Component 變異數	d.f. 自由度	χ^2 卡方值	p-value 顯著性
INTRCPT1, u_0	0.98895	0.97802	28	60.28399	< 0.001
SACH slope, u_1	0.08078	0.00653	30	28.95504	> 0.500
INVO slope, u_2	0.16194	0.02622	30	37.33483	0.168
SSEX slope, u_3	0.31440	0.09884	30	20.31020	> 0.500
HOME slope, u_4	0.91129	0.83045	30	36.85776	0.181

隨機效果估計值中，階層二 τ_{11} = 0.007（p > .05），未達統計顯著水準，表示班級間學業成就對證照考試通過與否的平均對數勝算比沒有顯著不同（各班對數勝算比係數的差異顯著為 0，對應的勝算比即沒有顯著差異存在）；τ_{22} = 0.026（p > .05），未達統計顯著水準，表示班級間每週投入時間對證照考試通過與否的平均對數勝算比沒有顯著不同；τ_{33} = 0.099（p > .05），未達統計顯著水準，表示班級間學生性別對證照考試通過與否的平均對數勝算比沒有顯著不同；τ_{44} = 0.830（p > .05），未達統計顯著水準，表示班級間學生家庭結構對證照考試通過與否的平均對數勝算比沒有顯著不同。

截距 τ_{00} = 0.978（p < .001），達統計顯著水準，表示控制學生在校學業成就、每週投入時間、學生性別、家庭結構對證照考試通過與否的影響後，班級間平均證照考試通過的勝算比（比例）還有顯著的差異存在，即班級間平均通過證照考試的比例有顯著不同，顯示造成班級間通過證照考試對數勝算比的差異還有其他變因存在。

上述脈絡模型的估計結果，可以統整為以下表格：

學生通過證照考試在脈絡模型的分析結果摘要表

固定效果	對數勝算比	t 值	自由度
β_0 截距項			
階層二班級平均通過證照考試之總平均值 γ_{00}	1.170(3.221)	5.182***	28
各班學業成就對通過證照考試之平均值 γ_{01}	0.064(1.066)	0.307	28
各班投入時間對通過證照考試之平均值 γ_{02}	0.908(2.480)	3.033**	28
β_1 斜率			
學業成就對通過證照考試之平均值 γ_{10}	0.201(1.222)	6.002***	30
β_2 斜率			
投入時間對通過證照考試之平均值 γ_{20}	0.255(1.290)	5.214***	30
β_3 斜率			
學生性別對通過證照考試之平均值 γ_{30}	$-0.886(0.412)$	-5.321***	30
β_4 斜率			
家庭結構對通過證照考試之平均值 γ_{40}	$-1.246(0.288)$	-4.661***	30
隨機效果（變異成分）	**變異數**	χ^2	**自由度**
階層二班級間平均通過證照考試的差異 $\mu_{0j}(\tau_{00})$	0.978	60.284***	28
班級學業成就對通過證照考試間的差異 τ_{11}	0.007	28.955	30
班級投入時間對通過證照考試間的差異 τ_{22}	0.026	37.335	30
班級學生性別對通過證照考試間的差異 τ_{33}	0.099	20.310	30
班級家庭結構對通過證照考試間的差異 τ_{44}	0.830	36.858	30
階層一各班級內學生間通過證照考試的差異 $\varepsilon_{ij}(\sigma^2)$	3.29		

** $p < .01$　　*** $p < .001$　　括號內（　）的數值為勝算比值

（二）母體平均（強韌性標準誤）估計值

Final estimation of fixed effects（最後效果估計值）

（Population-average model with robust standard errors）（強韌性標準誤之母體平均模式）

Fixed Effect 固定效果	Coefficient 對數勝算 比係數	Standard error 標準誤	*t*-ratio *t* 值	Approx. *d.f.* 自由度	*p*-value 顯著性
For INTRCPT1, β_0					
INTRCPT2, γ_{00}	0.864561	0.119552	7.232	28	< 0.001
CACH, γ_{01}	0.027821	0.143709	0.194	28	0.848
CINV, γ_{02}	0.662538	0.184224	3.596	28	0.001
For SACH slope, β_1					
INTRCPT2, γ_{10}	0.132926	0.019480	6.824	30	< 0.001
For INVO slope, β_2					
INTRCPT2, γ_{20}	0.168013	0.028084	5.983	30	< 0.001
For SSEX slope, β_3					
INTRCPT2, γ_{30}	−0.522913	0.096665	−5.410	30	< 0.001
For HOME slope, β_4					
INTRCPT2, γ_{40}	−0.826429	0.154572	−5.347	30	< 0.001

　　固定效果估計值中，脈絡變項對數勝算比係數 $\gamma_{01} = 0.028$（$p > 0.05$），未達統計顯著水準，表示「班級平均學業成就」（CACH）對各班證照考試通過率沒有顯著影響效果；$\gamma_{02} = 0.663$（$p < 0.01$），達統計顯著水準，表示「班級平均投入時間」（CINV）對各班證照考試通過率有顯著影響效果，如果班級投入時間平均增加一個單位，班級通過證照考試之對數勝算比係數會增加 0.663分。控制二個脈絡變項對學生通過證照考試通過率的影響後，學生層次解釋變項學業成就、每週投入時間、學生性別、家庭結構等四個，對學生通過證照的勝算比均有顯著影響，對數勝算比係數分別為 $\gamma_{10} = 0.133$（$p < .001$）、$\gamma_{20} = 0.168$（$p < .001$）、$\gamma_{30} = -0.523$（$p < .001$）、$\gamma_{40} = -0.826$（$p < .001$）。

Fixed Effect 固定效果	Coefficient 對數勝算比係數	Odds Ratio 勝算比	Confidence Interval 勝算比信賴區間
For INTRCPT1, β_0			
INTRCPT2, γ_{00}	0.864561	2.373965	(1.858, 3.033)
CACH, γ_{01}	0.027821	1.028211	(0.766, 1.380)
CINV, γ_{02}	0.662538	1.939709	(1.330, 2.829)
For SACH slope, β_1			
INTRCPT2, γ_{10}	0.132926	1.142166	(1.098, 1.189)
For INVO slope, β_2			
INTRCPT2, γ_{20}	0.168013	1.182952	(1.117, 1.253)
For SSEX slope, β_3			
INTRCPT2, γ_{30}	−0.522913	0.592791	(0.487, 0.722)
For HOME slope, β_4			
INTRCPT2, γ_{40}	−0.826429	0.437609	(0.319, 0.600)

脈絡變項 γ_{02} 對應的勝算比為 1.940，勝算比值大於 1，表示「班級平均投入時間」對各班學生平均通過證照考試有正向影響；個體解釋變項 γ_{10}、γ_{20} 二個對數勝算比係數對應的勝算比分別為 1.142、1.183，勝算比值大於 1，表示各班級群組內學生學業成就、每週投入時間，對其通過證照考試有正向影響效果。

↺ 五、脈絡模型 B

解釋變項投入學生層次的學業成就、每週投入時間、學生性別與家庭結構，班級屬性特徵（階層二）投入脈絡變項「班級平均學業成就」（CACH）、「班級平均投入時間」（CINV）、教師性別（TSEX）、教師期待（TEXP），學生層次學業成就、每週投入時間以組平減轉換，階層二總體層次解釋變項「班級平均學業成就」（CACH）、「班級平均投入時間」（CINV）、教師期待（TEXP）以總平減轉換。

階層一模型：

$Prob\ (PASS_{ij} = 1|\beta_j) = \phi_{ij}$

$\log[\phi_{ij}/(1-\phi_{ij})] = \eta_{ij}$

$\eta_{ij} = \beta_{0j} + \beta_{1j} \times (SACH_{ij}) + \beta_{2j} \times (INVO_{ij}) + \beta_{3j} \times (SSEX_{ij}) + \beta_{4j} \times (HOME_{ij})$

階層二模型：

$$\beta_{0j} = \gamma_{00} + \gamma_{01} \times (CACH_j) + \gamma_{02} \times (CINV_j) + \gamma_{03} \times (TSEX_j) + \gamma_{04} \times (TEXP_j) + \mu_{0j}$$

$$\beta_{1j} = \gamma_{10} + \mu_{1j}$$

$$\beta_{2j} = \gamma_{20} + \mu_{2j}$$

$$\beta_{3j} = \gamma_{30} + \mu_{3j}$$

$$\beta_{4j} = \gamma_{40} + \mu_{4j}$$

「SACH INVO have been centered around the group mean.」（SACH 與 INVO 變項經組平減轉換）。SSEX（學生性別）、HOME（家庭結構）為虛擬變項，不能進行平減轉換。HLM 視窗界面中，階層一的完整方程式為：

$$\eta_{ij} = \beta_{0j} + \beta_{1j}(SACH_{ij} - \overline{SACH}_j) + \beta_{2j}(INVO_{ij} - \overline{INVO}_j) + \beta_{3j}(\overline{SSEX}_j) + \beta_{4j}(\overline{HOME}_j)$$

「CACH CINV TEXP have been centered around the grand mean.」（CACH、CINV、TEXP 三個變項經總平減轉換）。HLM 視窗界面階層二總體層次總平減的符號為：$(CACH_j - \overline{CACH})$、$(CINV_j - \overline{CINV})$、$(TEXP_j - \overline{TEXP})$，完整截距項的方程式為：$\beta_{0j} = \gamma_{00} + \gamma_{01} \times (CACH_j - \overline{CACH}) + \gamma_{02} \times (CINV_j - \overline{CINV}) + \gamma_{03} \times (TSEX_j) + \gamma_{04} \times (TEXP_j - \overline{TEXP}) + \mu_{0j}$

階層一的變異數（Level-1 variance）= $1/[\phi_{ij}/(1-\phi_{ij})]$

（一）特定單位（強韌性標準誤）估計值

Final estimation of fixed effects（最後效果估計值）

（Unit-specific model with robust standard errors）（強韌性標準誤之特定單位模式）

Fixed Effect 固定效果	Coefficient 對數勝算比 係數	Standard error 標準誤	t-ratio t 值	Approx. $d.f.$ 自由度	p-value 顯著性
For INTRCPT1, β_0					
INTRCPT2, γ_{00}	1.480003	0.272803	5.425	26	< 0.001
CACH, γ_{01}	−0.062700	0.205261	−0.305	26	0.762
CINV, γ_{02}	0.534666	0.280576	1.906	26	0.068
TSEX, γ_{03}	−0.569086	0.308608	−1.844	26	0.077
TEXP, γ_{04}	0.076017	0.016661	4.563	26	< 0.001
For SACH slope, β_1					
INTRCPT2, γ_{10}	0.205888	0.032441	6.346	30	< 0.001
For INVO slope, β_2					
INTRCPT2, γ_{20}	0.257555	0.050149	5.136	30	< 0.001
For SSEX slope, β_3					
INTRCPT2, γ_{30}	−0.883585	0.167239	−5.283	30	< 0.001
For HOME slope, β_4					
INTRCPT2, γ_{40}	−1.241464	0.260098	−4.773	30	< 0.001

　　固定效果估計值中，脈絡變項「班平均學業成就」影響效果之對數勝算比係數 $\gamma_{01} = -0.063$（$p > 0.05$），未達統計顯著水準，表示「班級平均學業成就」（CACH）對各班證照考試通過率沒有顯著影響效果；脈絡變項「班平均投入時間」影響效果之對數勝算比係數 $\gamma_{02} = 0.535$（$p > 0.05$），未達統計顯著水準，表示「班級平均投入時間」（CINV）對各班證照考試通過率沒有顯著影響效果；總體層次解釋變項教師性別影響效果之對數勝算比係數 $\gamma_{03} = -0.569$（$p > 0.05$），未達統計顯著水準，表示「教師性別」（TSEX）對各班證照考試平均通過率沒有顯著影響效果，若是 $\gamma_{03} = -0.569$ 達到統計顯著水準，其對應的勝算比為 0.566，1/0.566 = 1.767，表示女教師（水準數值編碼為 0）班級學生平均通過證照考試的機率約是男教師（水準數值編碼為 1）班級學生的 1.767 倍。總體層次解釋變項教師期待影響效果之對數勝算比係數 $\gamma_{04} = 0.076$（$p < 0.01$），

達統計顯著水準，表示「教師期待」（TEXP）對各班證照考試平均通過率有顯著影響效果。

　　控制總體層次班級平均學業成就、班級平均投入時間、教師性別、教師期待對證照考試對數勝算比的影響下，個體層次四個解釋變項：學生學業成就、每週投入時間、學生性別、家庭結構等，對學生通過證照的對數勝算比均有顯著影響作用，四個學生層次固定效果影響作用的對數勝算比係數如下：γ_{10} = 0.206（p < .001）、γ_{20} = 0.258（p < .001）、γ_{30} = −0.884（p < .001）、γ_{40} = −1.241（p < .001），表示學生的學業成就、每週投入時間、學生性別、家庭結構四個學生層次解釋變項，對學生通過證照的對數勝算比係數（對應的參數為勝算比）均有顯著影響。

Fixed Effect 固定效果	Coefficient 對數勝算比係數	Odds Ratio 勝算比	Confidence Interval 勝算比信賴區間
For INTRCPT1, β_0			
INTRCPT2, γ_{00}	1.480003	4.392960	(2.507, 7.697)
CACH, γ_{01}	−0.062700	0.939225	(0.616, 1.432)
CINV, γ_{02}	0.534666	1.706879	(0.959, 3.039)
TSEX, γ_{03}	−0.569086	0.566042	(0.300, 1.068)
TEXP, γ_{04}	0.076017	1.078981	(1.043, 1.117)
For SACH slope, β_1			
INTRCPT2, γ_{10}	0.205888	1.228615	(1.150, 1.313)
For INVO slope, β_2			
INTRCPT2, γ_{20}	0.257555	1.293762	(1.168, 1.433)
For SSEX slope, β_3			
INTRCPT2, γ_{30}	−0.883585	0.413299	(0.294, 0.582)
For HOME slope, β_4			
INTRCPT2, γ_{40}	−1.241464	0.288961	(0.170, 0.492)

　　階層二教師期待對班級證照考試對數勝算比影響效果係數 γ_{04} = 0.076（p < 0.01），對應的勝算比為 1.079，勝算比值大於 1，表示教師期待對班級學生平均通過證照考試有正向影響作用，教師期待愈高，班級學生平均通過證照考試率愈多，班級教師期待增加一個標準差（9.84），班級學生平均通過證照考試率可提高 EXP(0.076 × 9.84) = 2.112 倍。

控制總體層次班級平均學業成就、班級平均投入時間、教師性別、教師期待對證照考試對數勝算比的影響下，個體層次四個解釋變項：學生學業成就、每週投入時間、學生性別、家庭結構等，對學生通過證照的對數勝算比均有顯著影響作用，四個斜率係數（對數勝算比係數）對應的勝算比分別為 1.229、1.294、0.413、0.289。

Final estimation of variance components（變異成分最後估計值）

Random Effect 隨機效果	Standard Deviation 標準差	Variance Component 變異數	d.f. 自由度	χ^2 卡方值	p-value 顯著性
INTRCPT1, u_0	0.89405	0.79932	26	52.44410	0.002
SACH slope, u_1	0.07368	0.00543	30	29.11011	> 0.500
INVO slope, u_2	0.16137	0.02604	30	36.93265	0.179
SSEX slope, u_3	0.33024	0.10906	30	20.59291	> 0.500
HOME slope, u_4	0.89904	0.80828	30	36.43059	0.194

階層二截距 τ_{00} = 0.799（p < .001），達統計顯著水準，表示控制學生層次在校學業成就、每週投入時間、學生性別、家庭結構及總體層次班級平均學業成就、班級平均投入時間、教師性別、教師期待等對證照考試通過與否的影響後，班級間平均證照考試通過的勝算比（比例）還有顯著的差異存在，即班級間平均通過證照考試的比例有顯著不同，表示造成班級間通過證照考試對數勝算比的差異，還有其他變因存在。

隨機效果估計值中，階層二 τ_{11} = 0.005（p > .05），未達統計顯著水準，表示「班級間」學業成就對證照考試通過與否的平均對數勝算比沒有顯著不同（各班級內學生學業成就對證照考試通過與否的對數勝算比係數，班級間的差異顯著為 0）；τ_{22} = 0.026（p > .05），未達統計顯著水準，表示「班級間」每週投入時間對證照考試通過與否的平均對數勝算比沒有顯著不同；τ_{33} = 0.109（p > .05），未達統計顯著水準，表示「班級間」學生性別對證照考試通過與否的平均對數勝算比沒有顯著不同；τ_{44} = 0.808（p > .05），未達統計顯著水準，表示「班級間」學生家庭結構對證照考試通過與否的平均對數勝算比沒有顯著不同。

上述脈絡模型的估計結果，可以統整為以下表格：

學生通過證照考試在脈絡模型的分析結果摘要表

固定效果	對數勝算比	t 值	自由度
β_0 截距項			
階層二班級平均通過證照考試之總平均值 γ_{00}	1.480(4.393)	5.425***	26
各班學業成就對通過證照考試之平均值 γ_{01}	−0.063(0.939)	−0.305	26
各班投入時間對通過證照考試之平均值 γ_{02}	0.535(1.707)	1.906	26
各班教師性別對通過證照考試之平均值 γ_{03}	−0.569(0.566)	−1.844	26
各班教師期待對通過證照考試之平均值 γ_{04}	0.076(1.079)	4.563***	26
β_1 斜率			
學業成就對通過證照考試之平均值 γ_{10}	0.206(1.229)	6.346***	30
β_2 斜率			
投入時間對通過證照考試之平均值 γ_{20}	0.258(1.294)	5.136***	30
β_3 斜率			
學生性別對通過證照考試之平均值 γ_{30}	−0.884(0.413)	−5.283***	30
β_4 斜率			
家庭結構對通過證照考試之平均值 γ_{40}	1.241(0.289)	−4.773***	30
隨機效果（變異成分）	變異數	χ^2	自由度
階層二班級間平均通過證照考試的差異 $\mu_{0j}(\tau_{00})$	0.799	52.444**	26
班級學業成就對通過證照考試間的差異 τ_{11}	0.005	29.110	30
班級投入時間對通過證照考試間的差異 τ_{22}	0.026	36.933	30
班級學生性別對通過證照考試間的差異 τ_{33}	0.109	20.593	30
班級家庭結構對通過證照考試間的差異 τ_{44}	0.808	36.431	30
階層一各班級內學生間通過證照考試的差異 $\varepsilon_{ij}(\sigma^2)$	3.29		

$**p < .01$　$***p < .001$　括號內（ ）的數值為勝算比值

（二）母體平均（強韌性標準誤）估計值

Final estimation of fixed effects（最後效果估計值）

（Population-average model with robust standard errors）（強韌性標準誤之母體平均模式）

Fixed Effect 固定效果	Coefficient 對數勝算比 係數	Standard error 標準誤	t-ratio t 值	Approx. d.f. 自由度	p-value 顯著性
For INTRCPT1, β_0					
INTRCPT2, γ_{00}	1.030602	0.170938	6.029	26	< 0.001
CACH, γ_{01}	−0.033907	0.145314	−0.233	26	0.817
CINV, γ_{02}	0.422725	0.184604	2.290	26	0.030
TSEX, γ_{03}	−0.298471	0.226897	−1.315	26	0.200
TEXP, γ_{04}	0.056631	0.010002	5.662	26	< 0.001
For SACH slope, β_1					
INTRCPT2, γ_{10}	0.143842	0.020146	7.140	30	< 0.001
For INVO slope, β_2					
INTRCPT2, γ_{20}	0.177112	0.028848	6.140	30	< 0.001
For SSEX slope, β_3					
INTRCPT2, γ_{30}	−0.556453	0.099662	−5.583	30	< 0.001
For HOME slope, β_4					
INTRCPT2, γ_{40}	−0.884553	0.162908	−5.430	30	< 0.001

　　固定效果估計值中，脈絡變項「班平均學業成就」影響效果之對數勝算比係數 $\gamma_{01} = -0.034$（$p > 0.05$），未達統計顯著水準，表示「班級平均學業成就」（CACH）對各班證照考試通過率沒有顯著影響效果；脈絡變項「班平均投入時間」影響效果之對數勝算比係數 $\gamma_{02} = 0.423$（$p < 0.05$），達統計顯著水準，表示「班級平均投入時間」（CINV）對各班證照考試通過率有顯著影響效果（此估計值的統計顯著性與特定單位估計值輸出表格不同，特定單位估計值未達統計顯著水準）；總體層次解釋變項教師性別影響效果之對數勝算比係數 $\gamma_{03} = -0.298$（$p > 0.05$），未達統計顯著水準，表示「教師性別」（TSEX）對各班證照考試平均通過率沒有顯著影響效果。總體層次解釋變項教師期待影響效果之對數勝算比係數 $\gamma_{04} = 0.057$（$p < 0.001$），達統計顯著水準，表示「教師期待」（TEXP）對各班證照考試平均通過率有顯著影響效果。

　　控制總體層次班級平均學業成就、班級平均投入時間、教師性別、教師期待對證照考試對數勝算比的影響下，個體層次四個解釋變項學生學業成就、每週投入時間、學生性別、家庭結構等，對學生通過證照的對數勝算比均有顯著影響作用，四個學生層次固定效果影響作用的對數勝算比係數如下：$\gamma_{10} = 0.144$（$p < .001$）、$\gamma_{20} = 0.177$（$p < .001$）、$\gamma_{30} = -0.556$（$p < .001$）、$\gamma_{40} = -0.885$（$p < .001$），表示學生的學業成就、每週投入時間、學生性別、家庭結構四個學生層次解釋變項，對學生通過證照的對數勝算比均有顯著影響。

Fixed Effect 固定效果	Coefficient 對數勝算比係數	Odds Ratio 勝算比	Confidence Interval 勝算比信賴區間
For INTRCPT1, β_0			
INTRCPT2, γ_{00}	1.030602	2.802753	(1.972, 3.983)
CACH, γ_{01}	−0.033907	0.966662	(0.717, 1.303)
CINV, γ_{02}	0.422725	1.526114	(1.044, 2.231)
TSEX, γ_{03}	−0.298471	0.741952	(0.465, 1.183)
TEXP, γ_{04}	0.056631	1.058265	(1.037, 1.080)
For SACH slope, β_1			
INTRCPT2, γ_{10}	0.143842	1.154702	(1.108, 1.203)
For INVO slope, β_2			
INTRCPT2, γ_{20}	0.177112	1.193765	(1.125, 1.266)
For SSEX slope, β_3			
INTRCPT2, γ_{30}	−0.556453	0.573239	(0.468, 0.703)
For HOME slope, β_4			
INTRCPT2, γ_{40}	−0.884553	0.412899	(0.296, 0.576)

　　階層二班級平均投入時間對班級證照考試對數勝算比影響效果係數 $\gamma_{02} = 0.423$（$p < 0.05$），對應的勝算比為 1.526，勝算比值大於 1，表示班級平均投入時間對班級學生平均通過證照考試有正向影響作用，班級平均投入時間愈多，班級學生平均通過證照考試的比例愈多，班級平均投入時間增加一個標準差（1.39），班級學生平均通過證照考試率可提高 EXP(0.423 × 1.39) = 1.800 倍。教師期待對班級證照考試對數勝算比影響效果係數 $\gamma_{04} = 0.057$（$p < 0.001$），對應的勝算比為 1.058，勝算比值大於 1，表示教師期待對班級學生平均通過證照考試有正向影響作用，教師期待愈高，班級學生平均通過證照考試率愈多，

班級教師期待增加一個標準差（9.84），班級學生平均通過證照考試率可提高 EXP(0.057 × 9.84) = 1.752 倍。

↻ 六、以截距（平均數）為結果的迴歸模型

個體層次沒有投入任何解釋變項，班級屬性特徵（階層二）投入脈絡變項「班級平均學業成就」（CACH）、「班級平均投入時間」（CINV）、教師性別（TSEX）、教師期待（TEXP），階層二總體層次解釋變項「班級平均學業成就」（CACH）、「班級平均投入時間」（CINV）、教師期待（TEXP）以總平減轉換。

階層一模型：

$Prob\,(PASS_{ij} = 1|\beta_j) = \phi_{ij}$

$\log[\phi_{ij}/(1-\phi_{ij})] = \eta_{ij}$

$\eta_{ij} = \beta_{0j}$

階層二模型：

$\beta_{0j} = \gamma_{00} + \gamma_{01} \times (CACH_j) + \gamma_{02} \times (CINV_j) + \gamma_{03} \times (TSEX_j) + \gamma_{04} \times (TEXP_j) + \mu_{0j}$

「CACH CINV TEXP have been centered around the grand mean.」（CACH、CINV、TEXP 三個總體層次解釋變項經總平減轉換）。HLM 視窗界面中的方程為：$\beta_{0j} = \gamma_{00} + \gamma_{01} \times (CACH_j - \overline{CACH}) + \gamma_{02} \times (CINV_j - \overline{CINV}) + \gamma_{03} \times (TSEX_j) + \gamma_{04} \times (TEXP_j - \overline{TEXP}) + \mu_{0j}$

階層一的變異數（Level-1 variance）$= 1/[\phi_{ij}/(1-\phi_{ij})]$

混合模型：

$\eta_{ij} = \gamma_{00} + \gamma_{01} \times CACH_j + \gamma_{02} \times CINV_j + \gamma_{03} \times TSEX_j + \gamma_{04} \times TEXP_j + \mu_{0j}$

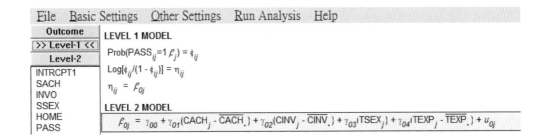

（一）特定單位（強韌性標準誤）估計值

Final estimation of fixed effects（最後效果估計值）

（Unit-specific model with robust standard errors）（強韌性標準誤之特定單位模式）

Fixed Effect 固定效果	Coefficient 對數勝算比 係數	Standard error 標準誤	t-ratio t 值	Approx. $d.f.$ 自由度	p-value 顯著性
For INTRCPT1, β_0					
INTRCPT2, γ_{00}	0.482929	0.178347	2.708	26	0.012
CACH, γ_{01}	0.025407	0.121177	0.210	26	0.836
CINV, γ_{02}	0.353217	0.173217	2.039	26	0.052
TSEX, γ_{03}	−0.301721	0.221009	−1.365	26	0.184
TEXP, γ_{04}	0.055732	0.012296	4.532	26	< 0.001

　　固定效果估計值中，脈絡變項「班平均學業成就」影響效果之對數勝算比係數 $\gamma_{01} = 0.025$（$p > 0.05$），未達統計顯著水準，表示「班級平均學業成就」（CACH）對各班證照考試通過率沒有顯著影響效果；脈絡變項「班平均投入時間」影響效果之對數勝算比係數 $\gamma_{02} = 0.353$（$p > 0.05$），未達統計顯著水準，表示「班級平均投入時間」（CINV）對各班證照考試通過率沒有顯著影響效果；總體層次解釋變項教師性別影響效果之對數勝算比係數 $\gamma_{03} = -0.302$（$p > 0.05$），未達統計顯著水準，表示「教師性別」（TSEX）對各班證照考試平均通過率沒有顯著影響效果。總體層次解釋變項教師期待影響效果之對數勝算比係數 $\gamma_{04} = 0.056$（$p < 0.001$），達統計顯著水準，表示「教師期待」（TEXP）對各班證照考試平均通過率有顯著影響效果。

Fixed Effect 固定效果	Coefficient 對數勝算比係數	Odds Ratio 勝算比	Confidence Interval 勝算比信賴區間
For INTRCPT1, β_0			
INTRCPT2, γ_{00}	0.482929	1.620814	(1.123,2.339)
CACH, γ_{01}	0.025407	1.025732	(0.800,1.316)
CINV, γ_{02}	0.353217	1.423639	(0.997,2.033)
TSEX, γ_{03}	−0.301721	0.739545	(0.469,1.165)
TEXP, γ_{04}	0.055732	1.057314	(1.031,1.084)

階層二教師期待對班級證照考試對數勝算比影響效果係數 $\gamma_{04} = 0.056$，對應的勝算比為 1.057，勝算比值大於 1，表示教師期待對班級學生平均通過證照考試有正向影響作用，教師期待愈高，班級學生平均通過證照考試率愈多，班級教師期待增加一個標準差 SD（9.84），班級學生平均通過證照考試率可提高 EXP(0.056 × 9.84) = 1.735 倍。

Final estimation of variance components（變異成分最後估計值）

Random Effect 隨機效果	Standard Deviation 標準差	Variance Component 變異數	$d.f.$ 自由度	χ^2 卡方值	p-value 顯著性
INTRCPT1, μ_0	0.39821	0.15857	26	52.94996	0.002

隨變效果之變異成分 $\tau_{00} = 0.159$，組內相關係數等於 $\dfrac{\tau_{00}}{\tau_{00}+3.29} = \dfrac{0.159}{0.159+3.29}$ = 0.046，與零模型相較之下，脈絡模型讓組內相關係數 ρ 從 0.315 降至為 0.046。$\tau_{00} = 0.159$，$\chi^2 = 52.950$（$p < .01$），達到統計顯著水準，表示各班級通過證照考試的勝算比值間，還有顯著「班級間」差異存在，可見除投入模型中的解釋變項外，影響學生證照考試通過率的變因，可能還有學生個體層次的預測變項或總體層次的班級屬性解釋變項。

上述以平均數為結果模型的估計結果，可以統整為以下表格：

學生通過證照考試在以平均數為結果模型的分析結果摘要表

固定效果	對數勝算比	t 值	自由度
β_0 截距項			
階層二班級平均通過證照考試之總平均值 γ_{00}	0.483 (1.621)	2.708*	26
各班學業成就對通過證照考試之平均值 γ_{01}	0.025 (1.026)	0.210	26
各班投入時間對通過證照考試之平均值 γ_{02}	0.353 (1.424)	2.039	26
各班教師性別對通過證照考試之平均值 γ_{03}	−0.302 (0.740)	−1.365	26
各班教師期待對通過證照考試之平均值 γ_{04}	0.056 (1.057)	4.532***	26
隨機效果（變異成分）	**變異數**	**χ^2**	**自由度**
階層二班級間平均通過證照考試的差異 $\mu_{0j}(\tau_{00})$	0.159	52.950**	26
階層一各班級內學生間通過證照考試的差異 $\varepsilon_{ij}(\sigma^2)$	3.29		

*$p < .05$　**$p < .01$　***$p < .001$　括號內的數值為勝算比值

（二）母體平均（強韌性標準誤）估計值

Final estimation of fixed effects（最後效果估計值）

（Population-average model with robust standard errors）（強韌性標準誤之母體平均模式）

Fixed Effect 固定效果	Coefficient 對數勝算比係數	Standard error 標準誤	t-ratio t 值	Approx. $d.f.$ 自由度	p-value 顯著性
For INTRCPT1, β_0					
INTRCPT2, γ_{00}	0.475777	0.174017	2.734	26	0.011
CACH, γ_{01}	0.029578	0.119095	0.248	26	0.806
CINV, γ_{02}	0.337202	0.168229	2.004	26	0.056
TSEX, γ_{03}	-0.300478	0.213667	-1.406	26	0.171
TEXP, γ_{04}	0.054821	0.011841	4.630	26	<0.001

　　固定效果估計值中，脈絡變項「班平均學業成就」影響效果之對數勝算比係數 $\gamma_{01} = 0.030$（$p > 0.05$），未達統計顯著水準，表示「班級平均學業成就」（CACH）對各班證照考試通過率沒有顯著影響效果；脈絡變項「班平均投入時間」影響效果之對數勝算比係數 $\gamma_{02} = 0.337$（$p > 0.05$），未達統計顯著水準，表示「班級平均投入時間」（CINV）對各班證照考試通過率沒有顯著影響效果；總體層次解釋變項教師性別影響效果之對數勝算比係數 $\gamma_{03} = -0.300$（$p > 0.05$），未達統計顯著水準，表示「教師性別」（TSEX）對各班證照考試平均通過率沒有顯著影響效果。總體層次解釋變項教師期待影響效果之對數勝算比係數 $\gamma_{04} = 0.054$（$p < 0.001$），達統計顯著水準，表示「教師期待」（TEXP）對各班證照考試平均通過率有顯著影響效果。特定單位估計值與母體平均估計值之參數大致相同，而參數估計值的統計顯著性也差不多。

Fixed Effect 固定效果	Coefficient 對數勝算比係數	Odds Ratio 勝算比	Confidence Interval 勝算比信賴區間
For INTRCPT1, β_0			
INTRCPT2, γ_{00}	0.475777	1.609264	(1.125,2.301)
CACH, γ_{01}	0.029578	1.030020	(0.806,1.316)
CINV, γ_{02}	0.337202	1.401022	(0.991,1.980)
TSEX, γ_{03}	-0.300478	0.740464	(0.477,1.149)
TEXP, γ_{04}	0.054821	1.056352	(1.031,1.082)

　　階層二教師期待對班級證照考試對數勝算比影響效果係數 $\gamma_{04} = 0.054$，對應的勝算比為 1.056（特定單位勝算比估計值為 1.057），勝算比值大於 1，表示教師期待對班級學生平均通過證照考試有正向影響作用，教師期待愈高，班級學生平均通過證照考試率愈多。

七、完整模型

階層一模型：

$Prob\ (PASS_{ij} = 1|\beta_j) = \phi_{ij}$

$\log[\phi_{ij}/(1-\phi_{ij})] = \eta_{ij}$

$\eta_{ij} = \beta_{0j} + \beta_{1j} \times (SACH_{ij}) + \beta_{2j} \times (INVO_{ij}) + \beta_{3j} \times (SSEX_{ij}) + \beta_{4j} \times (HOME_{ij})$

階層二模型：

$\beta_{0j} = \gamma_{00} + \gamma_{01} \times (CACH_j) + \gamma_{02} \times (CINV_j) + \gamma_{03} \times (TEXP_j) + \gamma_{04} \times (CARE_j) + \mu_{0j}$

$\beta_{1j} = \gamma_{10} + \gamma_{11} \times (TEXP_j) + \gamma_{12} \times (CARE_j) + \mu_{1j}$

$\beta_{2j} = \gamma_{20} + \gamma_{21} \times (TEXP_j) + \gamma_{22} \times (CARE_j) + \mu_{2j}$

$\beta_{3j} = \gamma_{30} + \gamma_{31} \times (TEXP_j) + \gamma_{32} \times (CARE_j) + \mu_{3j}$

$\beta_{4j} = \gamma_{40} + \gamma_{41} \times (TEXP_j) + \gamma_{42} \times (CARE_j) + \mu_{4j}$

　　「SACH INVO have been centered around the group mean.」（SACH、INVO 經組平減轉換）。（HLM 界面視窗會呈現「$SACH_{ij}-\overline{SACH}_j$」、「$INVO_{ij}-\overline{INVO}_j$」的完整模式）

　　「CACH CINV TEXP have been centered around the grand mean.」（CACH、CINV、TEXP 經總平減轉換）。（HLM 界面視窗呈現階層二總平減符號為「$CACH_j-\overline{CACH}$」、「$CINV_j-\overline{CINV}$」、「$TEXP_j-\overline{TEXP}$」）

　　階層一的變異數（Level-1 variance）= $1/[\phi_{ij}/(1-\phi_{ij})]$

LEVEL 1 MODEL

$Prob(PASS_{ij}=1 \mid \beta_j) = \phi_{ij}$

$Log[\phi_{ij}/(1 - \phi_{ij})] = \eta_{ij}$

$\eta_{ij} = \beta_{0j} + \beta_{1j}(SACH_{ij} - \overline{SACH}_{.j}) + \beta_{2j}(INVO_{ij} - \overline{INVO}_{.j}) + \beta_{3j}(SSEX_{ij}) + \beta_{4j}(HOME_{ij})$

LEVEL 2 MODEL

$\beta_{0j} = \gamma_{00} + \gamma_{01}(CACH_j - \overline{CACH}_.) + \gamma_{02}(CINV_j - \overline{CINV}_.) + \gamma_{03}(TEXP_j - \overline{TEXP}_.) + \gamma_{04}(CARE_j) + u_{0j}$

$\beta_{1j} = \gamma_{10} + \gamma_{11}(TEXP_j - \overline{TEXP}_.) + \gamma_{12}(CARE_j) + u_{1j}$

$\beta_{2j} = \gamma_{20} + \gamma_{21}(TEXP_j - \overline{TEXP}_.) + \gamma_{22}(CARE_j) + u_{2j}$

$\beta_{3j} = \gamma_{30} + \gamma_{31}(TEXP_j - \overline{TEXP}_.) + \gamma_{32}(CARE_j) + u_{3j}$

$\beta_{4j} = \gamma_{40} + \gamma_{41}(TEXP_j - \overline{TEXP}_.) + \gamma_{42}(CARE_j) + u_{4j}$

特定單位模式估計結果如下：

Final estimation of fixed effects（最後效果估計值）

（Unit-specific model with robust standard errors）（強韌性標準誤之特定單位模式）

Fixed Effect 固定效果	Coefficient 對數勝算 比係數	Standard error 標準誤	t-ratio t 值	Approx. $d.f.$ 自由度	p-value 顯著性
For INTRCPT1, β_0					
INTRCPT2, γ_{00}	1.032250	0.219549	4.702	26	< 0.001
CACH, γ_{01}	−0.140388	0.244008	−0.575	26	0.570
CINV, γ_{02}	0.741598	0.337034	2.200	26	0.037
TEXP, γ_{03}	0.070762	0.024018	2.946	26	0.007
CARE, γ_{04}	0.221174	0.405288	0.546	26	0.590
For SACH slope, β_1					
INTRCPT2, γ_{10}	0.208063	0.046370	4.487	28	< 0.001
TEXP, γ_{11}	−0.000703	0.003958	−0.178	28	0.860
CARE, γ_{12}	−0.005111	0.068783	−0.074	28	0.941
For INVO slope, β_2					
INTRCPT2, γ_{20}	0.292378	0.073559	3.975	28	< 0.001
TEXP, γ_{21}	−0.004779	0.005544	−0.862	28	0.396
CARE, γ_{22}	−0.069880	0.099248	−0.704	28	0.487
For SSEX slope, β_3					
INTRCPT2, γ_{30}	−1.022355	0.253610	−4.031	28	< 0.001
TEXP, γ_{31}	−0.013380	0.017755	−0.754	28	0.457
CARE, γ_{32}	0.286156	0.364274	0.786	28	0.439
For HOME slope, β_4					
INTRCPT2, γ_{40}	−1.330251	0.339795	−3.915	28	< 0.001
TEXP, γ_{41}	0.029324	0.040292	0.728	28	0.473
CARE, γ_{42}	0.209128	0.789825	0.265	28	0.793

　　固定效果估計值中，γ_{11}、γ_{12}、γ_{21}、γ_{22}、γ_{31}、γ_{32}、γ_{41}、γ_{42} 為跨層次交互作用項，八個跨層次交互作用項均未達統計顯著水準（$p > .05$），如果跨層次交互作用項達到統計顯著水準（$p < .05$），而階層一解釋變項對結果變項的影響也達顯著（$p < .05$），總體層次解釋變項就具有調節作用。以學生學業成就 γ_{10} 對證照考試通過之對數勝算比的影響而言，$\gamma_{10} = 0.208$（$p < .001$），對應的勝算比為 1.231，達到統計顯著水準，表示學生在校學業成就對學生通過證照考試有

顯著正向影響，此時，如果 γ_{12} 也達統計顯著水準（$p < .05$），表示學生在校學業成就對學生通過證照考試之對數勝算比的影響效果受到班級所在地區（都會地區或非都會地區）的影響，即「學生在校學業成就與學生通過證照考試之對數勝算比的關係」會受到班級所在地區的影響。

Fixed Effect 固定效果	Coefficient 對數勝算比係數	Odds Ratio 勝算比	Confidence Interval 勝算比信賴區間
For INTRCPT1, β_0			
INTRCPT2, γ_{00}	1.032250	2.807374	(1.788, 4.409)
CACH, γ_{01}	−0.140388	0.869021	(0.526, 1.435)
CINV, γ_{02}	0.741598	2.099287	(1.050, 4.198)
TEXP, γ_{03}	0.070762	1.073326	(1.022, 1.128)
CARE, γ_{04}	0.221174	1.247541	(0.542, 2.870)
For SACH slope, β_1			
INTRCPT2, γ_{10}	0.208063	1.231290	(1.120, 1.354)
TEXP, γ_{11}	−0.000703	0.999297	(0.991, 1.007)
CARE, γ_{12}	−0.005111	0.994902	(0.864, 1.145)
For INVO slope, β_2			
INTRCPT2, γ_{20}	0.292378	1.339609	(1.152, 1.558)
TEXP, γ_{21}	−0.004779	0.995232	(0.984, 1.007)
CARE, γ_{22}	−0.069880	0.932505	(0.761, 1.143)
For SSEX slope, β_3			
INTRCPT2, γ_{30}	−1.022355	0.359747	(0.214, 0.605)
TEXP, γ_{31}	−0.013380	0.986709	(0.951, 1.023)
CARE, γ_{32}	0.286156	1.331300	(0.631, 2.808)
For HOME slope, β_4			
INTRCPT2, γ_{40}	−1.330251	0.264411	(0.132, 0.530)
TEXP, γ_{41}	0.029324	1.029758	(0.948, 1.118)
CARE, γ_{42}	0.209128	1.232603	(0.244, 6.218)

　　班級平均投入時間對學生通過證照考試之對數勝算比的影響效果達到顯著水準，$\gamma_{02} = 0.742$（$p < .05$），對應的勝算比為 2.099，勝算比值大於 1，表示班級平均投入時間愈多，班級平均通過證照考試的機率愈大；教師對班級的期望對學生通過證照考試之對數勝算比的影響效果達到顯著水準，$\gamma_{03} = 0.071$（$p < .01$），對應的勝算比為 1.073，勝算比值大於 1，表示班級教師對班級的期望愈高，班級平均通過證照考試的機率愈大。

主要參考文獻

郭志剛等（譯）（2008）。（S. W. Raudenbush & A. S. Bryk 著）。《階層線性模式》。臺北：五南。

Aldrich, J. H., & Nelson, F. D. (1984). *Linear probability,* logit*, and probit models.* Beverly Hills, CA: Sage.

Elo, R. G. (2003). Intra-class correlation in random-effects models for binary data. *The Statistical Journal, 3*, 32-46.

Guo, G., & Zhao, H. (2000). Multilevel modeling for binary data. *Annual Review of Sociology, 26*, 441-462.

Heck, R. H., & Thomas, S. T. (2009). *An introduction to multilevel modeling techniques.* New York, NY: Routledge.

Li, B., Lingsma, H. F., Steyerberg, E. W., & Lesaffre, E. (2011). Logistic random effects regression models: a comparison of statistical packages for binary and ordinal outcomes. *Medical Research Methodology, 11*, 1-11.

Long, J. S. (1997). *Regression models for categorical and limited dependent variables.* Thousand Oaks, CA: Sage Publications.

McCullagh, P., & Nelder, J. A. (1989). *Generalized linear models.* London: Chapman & Hall.

McMahon, J. M., Pouget, E. R., & Tortu, S. (2006). A guide for multilevel modeling of dyadic data with binary outcomes using SAS PROC NLMIXED. *Computational and Statistical Data Analysis, 50,* 3663-3680.

Moerbeek, M., & Maas, C. J. M. (2005). Optimal experimental designs for multilevel logistic models with two binary predictors. *Communications in Statistics—Theory and Methods, 34*: 1151–1167.

Raudenbush, S. W., Bryk, A. S., Cheong, Y. F., & Congdon, R. (2004). *HLM6: Hierarchical linear and nonlinear modeling.* Lincolnwood, IL: Scientific Software International.

Rodriguez, G., & Goldman, N. (2001). Improved estimation procedures for multilevel models with binary response: a case-study. *Journal of Research Statistical Society, 164*, 339-355.

Snijders, T., & Bosker, R. J. (2012). *Multilevel analysis: An introduction to basic and advanced multilevel modeling*. Thousand Oaks, CA: Sage Publications.

Spain, S. M., Jackson, J. J., & Edmonds, G. W. (2012). Extending the actor–partner interdependence model for binary outcomes: A multilevel logistic approach. *Personal Relationships, 19*, 431-444.

Zou, G., & Donner, A. (2004). Confidence interval estimation binary outcome data. *Biometrics, 60*, 807-811.

第 7 章

三個階層資料檔結構與模組整合

多層次資料結構中，若是資料的層次有三個階層，其多層次分析模型為三個層次的模式（three-level model）。HLM 統計程序中，三個階層的資料結構，必須要有三個資料檔，第一層的資料檔為個體層次的資料（如學生、員工）、第二層的資料檔為總體層次之群組資料（如班級、部門）、第三層的資料檔為總體層次之組織單位資料（如學校、組織）。如果是潛在成長模式，不同時間點之變化情況為第一層資料（個體內相依樣本的成長變化情形）、個體為第二層資料，個體巢套的群組為第三層資料。三個階層的階層一資料檔必須有組織層級（如學校、社區）與群組層級（如班級、家庭）的排序變項；階層二資料檔也必須有組織層級（如學校、社區）與群組層級（如班級、家庭）的排序變項；階層三資料檔必須有組織層級（如學校、社區）的排序變項，這些共同 ID 變項，是整合資料檔模組的關鍵變數，在不同資料檔中的變數名稱必須一樣。三階層多層次的簡易圖示如下：

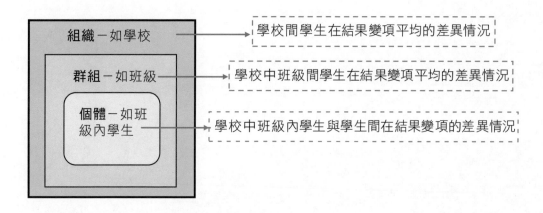

壹 三個階層資料檔結構

三個階層之多層次分析模型的資料檔，若以 HLM 統計軟體進行資料分析，要把三個階層的資料檔分開存檔，以員工巢套於部門、部門巢套於組織的多層次分析為例，第一層的資料檔為員工個體層次的資料、第二層的資料檔為部門群組層次的資料、第三層的資料檔為組織層次的資料，三個層次的多層次資料建檔型態與二個層次的模型類似，其中的差異在於資料整合時共同 ID 關鍵變數的設定，二個階層的資料結構，第一層與第二層的共同 ID 關鍵變數為總體層次

的群組變項（如班級或部門），三個階層的資料檔案中，第一層與第二層的共同 ID 關鍵變數有二個（學校或組織變項、班級或部門變項）。

以員工的「工作滿意度」為結果變項，三個資料檔對應的共同 ID 關鍵變數如下：

第一層資料結構之變項		第二層資料結構之變項		第三層資料結構之變項	
變數名稱	變數功能	變數名稱	變數功能	變數名稱	變數功能
組織編號（遞增排序）	第三層 ID 關鍵變數	組織編號（遞增排序）	第三層 ID 關鍵變數	組織編號（遞增排序）	第三層 ID 關鍵變數
部門編號（遞增排序）	第二層 ID 關鍵變數	部門編號（遞增排序）	第二層 ID 關鍵變數	———	
員工編號	第一層資料建檔檢核使用，不納入模型中	———		———	
工作滿意	結果變項	———		———	
員工性別	解釋變項	部門性質	解釋變項	主管領導	解釋變項
員工自尊	解釋變項	部門福利	解釋變項	組織規模	解釋變項
員工薪資	解釋變項	部門薪資	脈絡變項	組織薪資	脈絡變項
工作氛圍	解釋變項	部門氛圍	脈絡變項	組織氛圍	脈絡變項
———		———		主管性別	解釋變項

第一層資料結構於 SPSS 之「變數檢視」視窗界面如下：

第二層資料結構於 SPSS 之「變數檢視」視窗界面如下：

	名稱	類型	寬度	小數
1	組織編號	數字的	4	0
2	部門編號	數字的	4	0
3	部門性質	數字的	4	0
4	部門福利	數字的	4	0
5	部門薪資	數字的	4	0
6	部門氛圍	數字的	4	0

■ 組織_2.sav [資料集2] - PASW Statistics Data E
檔案(F) 編輯(E) 檢視(V) 資料(D) 轉換(T) 分析(

第三層資料結構於 SPSS 之「變數檢視」視窗界面如下：

	名稱	類型	寬度	小數
1	組織編號	數字的	4	0
2	主管領導	數字的	4	0
3	組織規模	數字的	4	0
4	組織薪資	數字的	4	0
5	組織氛圍	數字的	4	0
6	主管性別	數字的	4	0

■ 組織_3.sav [資料集1] - PASW Statistics Da
檔案(F) 編輯(E) 檢視(V) 資料(D) 轉換(T) 分

　　HLM 統計軟體之「Select MDM type」巢套模型之資料結構的方盒中，有三個選項：二個階層（◉HLM2）（此為內定選項）、三個階層（○HLM3）、四個階層（○HLM4），四個階層之巢套模型在實務應用上很少看到，二個階層之巢套模型的分析探究最多，三個階層之巢套模型在行為及社會科學領域中也有研究者使用。若是研究者搜集的資料有三個巢套階層，則可以採用三個階層的多層次分析模型，在「Nested Models」方盒中，選取「◉HLM3」選項。

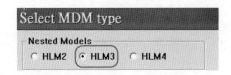

第一層資料於 MDM 模組視窗中顯示的選擇變數清單，「L3id」選項為第三層的 ID 關鍵變項「組織編號」、「L2id」選項為第二層的 ID 關鍵變項「部門編號」。

第二層資料於 MDM 模組視窗中顯示的選擇變數清單，「L3id」選項為第三層的 ID 關鍵變項「組織編號」、「L2id」選項為第二層的 ID 關鍵變項「部門編號」。

　　第三層資料於 MDM 模組視窗中顯示的選擇變數清單如下：「L3id」選項為第三層的 ID 關鍵變項「組織編號」，第三層資料結構中沒有第二層部門屬性或特徵變項，因而「□L2id」選項無法選取。

　　以有四個組織、八個部門、二十四位員工樣本的巢套資料為例，共同 ID 關鍵變數的建檔範例如下，其中第一層資料列為以員工個體為標的樣本，每位員工有一個「工作滿意」結果變項測量值，也包含員工個體屬性或人口變項的解釋變項；第二層資料列為以部門為標的樣本，每一列表示的是一個部門的變項

多層次模式的進階應用

數據，這些數據測量值是部門的屬性或特徵之解釋變項，或由第一層資料整合而成的部門脈絡變項；第三層資料列為以組織或系統為標的樣本，每一列表示的是一個組織或系統的變項數據，這些數據測量值是組織的屬性或特徵之解釋變項，或由第一層資料整合而成的組織脈絡變項。

第一層資料 以員工樣本為單位				第二層資料 以部門群組為單位			第三層資料 以組織為單位	
組織編號	部門編號	員工編號	員工變項 測量值	組織編號	部門編號	部門變項 測量值	組織編號	組織變項 測量值
1	1	1		1	1		1	
1	1	2		1	2		2	
1	1	3		2	3		3	
1	2	4		2	4		4	
1	2	5		3	5			
1	2	6		3	6			
2	3	7		4	7			
2	3	8		4	8			
2	3	9						
2	4	10						
2	4	11						
2	4	12						
2	4	13						
3	5	14						
3	5	15						
3	5	16						
3	6	17						
3	6	18						
3	6	19						
4	7	20						
4	7	21						
4	8	22						
4	8	23						
4	8	24						

　　如果是線性成長之縱貫性資料（個體在四個時間點的成長變化程度），三個階層的資料檔之建檔範例為：

第一層資料 以時間點為單位				第二層資料 以個體樣本為單位			第三層資料 以群組為單位	
群組編號	個體編號	時間編號	時間點變項測量值	群組編號	個體編號	個體變項測量值	群組編號	群組變項測量值
1	1	0		1	1		1	
1	1	1		1	2		2	
1	1	2		2	3		3	
1	1	3		2	4			
1	2	0		3	5			
1	2	1		3	6			
1	2	2						
1	2	3						
2	3	0						
2	3	1						
2	3	2						
2	3	3						
2	4	0						
2	4	1						
2	4	2						
2	4	3						
3	5	0						
3	5	1						
3	5	2						
3	5	3						
3	6	0						
3	6	1						
3	6	2						
3	6	3						

　　以中文為變數名稱，在變數選取與整合方面的可讀性雖較佳，但在模式之各階層變數清單中某些中文字會變為奇怪字元，其中較為不便的是結果輸出表格中，中文字元變數均變為亂碼，對於結果的解讀較為不易，因而建議讀者若

要採用 HLM 統計軟體進行多層次模型分析，各階層資料檔的變項名稱最好以對應的英文變項名稱鍵入較為方便。

貳 學生閱讀成就的三個階層模型資料檔

以「學生閱讀成就」為結果變項之三個階層多層次分析模型的資料檔變數名稱，整理如下表：

階層一資料檔			階層二資料檔			階層三資料檔		
變數	變數註解	變數功能	變數	變數註解	變數功能	變數	變數註解	變數功能
SCHID	學校編號	階層三共同關鍵 ID 變數	SCHID	學校編號	階層三共同關鍵 ID 變數	SCHID	學校編號	階層三共同關鍵 ID 變數
CLAID	班級編號	階層二共同關鍵 ID 變數	CLAID	班級編號	階層二共同關鍵 ID 變數			
STUID	學生編號	資料輸入檢核用，沒有實質功用						
HOME	家庭結構	個體層次解釋變項	CTIME	班閱讀時間	班級層次解釋變項（脈絡變項）	SCAREA	學校地區	學校層次解釋變項
SSEX	學生性別	個體層次解釋變項	CHCUL	班家庭資本	班級層次解釋變項（脈絡變項）	SCPSEX	校長性別	學校層次解釋變項
TIME	閱讀時間	個體層次解釋變項	CTSTR	教師閱讀策略	班級層次解釋變項	SCTIME	校閱讀時間	學校層次解釋變項（脈絡項）
HCUL	家庭文化資本	個體層次解釋變項	CTATT	教師閱讀態度	班級層次解釋變項	SCHCUL	校家庭資本	學校層次解釋變項（脈絡項）
READ	閱讀成就	結果變項	CREAD	班閱讀成就		SCREAD	校閱讀成就	

⟳ 一、階層一資料檔變數名稱

「Level-1 Specification」（階層一界定）方盒中，選取的標的資料檔檔名為「閱讀 1.sav」，資料檔於 SPSS 統計軟體之「變數檢視」視窗的變數名稱及變數標記如下：

	名稱	類型	寬度	小數	標記	值
1	SCHID	數字的	4	0	學校編號	無
2	CLAID	數字的	4	0	班級編號	無
3	STUID	數字的	4	0	學生編號	無
4	HOME	數字的	8	0	家庭結構	{0, 單親}...
5	SSEX	數字的	8	0	學生性別	{0, 女生}...
6	TIME	數字的	8	0	閱讀時間	無
7	HCUL	數字的	8	0	家庭文化資本	無
8	READ	數字的	8	0	閱讀成就	無

個體層次（學生層次）家庭結構變數（HOME）為虛擬變項，水準數值編碼 0 為單親家庭、水準數值編碼 1 為完整家庭；學生性別（SSEX）為虛擬變項，水準數值編碼 0 為女生、水準數值編碼 1 為男生。

階層一資料檔前 40 位學生樣本資料如下（四所學校、八個班級），資料檔的第一列為變數名稱。

SCHID	CLAID	STUID	HOME	SSEX	TIME	HCUL	READ	SCHID	CLAID	STUID	HOME	SSEX	TIME	HCUL	READ
1	1	1	1	1	0	3	40	3	5	1	1	1	3	6	60
1	1	2	0	1	0	5	45	3	5	2	0	1	3	3	64
1	1	3	0	1	1	1	48	3	5	3	1	1	4	10	67
1	1	4	0	1	1	5	60	3	5	4	1	1	4	4	60
1	1	5	1	1	2	8	54	3	5	5	1	1	4	6	68
1	2	1	1	1	0	3	40	3	6	1	0	0	0	1	42
1	2	2	1	1	0	4	45	3	6	2	0	1	0	1	44
1	2	3	1	1	1	5	48	3	6	3	0	0	1	1	48
1	2	4	1	1	1	1	60	3	6	4	0	1	1	5	60
1	2	5	0	1	1	1	54	3	6	5	0	1	2	5	54
2	3	1	0	1	0	1	30	4	7	1	1	1	5	5	70
2	3	2	0	1	0	1	32	4	7	2	1	1	5	5	70
2	3	3	0	1	1	1	40	4	7	3	1	1	5	7	72
2	3	4	0	1	1	1	42	4	7	4	1	1	5	6	80
2	3	5	0	1	1	1	38	4	7	5	0	1	6	4	84
2	4	1	1	1	1	2	42	4	8	1	0	1	0	5	40
2	4	2	0	1	0	3	45	4	8	2	1	1	0	6	45
2	4	3	0	1	1	5	48	4	8	3	0	1	1	1	48
2	4	4	1	1	1	6	60	4	8	4	0	1	1	4	60
2	4	5	0	1	2	2	54	4	8	5	0	1	2	5	54

　　第一層資料檔中，第三層學校代碼變項「SCHID」、第二層班級代碼變項「CLAID」均必須排序，因為這二個代碼變項為資料整合時的共同關鍵變數，如果沒有排序，則資料整合時會出現警告訊息。班級內樣本學生代碼變數「STUID」是便於資料鍵入，此變項的數值有沒有排序沒有關係，因為此變項在 MDM 模組整合時，沒有勾選到，因它既不是共同 ID 變項，也不是解釋變項或結果變項，但如果是成長曲線分析模式，學生個體屬階層二的 ID 關鍵變項（階層一的資料為跨時間搜集的數據），個體學生 ID 編碼變項就要依數值順序排序。

↻ 二、階層二資料檔變數名稱

　　「Level-2 Specification」（階層二界定）方盒中，選取的標的資料檔檔名為「閱讀 2.sav」，資料檔於 SPSS 統計軟體之「變數檢視」視窗的變數名稱及變數標記如下：

	名稱	類型	寬度	小數	標記	值
1	SCHID	數字的	4	0	學校編號	無
2	CLAID	數字的	4	0	班級編號	無
3	CTIME	數字的	8	2	班閱讀時間	無
4	CHCUL	數字的	4	2	班家庭資本	無
5	CTSTR	數字的	8	0	教師閱讀策略	無
6	CTATT	數字的	8	0	教師閱讀態度	無
7	CREAD	數字的	8	2	班閱讀成就	無

　　階層二資料檔中，必須有階層一中的學校組織編碼的變數名稱（SCHID）及班級群組編碼的變數名稱（CLAID），變數名稱必須相同，否則無法進行資料檔的整合，這是共同的 ID 變數，這二個變項必須排序。班平均閱讀時間（CTIME）、班平均家庭文化資本（CHCUL）為階層一學生層級資料檔中，學

生個體閱讀時間、學生個體家庭文化資本以「班級」群組為單位加總的平均值，分別簡稱為「班閱讀時間」、「班家庭資本」，二個班級層級的解釋變項是一種「脈絡變項」，階層二另二個解釋變項為班級教師閱讀教學策略（CTSTR）、班級教師閱讀態度（CTATT，班級教師對閱讀活動的態度），CREAD 為各班平均的閱讀成就分數。

階層二為三十個班級資料檔的內容，如下（第一列為變數名稱）：

SCHID 學校編號	CLAID 班級編號	CTIME 班閱讀時間	CHCUL 班家庭資本	CTSTR 教師閱讀策略	CTATT 教師閱讀態度	CREAD 班閱讀成就
1	1	3.60	6.80	70	5	66.33
1	2	2.80	5.27	40	2	63.27
2	3	1.73	2.13	50	4	42.87
2	4	3.67	5.80	69	8	64.53
3	5	5.33	7.60	40	13	71.27
3	6	3.20	4.73	60	8	61.80
4	7	6.47	6.20	70	15	80.27
4	8	3.60	5.87	73	9	67.40
5	9	2.07	3.20	32	11	50.73
5	10	7.00	7.40	60	15	84.20
6	11	3.20	4.53	50	8	58.67
6	12	3.60	5.20	50	7	65.13
7	13	3.27	5.27	72	8	66.07
7	14	3.20	4.73	52	5	62.60
8	15	1.00	1.60	30	2	31.20
8	16	1.27	2.40	22	1	44.73
9	17	3.13	6.80	76	10	67.07
9	18	3.80	6.27	65	11	68.27
10	19	3.53	5.53	60	5	63.60
10	20	2.40	3.60	39	3	53.53
11	21	3.00	4.40	67	8	66.53
11	22	5.40	7.13	68	13	71.13
12	23	4.40	5.53	65	7	66.87
12	24	4.53	6.47	50	5	67.27

13	25	5.07	5.80	70	9	71.20
13	26	6.07	7.47	72	13	75.00
14	27	5.13	7.60	73	15	80.47
14	28	4.40	6.27	68	14	73.93
15	29	2.80	4.20	54	6	57.67
15	30	1.73	2.13	30	2	38.60

　　班級層次的複迴歸探索中，可以以「班閱讀成就」為效標變項（依變項），而以班級平均閱讀時間、班級平均家庭資本、班級教師閱讀策略、班級教師閱讀態度為自變項（解釋變項），探究班級屬性或教師特徵變項對「班級平均閱讀成就」的預測影響情形。

三、階層三資料檔變數名稱

　　「Level-3 Specification」（階層三界定）方盒中，選取的標的資料檔檔名為「閱讀 3.sav」，資料檔於 SPSS 統計軟體之「變數檢視」視窗的變數名稱及變數標記如下：

閱讀_3.sav [資料集3] - PASW Statistics Data Editor

| 檔案(F) | 編輯(E) | 檢視(V) | 資料(D) | 轉換(T) | 分析(A) | 直效行銷(M) | 統計圖(G |

	名稱	類型	寬度	小數	標記	值
1	SCHID	數字的	4	0	學校編號	無
2	SCAREA	數字的	8	0	學校地區	{0, 非都會…
3	SCPSEX	數字的	8	0	校長性別	{0, 女性校…
4	SCTIME	數字的	8	2	校閱讀時間	無
5	SCHCUL	數字的	8	2	校家庭資本	無
6	SCREAD	數字的	8	2	校閱讀成就	無

　　學校層次解釋變項（階層三解釋變項）學校所在地區（SCAREA）為虛擬變項，水準數值編碼 0 為非都會地區、水準數值編碼 1 為都會地區；學校校長性別（SCPSEX）為虛擬變項，水準數值編碼 0 為女性校長、水準數值編碼 1

為男性校長。「學校平均閱讀時間」（SCTIME）、「學校平均家庭文化資本」（SCHCUL）為階層一學生層級資料檔中，學生個體閱讀時間、學生個體家庭文化資本以「學校」組織為單位加總的平均值，分別簡稱為「校閱讀時間」、「校家庭資本」，二個學校層級的解釋變項是一種脈絡變項。階層三資料檔中，因為以學校組織為單位，因而要有學校組織編碼的變數名稱（SCHID），學校組織編碼的變數名稱必須與階層二資料檔、階層一資料檔中的學校組織編碼的變數名稱完全相同，且要以數值編號排序，「SCREAD」為各校平均的閱讀成就，階層二資料檔中的「班級平均閱讀成就」（CREAD）變項、階層三資料檔中的「學校平均閱讀成就」（SCREAD）變項，在多層次模型不會被使用到，此二個結果變項聚合而成的脈絡變項也可以刪除，但如果研究者要進行各階層一般複迴歸分析，就必須要保留。

SCHID	SCAREA	SCPSEX	SCTIME	SCHCUL	SCREAD
1	0	0	3.20	6.03	64.80
2	0	1	2.70	3.97	53.70
3	0	0	4.27	6.17	66.53
4	1	0	5.03	6.03	73.83
5	1	0	4.53	5.30	67.47
6	0	1	3.40	4.87	61.90
7	0	1	3.23	5.00	64.33
8	0	1	1.13	2.00	37.97
9	1	1	3.47	6.53	67.67
10	0	1	2.97	4.57	58.57
11	1	0	4.20	5.77	68.83
12	1	0	4.47	6.00	67.07
13	1	0	5.57	6.63	73.10
14	1	0	4.77	6.93	77.20
15	0	1	2.27	3.17	48.13

學校層次的複迴歸探索中，可以以「校閱讀成就」為效標變項（依變項），而以學校平均閱讀時間、學校平均家庭資本、學校地區、校長性別為自變項（解釋變項），探究學校屬性或校長特徵變項對「學校平均閱讀成就」的預測影響情形。

參 三個階層資料檔之 MDM 模組

三個層次資料檔整合的 MDM 模組操作程序如下：

一、執行 HLM 統計軟體應用程式，開啟「HLM for Windows」視窗。

二、執行功能表「File」（檔案）/「Make new MDM file」（製作新的 MDM 檔案）/「Stat package input」（從統計套裝軟體建立的資料檔匯入層次資料）程序，開啟「Select MDM type」（選擇 MDM 型態）對話視窗。

三、「Select MDM type」（選擇 MDM 型態）對話視窗中，選取「Nested Models」方盒中的「⊙HLM3」選項，按『OK』鈕，開啟「Make MDM－HLM3」主對話視窗。如果只有二個層級的資料檔，則選取「⊙HLM2」選項，「⊙HLM2」選項為內定的選項。

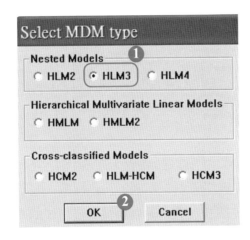

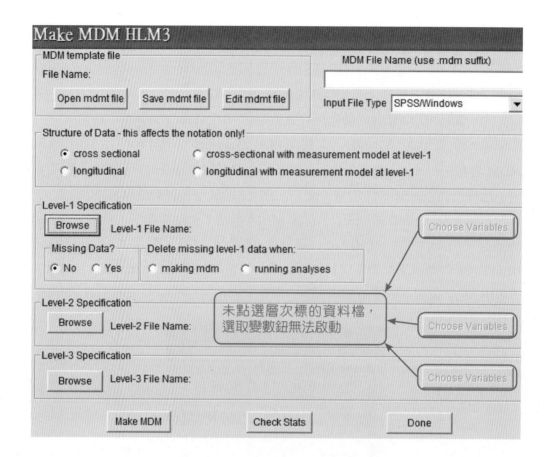

「Make MDM HLM3」主對話視窗起始狀態內容，中間右邊三個按鈕『Choose Variables』（選擇變項）均處於灰色狀態，表示按鈕功能無法使用，因為研究者尚未選取三個層次的來源資料檔，沒有標的資料檔，就無法選取各層次的變數，只有先界定各階層的資料檔後，階層對應的『Choose Variables』（選擇變項）鈕，才會由灰色變為黑色（開啟按鈕可使用的狀態）。視窗右上角「MDM File Name（use .mdm suffix）」提示語下的方格內容，要鍵入 MDM 模組的檔案名稱，方格內容不能空白。

↻ 一、選取三個階層的標的資料檔

（一）在「Level-1 Specification」（階層一設定）方盒中按『Browse』（瀏覽）鈕，選取第一層的資料檔檔名，範例中為「閱讀_1.sav」，資料檔存放的資料夾為「D:\0722HLM」。範例中的路徑及資料檔名為「D:\0722HLM\閱讀_1.sav」。

(二)在「Level-2 Specification」(階層二設定)方盒中按『Browse』(瀏覽)鈕,選取第二層的資料檔檔名,範例中為「閱讀_2.sav」,資料檔存放的資料夾為「D:\0722HLM」。

(三)在「Level-3 Specification」(階層三設定)方盒中按『Browse』(瀏覽)鈕,選取第三層的資料檔檔名,範例中為「閱讀_3.sav」,資料檔存放的資料夾為「D:\0722HLM」。

註:各階層的資料檔存放於不同資料夾,也可進行 MDM 模組整合,但便於日後資料檔的修改及模組的重新設定,最好將各階層的資料檔存放在同一資料夾之中。

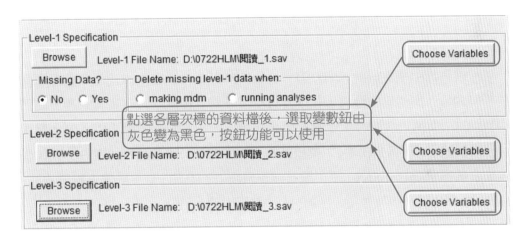

⟳ 二、選取各階層的變項

選擇層次一資料檔後, 右邊按鈕『Choose Variables』(選擇變數)由灰色變為啟動狀態,按『Choose Variables』 (選擇變數) 鈕,開啟「Choose variables-HLM3」對話視窗,選取層次一使用到的變項。層次一資料檔內共有八個變項名稱:學校編號(SCHID)、班級編號(CLAID)、學生編號(STUID)、家庭結構(HOME)、學生性別(SSEX)、學生每週閱讀時間(TIME)、學生家庭文化資本(HCUL)、閱讀成就(READ)。其中學校編號(SCHID)變數、班級編號(CLAID) 變數為階層三與階層二的共同變項,因而是資料連結的ID 變數。視窗介面中「□L3id」欄表示的是階層三學校組織單位的共同 ID、「L2id」欄是階層二班級群組的共同 ID。

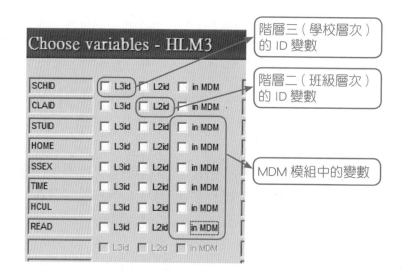

階層三（學校層次）的 ID 變數

階層二（班級層次）的 ID 變數

MDM 模組中的變數

　　變數清單中學生編號（STUID）是學校群組中各班學生的代碼，此變項便於資料的輸入與資料檔檢核，在統計分析或多層次模式中沒有實質意義。範例中「L3id」勾選「SCHID」變數（學校組織），「L2id」勾選「CLAID」變數（班級群組），「in MDM」（模組階層一中的變數）變數欄中勾選 HOME（學生層次解釋變項）、SSEX（學生層次解釋變項）、TIME（學生層次解釋變項）、HCUL（學生層次解釋變項）、READ（結果變項）五個。

選擇層次二資料檔後，右邊按鈕『Choose Variables』（選擇變數）由灰色變為啟動狀態，按『Choose Variables』（選擇變數）鈕，開啟「Choose variables-HLM3」對話視窗，選取層次二使用到的變項。層次二資料檔內共有八個變項名稱：學校編號（SCHID）、班級編號（CLAID）、班閱讀時間（CTIME）、班家庭文化資本（CHCUL）、班級教師教學策略（CTSTR）、班級教師教學態度（CTATT）、班閱讀成就（CREAD）。其中學校編號（SCHID）變數、班級編號（CLAID）變數為階層三與階層二的共同變項，因而是資料連結的 ID 變數。「班閱讀成就」變項（CREAD）只在總體層次複迴歸資料探索程序可能被使用，在多層次模型中不會被納入於模型之中，多層次模型之結果變項為階層一選取的學生個體閱讀成就分數（READ）。

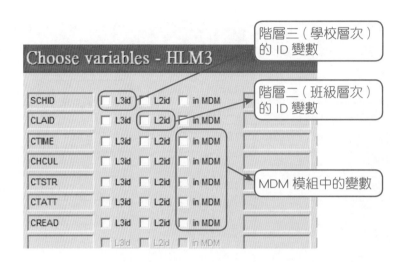

範例中「☑L3id」勾選「SCHID」變數（學校組織編號），「☑L2id」勾選「CLAID」變數（班級群組編號），「☑in MDM」（模組階層二中的變數）變數欄中勾選「CTIME」（班級層次解釋變項／脈絡變項）、「CHCUL」（班級層次解釋變項／脈絡變項）、「CTSTR」（班級教師教學策略）、「CTATT」（班級教師教學態度）等四個。

Choose variables - HLM3

SCHID	☑ L3id	☐ L2id	☐ in MDM		☐ L3id ☐ L2id
CLAID	☐ L3id	☑ L2id	☐ in MDM		☐ L3id ☐ L2id
CTIME	☐ L3id	☐ L2id	☑ in MDM		☐ L3id ☐ L2id
CHCUL	☐ L3id	☐ L2id	☑ in MDM		☐ L3id ☐ L2id
CTSTR	☐ L3id	☐ L2id	☑ in MDM		☐ L3id ☐ L2id
CTATT	☐ L3id	☐ L2id	☑ in MDM		☐ L3id ☐ L2id
CREAD	☐ L3id	☐ L2id	☐ in MDM		☐ L3id ☐ L2id
	☐ L3id	☐ L2id	☐ in MDM		☐ L3id ☐ L2id
	☐ L3id	☐ L2id	☐ in MDM		☐ L3id ☐ L2id
	☐ L3id	☐ L2id	☐ in MDM		☐ L3id ☐ L2id
	☐ L3id	☐ L2id	☐ in MDM		☐ L3id ☐ L2id
	☐ L3id	☐ L2id	☐ in MDM		☐ L3id ☐ L2id

Page 1 of 1　◀ ▶　OK　Cancel

選擇層次 3 資料檔後，右邊按鈕『Choose Variables』（選擇變數）由灰色變為啟動狀態，按『Choose Variables』（選擇變數）鈕，開啟「Choose variables-HLM3」對話視窗，選取層次 3 使用到的變項。層次 3 資料檔內共有四個變項名稱：學校編號（SCHID）、學校所在地區（SCAREA）、學校校長性別（SCPSEX）、校閱讀成就（SCREAD）。其中「學校組織編號」（SCHID）變數為三個階層的共同 ID 變項。階層三的資料檔因為是以學校組織（第三層次）為單位，因而沒有第二層級班級群組的變數名稱，「□L2id」欄均呈灰色，表示資料檔中的變數只能作為階層三 ID 共同變項，或作為階層三模組中（in MDM）的變項，不能作為階層二班級群組的 ID 變項。

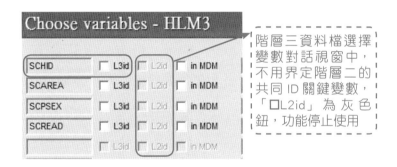

階層三資料檔選擇變數對話視窗中，不用界定階層二的共同 ID 關鍵變數，「□L2id」為灰色鈕，功能停止使用

範例中「L3id」勾選「SCHID」變數（學校組織），「in MDM」（模組階層三中的變數）變數欄中勾選「SCAREA」（學校所在地區）、「SCPSEX」（學校校長性別）二個。階層三選擇變數清單中，階層二「□L2id」欄為灰色狀態，表示階層三變數不用選取班級組織編號（第二層次班級群組的變項）。界面視窗中，為簡化階層三的解釋變項，把二個學校層級的脈絡變項：「校閱讀時間」、「校家庭資本」刪除。

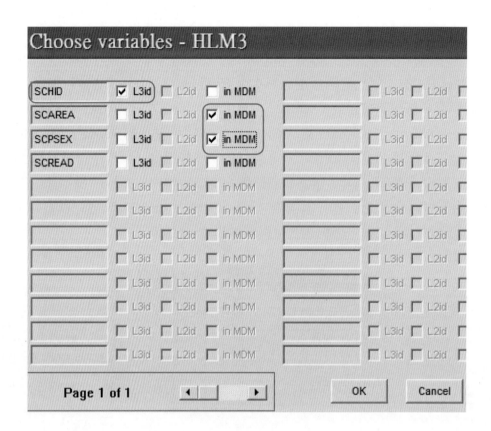

◐ 三、Make MDM 視窗界面的操作

（一）「MDM File Name（use .mdm suffix）」下方的空格要輸入「MDM 檔案名稱」，範例為「閱讀三個層次」（中英文的檔案名稱皆可以），「Input File Type」（輸入檔案型態）選取內定的「SPSS/Windows」選項。若是研究者未於「MDM File Name（use .mdm suffix）」提示語下面的方格內輸入 MDM 檔案名稱，於製作 MDM 模組時（按『Make MDM』鈕）會出現「WHLM」警告訊息視窗，視窗內出現「You need to choose an MDM name」（研究者必須選擇一個 MDM 名稱）的提示語，此時只要在方格內輸入任何一個 MDM 檔案名稱即可。

  (二) 於「MDM template file」（MDM 模組檔案）方盒中按『Save mdmt file』（儲存 mdmt 檔案）鈕，以便將製作的 MDM 模組檔案內容儲存，按『Save mdmt file』（儲存 mdmt 檔案）鈕後，可開啟「Save As MDM Template File」（儲存 MDM 模組檔案）儲存對話視窗。

  「Save As MDM Template File」（儲存 MDM 模組檔案）對話視窗中，存檔類型（T）為「MDM template files（*.mdmt）」，範例檔名為「閱讀三個層次」（範例檔名中英名均可以），按『儲存』鈕，表示將 MDM 模組檔案以檔名「閱讀三層次 .mdmt」儲存，儲存的位置為「D:\0722HLM」處。

（三）按視窗下面列左邊『Make MDM』（製作 MDM）鈕後，會出現下列類似 DOS 畫面。

```
C:\Program Files\HLM7Student\HLM3S.EXE                    - □ ×

        TIME         450       3.68       2.37       0.00       10.00
        HCUL         450       5.26       2.91       1.00       10.00
        READ         450      63.41      15.97      20.00       89.00


               LEVEL-2 DESCRIPTIVE STATISTICS

VARIABLE NAME       N        MEAN        SD      MINIMUM     MAXIMUM
        CTIME        30       3.68       1.49       1.00        7.00
        CHCUL        30       5.26       1.71       1.60        7.60
        CTSTR        30      56.57      15.43      22.00       76.00
        CTATT        30       8.07       4.24       1.00       15.00


               LEVEL-3 DESCRIPTIVE STATISTICS

VARIABLE NAME       N        MEAN        SD      MINIMUM     MAXIMUM
        SCAREA       15       0.53       0.52       0.00        1.00
        SCPSEX       15       0.40       0.51       0.00        1.00


     450 level-1 records have been processed
      30 level-2 records have been processed
      15 level-3 records have been processed
```

　　之後 DOS 畫面會自動消失，改以記事本視窗，出現下列視窗界面。畫面內容呈現層次一資料檔、層次二資料檔、層次三資料檔選入 MDM 模組變數中變項的描述性統計量，包括樣本數 (N)、平均數（MEAN）、標準差（SD）、最小值（MINIMUM）、最大值（MAXIMUM）；這些變項在變項選取時均是勾選「☑in MDM」選項的變數。經整合的 MDM 暫時模組，按『Check Stats』（檢查 MDM 模組狀態）鈕，也會出現如下記事本的內容，此記事本開啟的檔案不會自動關閉，研究者必須按右上角關閉鈕「×」，才能關閉視窗。範例中最下面的三列文字為三個階層的有效樣本數，階層一學生個體的有效樣本有 450 位、階層二班級群組個數有 30 個班、階層三學校組織單位有 15 所學校。

```
█ HLM3MDM.STS - 記事本

檔案(F)  編輯(E)  格式(Q)  檢視(V)  說明(H)


          LEVEL-1 DESCRIPTIVE STATISTICS

VARIABLE NAME    N      MEAN      SD      MINIMUM   MAXIMUM
      HOME      450     0.52     0.50      0.00      1.00
      SSEX      450     0.53     0.50      0.00      1.00
      TIME      450     3.68     2.37      0.00     10.00
      HCUL      450     5.26     2.91      1.00     10.00
      READ      450    63.41    15.97     20.00     89.00


          LEVEL-2 DESCRIPTIVE STATISTICS

VARIABLE NAME    N      MEAN      SD      MINIMUM   MAXIMUM
     CTIME       30     3.68     1.49      1.00      7.00
     CHCUL       30     5.26     1.71      1.60      7.60
     CTSTR       30    56.57    15.43     22.00     76.00
     CTATT       30     8.07     4.24      1.00     15.00


          LEVEL-3 DESCRIPTIVE STATISTICS

VARIABLE NAME    N      MEAN      SD      MINIMUM   MAXIMUM
     SCAREA      15     0.53     0.52      0.00      1.00
     SCPSEX      15     0.40     0.51      0.00      1.00

MDM template:  D:\0722HLM\閱讀三層次.mdmt
MDM file name: 閱讀三個層次
Date:          Aug 9, 2013
Time:          08:11:24
```

　　DOS 畫面顯示後，會自動開啟記事本應用軟體，再次呈現 DOS 視窗界面中各變項的描述性統計量，範例中 MDM 模組暫存檔案名稱為「閱讀三層次.mdmt」，模組暫存檔案存放於「D:\0722HLM」資料夾下，MDM 檔案名稱為「閱讀三個層次」。

　　階層一界定的方盒中，內定的遺漏值選項為沒有個體層次遺漏值，選項於「Missing Data?」次方盒中的設定為「⊙No」，如果階層一有學生個體的遺漏值（學生個體有不完整的資料列），則按下製作 MDM 模組（Make MDM）鈕後，DOS 視窗界面及記事本會出現以下警告訊息：「There are missing data at level-4674780. Unable to continue.」（階層一有遺漏值資料，資料檔無法繼續進行整合程序），由於階層一有遺漏值所以無法進行資料檔的整合。

Level-1 Specification
Browse — Level-1 File Name: D:\0722HLM\閱讀_1.sav — Choose Variables
Missing Data?　○ No　○ Yes　　Delete missing level-1 data when:　○ making mdm　○ running analyses

HLM3MDM.STS - 記事本

檔案(F)　編輯(E)　格式(O)　檢視(V)　說明(H)

There are missing data at level-4674788. Unable to continue.

　　階層一學生個體有遺漏值的解決方法有二，一為重新以 SPSS 統計軟體開啟階層一資料檔，將有遺漏值的學生樣本列直接刪除，存檔再重新進行 MDM 模組整合。二為於「Make MDM HLM3」對話視窗中，階層一界定（Level-1 Specification）方盒中，更改「Missing Data?」次方盒中的設定，將「◉No」選項改為「◉Yes」選項（將沒有遺漏值改為有遺漏值），對應於右邊「Delete missing level-1 data when」次方盒勾選「◉making mdm」選項，則可進行 MDM 模組製作（資料檔整合）時，直接將階層一資料檔刪除，不納入資料整合的程序之中。

Level-1 Specification
Browse — Level-1 File Name: D:\0722HLM\閱讀_1.sav — Choose Variables
Missing Data?　○ No　◉ Yes　　Delete missing level-1 data when:　◉ making mdm　○ running analyses
Level-2 Specification
Browse — Level-2 File Name: D:\0722HLM\閱讀_2.sav — Choose Variables
Level-3 Specification
Browse — Level-3 File Name: D:\0722HLM\閱讀_3.sav — Choose Variables

　　(四) 在「Make MDM HLM3」對話視窗中，按『Done』鈕，繼續開啟「WHLM: hlm3 MDM File」多層次模型設定對話視窗。左邊內定的階層為階層一「>>Level-1<<」，階層一的變數清單為先前設定 MDM 模組中，勾選在

MDM 模組中的變項,即「☑ in MDM」欄勾選的變項,共同 ID 變數不會出現,如學校編號(SCHID)、「班級編號」(CLAID)之共同 ID 變項,共同關鍵 ID 變項是進行三個階層資料檔串聯的變項,而非各階層的解釋變項或多層次模型的結果變項。

肆 「WHLM: hlm3 MDM File」視窗界面

三個階層資料檔整合的 MDM 模組,在多層次模型方程設定的視窗界面中,左邊層次清單中有三個階層:「Level-1」(階層一)、「Level-2」(階層二)、「Level-3」(階層三),三個階層內的變數清單,為選擇資料檔之變數時選進「☑in MDM」選項的變項,包括結果變項、解釋變項、脈絡變項,至於共同 ID 關鍵變數,其功能在進行資料檔的整合,不會呈現於各階層之變數清單中。

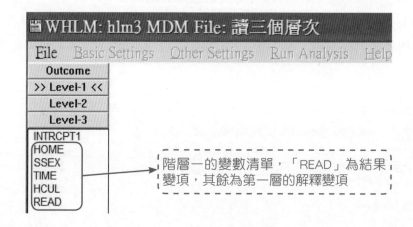

若是研究者尚未從階層一變數清單選定結果變項(READ),則無法切換到階層二(Level-2)或階層三(Level-3)的目次,此時如果點選「Level-2」(階層二)選單,或「Level-3」(階層三)選單會出現「Level-1 outcome must be chosen first」(必須先選定階層一的結果變項)的警告訊息,表示研究者必須先從階層一選單變數中,先界定哪一個變數為結果變項(範例的結果變項為 READ)。

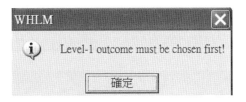

点選「READ」變數，變項屬性的選項中選取「Outcome variable」（結果變項）（三個階層各變項的選取及增刪與二個階層之多層次模型的操作相同）。

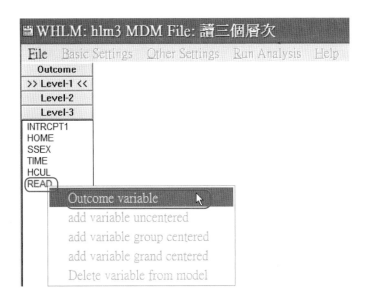

由於階層一、階層二、階層三等三個層次均沒有點選解釋變項，多層次模型中沒有學生層次解釋變項、班級群組解釋變項、學校組織解釋變項，多層次模型為完全非條件化模型（零模型）。階層一的變項選單共有五種：設定為結果變項（Outcome variable）、增列為未平減的解釋變項（add variable uncentered）、增列為組平減的解釋變項（add variable group centered）、增列為總平減的解釋變項（add variable grand centered）、將已納入模型中的變項從模型中移除（Delete variable from model）。階層一組平減的符號範例如：$TIME_{ijk}-\overline{TIME}_{.jk}$、$HCUL_{ijk}-\overline{HCUL}_{.jk}$，總平減的符號範例如：$TIME_{ijk}-\overline{TIME}_{...}$、$HCUL_{ijk}-\overline{HCUL}_{...}$；階層二解釋變項平減選項有組平減與總平減，組平減的符號範例如：$CTIME_{jk}-\overline{CTIME}_{.k}$、$CHCUL_{jk}-\overline{CHCUL}_{.k}$，階層二總平減的符號範例如：

$CTIME_{jk} - \overline{CTIME_{.}}$ 、 $CHCUL_{jk} - \overline{CHCUL_{..}}$ ；階層三解釋變項沒有組平減選項，總平減的符號範例如：$SCTIME_k - \overline{SCTIME_{.}}$ 、 $SCHCUL_k - \overline{SCHCUL_{.}}$ 。

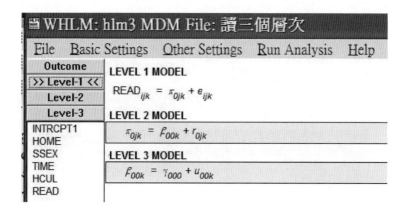

　　由於已選取結果變項，此時點選「Level-2」選單，會出現階層二的變數清單，「Level-2」選單會變為標的階層，符號從「Level-2」變成「>>Level-2<<」，階層二的變數清單包括 CTIME（班閱讀時間）、CHCUL（班家庭資本）、CTSTR（班級教師教學策略）、CTATT（班級教師閱讀態度）四個。

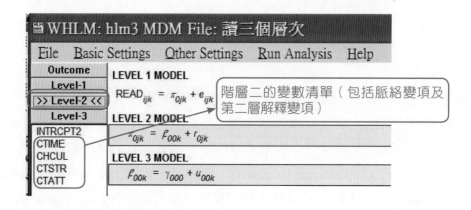

　　點選「Level-3」選單，會出現階層三的變數清單，「Level-3」選單會變為標的階層，符號從「Level-3」變成「>>Level-3<<」，階層三的變數清單包括 SCAREA（學校所在地區）、SCPSEX（學校校長性別）二個。

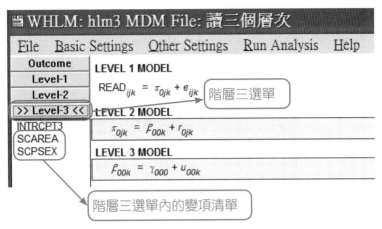

一、MDM 模組內容的增刪

如果每個階層的資料檔有變動，或增列解釋變數，必須重新整合資料檔，建立新的 MDM 模組，或開啟舊的「*.mdmt」檔案編修，執行「File」/「Make new MDM from old MDM template（.mdmt）file」程序，開啟原先「閱讀三層次 .mdmt」模組檔案。

假定學校組織單位的解釋變項有更動，資料檔名與存放位置一樣，就可直接選取階層三設定右邊的『Choose Variables』（選擇變項）鈕，重新選取 ID 變項與在 MDM 模組中的解釋變項，若是資料檔檔名不同或存放位置與之前不同，要先選取標的資料檔（按 Browse 瀏覽鈕）才可按『Choose Variables』（選擇變項）鈕，選取 ID 變項與在 MDM 模組中的解釋變項，否則直接按『Choose Variables』（選擇變項）鈕，開啟的變數清單為舊資料檔的變項。

「Choose variables-HLM3」對話視窗中，原資料檔中階層三的解釋變項為 SCAREA、SCPSEX，ID 變數為 SCHID，新資料檔增列以學校組織單位整合的校層次的脈絡變項：「SCTIME」（校閱讀時間）、「SCHCUL」（校家庭資本）。

「Choose variables-HLM3」對話視窗中，重新勾選在模組中的變項名稱：SCAREA、SCPSEX、SCTIME、SCHCUL，四個學校組織單位的解釋變項於「☑in MDM」欄勾選，階層三的 ID 變數為「SCHID」（學校編號）。

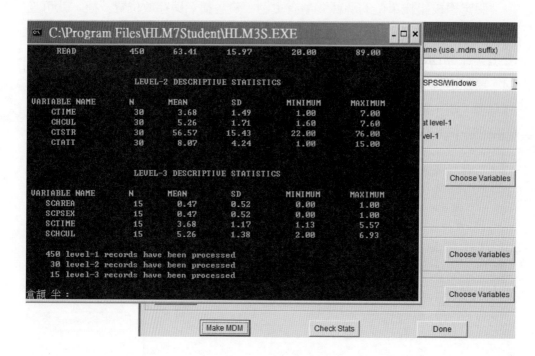

　　各階層的資料檔有更改或階層變數重新選取後，要進行 MDM 模組的重新整合，為讓 MDM 模組重新整合，先按『Make MDM』鈕，之後再按『Done』鈕，以進行多層次模型的設定。

HLM3MDM.STS - 記事本

檔案(F)　編輯(E)　格式(O)　檢視(V)　說明(H)

```
              LEVEL-1 DESCRIPTIVE STATISTICS

VARIABLE NAME      N        MEAN        SD        MINIMUM      MAXIMUM
     HOME         450       0.52       0.50        0.00         1.00
     SSEX         450       0.53       0.50        0.00         1.00
     TIME         450       3.68       2.37        0.00        10.00
     HCUL         450       5.26       2.91        1.00        10.00
     READ         450      63.41      15.97       20.00        89.00


              LEVEL-2 DESCRIPTIVE STATISTICS

VARIABLE NAME      N        MEAN        SD        MINIMUM      MAXIMUM
    CTIME          30       3.68       1.49        1.00         7.00
    CHCUL          30       5.26       1.71        1.60         7.60
    CTSTR          30      56.57      15.43       22.00        76.00
    CTATT          30       8.07       4.24        1.00        15.00


              LEVEL-3 DESCRIPTIVE STATISTICS

VARIABLE NAME      N        MEAN        SD        MINIMUM      MAXIMUM
    SCAREA         15       0.47       0.52        0.00         1.00
    SCPSEX         15       0.47       0.52        0.00         1.00
    SCTIME         15       3.68       1.17        1.13         5.57
    SCHCUL         15       5.26       1.38        2.00         6.93

MDM template:   D:\0722HLM\閱讀三層次.mdmt
MDM file name:  閱讀三個層次
Date:           Aug 9, 2013
Time:           17:26:53
```

　　文書檔中階層一、階層二的變數清單與之前一樣，模組唯一的差別是階層三的變數清單，學校組織解釋變項從 SCAREA、SCPSEX 二個變成 SCAREA（學校地區）、SCPSEX（校長性別）、SCTIME（校閱讀時間）、SCHCUL（校家庭資本）等四個。

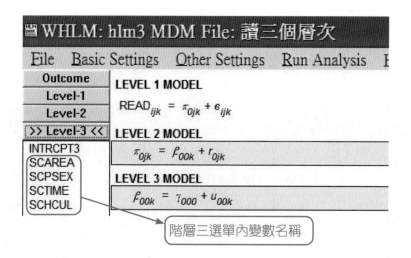

HLM 命令檔案對話視窗，多層次模型界定完成，執行功能表列『Run Analysis』程序（執行分析），如果疊代運算次數已達 99（iteration 99），模型尚未收斂，與階層二的多層次模型一樣，會出現「The maximum number of iterations has been reached, but the analysis has not converged. Do you want to continue until convergence?」提示訊息，詢問使用者，運算估計的疊代次數已達最大內定次數 100，但模型分析結果未達收斂，是否要繼續運算直到模型收斂為止。此時，按下 y 或 Y 鍵，再加上 Enter 鈕，即可繼續執行分析程序。

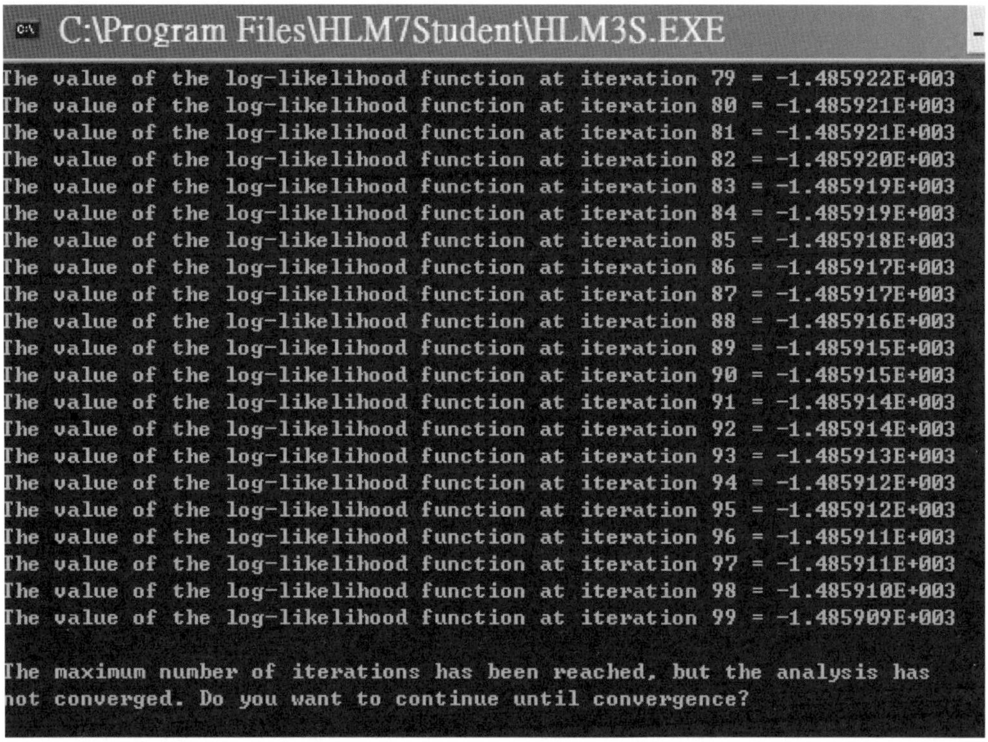

下圖為按下「y」或「Y」鍵，再加上「Enter」鈕，繼續執行分析程序的畫面。

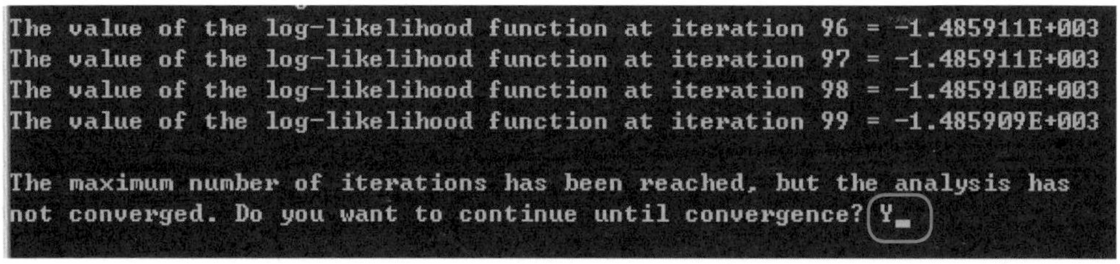

　　範例圖示中疊代運算次數達 1220 次，模型才能收斂，各項參數可以順利估計出來，最後疊代運算次數提示語為：「The value of the log-likelihood function at iteration 1220 = −1.485804E + 003」。

```
The value of the log-likelihood function at iteration 1212 = -1.485804E+003
The value of the log-likelihood function at iteration 1213 = -1.485804E+003
The value of the log-likelihood function at iteration 1214 = -1.485804E+003
The value of the log-likelihood function at iteration 1215 = -1.485804E+003
The value of the log-likelihood function at iteration 1216 = -1.485804E+003
The value of the log-likelihood function at iteration 1217 = -1.485804E+003
The value of the log-likelihood function at iteration 1218 = -1.485804E+003
The value of the log-likelihood function at iteration 1219 = -1.485804E+003
The value of the log-likelihood function at iteration 1220 = -1.485804E+003
```

　　階層二或階層三資料結構內定的疊代運算次數最大值為 100，為簡化運算程序，可以將內定的最大疊代次數更改為較大的數值，如「5000」。執行功能表『Other Setting』（其他設定）/『Iteration Setting』（疊代設定），開啟「Iteration Control-HLM3」對話視窗，將「Number of（micro）iterations」（最大疊代數值）右側方格之內定數值 100 改為 5000。

　　在階層二類似的對話視窗中，有一個「How to handle bad Tau(0)」的方盒，表示階層二出現負的變異數的修正方法（負的變異數為不合理的解值，因為變異數為標準差統計量的平方值，理論上不可能出現負值），內定修正方法是由 HLM 自動修正（◉Automatic fixup）。三個階層之總體層次有二個選項：階層二變異數與階層三變異數參數的修正，因而「Iteration Control-HLM3」對話視窗有二個變異數的修正方盒：「How to handle bad Tau(pi)(0)」（第二層各組織內群組間的變異數 τ_π）、「How to handle bad Tau(beta)(0)」（第三層組織間的變異數 τ_β），內定的修正方法均為「◉Automatic fixup」選項，表示由 HLM 統計軟體自動修正。

執行功能表列基本設定（Basic Settings）程序，可以開啟「Basic Model Specification-HLM3」（基本模型界定－HLM3）對話視窗，二個階層之多層次模型內定的輸出結果檔案名稱（Output file name）為「hlm2.html」，三個階層之多層次模型內定的輸出結果檔案名稱（Output file name）為「hlm3.html」，如果研究者要修改模型估計結果之輸出結果檔案名稱及其位置，於「Output file name」右側方格內，直接鍵入檔案名稱及存檔路徑。

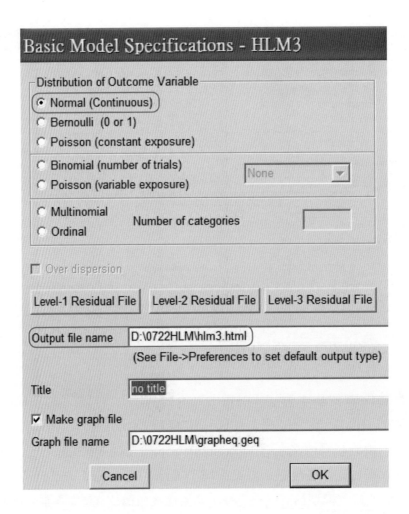

第 8 章

三個階層之多層次模型

三個階層的多層次分析模式，以學生個體、學生巢套於班級、班級巢套於學校組織三個層次為例，以學生學業成就為結果變項、學生的智力、學習動機為個體層次的解釋變項，班級教師的教學策略為第二層的解釋變項，學校所在地區為第三層的解釋變項。

壹 三階多層次模型的基本說明

一、完全無條件化模型

三個層次均沒有解釋變項的無條件模型（或零模型）為：

第一層模型（學生層次）：

學業成就$_{ijk}$ = π_{0ij} + e_{ijk}，或

學業成就$_{ijk}$ = π_{0ij} + ε_{ijk}

學業成就$_{ijk}$ 為第 k 所學校第 j 所班級中第 i 位學生個人的學業成績或分數。

π_{0ik} 為第 k 所學校第 j 所班級的班級平均學業成績。

ε_{ijk} 是學生層次的隨機效果，表示的是學生$_{ijk}$ 的學業成績與根據階層一模型預測學業成績間的差異值，亦即學生$_{ijk}$ 的學業成績距班級平均數的離均差，ε_{ijk} 隨機效果呈平均數為 0、變異數為 σ^2 的常態分配。

第二層模型（班級層次）：

π_{0jk} = β_{00k} + γ_{0jk}

π_{0jk} 為第 k 所學校第 j 所班級的平均學業成績。

β_{00k} 為第 k 所學校的學校平均學業成績。

γ_{0jk} 為班級的隨機效果，表示的是班級$_{jk}$ 的班級學業成績與其所巢套學校之學校平均數間的離均差，第 k 所學校第 j 所班級的平均學業成績 π_{0jk} 是圍繞所在學校（k）的學校平均學業成績隨機變動的結果，誤差項 γ_{0jk} 假定符應平均數為 0、變異數為 τ_π 的常態分配。每所學校之內的班級之間的班級平均學業成績之變異情況假定是相同的，以第 k 所學校為例，若是第 j 個班級之班級平均學業成就

與所有班級學業成就總平均值間的差異較大，表示班級間平均學業成就的變異較大，第 k 所學校組織內，班級與班級間的平均學業成就有很大的差異存在。

第三層次模型（學校層次）：

$$\beta_{00k} = \gamma_{000} + \mu_{00k}$$

β_{00k} 為第 k 所學校的學校平均學業成績。

γ_{000} 為所有學校（全部學生）的總平均學業成績。

μ_{00k} 為學校的隨機效果，表示的是學校 k 的學校平均學業成績與總平均學業成績的差異值，階層三表示的是學校「校學業成績」與所有學校（全部學生）的總平均學業成績間的變異程度，學校「校學業成績」β_{00k} 假定是圍繞總平均學業成績的隨機變動，如果第 k 所的學校平均學業成就與所有學校總平均學業成就的變異很小，表示各校之間的平均學業成就差不多，此時學校間的變異數可能接近 0 或為 0；相對的，若是第 k 所學校的學校平均學業成就與所有學校學業成就總平均值差異很大，表示學校之間的平均學業成就差異較大。階層三誤差項 μ_{00k} 假定符應平均數為 0、變異數為 τ_β 的常態分配。

零模型結果變項學生學業成就的總變異數可以拆解為三個部分：各校班級之內學生與學生之間的變異 σ^2（階層一變異，variance among students within classes），同一學校中班級與班級之間的變異 τ_π（階層二變異，variance among classes within schools），抽樣學校與學校之間的變異 τ_β（階層二變異，variance among schools），總變異數為 $\sigma^2 + \tau_\pi + \tau_\beta$。各階層的變異佔總變異的百分比分別為：

1. 同一班級之內學生之間差異的變異數比例（proportion of variance among students）：$\dfrac{\sigma^2}{\sigma^2 + \tau_\pi + \tau_\beta}$

2. 同一學校之內班級之間差異的變異數比例（proportion of variance among classes）：$\dfrac{\tau_\pi}{\sigma^2 + \tau_\pi + \tau_\beta}$，以一般變異數分析方程符號表示階層二組內相關係數為：$\rho_{level2} = \dfrac{s_{bg2}^2}{s_{bg2}^2 + s_{bg3}^2 + s_{wg}^2}$，其中 s_{bg2}^2 為階層二群組的變異數、s_{bg3}^2 為階層三群組的變異數、s_{wg}^2 為第一層殘差項的變異數（Tabachnick & Fidell, 2007）。

3. 學校與學校之間差異的變異數比例（proportion of variance among schools）：$\dfrac{\tau_\beta}{\sigma^2 + \tau_\pi + \tau_\beta}$，以一般變異數分析方程符號表示，階層三組內相關

係數：$\rho_{\text{level3}} = \dfrac{s_{bg3}^2}{s_{bg2}^2 + s_{bg3}^2 + s_{wg}^2}$，階層二群組與階層三組織單位共可解釋結果

變項的變異百分比為：$\rho_{\text{level2}} = \dfrac{s_{bg2}^2 + s_{bg3}^2}{s_{bg2}^2 + s_{bg3}^2 + s_{wg}^2}$，HLM 統計軟體通用符號為：

$\dfrac{\tau_\pi + \tau_\beta}{\sigma^2 + \tau_\pi + \tau_\beta}$。

階層二每個班級 jk 的信度指標為：信度 $(\hat{\pi}_{0jk}) = \dfrac{\tau_\pi}{\tau_\pi + \sigma^2 / n_{jk}}$，此信度指標是

班級樣本平均數的信度，用以鑑別同一學校之內各班級平均數的真實情況。

階層三對於某個學校 k 的信度指標為：信度 $(\hat{\beta}_{00k}) = \dfrac{\tau_\beta}{\tau_\beta + \{\sum [\tau_\pi + \sigma^2 / n_{jk}]^{-1}\}^{-1}}$，此

信度指標是學校樣本平均數的信度，用以鑑別學校平均數的真實情況。

學生、學生巢套於班級、班級巢套於學校之三層資料結構的多層次分析模型，三個層次之誤差項變異數的圖示如下：

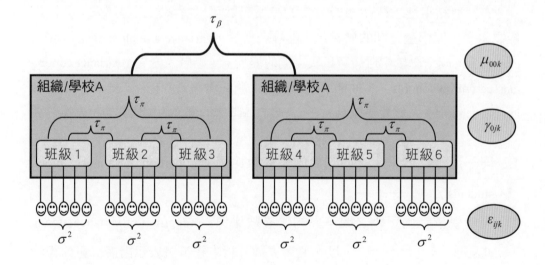

♪ 二、完全條件化模型

完全條件化模型（fully conditional model）指各層次中均有解釋變項，階層一的解釋變項為學生屬性或個人特徵（學生個體變項對學業成就的影響），階

層二的解釋變項為教師屬性或班級特徵（班級群組變項對學業成就的影響），階層三的解釋變項為校長屬性或學校特徵（學校組織變項對學業成就的影響）（謝俊義，2010；Raudenbush & Anthony, 2002）。

階層一模型：

學業成就$_{ijk} = \pi_{0jk} + \pi_{1jk} \alpha_{1ijk} + \pi_{2jk} \alpha_{2ijk} + \cdots + \pi_{pjk} \alpha_{piijk} + \varepsilon_{ijk}$

其中 α_{piijk} 為學生個體（第 k 所學校第 j 所班級中第 i 位學生）第 p 個解釋變項，π_{pjk} 為學生個體解釋變項對學業成就影響的斜率，每個預測變項 α_p 與班級 jk 的學業成績間之關聯方向與強度。

學業成就$_{ijk}$ 為第 k 所學校第 j 所班級中第 i 位學生的學業成績。

π_{0jk} 為第 k 所學校第 j 所班級的截距（班級平均學業成績）。

ε_{ijk} 是學生層次的隨機效果。

階層二模型：

$$\pi_{0jk} = \beta_{00k} + \beta_{01k} X_{1jk} + \beta_{02k} X_{2jk} + \cdots + \beta_{0qk} X_{qjk} + \gamma_{0jk}$$
$$\pi_{1jk} = \beta_{10k} + \beta_{11k} X_{1jk} + \beta_{12k} X_{2jk} + \cdots + \beta_{1qk} X_{qjk} + \gamma_{1jk}$$
$$\pi_{2jk} = \beta_{20k} + \beta_{21k} X_{1jk} + \beta_{22k} X_{2jk} + \cdots + \beta_{2qk} X_{qjk} + \gamma_{2jk}$$
$$\cdots\cdots$$
$$\pi_{pjk} = \beta_{p0k} + \beta_{p1k} X_{1jk} + \beta_{p2k} X_{2jk} + \cdots + \beta_{pqk} X_{qjk} + \gamma_{pjk}$$

上面以班級截距與斜率為結果變項的迴歸模式簡化為：

$$\pi_{pjk} = \beta_{p0k} + \sum_{q=1}^{Qp} \beta_{pqk} X_{qjk} + \gamma_{pjk}$$

其中：

β_{00k} 或 β_{p0k} 是班級效果 π_{pjk} 的模型中學校組織的截距。

X_{qjk} 為第二層班級群組預測學生學業成就的班級特徵或教師屬性之解釋變項。

β_{0qk} 或 β_{pqk} 為第二層的迴歸係數（斜率參數），表示班級群組解釋變項 X_{qjk} 與截距（或斜率）π_{pjk} 之間關聯的方向與強度，即班級群組解釋變項與第一層截距項或第一層斜率項間的關係。

γ_{pjk} 為第二層的隨機效果（第二層的殘差項）。

階層三模型：

$$\beta_{00k} = \gamma_{000} + \gamma_{001}W_{1k} + \cdots + \gamma_{00s}W_{sk} + \mu_{00k}$$

$$\beta_{0qk} = \gamma_{0q0} + \gamma_{0q1}W_{1k} + \cdots + \gamma_{0qs}W_{sk} + \mu_{0qk}$$

$$\beta_{p0k} = \gamma_{p00} + \gamma_{p01}W_{1k} + \cdots + \gamma_{p0s}W_{sk} + \mu_{p0k}$$

$$\beta_{pqk} = \gamma_{pq0} + \gamma_{pq1}W_{1k} + \cdots + \gamma_{pqs}W_{sk} + \mu_{pqk}$$

納入學校組織特徵解釋變項的第三層迴歸模式簡化為：

$$\beta_{pqk} = \gamma_{pq0} + \sum_{s=1}^{S_{pq}} \gamma_{pqs}\,W_{sk} + \mu_{pqk}$$

γ_{pq0}（γ_{000}、γ_{0q0}、γ_{p00}、γ_{pq0}）為學校組織層級每個模型中的截距項（學校調整後平均數）。

W_{sk} 為學校組織特徵的解釋變項（$s = 1, 2, \cdots\cdots, S_{pq}$），其作用在於考驗學校效果對於 β_{pqk} 的影響程度（學校組織特性的解釋變項對第二層截距項與斜率項是否有顯著的影響）。

μ_{pqk}（μ_{00k}、μ_{0qk}、μ_{p0k}）為階層三的隨機效果（第三層的誤差項），表示學校組織 k 的係數 β_{pqk} 與基於學校層次模型的預測值之間的誤差值。

以學生學業成就為結果變項，階層個體層次投入學生智力與學習動機解釋變項，三個階層的方程為：

第一層次：
$$學業成就_{ijk} = \pi_{0jk} + \pi_{1jk} \times 智力_{ijk} + \pi_{2jk} \times 學習動機_{ijk} + e_{ijk}$$

第二層次：
$$\pi_{0jk} = \beta_{00k} + \gamma_{0jk}$$
$$\pi_{1jk} = \beta_{10k} + \gamma_{1jk}$$
$$\pi_{2jk} = \beta_{20k} + \gamma_{2jk}$$

第三層次：
$$\beta_{00k} = \gamma_{000} + \gamma_{00k}$$

貳 三階多層次模型範例

下面為各種模型的具體範例（範例中為簡化模型，各層次解釋變項沒有出現組平減或總平減轉換符號）：

◎ 一、個體層次解釋變項對結果變項的影響（第二層與第三層沒有置回脈絡變項）

第一層次
閱讀成就$_{ijk}$ = π_{0jk} + π_{1jk} × 家庭結構$_{ijk}$ + π_{2jk} × 閱讀時間$_{ijk}$ + π_{3jk} × 家庭資本$_{ijk}$ + e_{ijk}

第二層次：
$$\pi_{0jk} = \beta_{00k} + \gamma_{0jk}$$
$$\pi_{1jk} = \beta_{10k} + \gamma_{1jk}$$
$$\pi_{2jk} = \beta_{20k} + \gamma_{2jk}$$
$$\pi_{3jk} = \beta_{30k} + \gamma_{3jk}$$

第三層次：
$$\beta_{00k} = \gamma_{000} + \mu_{00k}$$
$$\beta_{10k} = \gamma_{100} + \mu_{10k}$$
$$\beta_{20k} = \gamma_{200} + \mu_{20k}$$
$$\beta_{30k} = \gamma_{300} + \mu_{30k}$$

◎ 二、個體層次解釋變項對結果變項的影響（第二層與第三層有置回脈絡變項）

第一層次
閱讀成就$_{ijk}$ = π_{0jk} + π_{1jk} × 家庭結構$_{ijk}$ + π_{2jk} × 閱讀時間$_{ijk}$ + π_{3jk} × 家庭資本$_{ijk}$ + e_{ijk}

第二層次：
$$\pi_{0jk} = \beta_{00k} + \beta_{01k} × 班閱讀時間_{jk} + \beta_{02k} × 班家庭資本_{jk} + \gamma_{0jk}$$
$$\pi_{1jk} = \beta_{10k} + \gamma_{1jk}$$

$$\pi_{2jk} = \beta_{20k} + \gamma_{2jk}$$

$$\pi_{3jk} = \beta_{30k} + \gamma_{3jk}$$

第三層次：

$$\beta_{00k} = \gamma_{000} + \gamma_{001} \times 校閱讀時間_k + \gamma_{002} \times 校家庭資本_k + \mu_{00k}$$

$$\beta_{01k} = \gamma_{010} + \mu_{01k}$$

$$\beta_{02k} = \gamma_{020} + \mu_{02k}$$

$$\beta_{10k} = \gamma_{100} + \mu_{10k}$$

$$\beta_{20k} = \gamma_{200} + \mu_{20k}$$

$$\beta_{30k} = \gamma_{300} + \mu_{30k}$$

🕐 三、班級層次解釋變項對結果變項的影響（第三層沒有置回脈絡變項）

第一層次

$$閱讀成就_{ijk} = \pi_{0jk} + e_{ijk}$$

第二層次：

$$\pi_{0jk} = \beta_{00k} + \beta_{01k} \times 班教學策略_{jk} + \beta_{02k} \times 班閱讀態度_{jk} + \gamma_{0jk}$$

第三層次：

$$\beta_{00k} = \gamma_{000} + \mu_{00k}$$

$$\beta_{01k} = \gamma_{010} + \mu_{01k}$$

$$\beta_{02k} = \gamma_{020} + \mu_{02k}$$

🕐 四、學校層次解釋變項對結果變項的影響（第三層沒有納入脈絡變項）

第一層次

$$閱讀成就_{ijk} = \pi_{0jk} + e_{ijk}$$

第二層次：

$$\pi_{0jk} = \beta_{00k} + \gamma_{0jk}$$

第三層次：

$$\beta_{00k} = \gamma_{000} + \gamma_{001} \times 學校所在地區_k + \gamma_{002} \times 學校校長性別_k + \mu_{00k}$$

五、學生層次及學校層次解釋變項同時對結果變項的影響（第二層與第三層有納入脈絡變項）

第一層次

$$閱讀成就_{ijk} = \pi_{0jk} + \pi_{1jk} \times 家庭結構_{ijk} + \pi_{2jk} \times 閱讀時間_{ijk} + \pi_{3jk} \times 家庭資本_{ijk} + e_{ijk}$$

第二層次：

$$\pi_{0jk} = \beta_{00k} + \beta_{01k} \times 班閱讀時間_{jk} + \beta_{02k} \times 班家庭資本_{jk} + \gamma_{0jk}$$

$$\pi_{1jk} = \beta_{10k} + \gamma_{1jk}$$

$$\pi_{2jk} = \beta_{20k} + \gamma_{2jk}$$

$$\pi_{3jk} = \beta_{30k} + \gamma_{3jk}$$

第三層次：

$$\beta_{00k} = \gamma_{000} + \gamma_{001} \times 學校所在地區_k + \gamma_{002} \times 學校校長性別_k + \gamma_{003} \times 校閱讀時間_k +$$
$$\gamma_{004} \times 校家庭資本_k + \mu_{00k}$$

$$\beta_{10k} = \gamma_{100} + \mu_{10k}$$

$$\beta_{20k} = \gamma_{200} + \mu_{20k}$$

$$\beta_{30k} = \gamma_{300} + \mu_{30k}$$

六、學生層次解釋變項及班級層次解釋變項同時對結果變項的影響（第二層有置回脈絡變項）

第一層次

$$閱讀成就_{ijk} = \pi_{0jk} + \pi_{1jk} \times 家庭結構_{ijk} + \pi_{2jk} \times 閱讀時間_{ijk} + \pi_{3jk} \times 家庭資本_{ijk} + e_{ijk}$$

第二層次：

$$\pi_{0jk} = \beta_{00k} + \beta_{01k} \times 班閱讀時間_{jk} + \beta_{02k} \times 班家庭資本_{jk} + \beta_{03k} \times 班教學策略_{jk} +$$
$$\beta_{04k} \times 班閱讀態度_{jk} + \gamma_{0jk}$$

$$\pi_{1jk} = \beta_{10k} + \gamma_{1jk}$$

$$\pi_{2jk} = \beta_{20k} + \gamma_{2jk}$$

$$\pi_{3jk} = \beta_{30k} + \gamma_{3jk}$$

第三層次：

$$\beta_{00k} = \gamma_{000} + \mu_{00k}$$

$$\beta_{01k} = \gamma_{010} + \mu_{01k}$$

$$\beta_{02k} = \gamma_{020} + \mu_{02k}$$

$$\beta_{03k} = \gamma_{030} + \mu_{03k}$$

$$\beta_{04k} = \gamma_{040} + \mu_{04k}$$

$$\beta_{10k} = \gamma_{100} + \mu_{10k}$$

$$\beta_{20k} = \gamma_{200} + \mu_{20k}$$

$$\beta_{30k} = \gamma_{300} + \mu_{30k}$$

⟳ 七、班級層次與學生層次對閱讀成就影響之跨層次交互作用效果（未納入第三層次解釋變項）

第一層次

閱讀成就$_{ijk}$ $= \pi_{0jk} + \pi_{1jk} \times$ 家庭結構$_{ijk}$ $+ \pi_{2jk} \times$ 閱讀時間$_{ijk}$ $+ \pi_{3jk} \times$ 家庭資本$_{ijk}$ $+ e_{ijk}$

第二層次：

$$\pi_{0jk} = \beta_{00k} + \beta_{01k} \times 班閱讀時間_{jk} + \beta_{02k} \times 班家庭資本_{jk} + \beta_{03k} \times 班教學策略_{jk} + \gamma_{0jk}$$

$$\pi_{1jk} = \beta_{10k} + \beta_{11k} \times 班教學策略_{jk} + \gamma_{1jk}$$

$$\pi_{2jk} = \beta_{20k} + \beta_{21k} \times 班教學策略_{jk} + \gamma_{2jk}$$

$\pi_{3jk} = \beta_{30k} + \beta_{31k} \times$ 班教學策略$_{jk}$ $+ \gamma_{3jk}$（如不分析班級教師教學策略對家庭資本與閱讀成就的影響關係，方程改為 $\pi_{3jk} = \beta_{30k} + \gamma_{3jk}$）

第三層次：

$$\beta_{00k} = \gamma_{000} + \mu_{00k}$$

$$\beta_{01k} = \gamma_{010} + \mu_{01k}$$

$$\beta_{02k} = \gamma_{020} + \mu_{02k}$$

$$\beta_{03k} = \gamma_{030} + \mu_{03k}$$

$$\beta_{10k} = \gamma_{100} + \mu_{10k}$$

$$\beta_{11k} = \gamma_{110} + \mu_{11k}$$

$$\beta_{20k} = \gamma_{200} + \mu_{20k}$$

$$\beta_{21k} = \gamma_{210} + \mu_{21k}$$

$$\beta_{30k} = \gamma_{300} + \mu_{30k}$$

$$\beta_{31k} = \gamma_{310} + \mu_{31k}$$

↻ 八、班級層次與學生層次對閱讀成就影響之跨層次交互作用效果（第三層截距項有納入學校層級脈絡變項及解釋變項）

第一層次

閱讀成就$_{ijk}$ = π_{0jk} + π_{1jk} × 家庭結構$_{ijk}$ + π_{2jk} × 閱讀時間$_{ijk}$ + π_{3jk} × 家庭資本$_{ijk}$ + e_{ijk}

第二層次：

$$\pi_{0jk} = \beta_{00k} + \beta_{01k} \times 班閱讀時間_{jk} + \beta_{02k} \times 班家庭資本_{jk} + \beta_{03k} \times 班教學策略_{jk} + \gamma_{0jk}$$

$$\pi_{1jk} = \beta_{10k} + \beta_{11k} \times 班教學策略_{jk} + \gamma_{1jk}$$

$$\pi_{2jk} = \beta_{20k} + \beta_{21k} \times 班教學策略_{jk} + \gamma_{2jk}$$

$$\pi_{3jk} = \beta_{30k} + \beta_{31k} \times 班教學策略_{jk} + \gamma_{3jk}$$

第三層次：

$$\beta_{00k} = \gamma_{000} + \gamma_{001} \times 學校所在地區_k + \gamma_{002} \times 學校校長性別_k + \gamma_{003} \times 校閱讀時間_k + \gamma_{004} \times 校家庭資本_k + \mu_{00k}$$

$$\beta_{01k} = \gamma_{010} + \mu_{01k}$$

$$\beta_{02k} = \gamma_{020} + \mu_{02k}$$

$$\beta_{03k} = \gamma_{030} + \mu_{03k}$$

$$\beta_{10k} = \gamma_{100} + \mu_{10k}$$

$$\beta_{11k} = \gamma_{110} + \mu_{11k}$$

$$\beta_{20k} = \gamma_{200} + \mu_{20k}$$

$$\beta_{21k} = \gamma_{210} + \mu_{21k}$$

$$\beta_{30k} = \gamma_{300} + \mu_{30k}$$

$$\beta_{31k} = \gamma_{310} + \mu_{31k}$$

⟲ 九、學校層次與學生層次對閱讀成就影響之跨層次交互作用效果

第一層次

閱讀成就$_{ijk}$ = π_{0jk} + π_{1jk} × 家庭結構$_{ijk}$ + π_{2jk} × 閱讀時間$_{ijk}$ + π_{3jk} × 家庭資本$_{ijk}$ + e_{ijk}

第二層次：

$\pi_{0jk} = \beta_{00k} + \gamma_{0jk}$

$\pi_{1jk} = \beta_{10k} + \gamma_{1jk}$

$\pi_{2jk} = \beta_{20k} + \gamma_{2jk}$

$\pi_{3jk} = \beta_{30k} + \gamma_{3jk}$

第三層次：

$\beta_{00k} = \gamma_{000} + \gamma_{001}$ × 學校所在地區$_k$ + γ_{002} × 學校校長性別$_k$ + γ_{003} × 校閱讀時間$_k$ +
$\qquad \gamma_{004}$ × 校家庭資本$_k$ + μ_{00k}

$\beta_{10k} = \gamma_{100} + \gamma_{101}$ × 學校所在地區$_k$ + μ_{10k}

$\beta_{20k} = \gamma_{200} + \gamma_{201}$ × 學校所在地區$_k$ + μ_{20k}

$\beta_{30k} = \gamma_{300} + \gamma_{301}$ × 學校所在地區$_k$ + μ_{30k}

❀ 參 三個階層之多層次模型圖示

　　三個階層之多層次模型圖示說明下：範例中結果變項為學生的閱讀成就，階層一學生層次的解釋變項有學生家庭結構（單親家庭、完整家庭）、閱讀時間、閱讀態度；階層二班級群組層次的解釋變項有班閱讀時間（脈絡變項）、班閱讀態度（脈絡變項）、班級教師閱讀態度；階層三學校組織層次的解釋變項有校閱讀時間（脈絡變項）、校閱讀態度（脈絡變項）、學校所在地區（都會地區、非都會地區）。

◑ 一、零模型

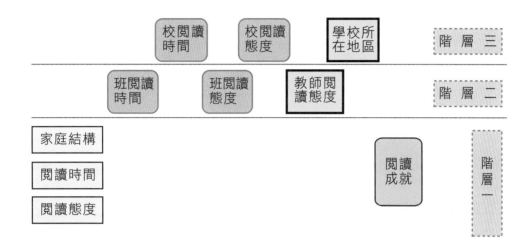

◑ 二、隨機係數迴歸模型 A

　　個體解釋變項對結果變項的影響效果（未置回階層二與階層三的脈絡變項），模型探究的是班級內學生層次的解釋變項家庭結構、閱讀時間、閱讀態度對學生閱讀成就的影響效果。

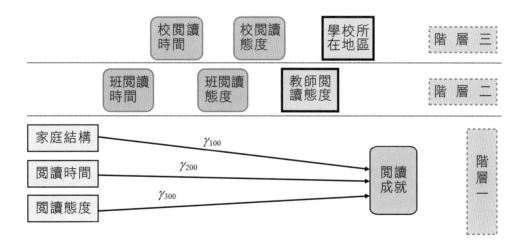

三、隨機係數迴歸模型 B

個體解釋變項對結果變項的影響效果（置回階層二與階層三的脈絡變項）。

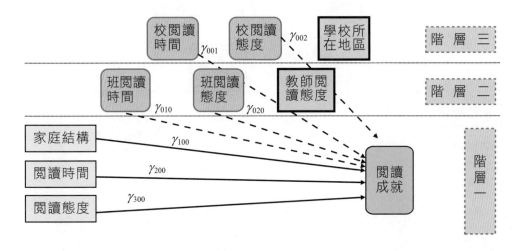

四、以平均數為結果的迴歸模型 A

階層二班級群組特徵解釋變項對結果變項的影響效果（置回階層三的脈絡變項），模型探究的是學校內各班班級的解釋變項班閱讀時間、班閱讀態度、教師閱讀態度對班級平均閱讀成就的影響，並探究學校層次脈絡變項校閱讀時間、校閱讀態度對各校平均閱讀成就的影響。

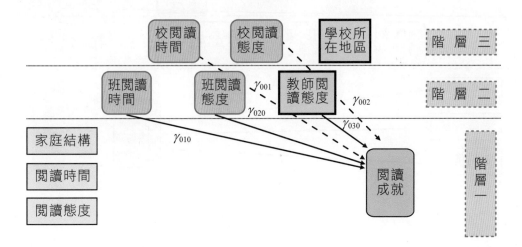

🕐 五、以平均數為結果的迴歸模型 B

　　階層三學校組織特徵解釋變項對結果變項的影響效果。模型探究的是學校的解釋變項 / 脈絡變項：校閱讀時間、校閱讀態度、學校所在地區對各校平均閱讀成就的影響。

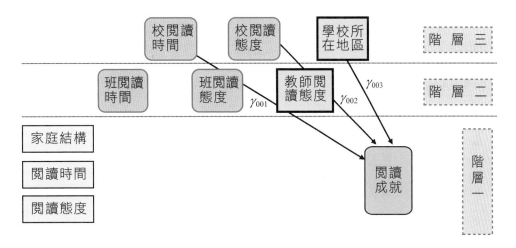

🕐 六、脈絡模型 A

　　同時考量學生層次與班級層次解釋變項對結果變項的影響效果，當控制班閱讀時間、班閱讀態度、教師閱讀態度對閱讀成就的影響後，學生層次的解釋變項：家庭結構、閱讀時間、閱讀態度對閱讀成就是否有顯著的影響效果；當控制學生層次解釋變項家庭結構、閱讀時間、閱讀態度對閱讀成就的影響後，班閱讀時間、班閱讀態度、教師閱讀態度等班級層次的解釋變項，對學校內各班平均閱讀成就是否有顯著的影響效果？

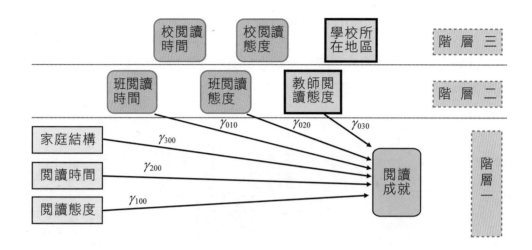

七、脈絡模型 B

　　同時考量學生層次與學校層次解釋變項對結果變項的影響效果。當控制校閱讀時間、校閱讀態度、學校所在地區對閱讀成就的影響後，學生層次的解釋變項家庭結構、閱讀時間、閱讀態度對閱讀成就是否有顯著的影響效果？當控制學生層次解釋變項家庭結構、閱讀時間、閱讀態度對閱讀成就的影響後，校閱讀時間、校閱讀態度、學校所在地區等學校層次的解釋變項，對各校平均閱讀成就是否有顯著的影響效果？

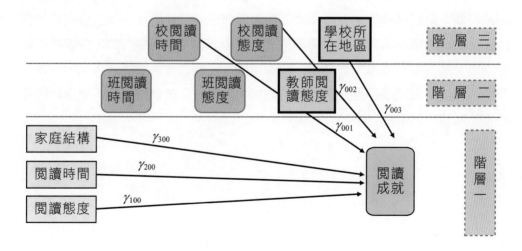

八、脈絡模型 C

同時考量班級層次與學校層次解釋變項對結果變項的影響效果。當控制校閱讀時間、校閱讀態度、學校所在地區對閱讀成就的影響後，班級層次的解釋變項班閱讀時間、班閱讀態度、教師閱讀態度對學校內各班平均閱讀成就是否有顯著的影響效果？當控制班級層次解釋變項班閱讀時間、班閱讀態度、教師閱讀態度對班級閱讀成就的影響後，校閱讀時間、校閱讀態度、學校所在地區等學校層次的解釋變項，對各校平均閱讀成就是否有顯著的影響效果？

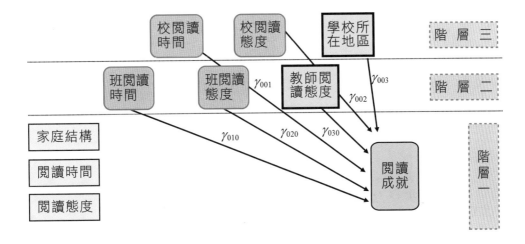

九、跨層次交互作用效果 A

階層一學生層次解釋變項與階層二班級層次解釋變項，對閱讀成就影響的跨層次交互作用。各班中學生層次的解釋變項家庭結構、閱讀時間、閱讀態度，對閱讀成就影響的平均效果，是否會受到班級教師閱讀態度的影響？

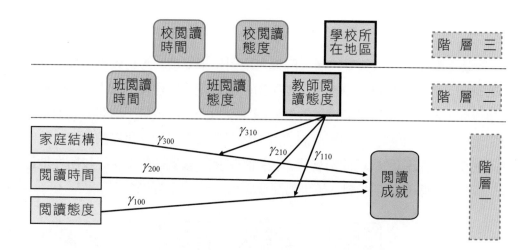

　　階層一與階層二跨層次交互作用檢定中，假定階層一個體層次的解釋變項有三個，階層一的固定效果值分別為 γ_{100}、γ_{200}、γ_{300}；階層二群組層次的解釋變項有三個階層二的固定效果值，依序為 γ_{010}、γ_{020}、γ_{030}，跨層次的交互作用項固定效果值為 γ_{110}、γ_{120}、γ_{130}、γ_{210}、γ_{220}、γ_{230}、γ_{310}、γ_{320}、γ_{330}。

↻ 十、跨層次交互作用效果 B

　　階層一學生層次解釋變項與階層三學校層次解釋變項，對閱讀成就影響的跨層次交互作用。各校中學生層次的解釋變項家庭結構、閱讀時間、閱讀態度，對閱讀成就影響的平均效果，是否會受到學校所在地區的影響？

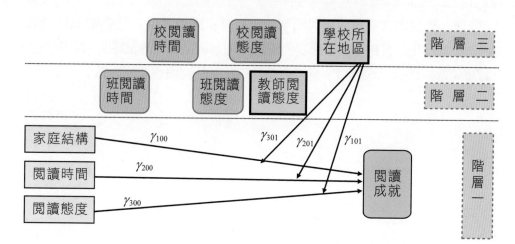

階層一與階層二跨層次交互作用檢定中，假定階層一個體層次的解釋變項有三個，階層一的固定效果值分別為 γ_{100}、γ_{200}、γ_{300}；階層三組織層次的解釋變項有三個階層三的固定效果值依序為 γ_{001}、γ_{002}、γ_{003}，跨層次的交互作用項固定效果值為 γ_{101}、γ_{102}、γ_{103}、γ_{201}、γ_{202}、γ_{203}、γ_{301}、γ_{302}、γ_{303}。

↻ 十一、跨層次交互作用效果 C

階層二班級群組解釋變項與階層三學校層次解釋變項，對閱讀成就影響的跨層次交互作用。各校中班級層次的解釋變項班閱讀時間、班閱讀態度、教師閱讀態度，對班級閱讀成就的平均影響效果，是否會受到學校所在地區的影響？

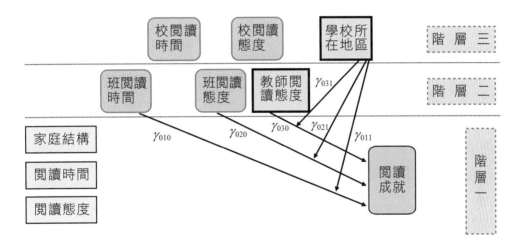

肆 學生閱讀成就之三個階層的多層次模型分析

結果變項為學生閱讀成就。

↻ 一、零模型

階層一模型：

$READ_{ijk} = \pi_{0jk} + e_{ijk}$

階層二模型：

$\pi_{0jk} = \beta_{00k} + r_{0jk}$

階層三模型：

$$\beta_{00k} = \gamma_{000} + u_{00k}$$

混合模型：

$$READ_{ijk} = \gamma_{000} + r_{0jk} + u_{00k} + e_{ijk}$$

方程式中：

$READ_{ijk}$ 為第 k 所學校第 j 個班級第 i 位學生的閱讀成就分數。

π_{0jk} 為第 k 所學校第 j 個班級之班級平均閱讀成就。

β_{00k} 為第 k 所學校之學校平均閱讀成就。

γ_{000} 為所有學校（或全部學生）閱讀成就的總平均數。

e_{ijk} 為第 k 所學校第 j 個班級內學生與學生間閱讀成就變異的隨機效果，變異數為 σ^2（第一層班級內學生間的變異）。

r_{0jk} 為第 k 所學校內班級與班級間之班級閱讀成就變異的隨機效果，變異數為 τ_π（第二層班級群組間的變異）。

μ_{00k} 為學校與學校間之學校平均閱讀成就變異的隨機效果，變異數為 τ_β（第三層學校組織間的變異），或第 k 所學校之學校平均閱讀成就分數與所有學校（或全部學生）閱讀成就的總平均值間的差異程度。

$\sigma^2 = 119.61714$

Standard error of $\sigma^2 = 8.25437$

階層一誤差項的變異數與變異數的標準誤。

Random level-1 Coefficient	Reliability estimate
INTRCPT1, π_0	0.909

階層一隨機係數的信度估計值，信度指標值為 0.909。

Random level-2 Coefficient	Reliability estimate
INTRCPT1/INTRCPT2, β_{00}	0.556

階層二隨機係數的信度估計值，信度指標值為 0.556。

Final estimation of fixed effects（最後效果估計值）
（with robust standard errors）（採用強韌性標準誤）

Fixed Effect 固定效果	Coefficient 係數	Standard error 標準誤	t-ratio t 值	Approx. $d.f.$ 自由度	p-value 顯著性
For INTRCPT1, π_0					
For INTRCPT2, β_{00}					
INTRCPT3, γ_{000}	63.406667	2.567634	24.695	14	< 0.001

$\gamma_{000} = 63.407$，$t(14) = 24.695$（$p < .001$），達統計顯著水準，表示 $\gamma_{000} = 63.407$ 的數值顯著不等於 0，零模型的情況下，γ_{000} 的估計值表示的是所有學生閱讀成就的總平均數。

Final estimation of level-1 and level-2 variance components
（階層一與階層二變異成分最後估計值）

Random Effect 隨機效果	Standard Deviation 標準差	Variance Component 變異數	$d.f.$ 自由度	χ^2 卡方值	p-value 顯著性
INTRCPT1, γ_0	8.93784	79.88493	15	165.26366	< 0.001
level-1, e	10.93696	119.61714			

三個階層的多層次模型分析，估計結果的隨機效果中，階層一與階層二變異數成分估計值會單獨以一個表格呈現，標題為「階層一與階層二變異成分最後估計值」（Final estimation of level-1 and level-2 variance components），而階

層三變異成分估計值會單獨以另一個表格呈現。

　　階層一與階層二隨機效果估計值中，第一層誤差項 e_{ijk} 的變異數 σ^2 = 119.617；第二層誤差項 γ_{0jk} 的變異數 τ_π = 79.885，$\chi^2(15)$ = 165.264（p < .001），達到統計顯著水準，表示同一學校中不同班級的平均閱讀成就間有顯著不同（各校內班級與班級間平均閱讀成就分數的差異）。

Final estimation of level-3 variance components（階層三變異成分最後估計值）

Random Effect 隨機效果	Standard Deviation 標準差	Variance Component 變異數	d.f. 自由度	χ^2 卡方值	p-value 顯著性
INTRCPT1/INTRCPT2, u_{00}	7.41360	54.96144	14	33.76684	0.003

Deviance = 3514.134146

　　階層三變異成分最後估計值（final estimation of level-3 variance components）摘要表，為第三層次誤差項 μ_{00k} 的變異數參數估計值，τ_β = 54.961，$\chi^2(14)$ = 33.767（p < .05），達到統計顯著水準，表示各學校組織間學校平均閱讀成就有顯著不同（學校與學校間平均閱讀成就分數的差異）。零模型的離異係數等於 3514.134。

　　各校內班級中，學生之間差異的變異數比例：

$$\frac{\sigma^2}{\sigma^2 + \tau_\pi + \tau_\beta} = \frac{119.617}{119.617 + 79.885 + 54.961} = 47.0\%。$$

學校之內，班級之間差異的變異數比例：

$$\frac{\tau_\pi}{\sigma^2 + \tau_\pi + \tau_\beta} = \frac{79.885}{119.617 + 79.885 + 54.961} = 31.4\%。$$

學校與學校之間差異的變異數比例：

$$\frac{\tau_\beta}{\sigma^2 + \tau_\pi + \tau_\beta} = \frac{54.961}{119.617 + 79.885 + 54.961} = 21.6\%。$$

　　HLM 分析程序關注的是階層二與階層三的 ICC 參數估計值，如果階層二與階層三的 ICC 參數估計值有一個非常小或接近 0，表示群組效果（階層二效果）

或組織單位效果（階層三效果）很低，各校內班級群組對結果變項平均值的影響效果不大，或學校對結果變項平均值的影響效果不高，此時採用三階層多層次分析的實質意義不大。範例中，階層二班級群組可以解釋學生結果變項的變異量百分比為 31.4%，階層三學校組織可以解釋學生結果變項的變異量百分比為 21.6%，ICC 數值均大於 .059。

學生閱讀成就表現在多層次分析模式之零模型的結果統整如下表：

學生閱讀成就表現在零模型分析結果摘要表
（三個階層模型均沒有任何解釋變項）

固定效果	係數	t 值	自由度
β_{00} 截距			
階層三學生閱讀成就之整體平均值 γ_{000}	63.407	24.695***	14
隨機效果	**變異數**	χ^2	**自由度**
階層三學校間平均閱讀成就之差異 $\mu_{00k}(\tau_\beta)$	54.961	33.767**	14
階層二各校內班級間平均閱讀成就之差異 $r_{0jk}(\tau_\pi)$	79.885	165.264***	15
階層一各校內班級中學生閱讀成就分數之差異 $e_{ijk}(\sigma^2)$	119.617		

離異係數 $(-2LL) = 3057.669$ ** $p < .01$ *** $p < .001$

二、隨機係數的迴歸模型

模型中只有階層一方程納入個體層次解釋變項：學生家庭結構、閱讀時間、家庭文化資本，階層二與階層三均未投入解釋變項。

階層一模型：

$$READ_{ijk} = \pi_{0jk} + \pi_{1jk} \times (HOME_{ijk}) + \pi_{2jk} \times (TIME_{ijk}) + \pi_{3jk} \times (HCUL_{ijk}) + e_{ijk}$$

階層二模型：

$$\pi_{0jk} = \beta_{00k} + r_{0jk}$$
$$\pi_{1jk} = \beta_{10k} + r_{1jk}$$
$$\pi_{2jk} = \beta_{20k} + r_{2jk}$$
$$\pi_{3jk} = \beta_{30k} + r_{3jk}$$

階層三模型：

$$\beta_{00k} = \gamma_{000} + u_{00k}$$

$$\beta_{10k} = \gamma_{100} + u_{10k}$$

$$\beta_{20k} = \gamma_{200} + u_{20k}$$

$$\beta_{30k} = \gamma_{300} + u_{30k}$$

TIME HCUL have been centered around the grand mean.

註：學生閱讀時間、家庭文化資本經總平減轉換。

HLM 之「Command File」視窗界面，各階層解釋變項的平減符號為：

階層一：組平減為：解釋變項$_{ijk}$－$\overline{解釋變項}_{jk}$，

　　　　總平減為：解釋變項$_{ijk}$－$\overline{解釋變項}_{...}$。

階層二：組平減為：解釋變項$_{jk}$－$\overline{解釋變項}_{.k}$，

　　　　總平減為：解釋變項$_{jk}$－$\overline{解釋變項}_{..}$。

階層三：總平減為：解釋變項$_{k}$－$\overline{解釋變項}_{.}$，階層三解釋變項沒有組平減選項。

範例一中，階層一之計量解釋變項採用總平減轉換，完整方程式為：

$$READ_{ijk} = \pi_{0jk} + \pi_{1jk} \times (HOME_{ijk}) + \pi_{2jk} \times (TIME_{ijk} - \overline{TIME}_{...}) + \pi_{3jk} \times (HCUL_{ijk} - \overline{HCUL}_{...}) + e_{ijk}$$

Final estimation of fixed effects（最後效果估計值）

（with robust standard errors）（採用強韌性標準誤）

Fixed Effect 固定效果	Coefficient 係數	Standard error 標準誤	t-ratio t 值	Approx. $d.f.$ 自由度	p-value 顯著性
For INTRCPT1, π_0					
For INTRCPT2, β_{00}					
INTRCPT3, γ_{000}	63.303868	0.959557	65.972	14	< 0.001
For HOME slope, π_1					
For INTRCPT2, β_{10}					
INTRCPT3, γ_{100}	2.315706	0.410654	5.639	14	< 0.001
For TIME slope, π_2					
For INTRCPT2, β_{20}					
INTRCPT3, γ_{200}	3.946934	0.378674	10.423	14	< 0.001
For HCUL slope, π_3					
For INTRCPT2, β_{30}					
INTRCPT3, γ_{300}	1.073941	0.153468	6.998	14	< 0.001

　　固定效果係數估計值中：γ_{100} = 2.316，$t(14)$ = 5.639（p < .001），達統計顯著水準，表示學生家庭結構對學生閱讀成就有顯著影響作用，完整家庭學生的閱讀成就平均高於單親家庭 2.316 分（完整家庭虛擬變項的編碼中，水準數值 1 為完整家庭、水準數值 0 為單親家庭，單親家庭學生為參照組）。γ_{200} = 3.947，$t(14)$ = 10.423（p < .001），達統計顯著水準，表示學生閱讀時間對學生閱讀成就有顯著正向影響，學生每週閱讀時間平均增加一個單位，學生閱讀成就可提高 3.947 分，以一個標準差的改變量而言，學生每週閱讀時間增加一個標準差 SD 的量，學生的閱讀成就可提高 1SD × 3.947；學生每週閱讀時間減少一個標準差 SD 的量，學生的閱讀成就會降低 1SD × 3.947。γ_{300} = 1.074，$t(14)$ = 6.998（p < .001），達統計顯著水準，表示學生家庭文化資本對學生閱讀成就有顯著正向影響，學生家庭文化資本平均增加一個單位，學生閱讀成就可提高 1.074 個單位（分），以一個標準差的改變量而言，學生家庭文化資本增加一個標準差 SD 的數量，學生的閱讀成就可提高 1SD × 1.074；學生家庭文化資本減少一個標準差 SD 的數量，學生的閱讀成就會降低 1SD × 1.074 就三個個體層次（學生層次）的解釋變項對閱讀成就表現的重要性而言，以閱讀時間最為重要，其

次是家庭結構與家庭文化資本。

考量學生個體層次家庭結構、閱讀時間、家庭資本三個解釋變項的影響後，所有學生閱讀成就的調整後平均值 $\gamma_{000} = 63.304$（$p < .001$）。

Final estimation of level-1 and level-2 variance components
（階層一與階層二變異成分最後估計值）

Random Effect 隨機效果	Standard Deviation 標準差	Variance Component 變異數	d.f. 自由度	χ^2 卡方值	p-value 顯著性
INTRCPT1,r_0	2.53219	6.41200	14	28.15130	0.014
HOME slope,r_1	0.55280	0.30559	14	13.39559	> .500
TIME slope,r_2	1.04370	1.08932	14	33.47157	0.003
HCUL slope,r_3	0.36764	0.13516	14	24.72377	0.037
level-1, e	5.95277	35.43547			

考量學生個體層次家庭結構、閱讀時間、家庭文化資本三個解釋變項對學生閱讀成就的影響後，第一層模型誤差項 e_{ijk} 的變異數 $\sigma^2 = 35.435$，與零模型相較之下，變異數從 119.617 降至 35.435，變異數削減比例值為 $1 - \dfrac{35.435}{119.617} = \dfrac{119.617 - 35.435}{119.617} = 70.4\%$，可見第一層模型投入的三個解釋變項，可以解釋各校內班級中學生閱讀成就總變異的 70.4% 變異量。

第二層班級學生家庭結構對學生閱讀成就影響的斜率係數變異數 $\tau_{\pi11} = 0.306$，$\chi^2(14) = 13.396$（$p > .05$），未達統計顯著水準，表示各學校內班級與班級間學生家庭結構對閱讀成就影響的平均程度沒有顯著的差異存在。

第二層班級學生閱讀時間對學生閱讀成就影響的斜率係數變異數 $\tau_{\pi22} = 1.089$，$\chi^2(14) = 33.472$（$p < .01$），達到統計顯著水準，表示同一學校中各班級之間學生閱讀時間對閱讀成就的影響程度有顯著的班級間差異存在。

第二層班級學生家庭文化資本對學生閱讀成就影響的斜率係數變異數 $\tau_{\pi33} = 0.135$，$\chi^2(14) = 24.724$（$p < .05$），達到統計顯著水準，表示同學校內各班級學生閱讀時間對閱讀成就的影響程度有顯著的班級間差異存在（各學校內班級與班級之學生閱讀時間對閱讀成就影響的班級平均斜率間有顯著不同）。

第二層誤差項 r_{0jk} 的變異數 $\tau_{\pi00} = 6.412$，$\chi^2(14) = 28.151$（$p < .05$），達到統

計顯著水準，表示控制三個個體層次解釋變項對學生閱讀成就的影響後，各學校中不同班級的平均閱讀成就還有顯著不同（各學校內班級與班級間之班級平均閱讀成就分數還有顯著差異存在）。

　　階層二誤差項的變異數 $\tau_{\pi pp}$（$\tau_{\pi 11}$、$\tau_{\pi 22}$、$\tau_{\pi 33}$、……）指的是學校內班級群組間的差異情況，當變異數估計值的卡方統計量達到顯著，表示各校內班級與班級間的平均斜率係數有顯著不同，即個體層次解釋變項對結果變項的影響程度，各校之班級間與班級間有明顯差異存在。

Final estimation of level-3 variance components（階層三變異成分最後估計值）

Random Effect 隨機效果	Standard Deviation 標準差	Variance Component 變異數	d.f. 自由度	χ^2 卡方值	p-value 顯著性
INTRCPT1/INTRCPT2,u_{00}	2.96277	8.77799	14	28.24980	0.013
HOME/INTRCPT2,u_{10}	0.62078	0.38536	14	6.21630	> .500
TIME/INTRCPT2,u_{20}	1.06853	1.14176	14	29.01830	0.010
HCUL/INTRCPT2,u_{30}	0.29405	0.08646	14	14.17382	0.437

Deviance = 2971.607304

　　階層三變異成分為第三層次誤差項 μ_{00k} 的變異數估計值，$\tau_{\beta 00} = 8.778$，$\chi^2(14) = 28.250$（$p < .05$），達統計顯著水準，表示各學校組織中學校平均閱讀成就間有顯著不同，其完整意涵為控制三個學生個體層次解釋變項（家庭結構、閱讀時間、家庭文化資本）對學生閱讀成就的影響後，學校與學校間之「學校平均閱讀成就分數」還是有顯著差異存在。

　　誤差項 μ_{10k} 的變異數估計值 $\tau_{\beta 11} = 0.385$（$p > .05$）、誤差項 μ_{30k} 的變異數估計值 $\tau_{\beta 33} = 0.086$（$p > .05$），均未達到統計顯著水準，表示學生家庭結構對閱讀成就的影響程度學校間沒有顯著不同（各校平均斜率沒有顯著差異）、學生家庭文化資本對閱讀成就的影響程度學校間沒有顯著差異（各校平均斜率沒有顯著差異）。誤差項 μ_{20k} 的變異數估計值 $\tau_{\beta 22} = 1.142$（$p < .05$），達統計顯著水準，表示學生閱讀時間對閱讀成就的影響程度有顯著的學校間差異存在，即各校中（階層三學校組織單位）學生閱讀時間對閱讀成就的影響，學校間平均斜率估計值有顯著的不同。

階層三誤差項的變異數 $\tau_{\beta pp}$（$\tau_{\beta11}$、$\tau_{\beta22}$、$\tau_{\beta33}$、……）指的是學校組織與學校組織間的差異情況，當變異數估計值的卡方統計量達到顯著，表示各校間的平均斜率係數有顯著不同，即個體層次解釋變項對結果變項的影響程度，學校組織與學校組織之間有明顯差異存在；相對的，如果變異數估計值的卡方統計量未達統計顯著水準，表示學校平均斜率間沒有明顯不同。

上述隨機係數的迴歸模型估計結果之表格，可以統整如下：

隨機係數的迴歸模型之結果摘要表（層次一有三個解釋變項）

固定效果	係數	t 值	自由度
β_{00} 截距			
階層三學生閱讀成就之調整後總體平均值 γ_{000}	63.304	65.972***	14
π_1 斜率			
各校內班級中學生家庭結構對閱讀成就影響之平均值 γ_{100}	2.316	5.639***	14
π_2 斜率			
各校內班級中學生閱讀時間對閱讀成就影響之平均值 γ_{200}	3.947	10.423***	14
π_3 斜率			
各校內班級中學生家庭資本對閱讀成就影響之平均值 γ_{300}	1.074	6.998***	14
隨機效果	**變異數**	**χ^2**	**自由度**
階層三學校間平均閱讀成就之差異	8.778	28.250*	14
學校間家庭結構對閱讀成就影響之差異	0.385	6.216ns	14
學校間閱讀時間對閱讀成就影響之差異	1.142	29.018*	14
學校間家庭資本對閱讀成就影響之差異	0.086	14.174ns	14
階層二學校內班級間平均閱讀成就之差異	6.412	28.151*	14
學校內班級間家庭結構對閱讀成就影響之差異	0.306	13.396ns	14
學校內班級間閱讀時間對閱讀成就影響之差異	1.089	33.472**	14
學校內班級間家庭資本對閱讀成就影響之差異	0.135	24.724*	14
階層一各校班級內學生閱讀成就分數的差異	35.435		
離異係數（−2LL）= 2971.607			

ns $p > .05$　* $p < .05$　** $p < .01$　*** $p < .001$

多層次模型執行「Run Analysis」程序後，可以繪製階層一解釋變項對結果變項影響的圖示，點選功能表『File』/『Graph Equations』/『Level-1 equation Graphing』選項，可以開啟「Level-1 equation Graphing」對話視窗，「X focus」方盒中之階層 1（Level-1）右邊的下拉式選單，選取第一層解釋變項「HCUL」（家庭資本／家庭文化資本），群組個數下的選項選取「All groups（n = 30）」（全部群組），此群組為階層二班級群組個數。

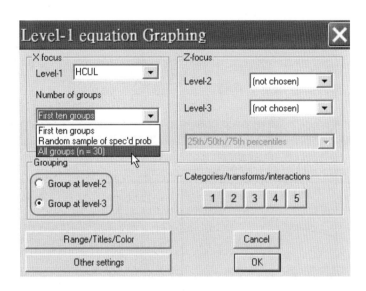

「Grouping」方盒中，點選「階層三的群組」（⊙Group at level-3）選項，表示以階層三學校單位繪製各校內班級之迴歸線。

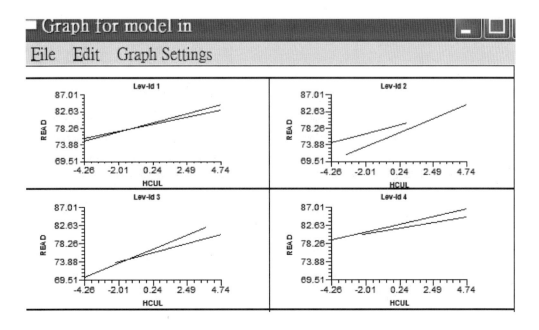

　　範例圖中為四個學校內各班級群組的迴歸線，資料結構中階層三學校各有二個班級，因而各有二條迴歸線，迴歸線為班級內學生家庭文化資本（HCUL）對閱讀成就（READ）的影響程度。如果階層三學校組織中有五個班級群組（階層二的群組數），以學校為單位繪製圖形中便有五條迴歸線，每條迴歸線表示一個班級的平均變化情況。

　　「Grouping」方盒中，點選「階層二的群組」（⊙Group at level-2）選項，表示以階層二班級群組為單位繪製各班之迴歸線。

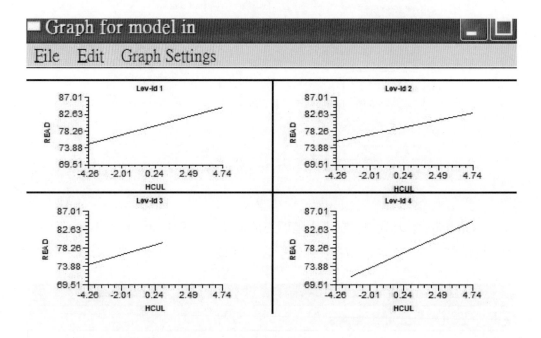

　　上圖為四個班級中，班級學生之學生家庭文化資本（HCUL）對閱讀成就（READ）影響的迴歸線，因為是以班級為單位，以班級內所有學生層次的樣本為標的樣本，因而只有一個截距項與斜率係數，也就是只有一條迴歸線。

🕐 三、家庭結構、家庭資本與學生閱讀成就之關係

　　與零模型相較之下，階層一模型中增列二個學生個體的解釋變項：HOME（學生家庭結構）、HCUL（學生家庭資本）；階層二模型中增列班級脈絡變項「CHCUL」（班家庭資本），至於階層三學校組織單位則未納入任何解釋變項，多層次方程為脈絡模型的一種。

階層一模型：

$$READ_{ijk} = \pi_{0jk} + \pi_{1jk} \times (HOME_{ijk}) + \pi_{2jk} \times (HCUL_{ijk}) + e_{ijk}$$

階層二模型：

$$\pi_{0jk} = \beta_{00k} + \beta_{01k} \times (CHCUL_{jk}) + r_{0jk}$$

$$\pi_{1jk} = \beta_{10k} + r_{1jk}$$

$$\pi_{2jk} = \beta_{20k} + r_{2jk}$$

階層三模型：

$$\beta_{00k} = \gamma_{000} + u_{00k}$$

$$\beta_{01k} = \gamma_{010} + u_{01k}$$

$$\beta_{10k} = \gamma_{100} + u_{10k}$$

$$\beta_{20k} = \gamma_{200} + u_{20k}$$

WHLM 的視窗界面如下：

多層次模型估計結果如下：

Final estimation of fixed effects（最後效果估計值）

（with robust standard errors）（採用強韌性標準誤）

Fixed Effect 固定效果	Coefficient 係數	Standard error 標準誤	t-ratio t 值	Approx. $d.f.$ 自由度	p-value 顯著性
For INTRCPT1, π_0					
For INTRCPT2, β_{00}					
INTRCPT3, γ_{000}	39.314712	3.896692	10.089	14	< 0.001
For CHCUL, β_{01}					
INTRCPT3, γ_{010}	2.200626	0.758379	2.902	14	0.012
For HOME slope, π_1					
For INTRCPT2, β_{10}					
INTRCPT3, γ_{100}	3.049698	0.827417	3.686	14	0.002
For HCUL slope, π_2					
For INTRCPT2, β_{20}					
INTRCPT3, γ_{200}	2.329448	0.240590	9.682	14	< 0.001

　　固定效果估計值中 $\gamma_{010} = 2.201$，$t(14) = 2.902$（$p < .05$），達到統計顯著水準，表示各學校內班級的家庭文化資本對班級學生閱讀成就有顯著正向影響，各學校內班級平均家庭文化資本增加一個單位，班級學生閱讀成就可提高 2.201 分。三個階層之 HLM 分析結果，固定效果 γ_{0q0}（γ_{010}、γ_{020}、γ_{030}、……）為階層二解釋變項對結果變項的影響效果。範例中第二層單位為班級，參數估計值表示的是各學校中班級屬性特徵解釋變項或教師屬性特徵對各班平均閱讀成就的影響程度。當班級平均家庭文化資本改變一個 SD（標準差）數值，各校內班級平均閱讀成就的改變量為 1SD × 2.201，此改變量為階層二「班級群組」的班級變化量，非「學生個人」在閱讀成就的改變量。

　　$\gamma_{100} = 3.050$，$t(14) = 3.686$（$p < .01$），達統計顯著水準，表示學生家庭結構對學生閱讀成就有顯著影響作用，完整家庭學生的閱讀成就平均高於單親家庭 3.050 分。$\gamma_{200} = 2.329$，$t(14) = 9.682$（$p < .001$），達統計顯著水準，表示學生家庭文化資本對學生閱讀成就有顯著正向影響，各校中班級內學生個體家庭文化資本平均增加一個單位，學生閱讀成就可提高 2.329 個單位（分）。

Final estimation of level-1 and level-2 variance components

（階層一與階層二變異成分最後估計值）

Random Effect 隨機效果	Standard Deviation 標準差	Variance Component 變異數	d.f. 自由度	χ^2 卡方值	p-value 顯著性
INTRCPT1, r_0	5.55957	30.90877	too few df to compute （自由度太小，統計量無法估算）		
HOME slope, r_1	2.12719	4.52492	14	16.69234	0.272
HCUL slope, r_2	0.44559	0.19855	14	18.93340	0.167
level-1, e	8.37124	70.07760			

　　第二層誤差項 r_{0jk} 的變異數 $\tau_{\pi00}$ = 30.909，由於自由度太少，所以無法估算卡方值，這是三個階層多層次模式分析的限制之一，若是第二層的班級群組個數與第三層學校組織樣本數不夠大，多層次模型就可能出現階層二誤差項變異數顯著性無法估計的情況。與零模型相較之下，第二層誤差項 r_{0jk} 的變異數 $\tau_{\pi00}$ 從 79.885 降至 30.909，變異數削減百分比為：$1 - \dfrac{30.909}{79.885} = 61.3\%$，同時考量個體層次家庭結構、學生家庭文化資本與階層二脈絡變項「班家庭文化資本」對學生閱讀成就的影響，可以解釋學校內班級間閱讀成就變異的百分比為 61.3%。

Final estimation of level-3 variance components（階層三變異成分最後估計值）

Random Effect 隨機效果	Standard Deviation 標準差	Variance Component 變異數	d.f. 自由度	χ^2 卡方值	p-value 顯著性
INTRCPT1/INTRCPT2,u_{00}	11.07248	122.59976	14	31.68388	0.005
INTRCPT1/ CHCUL,u_{01}	2.30924	5.33259	14	33.50123	0.003
HOME/INTRCPT2,u_{10}	1.40997	1.98803	14	9.55279	> .500
HCUL/INTRCPT2,u_{20}	0.64572	0.41696	14	22.12045	0.076

Deviance = 3248.226359

　　階層三變異成分為第三層次（學校組織間）誤差項 μ_{00k} 的變異數估計值，$\tau_{\beta00}$ = 122.600，$\chi^2(14)$ = 31.684（$p < .01$），達統計顯著水準，表示控制個體層次家庭結構、學生家庭文化資本與階層二脈絡變項「班家庭文化資本」對學生

閱讀成就的影響下，學校組織間學校平均閱讀成就仍有顯著不同，即學校與學校之間的「校平均閱讀成就」有明顯的差異存在。。

誤差項 μ_{01k} 的變異數估計值 $\tau_{\beta 01} = 5.333$（$p < .01$），達統計顯著水準，表示「班級文化資本」對班級閱讀成就的影響程度有顯著的「學校間」差異存在，即班級文化資本對班級閱讀成就間的影響情況，各學校間有顯著的不同。變異數估計值 $\tau_{\beta 01}$ 的意涵為各校班級文化資本對班級閱讀成就影響的平均效果，將學校內各班影響效果加以平均，可以求出學校平均影響效果或平均影響強度，此種學校平均影響強度或平均影響效果，學校與學校間（階層三組織單位間）有顯著不同。

誤差項 μ_{10k} 的變異數估計值 $\tau_{\beta 10} = 1.988$（$p > .05$）、誤差項 μ_{20k} 的變異數估計值 $\tau_{\beta 20} = 0.417$（$p > .05$），均未達到統計顯著水準，表示學生家庭結構對閱讀成就的影響程度學校間沒有顯著不同；個體學生家庭文化資本對閱讀成就的影響程度，學校間沒有顯著差異。變異數估計值 $\tau_{\beta 10}$、$\tau_{\beta 20}$ 的意涵為以學校為單位時，學校中所有班級學生之學生個體層次解釋變項對結果變項的影響程度，學校與學校之間的差異情況，假設檢定為考驗學校間之校平均斜率係數是否顯著相同。變異數估計值 $\tau_{\beta 01}$ 的意涵為以學校為單位時，學校內班級層次解釋變項對結果變項的影響程度，學校與學校之間的差異情況，假設檢定為考驗學校間之校平均斜率係數的差異值是否顯著為 0。

上述輸出結果統整如下：

家庭結構、家庭資本對學生閱讀成就影響的結果摘要表

固定效果	係數	t 值	自由度
β_{00} 截距項			
階層三學校平均閱讀成就調整後之總平均值 γ_{000}	39.315	10.089***	14
階層二脈絡變項			
學校內各班平均家庭資本對閱讀成就之影響 γ_{010}	2.201	2.902**	14
階層一斜率			
學校中班級內學生家庭結構對閱讀成就之影響 γ_{100}	3.050	3.686**	14
學校中班級內學生家庭資本對閱讀成就之影響 γ_{200}	2.329	9.682***	14
隨機效果（變異成分）	變異數	χ^2	自由度
階層三學校間平均閱讀成就之差異 $\mu_{00k}(\tau_\beta)$	122.600	31.684**	14
學校間班家庭資本對閱讀成就影響之差異 $\tau_{\beta01}$	5.333	33.501**	14
學校間家庭結構對閱讀成就影響之差異 $\tau_{\beta10}$	1.988	9.553ns	14
學校間家庭資本對閱讀成就影響之差異 $\tau_{\beta20}$	0.417	22.120ns	14
階層二學校內班級間平均閱讀成就之差異 $r_{0jk}(\tau_{\pi00})$	30.909		
學校內各班間家庭結構對閱讀成就影響之差異 $\tau_{\pi11}$	4.525	16.692ns	14
學校內各班間家庭資本對閱讀成就影響之差異 $\tau_{\pi22}$	0.199	18.933ns	14
階層一班級內學生間閱讀成就分數之差異 $e_{ijk}(\sigma^2)$	70.078		

離異係數（-2LL）= 3248.226　　ns $p > .05$　　** $p < .01$ *** $p < .001$

四、學校組織特徵解釋變項對學生閱讀成就的影響

　　階層三模型中，投入的學校屬性或校長特徵解釋變項為「學校所在地區」、「學校校長性別」與脈絡變項「校平均閱讀時間」、「校平均家庭資本」，範例中脈絡變項採用總平減轉換。

階層三模型為：

$$\beta_{00k} = \gamma_{000} + \gamma_{001}(\text{學校所在地區}_k) + \gamma_{002}(\text{學校校長性別}_k) + \gamma_{003}(\text{校閱讀時間}_k) + \gamma_{004}(\text{校家庭資本}_k) + \mu_{00k}$$

HLM 視窗界面中的符號為：

階層一模型：

$READ_{ijk} = \pi_{0jk} + e_{ijk}$

階層二模型：

$\pi_{0jk} = \beta_{00k} + r_{0jk}$

階層三模型：

$\beta_{00k} = \gamma_{000} + \gamma_{001}(SCAREA_k) + \gamma_{002}(SCPSEX_k) + \gamma_{003}(SCTIME_k - \overline{SCTIME}) +$
$\qquad \gamma_{004}(SCHCUL_k - \overline{SCHCUL}) + \mu_{00k}$

WHLM 命令檔案之視窗界面如下：

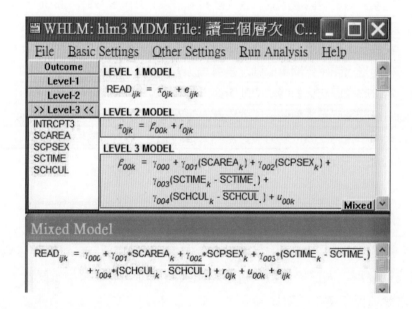

多層次模型估計結果如下：

SCTIME SCHCUL have been centered around the grand mean.

註：SCTIME（學校平均閱讀時間；[校閱讀時間]）、SCHCUL（學校平均家庭文化資本；[校家庭資本]）二個解釋變項經總平均集中化轉換。

輸出結果的模型設定中，階層三模型為「$\beta_{00k} = \gamma_{000} + \gamma_{001}(SCAREA_k) +$ $\gamma_{002}(SCPSEX_k) + \gamma_{003}(SCTIME_k - \overline{SCTIME}) + \gamma_{004}(SCHCUL_k - \overline{SCHCUL}) + \mu_{00k}$」，其中解釋變項「SCTIME」、「SCHCUL」二個好像沒有經總平減轉換，但在輸出

的結果報表中，有增列「SCTIME SCHCUL have been centered around the grand mean.」一列提示語，表示 SCTIME 與 SCHCUL 解釋變項經總平減轉換，其實際的模型為 HLM 視窗界面中設定的模式：

$$\beta_{00k} = \gamma_{000} + \gamma_{001}(SCAREA_k) + \gamma_{002}(SCPSEX_k) + \gamma_{003}(SCTIME_k - \overline{SCTIME}) + \gamma_{004}(SCHCUL_k - \overline{SCHCUL}) + \mu_{00k}$$

Final estimation of fixed effects（最後效果估計值）

（with robust standard errors）（採用強韌性標準誤）

Fixed Effect 固定效果	Coefficient 係數	Standard error 標準誤	t-ratio t 值	Approx. d.f. 自由度	p-value 顯著性
For INTRCPT1, π_0					
For INTRCPT2, β_{00}					
INTRCPT3, γ_{000}	62.487731	1.084183	57.636	10	< 0.001
SCAREA, γ_{001}	0.209999	1.524631	0.138	10	0.893
SCPSEX, γ_{002}	1.759149	1.359162	1.294	10	0.225
SCTIME, γ_{003}	3.953570	1.156751	3.418	10	0.007
SCHCUL, γ_{004}	4.681345	0.654092	7.157	10	< 0.001

固定效果估計值之 $\gamma_{001} = 0.210$，$t(10) = 0.138$（$p > .05$）；$\gamma_{002} = 1.759$，$t(10) = 1.294$（$p > .05$）均未達統計顯著水準，表示學校所在地區對學校閱讀成就沒有顯著影響作用，學校校長性別對學校閱讀成就也沒有顯著的影響作用。若是 γ_{001} 固定效果之迴歸係數達到統計顯著水準（$p < .05$），表示學校所在地區（都會或非都會地區學校）之「校平均閱讀成就」分數有顯著不同，γ_{001} 的估計值為正值時，其意涵為變項水準數值編碼為 1 的學校在「校平均閱讀成就」分數顯著高於變項水準數值編碼為 0 的學校；相對的，γ_{001} 的估計值為負值時，其意涵為變項水準數值編碼為 1 的學校在「校平均閱讀成就」分數顯著低於變項水準數值編碼為 0 的學校。若是 γ_{002} 固定效果之迴歸係數達到統計顯著水準（$p < .05$），表示學校校長性別（學校校長為男校長或女校長）之「校平均閱讀成就」分數有顯著不同，γ_{002} 的估計值為正值時，其意涵為校長性別變項水準數值編碼為 1 的學校，在「校平均閱讀成就」分數顯著高於變項水準數值編碼為 0 的學校；相對的，γ_{002} 的估計值為負值時，其意涵為校長性別變項水準數值編碼為 1 的學

校，在「校平均閱讀成就」分數顯著低於變項水準數值編碼為 0 的學校。

$\gamma_{003} = 3.954$、$t(10) = 3.418$（$p < .01$），達統計顯著水準，表示階層三脈絡變項「校閱讀時間」對學校閱讀成就有顯著正向影響作用，當「校閱讀時間」增加一個單位，學校平均閱讀成就可提高 3.954 分，控制校長性別、學校所在地區、校家庭資本等階層三解釋變項對學生閱讀成就的影響後，「校平均閱讀時間」一個 SD 的改變量，「校平均閱讀成就」分數的變化為 1SD × 3.954；γ_{004} = 4.6814、$t(10) = 7.157$（$p < .001$），達統計顯著水準，表示「校家庭資本」對學校閱讀成就有顯著正向影響作用，當「校家庭資本」增加一個單位，學校平均閱讀成就可提高 4.681 分。γ_{001}、γ_{002}、γ_{003}、γ_{004} 為學校組織層級解釋變項／脈絡變項對各校平均閱讀成就的影響程度，如果固定效果統計值達到統計顯著水準，表示學校組織層級解釋變項（階層三解釋變項／脈絡變項）對各校平均閱讀成就分數有顯著的影響效果。

Final estimation of level-1 and level-2 variance components
（階層一與階層二變異成分最後估計值）

Random Effect 隨機效果	Standard Deviation 標準差	Variance Component 變異數	d.f. 自由度	χ^2 卡方值	p-value 顯著性
INTRCPT1, r_0	6.29046	39.56993	15	165.26366	< 0.001
level-1, e	10.93696	119.61714			

階層一與階層二隨機效果估計值中，第一層誤差項 e_{ijk} 的變異數 σ^2 = 119.617；第二層誤差項 r_{0jk} 的變異數 $\tau_\pi = 39.570$，$\chi^2(15) = 165.264$（$p < .001$），達到統計顯著水準，表示各校中不同班級的平均閱讀成就間有顯著不同。階層一班級內學生間閱讀成就分數差異的變異數與階層二學校內班級間閱讀成就差異的變異數均與零模型時相同，因為模型中投入的解釋變項是階層三學校組織層次的變項，而階層一及階層二模型均未納入任何學生個體層次解釋變項與班級層次的班級群組解釋變項。

Final estimation of level-3 variance components（階層三變異成分最後估計值）

Random Effect 隨機效果	Standard Deviation 標準差	Variance Component 變異數	d.f. 自由度	χ^2 卡方值	p-value 顯著性
INTRCPT1/INTRCPT2, u_{00}	0.20630	0.04256	10	2.26206	> .500

Deviance = 3483.544552

　　階層三變異成分為第三層誤差項 μ_{00k} 的變異數估計值，$\tau_\beta = 0.043$，$\chi^2(10) =$ 2.262（$p > .05$），未達統計顯著水準，表示各學校組織層級之學校平均閱讀成就間沒有顯著不同。與零模型相較之下，τ_β 的數值從 54.961 降至 0.043，變異數削減比值為 $\dfrac{54.961 - 0.043}{54.961} = 99.9\%$，階層三（學校層次）納入「學校所在地區」、「校長性別」、「校閱讀時間」、「校家庭資本」四個學校組織特徵解釋變項，可以解釋學校間閱讀成就 99.9% 的變異量。

學校組織解釋變項對學生閱讀成就影響的結果摘要表

固定效果	係數	t 值	自由度
β_{00} 截距項			
階層三學校平均閱讀成就調整後之總平均值 γ_{000}	62.488	57.636***	10
學校所在地區對閱讀成就之影響 γ_{001}	0.210	0.138ns	10
學校校長性別對閱讀成就之影響 γ_{002}	1.759	1.294ns	10
學校閱讀時間對閱讀成就之影響 γ_{003}	3.954	3.418**	10
學校家庭資本對閱讀成就之影響 γ_{004}	4.681	7.157***	10
隨機效果（變異成分）	變異數	χ^2	自由度
階層三學校間平均閱讀成就之差異 $\mu_{00k}(\tau_\beta)$	0.043	2.262ns	10
階層二校內班級間平均閱讀成就之差異 $r_{0jk}(\tau_\pi)$	39.570	165.264***	15
階層一班級內學生間閱讀成就分數之差異 $e_{ijk}(\sigma^2)$	119.617		

離異係數（−2LL）= 3483.545　　ns $p > .05$　　** $p < .01$　　*** $p < .001$

🕐 五、班級屬性特徵與閱讀成就的關係

　　在零模型視窗界面下，點選左邊「Level-2」階層二選項，選項提示由「Level-2」變成「>> Level-2 <<」，表示現在左邊選單下的變數名稱為階層

二的變項，點選脈絡變項「CTIME」（班閱讀時間），解釋變項的性質選取總平減轉換選項「add variable grand centered」。階層二模型變為「$\pi_{0jk} = \beta_{00k} + \beta_{01k}(CTIME_{jk} - \overline{CTIME}_{..}) + r_{0jk}$」。

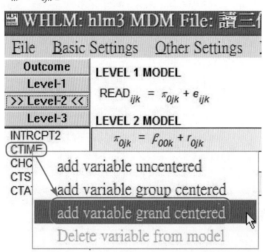

點選脈絡變項「CHCUL」（班家庭資本），解釋變項的性質選取總平減轉換選項「add variable grand centered」。階層二模型變為「$\pi_{0jk} = \beta_{00k} + \beta_{01k}(CTIME_{jk} - \overline{CTIME}_{..}) + \beta_{02k}(CHCUL_{jk} - \overline{CHCUL}_{..} + r_{0jk}$」。如果階層二解釋變項的性質選取組平減轉換選項「add variable grand centered」，階層二模型變為「$\pi_{0jk} = \beta_{00k} + \beta_{01k}(CTIME_{jk} - \overline{CTIME}_{.k}) + \beta_{02k}(CHCUL_{jk} - \overline{CHCUL}_{.k}) + r_{0jk}$」。

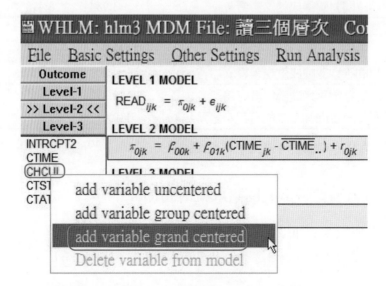

　　點選班級屬性特徵解釋變項「CTSTR」（教師教學策略），解釋變項的性質選取總平減轉換選項「add variable grand centered」。階層二模型變為「$\pi_{0jk} = \beta_{00k} + \beta_{01k}(CTIME_{jk}-\overline{CTIME}_{..}) + \beta_{02k}(CHCUL_{jk}-\overline{CHCUL}_{..}) + \beta_{03k}(CTSTRL_{jk}-\overline{CTSTRL}_{..}) + r_{0jk}$」。

　　點選班級屬性特徵解釋變項「CTATT」（教師閱讀態度），解釋變項的性質選取總平減轉換選項「add variable grand centered」。階層二模型變為「$\pi_{0jk} = \beta_{00k} + \beta_{01k}(CTIME_{jk}-\overline{CTIME}_{..}) + \beta_{02k}(CHCUL_{jk}-\overline{CHCUL}_{..}) + \beta_{03k}(CTSTRL_{jk}-\overline{CTSTRL}_{..}) + \beta_{02k}(CTATT_{jk}-\overline{CTATT}_{..}) + r_{0jk}$」。

　　階層三的斜率項均設定固定效果（假定班閱讀時間、班家庭資本、教師教學策略、教師教學態度對班閱讀成就的影響程度，各學校組織間沒有顯著不同）。

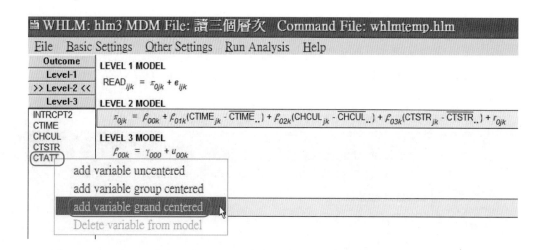

第二層增列四個經總平減轉換的解釋變項之 WHLM 視窗界面如下：

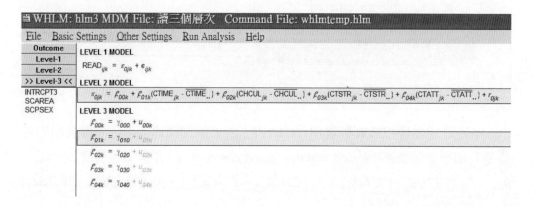

多層次模型界定如下：

階層一模型：

$READ_{ijk} = \pi_{0jk} + e_{ijk}$

階層二模型：

$\pi_{0jk} = \beta_{00k} + \beta_{01k} \times (CTIME_{jk}) + \beta_{02k} \times (CHCUL_{jk}) + \beta_{03k} \times (CTSTR_{jk}) + \beta_{04k} \times (CTATT_{jk}) + r_{0jk}$

階層三模型：

$\beta_{00k} = \gamma_{000} + u_{00k}$

$$\beta_{01k} = \gamma_{010}$$

$$\beta_{02k} = \gamma_{020}$$

$$\beta_{03k} = \gamma_{030}$$

$$\beta_{04k} = \gamma_{040}$$

多層次模型估計結果如下：

CTIME CHCUL CTSTR CTATT have been centered around the grand mean.

註：CTIME（班閱讀時間）、CHCUL（班家庭資本）、CTSTR（班教師教學策略）、CTATT（班教師閱讀態度）四個解釋變項經總平均數中心化轉換。

Final estimation of fixed effects（最後效果估計值）
（with robust standard errors）（採用強韌性標準誤）

Fixed Effect 固定效果	Coefficient 係數	Standard error 標準誤	t-ratio t 值	Approx. $d.f.$ 自由度	p-value 顯著性
For INTRCPT1, π_0					
For INTRCPT2, β_{00}					
INTRCPT3, γ_{000}	63.406667	0.470467	134.774	14	< 0.001
For CTIME, β_{01}					
INTRCPT3, γ_{010}	3.022212	0.638507	4.733	11	< 0.001
For CHCUL, β_{02}					
INTRCPT3, γ_{020}	3.116409	0.759267	4.104	11	0.002
For CTSTR, β_{03}					
INTRCPT3, γ_{030}	0.134995	0.060870	2.218	11	0.049
For CTATT, β_{04}					
INTRCPT3, γ_{040}	0.186613	0.154270	1.210	11	0.252

固定效果估計值中 $\gamma_{010} = 3.022$，$t(11) = 4.733$（$p < .001$），達到統計顯著水準，表示各校內班級的閱讀時間對班級學生閱讀成就有顯著正向影響，各校內班級平均閱讀時間增加一個單位，班級學生閱讀成就分數平均可提高 3.022 分。

$\gamma_{020} = 3.116$，$t(11) = 4.104$（$p < .01$），達統計顯著水準，表示各校內班級的家庭文化資本對班級學生閱讀成就有顯著正向影響，各校內班級平均家庭文化資本增加一個單位，班級學生閱讀成就平均可提高 3.116 分。

$\gamma_{030} = 0.135$，$t(11) = 2.218$（$p < .05$），達統計顯著水準，表示各校內班級教師的教學策略對班級學生閱讀成就有顯著正向影響，各校內班級教師教學策略增加一個單位，班級學生閱讀成就分數平均可提高 0.135 分。$\gamma_{040} = 0.187$，$t(11) = 1.210$（$p > .05$），未達統計顯著水準，表示各校內班級教師的閱讀態度對班級學生閱讀成就未有顯著正向影響。

$\gamma_{000} = 63.407$，為調整後的全體學生閱讀成就平均分數，階層三截距項估計值與零模型相較之下，沒有變動差異（零模型的 $\gamma_{000} = 63.407$）。

Final estimation of level-1 and level-2 variance components
（階層一與階層二變異成分最後估計值）

Random Effect 隨機效果	Standard Deviation 標準差	Variance Component 變異數	d.f. 自由度	χ^2 卡方值	p-value 顯著性
INTRCPT1, r_0	1.77586	3.15369	11	29.38877	0.002
level-1, e	10.93697	119.61723			

第二層誤差項 r_{0jk} 的變異數 $\tau_\pi = 3.154$，$\chi^2(11) = 29.389$（$p < .01$），達統計顯著水準，表示考量「班閱讀時間」、「班家庭文化資本」、「班級教師教學策略」、「班級教師閱讀態度」四個班級屬性特徵解釋變項對班級學生閱讀成就的影響後，各校內班級平均閱讀成就分數間還有顯著差異存在。與零模型相較之下，第二層誤差項 r_{0jk} 的變異數 τ_π 從 79.885 降至 3.154，變異數削減百分比為 $1 - \dfrac{3.154}{79.885} = \dfrac{79.885 - 3.154}{79.885} = 96.1\%$，表示「班閱讀時間」、「班家庭文化資本」、「班級教師教學策略」、「班級教師閱讀態度」四個班級屬性特徵解釋變項，可以解釋各校內班級間閱讀成就變異的百分比為 96.1%。

Final estimation of level-3 variance components（階層三變異成分最後估計值）

Random Effect 隨機效果	Standard Deviation 標準差	Variance Component 變異數	d.f. 自由度	χ^2 卡方值	p-value 顯著性
INTRCPT1/INTRCPT2, u_{00}	0.14073	0.01980	14	8.95052	> .500

Deviance = 3440.007133

第三層次誤差項 μ_{00k} 的變異數估計值 $\tau_\beta = 0.020$，$\chi^2(14) = 8.951$（$p > .05$），未達統計顯著水準，表示各學校組織中學校平均閱讀成就間沒有顯著差異存在。零模型的離異係數等於 3514.134，增列第二層四個解釋變項的脈絡模型之離異係數為 3440.007，表示脈絡模型的適配度較零模型的適配度顯著為佳。

班級群組解釋變項對學生閱讀成就影響的結果摘要表

固定效果	係數	t 值	自由度
β_{00} 截距項			
階層三學校平均閱讀成就調整後之總平均值 γ_{000}	63.407	134.774***	14
學校內各班平均閱讀時間對閱讀成就之影響 γ_{010}	3.022	4.733***	11
學校內各班平均家庭資本對閱讀成就之影響 γ_{020}	3.116	4.104**	11
學校內各班教師教學策略對閱讀成就之影響 γ_{030}	0.135	2.218*	11
學校內各班教師閱讀態度對閱讀成就之影響 γ_{040}	0.187	1.210ns	11
隨機效果（變異成分）	變異數	χ^2	自由度
階層三學校間平均閱讀成就之差異 $\mu_{00k}(\tau_\beta)$	0.020	8.951ns	14
階層二各校內班級間平均閱讀成就之差異 $r_{0jk}(\tau_\pi)$	3.154	29.389**	11
階層一各校內班級中學生間閱讀成就分數之差異 $e_{ijk}(\sigma^2)$	119.617		

離異係數 $(-2LL) = 3440.007$　ns $p > .05$　** $p < .01$　*** $p < .001$

第 9 章

閱讀成就三階層模型的應用實例

本章主要就三個階層的多層次分析模式的統合應用加以說明。

一、同時納入學生層次解釋變項與班級層次解釋變項對閱讀成就的影響情況

學生層次解釋變項（階層一）包括學生家庭結構（虛擬變項）、學生性別（虛擬變項）、每週閱讀時間（計量變項）、家庭文化資本（計量變項）。

班級層次解釋變項（階層二）及第二層次的脈絡變項，有班閱讀時間（班級層級脈絡變項）、班家庭資本（班級層級脈絡變項）、班教師教學策略（班級層級解釋變項）、班教師閱讀態度（班級層級解釋變項）。

學校層次（階層三）未納入解釋變項。

HLM 視窗界面如下：

Level-1 Model（階層一模型）

$$READ_{ijk} = \pi_{0jk} + \pi_{1jk} \times (HOME_{ijk}) + \pi_{2jk} \times (SSEX_{ijk}) + \pi_{3jk} \times (TIME_{ijk}) + \pi_{4jk} \times (HCUL_{ijk}) + e_{ijk}$$

Level-2 Model（階層二模型）

$$\pi_{0jk} = \beta_{00k} + \beta_{01k} \times (CTIME_{jk}) + \beta_{02k} \times (CHCUL_{jk}) + \beta_{03k} \times (CTSTR_{jk}) + \beta_{04k} \times (CTATT_{jk})$$
$$+ r_{0jk}$$

$$\pi_{1jk} = \beta_{10k} + r_{1jk}$$

$$\pi_{2jk} = \beta_{20k} + r_{2jk}$$

$$\pi_{3jk} = \beta_{30k} + r_{3jk}$$

$$\pi_{4jk} = \beta_{40k} + r_{4jk}$$

Level-3 Model（階層三模型）

$$\beta_{00k} = \gamma_{000} + \mu_{00k}$$

$$\beta_{01k} = \gamma_{010}$$

$$\beta_{02k} = \gamma_{020}$$

$$\beta_{03k} = \gamma_{030}$$

$$\beta_{04k} = \gamma_{040}$$

$$\beta_{10k} = \gamma_{100}$$

$$\beta_{20k} = \gamma_{200}$$

$$\beta_{30k} = \gamma_{300}$$

$$\beta_{40k} = \gamma_{400}$$

階層三的斜率項如果為變動斜率，而非固定斜率，則模型由固定效果變為隨機效果，變動斜率表示個體學生解釋變項（第一層次解釋變項）對結果變項閱讀成就間的影響並非所有學校間都一樣，或是班級群組解釋變項（第二層次解釋變項）對結果變項閱讀成就間的影響並非所有學校間都一樣，變動斜率的模型要增列第三層的誤差項。階層三增列誤差項的模型如下：

Level-3 Model（階層三模型）

$$\beta_{00k} = \gamma_{000} + \mu_{00k}$$

$$\beta_{01k} = \gamma_{010} + \mu_{01k}$$

$$\beta_{02k} = \gamma_{020} + \mu_{02k}$$

$$\beta_{03k} = \gamma_{030} + \mu_{03k}$$

$$\beta_{04k} = \gamma_{040} + \mu_{04k}$$

$$\beta_{10k} = \gamma_{100} + \mu_{10k}$$

$$\beta_{20k} = \gamma_{200} + \mu_{20k}$$

$$\beta_{30k} = \gamma_{300} + \mu_{30k}$$

$$\beta_{40k} = \gamma_{400} + \mu_{40k}$$

TIME HCUL have been centered around the group mean.

註：個體層次解釋變項 TIME、HCUL 採用組平減轉換。

CTIME CHCUL CTSTR CTATT have been centered around the grand mean.

註：第二層解釋變項（班級層次）CTIME、CHCUL、CTSTR、CTATT 採用總平減轉換。

$READ_{ijk}$：為第 k 所學校第 j 個班級中第 i 位學生的閱讀成就。

γ_{000}：為所有學校調整的總平均數（截距項），如果所有解釋變項的測量值均為 0，則 γ_{000} 的數值等於所有學校閱讀成就的總平均。

γ_{010}：學校內班級中「班閱讀時間」對學生閱讀成就的影響程度。

γ_{020}：學校內班級中「班家庭資本」對學生閱讀成就的影響程度。

γ_{030}：學校內班級中「班級教師教學策略」對學生閱讀成就的影響程度。

γ_{040}：學校內班級中「班級教師閱讀態度」對學生閱讀成就的影響程度。

γ_{100}：學校內班級中學生家庭結構對學生閱讀成就的影響程度。

γ_{200}：學校內班級中學生之學生性別對學生閱讀成就的影響程度。

γ_{300}：學校內班級中學生閱讀時間對學生閱讀成就的影響程度。

γ_{400}：學校內班級中學生家庭文化資本對學生閱讀成就的影響程度。

Final estimation of fixed effects（最後效果估計值）

（with robust standard errors）（採用強韌性標準誤）

Fixed Effect 固定效果	Coefficient 係數	Standard error 標準誤	*t*-ratio *t* 值	Approx. *d.f.* 自由度	*p*-value 顯著性
For INTRCPT1, π_0					
For INTRCPT2, β_{00}					
INTRCPT3, γ_{000}	60.922896	0.802743	75.893	14	< 0.001
For CTIME, β_{01}					
INTRCPT3, γ_{010}	2.681875	0.658954	4.070	7	0.005
For CHCUL, β_{02}					
INTRCPT3, γ_{020}	3.081539	0.726708	4.240	7	0.004
For CTSTR, β_{03}					
INTRCPT3, γ_{030}	0.116934	0.053240	2.196	7	0.064
For CTATT, β_{04}					
INTRCPT3, γ_{040}	0.222395	0.154416	1.440	7	0.193
For HOME slope, π_1					
For INTRCPT2, β_{10}					
INTRCPT3, γ_{100}	2.456586	0.410546	5.984	7	< 0.001
For SSEX slope, π_2					
For INTRCPT2, β_{20}					
INTRCPT3, γ_{200}	2.275963	1.114869	2.041	7	0.081
For TIME slope, π_3					
For INTRCPT2, β_{30}					
INTRCPT3, γ_{300}	4.147571	0.498743	8.316	7	< 0.001
For HCUL slope, π_4					
For INTRCPT2, β_{40}					
INTRCPT3, γ_{400}	1.037296	0.144187	7.194	7	< 0.001

　　固定係數中 γ_{100} = 2.457，*t*(7) = 5.984（*p* < .001），達統計顯著水準，表示學生家庭結構對學生閱讀成就有顯著影響作用，完整家庭學生的閱讀成就平均高於單親家庭 2.457 分（完整家庭虛擬變項的編碼中，水準數值 1 為完整家庭、水準數值 0 為單親家庭，固定效果估計值為正值，比較組平均分數高於參照組平均分數）。γ_{200} = 2.276，*t*(7) = 2.041（*p* > .05），未達統計顯著水準，表示學生性別對學生閱讀成就沒有顯著影響作用，若是 γ_{200} 達到統計顯著水準，估計

值並非抽樣誤差造成的。參數估計值為正，表示水準數值編碼為 1 的群組對閱讀成就的影響，顯著高於水準數值編碼為 0 的群組；參數估計值為負，表示水準數值編碼為 1 的群組對閱讀成就的影響，顯著低於水準數值編碼為 0 的群組。

$\gamma_{300} = 4.148$，$t(7) = 8.316$（$p < .001$），達統計顯著水準，表示學生閱讀時間對學生閱讀成就有顯著正向影響，學生每週閱讀時間平均增加一個單位，學生閱讀成就可提高 4.148 分。$\gamma_{400} = 1.037$，$t(7) = 7.194$（$p < .001$），達統計顯著水準，表示學生家庭文化資本對學生閱讀成就有顯著正向影響，學生家庭文化資本平均增加一個單位，學生閱讀成就可提高 1.037 個單位（分）。在控制四個班級層次的解釋變項後，四個個體層次（學生層次）的解釋變項對閱讀成就仍有顯著影響作用的為學生家庭結構、每週閱讀時間、家庭文化資本，其重要性依序為「閱讀時間」、「家庭結構」、「家庭文化資本」。

就第二層班級特徵解釋變項或脈絡變項對學生閱讀成就的影響而言，$\gamma_{010} = 2.682$，$t(7) = 4.070$（$p < .01$），達到統計顯著水準，表示各校內班級的閱讀時間對學生閱讀成就有顯著正向影響，各校內班級群組平均閱讀時間增加一個單位，班級學生閱讀成就分數平均可提高 2.682 分，第二層級「班閱讀時間」脈絡變項對各班平均閱讀成就分數的影響為正向。

$\gamma_{020} = 3.082$，$t(7) = 4.240$（$p < .01$），達統計顯著水準，表示各校內班級的家庭文化資本對學生閱讀成就有顯著正向影響，各校內班級平均家庭文化資本增加一個單位，班級學生閱讀成就平均可提高 3.082 分，第二層級「班家庭資本」脈絡變項對各班平均閱讀成就分數的影響為正向。

$\gamma_{030} = 0.117$，$t(7) = 2.196$（$p > .05$），未達統計顯著水準，表示各校內班級教師的教學策略對學生閱讀成就沒有顯著的影響作用，第二層級「班級教師教學策略」解釋變項對各班平均閱讀成就分數的影響效果不顯著。$\gamma_{040} = 0.222$，$t(7) = 1.440$（$p > .05$），未達統計顯著水準，表示各校內班級教師的閱讀態度對學生閱讀成就未有顯著影響作用，第二層級「班級教師閱讀態度」解釋變項對各班平均閱讀成就分數的影響效果不顯著。

考量學生個體層次家庭結構、學生性別、閱讀時間、家庭資本四個解釋變項與第二層級班閱讀時間、班家庭資本、班教師教學策略、班教師閱讀態度解釋變項的影響後，所有學生閱讀成就的調整後平均值 $\gamma_{000} = 60.923$。

Final estimation of level-1 and level-2 variance components

（階層一與階層二變異成分最後估計值）

Random Effect 隨機效果	Standard Deviation 標準差	Variance Component 變異數	d.f. 自由度	χ^2 卡方值	p-value 顯著性
INTRCPT1, r_0	3.61048	13.03556	10	55.20805	< 0.001
HOME slope, r_1	1.43312	2.05382	28	23.83118	> .500
SSEX slope, r_2	3.59858	12.94979	28	57.20467	0.001
TIME slope, r_3	1.92469	3.70443	28	92.35887	< 0.001
HCUL slope, r_4	0.55505	0.30808	28	36.06070	0.141
level-1, e	5.72086	32.72822			

　　第二層誤差項 r_{0jk} 的變異數 $\tau_{\pi00}$ = 13.036，$\chi^2(10)$ = 55.208（p < .001），達到統計顯著水準，表示控制四個班級層次的解釋變項及四個個體層次（學生層次）的解釋變項對閱讀成就的影響後，學校內班級間閱讀成就的差異還是達到顯著，學校內閱讀成就還有顯著「班級間」的差異存在。與零模型相較之下，第二層誤差項 r_{0jk} 的變異數 $\tau_{\pi00}$ 從 79.885 降至 13.036，變異數削減百分比為：$1 - \dfrac{13.036}{79.885} = \dfrac{79.885 - 13.036}{79.885}$ = 83.7%，同時考量個體層次學生性別、家庭結構、閱讀時間、學生家庭文化資本與班級特徵的教師教學策略、教師閱讀態度、班閱讀時間、班家庭資本等對學生閱讀成就的影響時，可以解釋學校內班級間閱讀成就變異的百分比為 83.7%。

　　誤差項 r_{2jk} 的變異數 $\tau_{\pi22}$ = 12.950，$\chi^2(28)$ = 57.205（p < .001），達到顯著水準，表示學校內學生性別對閱讀成就的影響有顯著的「班級間」差異存在；誤差項 r_{3jk} 的變異數 $\tau_{\pi33}$ = 3.704，$\chi^2(28)$ = 92.359（p < .001），達到顯著水準，表示學校內學生閱讀時間對閱讀成就的影響有顯著的「班級間」差異存在。誤差項 r_{1jk} 的變異數 $\tau_{\pi11}$ = 2.054，$\chi^2(28)$ = 23.831（p > .05），未達統計顯著水準，表示學校內學生家庭結構對閱讀成就的影響沒有顯著的「班級間」差異存在；誤差項 r_{4jk} 的變異數 $\tau_{\pi44}$ = 0.308，$\chi^2(28)$ = 36.061（p > .05），未達統計顯著水準，表示學校內學生家庭文化資本對閱讀成就的影響沒有顯著的「班級間」差異存在。

　　第一層模型誤差項 e_{ijk} 的變異數 σ^2 = 32.728，與零模型相較之下，變異數

從 119.617 降至 32.728，變異數削減比例值為：$1 - \dfrac{32.728}{119.617} = \dfrac{119.617 - 32.728}{119.617} =$
72.6%，可見第一層模型投入的四個解釋變項（學生性別、學生家庭結構、每週閱讀時間、家庭文化資本）共可以解釋班級內學生閱讀成就總變異的 72.6% 變異量。

Final estimation of level-3 variance components（階層三變異成分最後估計值）

Random Effect 隨機效果	Standard Deviation 標準差	Variance Component 變異數	$d.f.$ 自由度	χ^2 卡方值	p-value 顯著性
INTRCPT1/INTRCPT2, u_{00}	0.10331	0.01067	14	9.91493	> .500

Deviance = 2950.074444

第三層次誤差項 μ_{00k} 的變異數估計值 $\tau_{\beta00} = 0.011$，$\chi^2(14) = 9.914$（$p > .05$），未達統計顯著水準，表示學校組織中閱讀成就沒有顯著不同，各校平均閱讀成就分數在「學校間」的差異未達統計顯著水準。

【輸出結果之表格歸納】

學生層次與班級層次解釋變項對閱讀成就影響之結果摘要表

固定效果	係數	t 值	自由度
β_{00} 截距			
階層三所有學校學生閱讀成就之總體平均數 γ_{000}	60.923	75.893***	14
階層二班級層次解釋變項 / 脈絡變項			
學校內班級「班閱讀時間」對閱讀成就影響之平均值 γ_{010}	2.682	4.070**	7
學校內班級「班家庭資本」對閱讀成就影響之平均值 γ_{020}	3.082	4.240**	7
學校內班級「教師教學策略」對閱讀成就影響之平均值 γ_{030}	0.117	2.196 ns	7
學校內班級「教師閱讀態度」對閱讀成就影響之平均值 γ_{040}	0.222	1.440 ns	7
π_1 斜率			
學生家庭結構對閱讀成就影響之平均值	2.457	5.984***	7
π_2 斜率			
學生性別對閱讀成就影響之平均值	2.276	2.041ns	7
π_3 斜率			
學生閱讀時間對閱讀成就影響之平均值	4.148	8.316***	7
π_4 斜率			
學生家庭資本對閱讀成就影響之平均值	1.037	7.194***	7
隨機效果	變異數	χ^2	自由度
階層三學校間平均閱讀成就之差異 $\mu_{00k}(\tau_\beta)$	0.011	9.915ns	14
階層二學校內班級間平均閱讀成就之差異 $r_{0jk}(\tau_{\pi00})$	13.036	55.208***	10
學校內班級間家庭結構對閱讀成就影響之差異 $\tau_{\pi11}$	2.054	23.831ns	28
學校內班級間學生性別對閱讀成就影響之差異 $\tau_{\pi22}$	12.950	57.205***	28
學校內班級間閱讀時間對閱讀成就影響之差異 $\tau_{\pi33}$	3.704	92.359***	28
學校內班級間家庭資本對閱讀成就影響之差異 $\tau_{\pi44}$	0.308	36.061ns	28
階層一班級內學生閱讀成就分數的差異 σ^2	32.728		

ns $p > .05$　　** $p < .01$　　*** $p < .001$

🕰 二、階層二「班級教師教學策略」解釋變項與階層一解釋變項 對閱讀成就的跨層次交互作用

層次一納入的解釋變項為家庭結構、學生性別、閱讀時間、家庭資本。

層次二截距項納入的解釋變項為班閱讀時間、班家庭資本、班級教師教學策略、班級教師閱讀態度。

層次二斜率項為隨機效果，納入的班級屬性特徵為班級教師教學策略。

層次三未納入任何學校組織層級的解釋變項。

Level-1 Model（階層一模型）：

$$READ_{ijk} = \pi_{0jk} + \pi_{1jk} \times (HOME_{ijk}) + \pi_{2jk} \times (SSEX_{ijk}) + \pi_{3jk} \times (TIME_{ijk}) + \pi_{4jk} \times (HCUL_{ijk}) + e_{ijk}$$

Level-2 Model（階層二模型）：

$$\pi_{0jk} = \beta_{00k} + \beta_{01k} \times (CTIME_{jk}) + \beta_{02k} \times (CHCUL_{jk}) + \beta_{03k} \times (CTSTR_{jk}) + \beta_{04k} \times (CTATT_{jk}) + r_{0jk}$$

$$\pi_{1jk} = \beta_{10k} + \beta_{11k} \times (CTSTR_{jk}) + r_{1jk}$$

$$\pi_{2jk} = \beta_{20k} + \beta_{21k} \times (CTSTR_{jk}) + r_{2jk}$$

$$\pi_{3jk} = \beta_{30k} + \beta_{31k} \times (CTSTR_{jk}) + r_{3jk}$$

$$\pi_{4jk} = \beta_{40k} + \beta_{41k} \times (CTSTR_{jk}) + r_{4jk}$$

Level-3 Model（階層三模型）：

$$\beta_{00k} = \gamma_{000} + u_{00k}$$

$$\beta_{01k} = \gamma_{010}$$

$$\beta_{02k} = \gamma_{020}$$

$$\beta_{03k} = \gamma_{030}$$

$$\beta_{04k} = \gamma_{040}$$

$$\beta_{10k} = \gamma_{100}$$

$$\beta_{11k} = \gamma_{110}$$

$$\beta_{20k} = \gamma_{200}$$

$$\beta_{21k} = \gamma_{210}$$

$$\beta_{30k} = \gamma_{300}$$

$$\beta_{31k} = \gamma_{310}$$

$$\beta_{40k} = \gamma_{400}$$

$$\beta_{41k} = \gamma_{410}$$

【備註】

上述階層三模型中的斜率方程均設為固定效果，如果模型設為隨機效果，每個斜率方程要增列誤差項如下：

$$\beta_{00k} = \gamma_{000} + u_{00k}$$

$$\beta_{01k} = \gamma_{010} + u_{01k}$$

$$\beta_{02k} = \gamma_{020} + u_{02k}$$

$$\beta_{03k} = \gamma_{030} + u_{03k}$$

$$\beta_{04k} = \gamma_{040} + u_{04k}$$

$$\beta_{10k} = \gamma_{100} + u_{10k}$$

$$\beta_{11k} = \gamma_{110} + u_{11k}$$

$$\beta_{20k} = \gamma_{200} + u_{20k}$$

$$\beta_{21k} = \gamma_{210} + u_{21k}$$

$$\beta_{30k} = \gamma_{300} + u_{30k}$$

$$\beta_{31k} = \gamma_{310} + u_{31k}$$

$$\beta_{40k} = \gamma_{400} + u_{40k}$$

$$\beta_{41k} = \gamma_{410} + u_{41k}$$

HLM 視窗界面設定如下：

LEVEL 1 MODEL

$READ_{ijk} = \pi_{0jk} + \pi_{1jk}(HOME_{ijk}) + \pi_{2jk}(SSEX_{ijk}) + \pi_{3jk}(TIME_{ijk} - \overline{TIME}_{\cdot jk}) + \pi_{4jk}(HCUL_{ijk} - \overline{HCUL}_{\cdot jk}) + e_{ijk}$

LEVEL 2 MODEL

$\pi_{0jk} = \beta_{00k} + \beta_{01k}(CTIME_{jk} - \overline{CTIME}_{\cdot\cdot}) + \beta_{02k}(CHCUL_{jk} - \overline{CHCUL}_{\cdot\cdot}) + \beta_{03k}(CTSTR_{jk} - \overline{CTSTR}_{\cdot\cdot}) + \beta_{04k}(CTATT_{jk} - \overline{CTATT}_{\cdot\cdot}) + r_{0jk}$

$\pi_{1jk} = \beta_{10k} + \beta_{11k}(CTSTR_{jk} - \overline{CTSTR}_{\cdot\cdot}) + r_{1jk}$

$\pi_{2jk} = \beta_{20k} + \beta_{21k}(CTSTR_{jk} - \overline{CTSTR}_{\cdot\cdot}) + r_{2jk}$

$\pi_{3jk} = \beta_{30k} + \beta_{31k}(CTSTR_{jk} - \overline{CTSTR}_{\cdot\cdot}) + r_{3jk}$

$\pi_{4jk} = \beta_{40k} + \beta_{41k}(CTSTR_{jk} - \overline{CTSTR}_{\cdot\cdot}) + r_{4jk}$

LEVEL 3 MODEL

$\beta_{00k} = \gamma_{000} + u_{00k}$

$\beta_{01k} = \gamma_{010} + u_{01k}$

$\beta_{02k} = \gamma_{020} + u_{02k}$

$\beta_{03k} = \gamma_{030} + u_{03k}$

$\beta_{04k} = \gamma_{040} + u_{04k}$

$\beta_{10k} = \gamma_{100} + u_{10k}$

$\beta_{11k} = \gamma_{110} + u_{11k}$

$\beta_{20k} = \gamma_{200} + u_{20k}$

$\beta_{21k} = \gamma_{210} + u_{21k}$

$\beta_{30k} = \gamma_{300} + u_{30k}$

$\beta_{31k} = \gamma_{310} + u_{31k}$

$\beta_{40k} = \gamma_{400} + u_{40k}$

$\beta_{41k} = \gamma_{410} + u_{41k}$

TIME HCUL have been centered around the group mean.

註：個體層次（學生層次）解釋變項 TIME、HCUL 採用組平減轉換。

CTIME CHCUL CTSTR CTATT have been centered around the grand mean.

註：第二層解釋變項（班級層次）CTIME、CHCUL、CTSTR、CTATT 採用總平減轉換。

Mixed Model（混合模型）：

$$READ_{ijk} = \gamma_{000} + \gamma_{010} \times CTIME_{jk} + \gamma_{020} \times CHCUL_{jk} + \gamma_{030} \times CTSTR_{jk} + \gamma_{040} \times$$
$$CTATT_{jk} + \gamma_{100} \times HOME_{ijk} + \gamma_{110} \times HOME_{ijk} \times CTSTR_{jk} + \gamma_{200} \times SSEX_{ijk}$$
$$+ \gamma_{210} \times SSEX_{ijk} \times CTSTR_{jk} + \gamma_{300} \times TIME_{ijk} + \gamma_{310} \times TIME_{ijk} \times CTSTR_{jk}$$
$$+ \gamma_{400} \times HCUL_{ijk} + \gamma_{410} \times HCUL_{ijk} \times CTSTR_{jk} + r_{0jk} + r_{1jk} \times HOME_{ijk} +$$
$$r_{2jk} \times SSEX_{ijk} + r_{3jk} \times TIME_{ijk} + r_{4jk} \times HCUL_{ijk} + u_{00k} + e_{ijk}$$

　　混合模型中參數估計值 γ_{110}、γ_{210}、γ_{310}、γ_{410} 為跨層次交互作用項，模式方程為：$\gamma_{110} \times HOME_{ijk} \times CTSTR_{jk}$、$\gamma_{210} \times SSEX_{ijk} \times CTSTR_{jk}$、$\gamma_{310} \times TIME_{ijk} \times CTSTR_{jk}$、$\gamma_{410} \times HCUL_{ijk} \times CTSTR_{jk}$。以 $\gamma_{410} \times HCUL_{ijk} \times CTSTR_{jk}$ 為例，表示的是學生個體的家庭資本（階層一解釋變項）與班級教師策略（階層二解釋變項）是否會同時影響到學生閱讀成就，即學校內班級學生的家庭資本（第一層解釋變項）與學生閱讀成就的關係，是否受到班級教師教學策略（第二層解釋變項）的影響，學校內班級學生的家庭資本與學生閱讀成就的關係方程為 $\gamma_{400} \times HCUL_{ijk}$；以 $\gamma_{110} \times HOME_{ijk} \times CTSTR_{jk}$ 為例，表示的是學生家庭結構解釋變項（階層一解釋變項）與班級教師策略（階層二解釋變項）是否會同時影響到學生閱讀成就，即學校內班級學生的家庭結構與學生閱讀成就的關係，是否受到班級教師教學策略的影響，學校內班級學生的家庭結構與學生閱讀成就的關係方程為 $\gamma_{100} \times HOME_{ijk}$，如果 γ_{100} 估計值達到統計顯著水準（$p < .05$），表示學校組織內班級群組中的學生個體家庭結構會顯著影響到學生的閱讀成就表現，若是 γ_{110} 估計值也達統計顯著水準（$p < .05$），表示學校組織內班級群組中的學生個體家庭結構影響學生的閱讀成就表現程度，又會受到班級教師教學策略的影響，不同班級教師教學策略方式下，班級學生家庭結構對閱讀成就影響的強度會有所不同。

Final estimation of fixed effects（最後效果估計值）

（with robust standard errors）（採用強韌性標準誤）

Fixed Effect 固定效果	Coefficient 係數	Standard error 標準誤	t-ratio t 值	Approx. $d.f.$ 自由度	p-value 顯著性
For INTRCPT1, π_0					
For INTRCPT2, β_{00}					
INTRCPT3, γ_{000}	60.843727	0.794205	76.610	14	< 0.001
For CTIME, β_{01}					
INTRCPT3, γ_{010}	2.917780	0.613542	4.756	3	0.018
For CHCUL, β_{02}					
INTRCPT3, γ_{020}	2.952856	0.690210	4.278	3	0.023
For CTSTR, β_{03}					
INTRCPT3, γ_{030}	0.090916	0.078819	1.153	3	0.332
For CTATT, β_{04}					
INTRCPT3, γ_{040}	0.146033	0.145733	1.002	3	0.390
For HOME slope, π_1					
For INTRCPT2, β_{10}					
INTRCPT3, γ_{100}	2.364350	0.493297	4.793	3	0.017
For CTSTR, β_{11}					
INTRCPT3, γ_{110}	0.027717	0.050750	0.546	3	0.623
For SSEX slope, π_2					
For INTRCPT2, β_{20}					
INTRCPT3, γ_{200}	2.452995	1.030654	2.380	3	0.098
For CTSTR, β_{21}					
INTRCPT3, γ_{210}	0.083941	0.081243	1.033	3	0.377
For TIME slope, π_3					
For INTRCPT2, β_{30}					
INTRCPT3, γ_{300}	4.418730	0.484380	9.122	3	0.003
For CTSTR, β_{31}					
INTRCPT3, γ_{310}	−0.047142	0.035890	−1.314	3	0.280
For HCUL slope, π_4					
For INTRCPT2, β_{40}					
INTRCPT3, γ_{400}	0.943835	0.147478	6.400	3	0.008
For CTSTR, β_{41}					
INTRCPT3, γ_{410}	0.015763	0.015920	0.990	3	0.395

　　階層一與階層二跨層次交互作用項估計值 $\gamma_{110} = 0.028$，$t(3) = 0.546$（$p >$ .05）、$\gamma_{210} = 0.084$，$t(3) = 0.081$（$p > .05$）、$\gamma_{310} = -0.047$，$t(3) = -1.314$（$p >$ .05）、$\gamma_{410} = 0.016$，$t(3) = 0.990$（$p > .05$）等四個固定效果值均未達統計顯著水準，表示學生家庭結構、學生性別、閱讀時間、家庭資本對學生閱讀成就的影響均未再受班級教師教學策略的影響。各學校組織內班級群組之班級教師教學策略對於學生家庭結構、學生性別、閱讀時間、家庭資本與學生閱讀成就間之關係未有調節作用。

　　就學校內班級中學生家庭結構、學生性別、閱讀時間、家庭資本等四個學生個體的解釋變項對學生閱讀成就的影響而言，$\gamma_{100} = 2.364$，$t(3) = 4.793$（$p < .05$）、$\gamma_{300} = 4.419$，$t(3) = 9.122$（$p < .01$）、$\gamma_{400} = 0.944$，$t(3) = 6.400$（$p < .01$）等三個固定效果值均達統計顯著水準，且參數估計值為正，表示學校內班級中學生家庭結構、閱讀時間、家庭資本對學生閱讀成就均有顯著正向影響；而 $\gamma_{200} = 2.453$，$t(3) = 2.380$（$p > .05$）固定效果值未達統計顯著水準，表示學校內班級中學生之學生性別解釋變項對學生閱讀成就沒有顯著影響作用。

　　就學校內班級群組特徵解釋變項：班閱讀時間、班家庭資本、班教師教學策略、班教師閱讀態度等四個階層二解釋變項對學生閱讀成就的影響而言，$\gamma_{010} = 2.918$，$t(3) = 4.756$（$p < .05$）、$\gamma_{020} = 2.953$，$t(3) = 4.278$（$p < .05$）等二個固定效果值達統計顯著水準，且參數估計值為正，表示學校內班級解釋變項「班閱讀時間」、「班家庭資本」對學生閱讀成就有顯著正向影響；而 $\gamma_{030} = 0.091$，$t(3) = 1.153$（$p > .05$）、$\gamma_{040} = 0.146$，$t(3) = 1.002$（$p > .05$）二個固定效果值未達統計顯著水準，表示學校內班級屬性特徵之解釋變項「班教師教學策略」、「班教師閱讀態度」對學生閱讀成就沒有顯著影響作用。

Final estimation of level-1 and level-2 variance components

（階層一與階層二變異成分最後估計值）

Random Effect 隨機效果	Standard Deviation 標準差	Variance Component 變異數	$d.f.$ 自由度	χ^2 卡方值	p-value 顯著性
INTRCPT1, r_0	3.76796	14.19754	10	59.56950	< 0.001
HOME slope, r_1	1.39903	1.95728	27	24.11779	> .500
SSEX slope, r_2	3.54424	12.56161	27	55.32028	0.001
TIME slope, r_3	1.82430	3.32805	27	86.61149	< 0.001
HCUL slope, r_4	0.49694	0.24695	27	34.25035	0.159
level-1, e	5.66309	32.07054			

　　第二層誤差項 r_{0jk} 的變異數 $\tau_{\pi00} = 14.195$，$\chi^2(10) = 59.570$（$p < .001$），達到統計顯著水準，表示控制四個班級層次的解釋變項及四個個體層次（學生層次）的解釋變項對閱讀成就的影響後，學校內班級間閱讀成就的差異還是達到顯著，學校內閱讀成就還有「班級間」的差異存在。與零模型相較之下，第二層誤差項 r_{0jk} 的變異數 $\tau_{\pi00}$ 從 79.885 降至 14.195，變異數削減百分比為：$1 - \dfrac{14.195}{79.885} = \dfrac{79.885 - 14.195}{79.885} = 82.2\%$，同時考量個體層次學生性別、家庭結構、閱讀時間、學生家庭文化資本與班級特徵的教師教學策略、教師閱讀態度、班閱讀時間、班家庭資本對學生閱讀成就的影響時，可以解釋學校內「班級間」閱讀成就變異的百分比為 82.2%。

　　誤差項 r_{2jk} 的變異數 $\tau_{\pi22} = 12.562$，$\chi^2(27) = 55.320$（$p < .001$），達到顯著水準，表示學校內學生性別對閱讀成就的影響有顯著的「班級間」差異存在；誤差項 r_{3jk} 的變異數 $\tau_{\pi33} = 3.328$，$\chi^2(27) = 86.611$（$p < .001$），達到顯著水準，表示學校內學生閱讀時間對閱讀成就的影響有顯著的「班級間」差異存在。誤差項 r_{1jk} 的變異數 $\tau_{\pi11} = 1.957$，$\chi^2(27) = 24.118$（$p > .05$），未達統計顯著水準，表示學校內學生家庭結構對閱讀成就的影響沒有顯著的「班級間」差異存在；誤差項 r_{4jk} 的變異數 $\tau_{\pi44} = 0.247$，$\chi^2(27) = 34.250$（$p > .05$），未達統計顯著水準，表示學校內學生家庭文化資本對閱讀成就的影響沒有顯著的「班級間」差異存在。

　　第一層模型誤差項 e_{ijk} 的變異數 $\sigma^2 = 32.071$，與零模型相較之下，變異數

從 119.617 降至 32.728，變異數削減比例值為：$1 - \dfrac{32.071}{119.617} = \dfrac{119.617 - 32.071}{119.617} = $ 73.2%，可見第一層模型投入的四個解釋變項（學生性別、學生家庭結構、每週閱讀時間、家庭文化資本）共可以解釋班級內學生閱讀成就總變異的 73.2% 變異量。

Final estimation of level-3 variance components（階層三變異成分最後估計值）

Random Effect 隨機效果	Standard Deviation 標準差	Variance Component 變異數	d.f. 自由度	χ^2 卡方值	p-value 顯著性
INTRCPT1/INTRCPT2,u_{00}	0.09171	0.00841	14	9.81912	> .500

Deviance = 2936.400161

第三層次誤差項 μ_{00k} 的變異數估計值 $\tau_{\beta00} = 0.008$，$\chi^2(14) = 9.819$（$p >$ .05），未達統計顯著水準，表示學校組織中閱讀成就沒有顯著不同，閱讀成就在「學校間」（階層三學校組織單位）的差異未達統計顯著水準。

【輸出結果之表格歸納】

「教師教學策略」與學生層次解釋變項對閱讀成就跨層次交互作用影響之結果摘要表

固定效果	係數	t 值	自由度
β_{00} 截距			
階層三所有學校學生閱讀成就之調整後總體平均值 γ_{000}	60.844	76.610***	14
階層二班級層次解釋變項 / 脈絡變項			
學校內班級「班閱讀時間」對閱讀成就影響之平均值 γ_{010}	2.918	4.756*	3
學校內班級「班家庭資本」對閱讀成就影響之平均值 γ_{020}	2.953	4.278*	3
學校內班級「教師教學策略」對閱讀成就影響之平均值 γ_{030}	0.091	1.153ns	3
學校內班級「教師閱讀態度」對閱讀成就影響之平均值 γ_{040}	0.146	1.002ns	3
π_1 斜率			

各校內班級中學生家庭結構對閱讀成就影響之平均值 γ_{100}	2.364	4.793*	3
校內班級之班級教師教學策略——各校內班級中學生家庭結構對閱讀成就影響之平均值 γ_{110}	0.028	0.546ns	3
π_2 斜率			
各校內班級中學生性別對閱讀成就影響之平均值 γ_{200}	2.453	2.380ns	3
各校內班級之班級教師教學策略——各校內班級中學生性別對閱讀成就影響之平均值 γ_{210}	0.084	1.033ns	3
π_3 斜率			
各校內班級中學生閱讀時間對閱讀成就影響之平均值 γ_{300}	4.419	9.122**	3
各校內班級之班級教師教學策略——各校內班級中學生閱讀時間對閱讀成就影響之平均值 γ_{310}	−0.047	−1.314ns	3
π_4 斜率			
各校內班級中學生家庭資本對閱讀成就影響之平均值 γ_{400}	0.944	6.400**	3
各校內班級之班級教師教學策略——各校內班級中學生家庭資本對閱讀成就影響之平均值 γ_{410}	0.016	0.990ns	3
隨機效果	**變異數**	χ^2	**自由度**
階層三學校間平均閱讀成就之差異 $\mu_{00k}(\tau_\beta)$	0.092	9.819ns	14
階層二學校內班級間平均閱讀成就之差異 $r_{0jk}(\tau_{\pi00})$	14.198	59.570***	10
學校內班級間家庭結構對閱讀成就影響之差異 $\tau_{\pi11}$	1.957	24.118ns	27
學校內班級間學生性別對閱讀成就影響之差異 $\tau_{\pi11}$	12.562	55.320***	27
學校內班級間閱讀時間對閱讀成就影響之差異 $\tau_{\pi22}$	3.328	86.611***	27
學校內班級間家庭資本對閱讀成就影響之差異 $\tau_{\pi33}$	0.247	34.250ns	27
階層一班級內學生閱讀成就分數的差異 σ^2	32.071		
離異係數（−2LL）	2936.400		

ns $p > .05$ *$p < .05$ **$p < .01$ ***$p < .001$

⟳ 三、階層二「班級教師閱讀態度」解釋變項與階層一解釋變項對閱讀成就的跨層次交互作用

　　層次一納入的解釋變項為家庭結構、學生性別、閱讀時間、家庭資本。

　　層次二截距項納入的解釋變項為班閱讀時間、班家庭資本、班級教師教學策略、班級教師閱讀態度。

層次二斜率項為隨機效果，納入的班級屬性特徵為班級教師閱讀態度。
層次三未納入任何學校組織層級的解釋變項。

Level-1 Model（階層一模型）

$$READ_{ijk} = \pi_{0jk} + \pi_{1jk} \times (HOME_{ijk}) + \pi_{2jk} \times (SSEX_{ijk}) + \pi_{3jk} \times (TIME_{ijk}) + \pi_{4jk} \times$$
$$(HCUL_{ijk}) + e_{ijk}$$

Level-2 Model（階層二模型）

$$\pi_{0jk} = \beta_{00k} + \beta_{01k} \times (CTIME_{jk}) + \beta_{02k} \times (CHCUL_{jk}) + \beta_{03k} \times (CTSTR_{jk}) + \beta_{04k} \times$$
$$(CTATT_{jk}) + r_{0jk}$$
$$\pi_{1jk} = \beta_{10k} + \beta_{11k} \times (CTATT_{jk}) + r_{1jk}$$
$$\pi_{2jk} = \beta_{20k} + \beta_{21k} \times (CTATT_{jk}) + r_{2jk}$$
$$\pi_{3jk} = \beta_{30k} + \beta_{31k} \times (CTATT_{jk}) + r_{3jk}$$
$$\pi_{4jk} = \beta_{40k} + \beta_{41k} \times (CTATT_{jk}) + r_{4jk}$$

Level-3 Model（階層三模型）

$$\beta_{00k} = \gamma_{000} + u_{00k}$$
$$\beta_{01k} = \gamma_{010}$$
$$\beta_{02k} = \gamma_{020}$$
$$\beta_{03k} = \gamma_{030}$$
$$\beta_{04k} = \gamma_{040}$$
$$\beta_{10k} = \gamma_{100}$$
$$\beta_{11k} = \gamma_{110}$$
$$\beta_{20k} = \gamma_{200}$$
$$\beta_{21k} = \gamma_{210}$$
$$\beta_{30k} = \gamma_{300}$$
$$\beta_{31k} = \gamma_{310}$$
$$\beta_{40k} = \gamma_{400}$$
$$\beta_{41k} = \gamma_{410}$$

【備註】

上述階層三模型中的斜率方程均設為固定效果，如果模型設為隨機效果，
每個斜率方程要增列誤差項如下：

$$\beta_{00k} = \gamma_{000} + u_{00k}$$

$$\beta_{01k} = \gamma_{010} + u_{01k}$$

$$\beta_{02k} = \gamma_{020} + u_{02k}$$

$$\beta_{03k} = \gamma_{030} + u_{03k}$$

$$\beta_{04k} = \gamma_{040} + u_{04k}$$

$$\beta_{10k} = \gamma_{100} + u_{10k}$$

$$\beta_{11k} = \gamma_{110} + u_{11k}$$

$$\beta_{20k} = \gamma_{200} + u_{20k}$$

$$\beta_{21k} = \gamma_{210} + u_{21k}$$

$$\beta_{30k} = \gamma_{300} + u_{30k}$$

$$\beta_{31k} = \gamma_{310} + u_{31k}$$

$$\beta_{40k} = \gamma_{400} + u_{40k}$$

$$\beta_{41k} = \gamma_{410} + u_{41k}$$

HLM 視窗界面設定如下：

LEVEL 1 MODEL

$$READ_{ijk} = \pi_{0jk} + \pi_{1jk}(HOME_{ijk}) + \pi_{2jk}(SSEX_{ijk}) + \pi_{3jk}(TIME_{ijk} - \overline{TIME}_{.jk}) + \pi_{4jk}(HCUL_{ijk} - \overline{HCUL}_{.jk}) + e_{ijk}$$

LEVEL 2 MODEL

$$\pi_{0jk} = \beta_{00k} + \beta_{01k}(CTIME_{jk} - \overline{CTIME}_{..}) + \beta_{02k}(CHCUL_{jk} - \overline{CHCUL}_{..}) + \beta_{03k}(CTSTR_{jk} - \overline{CTSTR}_{..}) + \beta_{04k}(CTATT_{jk} - \overline{CTATT}_{..}) + r_{0jk}$$

$$\pi_{1jk} = \beta_{10k} + \beta_{11k}(CTATT_{jk} - \overline{CTATT}_{..}) + r_{1jk}$$

$$\pi_{2jk} = \beta_{20k} + \beta_{21k}(CTATT_{jk} - \overline{CTATT}_{..}) + r_{2jk}$$

$$\pi_{3jk} = \beta_{30k} + \beta_{31k}(CTATT_{jk} - \overline{CTATT}_{..}) + r_{3jk}$$

$$\pi_{4jk} = \beta_{40k} + \beta_{41k}(CTATT_{jk} - \overline{CTATT}_{..}) + r_{4jk}$$

LEVEL 3 MODEL

$$\beta_{00k} = \gamma_{000} + u_{00k}$$

$$\beta_{01k} = \gamma_{010} + u_{01k}$$

$$\beta_{02k} = \gamma_{020} + u_{02k}$$

$$\beta_{03k} = \gamma_{030} + u_{03k}$$

$$\beta_{04k} = \gamma_{040} + u_{04k}$$

$$\beta_{10k} = \gamma_{100} + u_{10k}$$

$$\beta_{11k} = \gamma_{110} + u_{11k}$$

$$\beta_{20k} = \gamma_{200} + u_{20k}$$

$$\beta_{21k} = \gamma_{210} + u_{21k}$$

$$\beta_{30k} = \gamma_{300} + u_{30k}$$

$$\beta_{31k} = \gamma_{310} + u_{31k}$$

$$\beta_{40k} = \gamma_{400} + u_{40k}$$

$$\beta_{41k} = \gamma_{410} + u_{41k}$$

TIME HCUL have been centered around the group mean.

註：個體層次（學生層次）解釋變項 TIME、HCUL 採用組平減轉換。

CTIME CHCUL CTSTR CTATT have been centered around the grand mean.

註：第二層解釋變項（班級層次）CTIME、CHCUL、CTSTR、CTATT 採用總平減轉換。

混合模型方程中：$\gamma_{110} \times HOME_{ijk} \times CTATT_{jk}$、$\gamma_{210} \times SSEX_{ijk} \times CTATT_{jk}$、$\gamma_{310} \times TIME_{ijk} \times CTATT_{jk}$、$\gamma_{410} \times HCUL_{ijk} \times CTATT_{jk}$ 為跨層次交互作用項。

Final estimation of fixed effects（最後效果估計值）

（with robust standard errors）（採用強韌性標準誤）

Fixed Effect 固定效果	Coefficient 係數	Standard error 標準誤	t-ratio t 值	Approx. $d.f.$ 自由度	p-value 顯著性
For INTRCPT1, π_0					
For INTRCPT2, β_{00}					
INTRCPT3, γ_{000}	61.096721	0.713886	85.583	14	< 0.001
For CTIME, β_{01}					
INTRCPT3, γ_{010}	2.664749	0.651082	4.093	3	0.026
For CHCUL, β_{02}					
INTRCPT3, γ_{020}	3.029828	0.698083	4.340	3	0.023
For CTSTR, β_{03}					
INTRCPT3, γ_{030}	0.113738	0.049974	2.276	3	0.107
For CTATT, β_{04}					
INTRCPT3, γ_{040}	0.456910	0.285582	1.600	3	0.208
For HOME slope, π_1					
For INTRCPT2, β_{10}					
INTRCPT3, γ_{100}	2.427306	0.471374	5.149	3	0.014
For CTATT, β_{11}					
INTRCPT3, γ_{110}	−0.082425	0.147402	−0.559	3	0.615
For SSEX slope, π_2					
For INTRCPT2, β_{20}					
INTRCPT3, γ_{200}	1.971412	1.035741	1.903	3	0.153
For CTATT, β_{21}					
INTRCPT3, γ_{210}	−0.178206	0.318090	−0.560	3	0.614
For TIME slope, π_3					
For INTRCPT2, β_{30}					
INTRCPT3, γ_{300}	4.198747	0.366176	11.466	3	0.001
For CTATT, β_{31}					
INTRCPT3, γ_{310}	−0.328409	0.110692	−2.967	3	0.059
For HCUL slope, π_4					
For INTRCPT2, β_{40}					
INTRCPT3, γ_{400}	0.946278	0.155743	6.076	3	0.009
For CTATT, β_{41}					
INTRCPT3, γ_{410}	0.004474	0.046634	0.096	3	0.930

階層一與階層二跨層次交互作用項估計值 $\gamma_{110} = -0.082$，$t(3) = -0.559$（$p > .05$）、$\gamma_{210} = -0.178$，$t(3) = -0.560$（$p > .05$）、$\gamma_{310} = -0.328$，$t(3) = -2.967$（$p > .05$）、$\gamma_{410} = 0.004$，$t(3) = 0.096$（$p > .05$）等四個固定效果值均未達統計顯著水準，表示學生家庭結構、學生性別、閱讀時間、家庭資本對學生閱讀成就的影響，均未受到「班級教師閱讀態度」的影響。學校內班級群組之班級教師教學策略對於學生家庭結構、學生性別、閱讀時間、家庭資本與學生閱讀態度之關係未有調節作用。

【輸出結果之表格歸納】

「教師閱讀態度」與學生層次解釋變項對閱讀成就跨層次交互作用影響之結果摘要表

固定效果	係數	t 值	自由度
β_{00} 截距			
階層三所有學校學生閱讀成就之調整後總體平均值 γ_{000}	61.097	85.583***	14
階層二班級層次解釋變項／脈絡變項			
學校內班級「班閱讀時間」對閱讀成就影響之平均值 γ_{010}	2.665	4.093*	3
學校內班級「班家庭資本」對閱讀成就影響之平均值 γ_{020}	3.030	4.340*	3
學校內班級「教師教學策略」對閱讀成就影響之平均值 γ_{030}	0.114	2.276ns	3
學校內班級「教師閱讀態度」對閱讀成就影響之平均值 γ_{040}	0.457	1.600ns	3
π_1 斜率			
各校內班級中學生家庭結構對閱讀成就影響之平均值 γ_{100}	2.427	5.149*	3
各校內班級之教師閱讀態度——各校內班級中學生家庭結構對閱讀成就影響之平均值 γ_{110}	−0.082	−0.559ns	3
π_2 斜率			
各校內班級中學生性別對閱讀成就影響之平均值 γ_{200}	1.971	1.903ns	3
各校內班級之教師閱讀態度——各校內班級中學生性別對閱讀成就影響之平均值 γ_{210}	−0.178	−0.560ns	3
π_3 斜率			

各校內班級中學生閱讀時間對閱讀成就影響之平均值 γ_{300}	4.199	11.466***	3
各校內班級之教師閱讀態度——各校內班級中學生閱讀時間對閱讀成就影響之平均值 γ_{330}	−0.328	−2.967ns	3
π_1 斜率			
各校內班級中學生家庭資本對閱讀成就影響之平均值 γ_{400}	0.946	6.076**	3
各校內班級之教師閱讀態度——各校內班級中學生家庭資本對閱讀成就影響之平均值 γ_{440}	0.004	0.096ns	3

ns $p > .05$　　*$p < .05$　　**$p < .01$　　***$p < .001$

四、階層二解釋變項與階層一解釋變項對閱讀成就的跨層次交互作用

　　層次一納入的解釋變項為家庭結構、學生性別、閱讀時間、家庭資本。

　　層次二截距項納入的解釋變項為班閱讀時間、班家庭資本、班級教師教學策略、班級教師閱讀態度。

　　層次二斜率項為隨機效果，同時納入的班級屬性特徵為「班級教師教學策略」、「班級教師閱讀態度」二個解釋變項。

　　層次三未納入任何學校組織層級的解釋變項。

HLM 視窗界面如下：

Outcome
Level-1
>> Level-2 <<
Level-3
INTRCPT2
CTIME
CHCUL
CTSTR
CTATT

LEVEL 1 MODEL

$READ_{ijk} = \pi_{0jk} + \pi_{1jk}(HOME_{ijk}) + \pi_{2jk}(SSEX_{ijk}) + \pi_{3jk}TIME_{ijk} - \overline{TIME}_{.jk}) + \pi_{4jk}(HCUL_{ijk} - \overline{HCUL}_{.jk}) + e_{ijk}$

LEVEL 2 MODEL

$\pi_{0jk} = \beta_{00k} + \beta_{01k}(CTIME_{jk} - \overline{CTIME}_{..}) + \beta_{02k}(CHCUL_{jk} - \overline{CHCUL}_{..}) + \beta_{03k}(CTSTR_{jk} - \overline{CTSTR}_{..}) + \beta_{04k}(CTATT_{jk} - \overline{CTATT}_{..}) + r_{0jk}$

$\pi_{1jk} = \beta_{10k} + \beta_{11k}(CTSTR_{jk} - \overline{CTSTR}_{..}) + \beta_{12k}(CTATT_{jk} - \overline{CTATT}_{..}) + r_{1jk}$

$\pi_{2jk} = \beta_{20k} + \beta_{21k}(CTSTR_{jk} - \overline{CTSTR}_{..}) + \beta_{22k}(CTATT_{jk} - \overline{CTATT}_{..}) + r_{2jk}$

$\pi_{3jk} = \beta_{30k} + \beta_{31k}(CTSTR_{jk} - \overline{CTSTR}_{..}) + \beta_{32k}(CTATT_{jk} - \overline{CTATT}_{..}) + r_{3jk}$

$\pi_{4jk} = \beta_{40k} + \beta_{41k}(CTSTR_{jk} - \overline{CTSTR}_{..}) + \beta_{42k}(CTATT_{jk} - \overline{CTATT}_{..}) + r_{4jk}$

LEVEL 3 MODEL

$\beta_{00k} = \gamma_{000} + u_{00k}$

$\beta_{01k} = \gamma_{010} + u_{01k}$

$\beta_{02k} = \gamma_{020} + u_{02k}$

$\beta_{03k} = \gamma_{030} + u_{03k}$

$\beta_{04k} = \gamma_{040} + u_{04k}$

$\beta_{10k} = \gamma_{100} + u_{10k}$

$\beta_{11k} = \gamma_{110} + u_{11k}$

$\beta_{12k} = \gamma_{120} + u_{12k}$

$\beta_{20k} = \gamma_{200} + u_{20k}$

$\beta_{21k} = \gamma_{210} + u_{21k}$

$\beta_{22k} = \gamma_{220} + u_{22k}$

$\beta_{30k} = \gamma_{300} + u_{30k}$

$\beta_{31k} = \gamma_{310} + u_{31k}$

$\beta_{32k} = \gamma_{320} + u_{32k}$

$\beta_{40k} = \gamma_{400} + u_{40k}$

$\beta_{41k} = \gamma_{410} + u_{41k}$

$\beta_{42k} = \gamma_{420} + u_{42k}$

Level-1 Model（階層一模型）

$$READ_{ijk} = \pi_{0jk} + \pi_{1jk} \times (HOME_{ijk}) + \pi_{2jk} \times (SSEX_{ijk}) + \pi_{3jk} \times (TIME_{ijk}) + \pi_{4jk} \times (HCUL_{ijk}) + e_{ijk}$$

Level-2 Model（階層二模型）

$$\pi_{0jk} = \beta_{00k} + \beta_{01k} \times (CTIME_{jk}) + \beta_{02k} \times (CHCUL_{jk}) + \beta_{03k} \times (CTSTR_{jk}) + \beta_{04k} \times (CTATT_{jk}) + r_{0jk}$$

$$\pi_{1jk} = \beta_{10k} + \beta_{11k} \times (CTSTR_{jk}) + \beta_{12k} \times (CTATT_{jk}) + r_{1jk}$$

$$\pi_{2jk} = \beta_{20k} + \beta_{21k} \times (CTSTR_{jk}) + \beta_{22k} \times (CTATT_{jk}) + r_{2jk}$$

$$\pi_{3jk} = \beta_{30k} + \beta_{31k} \times (CTSTR_{jk}) + \beta_{32k} \times (CTATT_{jk}) + r_{3jk}$$

$$\pi_{4jk} = \beta_{40k} + \beta_{41k} \times (CTSTR_{jk}) + \beta_{42k} \times (CTATT_{jk}) + r_{4jk}$$

Level-3 Model（階層三模型）

$\beta_{00k} = \gamma_{000} + u_{00k}$

$\beta_{01k} = \gamma_{010}$

$\beta_{02k} = \gamma_{020}$

$\beta_{03k} = \gamma_{030}$

$\beta_{04k} = \gamma_{040}$

$\beta_{10k} = \gamma_{100}$

$\beta_{11k} = \gamma_{110}$

$\beta_{12k} = \gamma_{120}$

$\beta_{20k} = \gamma_{200}$

$\beta_{21k} = \gamma_{210}$

$\beta_{22k} = \gamma_{220}$

$\beta_{30k} = \gamma_{300}$

$\beta_{31k} = \gamma_{310}$

$\beta_{32k} = \gamma_{320}$

$\beta_{40k} = \gamma_{400}$

$\beta_{41k} = \gamma_{410}$

$\beta_{42k} = \gamma_{420}$

【備註】

　　階層三各斜率項方程若設定隨機效果，每個方程要增列誤差項，其方程式如下：

Level-3 Model（階層三模型）

$\beta_{00k} = \gamma_{000} + u_{00k}$

$\beta_{01k} = \gamma_{010} + u_{01k}$

$\beta_{02k} = \gamma_{020} + u_{02k}$

$\beta_{03k} = \gamma_{030} + u_{03k}$

$\beta_{04k} = \gamma_{040} + u_{04k}$

$\beta_{10k} = \gamma_{100} + u_{10k}$

$\beta_{11k} = \gamma_{110} + u_{11k}$

$\beta_{12k} = \gamma_{120} + u_{12k}$

$$\beta_{20k} = \gamma_{200} + u_{20k}$$

$$\beta_{21k} = \gamma_{210} + u_{21k}$$

$$\beta_{22k} = \gamma_{220} + u_{22k}$$

$$\beta_{30k} = \gamma_{300} + u_{30k}$$

$$\beta_{31k} = \gamma_{310} + u_{31k}$$

$$\beta_{32k} = \gamma_{320} + u_{32k}$$

$$\beta_{40k} = \gamma_{400} + u_{40k}$$

$$\beta_{41k} = \gamma_{410} + u_{41k}$$

$$\beta_{42k} = \gamma_{420} + u_{42k}$$

TIME HCUL have been centered around the group mean.

註：個體層次解釋變項 TIME、HCUL 採用組平減轉換。

CTIME CHCUL CTSTR CTATT have been centered around the grand mean.

註：第二層解釋變項（班級層次） CTIME、CHCUL、CTSTR、CTATT 採用總平減轉換。

　　混合模型中參數估計值 γ_{100}、γ_{200}、γ_{300}、γ_{400} 為各校內班級中學生個體解釋變項對閱讀成就的影響效果值；γ_{010}、γ_{020}、γ_{030}、γ_{040} 分別為各校內班級層次解釋變項對班級平均閱讀成就的影響效果；γ_{110}、γ_{120}、γ_{210}、γ_{220}、γ_{310}、γ_{320}、γ_{410}、γ_{420} 為跨層次交互作用項影響效果，部分模式方程為：

1. 班級群組層次解釋變項「教師教學策略」與學生層次解釋變項對閱讀成就的影響效果：$\gamma_{110} \times HOME_{ijk} \times CTSTR_{jk}$、$\gamma_{210} \times SSEX_{ijk} \times CTSTR_{jk}$、$\gamma_{310} \times TIME_{ijk} \times CTSTR_{jk}$、$\gamma_{410} \times HCUL_{ijk} \times CTSTR_{jk}$。

2. 班級群組層次解釋變項「教師閱讀態度」與學生層次解釋變項對閱讀成就的影響效果：$\gamma_{120} \times HOME_{ijk} \times CTATT_{jk}$、$\gamma_{220} \times SSEX_{ijk} \times CTATT_{jk}$、$\gamma_{320} \times TIME_{ijk} \times CTATT_{jk}$、$\gamma_{420} \times HCUL_{ijk} \times CTATT_{jk}$。

Final estimation of fixed effects（最後效果估計值）

（with robust standard errors）（採用強韌性標準誤）

Fixed Effect 固定效果	Coefficient 係數	Standard error 標準誤	t-ratio t 值	Approx. $d.f.$ 自由度	p-value 顯著性
For INTRCPT1, π_0					
For INTRCPT2, β_{00}					
INTRCPT3, γ_{000}	60.992874	0.854446	71.383	14	< 0.001
For CTIME, β_{01}					
INTRCPT3, γ_{010}	2.867737	0.956952	2.997	14	0.010#
For CHCUL, β_{02}					
INTRCPT3, γ_{020}	2.915835	0.791274	3.685	14	0.002#
For CTSTR, β_{03}					
INTRCPT3, γ_{030}	0.034366	0.076332	0.450	14	0.659#
For CTATT, β_{04}					
INTRCPT3, γ_{040}	0.598099	0.309803	1.931	14	0.074#
For HOME slope, π_1					
For INTRCPT2, β_{10}					
INTRCPT3, γ_{100}	2.382238	0.669059	3.561	14	0.003#
For CTSTR, β_{11}					
INTRCPT3, γ_{110}	0.051941	0.054111	0.960	14	0.353#
For CTATT, β_{12}					
INTRCPT3, γ_{120}	−0.195811	0.206527	−0.948	14	0.359#
For SSEX slope, π_2					
For INTRCPT2, β_{20}					
INTRCPT3, γ_{200}	2.199040	0.936217	2.349	14	0.034#
For CTSTR, β_{21}					
INTRCPT3, γ_{210}	0.146642	0.075857	1.933	14	0.074#
For CTATT, β_{22}					
INTRCPT3, γ_{220}	−0.464045	0.280181	−1.656	14	0.120#
For TIME slope, π_3					
For INTRCPT2, β_{30}					
INTRCPT3, γ_{300}	4.330463	0.360798	12.002	14	< 0.001#
For CTSTR, β_{31}					
INTRCPT3, γ_{310}	−0.000165	0.030263	−0.005	14	0.996#

For CTATT, β_{32}					
INTRCPT3, γ_{320}	-0.338578	0.111220	-3.044	14	0.009#
For HCUL slope, π_4					
For INTRCPT2, β_{40}					
INTRCPT3, γ_{400}	0.892344	0.186339	4.789	14	< 0.001#
For CTSTR, β_{41}					
INTRCPT3, γ_{410}	0.018607	0.015706	1.185	14	0.256#
For CTATT, β_{42}					
INTRCPT3, γ_{420}	-0.023182	0.054516	-0.425	14	0.677#

模式估計結果出現下列訊息：「The p-vals above marked with a "#" should regarded as a rough approximation. The robust standard errors cannot be computed for this model.」其意涵為多層次模型中無法估算強韌性標準誤，所以強韌性標準誤之固定效果估計值無法呈現。此外，原固定效果估計值的 p 值是一個近似估計值。

跨層次交互作用項：

$\gamma_{110} = 0.052$，$t(14) = 0.960$（$p > .05$），未達統計顯著水準。

$\gamma_{120} = -0.196$，$t(14) = -0.948$（$p > .05$），未達統計顯著水準。

$\gamma_{210} = 0.147$，$t(14) = 1.933$（$p > .05$），未達統計顯著水準。

$\gamma_{220} = -0.464$，$t(14) = -1.656$（$p > .05$），未達統計顯著水準。

$\gamma_{310} = -0.000$，$t(14) = -0.005$（$p > .05$），未達統計顯著水準。

$\gamma_{410} = 0.019$，$t(14) = 1.185$（$p > .05$），未達統計顯著水準。

$\gamma_{420} = -0.023$，$t(14) = -0.425$（$p > .05$），未達統計顯著水準。

上述七個跨層次（階層二與階層一）的交互作用均不顯著。

$\gamma_{320} = -0.339$，$t(14) = -3.044$（$p > .05$），達統計顯著水準；且 $\gamma_{300} = 4.330$，$t(14) = 12.002$（$p < .01$）也達統計顯著水準，表示學校內班級中學生「閱讀時間」對其閱讀成就有顯著正向影響，各校班級中學生閱讀時間對閱讀成就影響的強度，同時又會受到「班級教師閱讀態度」第二層解釋變項的影響，各校班級中教師閱讀態度不同，班級內學生閱讀時間對閱讀成就的影響也會不同（班級平均斜率受到班級教師閱讀態度影響）。

執行功能表列『Graph Equations』/『Model graph』程序，可以開啟方程式圖形繪製的界定視窗（Equation Graphing–Specification）。範例中「X focus」方盒中，選取第一層的解釋變項「TIME」選項；「Z focus (1)」方盒中，選取第二層的解釋變項「CTATT」選項。

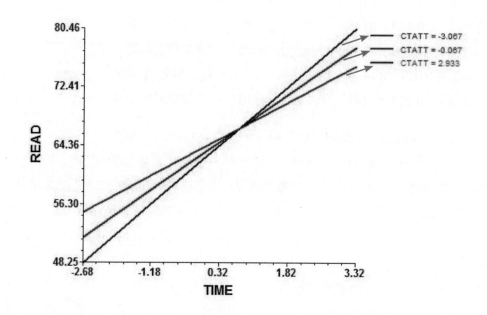

Z軸全距（Range of z-axis）下的選單，選取「25th/50th/75th/percentiles」（百分位數25、百分位數50、百分位數75）選項。

階層二班級教師閱讀態度與階層一閱讀時間之跨層次交互作用圖，圖中三條線中分別表示班級教師閱讀態度得分前 25% 的班級（CTATT = 2.933，線條顏色為綠色）、得分後 25% 的班級（CTATT = −3.067，線條顏色為藍色）、中間 50% 的班級（CTATT = −0.067，線條顏色為紅色），三條線的斜率顯著不同，表示各校內班級中學生閱讀時間與閱讀成就的關係，顯著受到班級教師閱讀態度的影響，班級中班級教師閱讀態度的測量值愈低，學生閱讀時間對閱讀成就的影響效果愈大；相反的，班級教師閱讀態度的測量值愈高，學生閱讀時間對閱讀成就的影響效果愈小，此圖示與 γ_{320} = −0.339 為負值所呈現的意涵是相同的（在實徵資料調查中，如果出現此結果，可能與教育現場有很大落差，或與文獻不符合，研究者應針對可能原因再深入加以說明）。

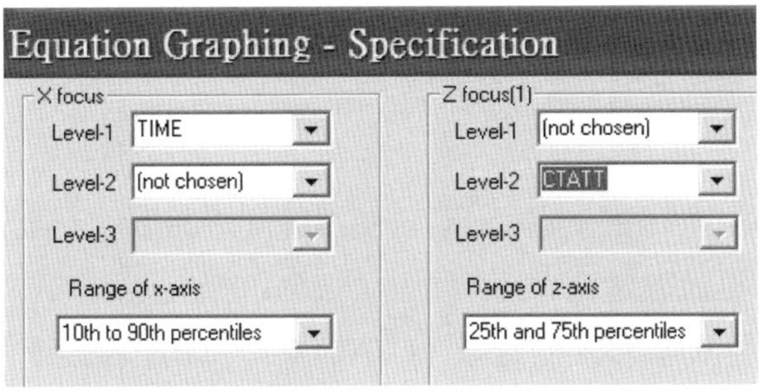

Equation Graphing - Specification

X focus		Z focus(1)	
Level-1	TIME	Level-1	(not chosen)
Level-2	(not chosen)	Level-2	CTATT
Level-3		Level-3	
Range of x-axis		Range of z-axis	
10th to 90th percentiles		25th and 75th percentiles	

Z 軸全距（Range of z-axis）下的選單，選取內定「25th and 75th percentiles」（百分位數 25、百分位數 75）選項。

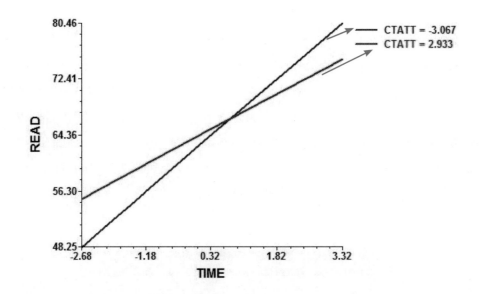

　　階層二班級教師閱讀態度與階層一閱讀時間之跨層次交互作用圖，圖中二條線中分別表示班級教師閱讀態度得分前 25% 的班級（CTATT = 2.933，線條顏色為紅色）、得分後 25% 的班級（CTATT = −3.067，線條顏色為藍色），二條線的斜率顯著不同，表示各校內班級中學生閱讀時間與閱讀成就的關係，顯著受到班級教師閱讀態度的影響，班級中班級教師閱讀態度的測量值愈低，學生閱讀時間對閱讀成就的影響效果愈大（藍色線）；相反的，班級教師閱讀態度的測量值愈高，學生閱讀時間對閱讀成就的影響效果愈小（紅色線）。

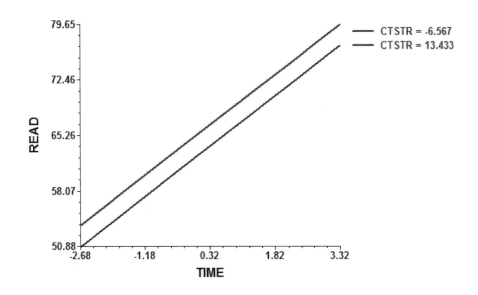

方程式圖形繪製的界定視窗（Equation Graphing–Specification）中，「X focus」方盒選取第一層的解釋變項「TIME」選項，「Z focus (1)」方盒中選取第二層的解釋變項「CTSTR」選項（教師閱讀教學策略）。階層二班級教師閱讀教學策略與階層一閱讀時間之跨層次交互作用圖，圖中二條線中分別表示班級教師閱讀教學策略得分前 25% 的班級（CTSTR = 13.433，線條顏色為紅色）、得分後 25% 的班級（CTSTR = −6.567，線條顏色為藍色）的調節作用效果，二條線大致平行，表示各校內班級中學生閱讀時間與閱讀成就的關係，不會受到班級教師閱讀教學策略的影響，班級教師閱讀教學策略測量值的高低，對各校內班級中學生閱讀時間對閱讀成就影響的效果大致相同。

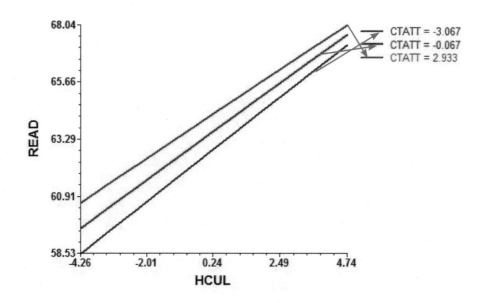

　　階層二班級教師閱讀態度與階層一家庭資本之跨層次交互作用圖，圖中三條線中分別表示班級教師閱讀態度得分前 25% 的班級（CTATT = 2.933，線條顏色為綠色）、得分後 25% 的班級（CTATT = −3.067，線條顏色為藍色）、中間 50% 的班級（CTATT = −0.067，線條顏色為紅色），三條線的斜率大致相同（互相平行），表示各校內班級中學生家庭資本與閱讀成就的關係，沒有受到班級教師閱讀態度的影響，班級群組層次之「班級教師閱讀態度」與學生層次之「家庭資本」，對學生閱讀成就影響的跨層次交互作用未達統計顯著水準。

Final estimation of level-1 and level-2 variance components
（階層一與階層二變異成分最後估計值）

Random Effect 隨機效果	Standard Deviation 標準差	Variance Component 變異數	$d.f.$ 自由度	χ^2 卡方值	p-value 顯著性
INTRCPT1, r_0	3.33532	11.12438	10	56.62132	< 0.001
HOME slope, r_1	1.19030	1.41682	26	22.87215	> .500
SSEX slope, r_2	2.82333	7.97118	26	51.36246	0.002
TIME slope, r_3	1.38743	1.92496	26	55.58246	< 0.001
HCUL slope, r_4	0.57979	0.33616	26	34.23353	0.129
level-1, e	5.64753	31.89459			

第二層誤差項 r_{0jk} 的變異數 $\tau_{\pi00} = 11.124$，$\chi^2(10) = 56.621$（$p < .001$），達到統計顯著水準，表示控制四個班級層次的解釋變項及四個個體層次（學生層次）的解釋變項對閱讀成就的影響後，學校內班級間閱讀成就的差異還是達到顯著，各校閱讀成就還有顯著「班級間」的差異存在。與零模型相較之下，第二層誤差項 r_{0jk} 的變異數 $\tau_{\pi00}$ 從 79.885 降至 11.124，變異數削減百分比為：$1 - \frac{11.124}{79.885} = \frac{79.885 - 11.124}{79.885} = 86.1\%$，同時考量個體層次學生性別、家庭結構、閱讀時間、學生家庭文化資本與班級特徵的教師教學策略、教師閱讀態度、班閱讀時間、班家庭資本對學生閱讀成就的影響時，可以解釋學校內班級間閱讀成就變異的百分比為 86.1%。

第一層模型誤差項 e_{ijk} 的變異數 $\sigma^2 = 31.895$，與零模型相較之下，變異數從 119.617 降至 31.895，變異數削減比例值為：$1 - \frac{31.895}{119.617} = \frac{119.617 - 31.895}{119.617} = 73.3\%$，可見第一層模型投入的四個解釋變項（學生性別、學生家庭結構、每週閱讀時間、家庭文化資本）共可以解釋班級內學生閱讀成就總變異的 73.3% 變異量。

Final estimation of level-3 variance components（階層三變異成分最後估計值）

Random Effect 隨機效果	Standard Deviation 標準差	Variance Component 變異數	d.f. 自由度	χ^2 卡方值	p-value 顯著性
INTRCPT1/INTRCPT2, u_{00}	0.04738	0.00224	14	9.90397	> .500

Deviance = 2924.120260

第三層次誤差項 μ_{00k} 的變異數估計值 $\tau_{\beta00} = 0.002$，$\chi^2(14) = 9.904$（$p > .05$），未達統計顯著水準，表示學校組織中閱讀成就沒有顯著不同，閱讀成就在「學校間」（階層三學校組織單位）的差異未達統計顯著水準。

【*輸出結果之表格歸納*】

班級階層解釋變項與學生層次解釋變項對閱讀成就跨層次交互作用影響之結果摘要表

固定效果	係數	t 值	自由度
β_{00} 截距			
階層三所有學校學生閱讀成就之調整後總體平均值 γ_{000}	60.993	71.383***	14
階層二班級層次解釋變項／脈絡變項			
學校內班級「班閱讀時間」對閱讀成就影響之平均值 γ_{010}	2.868	2.997*	14
學校內班級「班家庭資本」對閱讀成就影響之平均值 γ_{020}	2.916	3.685**	14
學校內班級「教師教學策略」對閱讀成就影響之平均值 γ_{030}	0.034	0.450ns	14
學校內班級「教師閱讀態度」對閱讀成就影響之平均值 γ_{040}	0.598	1.931ns	14
π_1 斜率			
學生家庭結構對閱讀成就影響之平均值 γ_{100}	2.382	3.561**	14
教師教學策略——學生家庭結構對閱讀成就影響之平均值 γ_{110}	0.052	0.960ns	14
教師閱讀態度——學生家庭結構對閱讀成就影響之平均值 γ_{120}	−0.196	−0.948ns	14
π_2 斜率			
學生性別對閱讀成就影響之平均值 γ_{200}	2.199	2.349*	14
教師教學策略——學生性別對閱讀成就影響之平均值 γ_{210}	0.147	1.933ns	14
教師閱讀態度——學生性別對閱讀成就影響之平均值 γ_{220}	−0.464	−1.656ns	14
π_3 斜率			
學生閱讀時間對閱讀成就影響之平均值 γ_{300}	4.330	12.002***	14
教師教學策略——學生閱讀時間對閱讀成就影響之平均值 γ_{310}	0.000	−0.005ns	14
教師閱讀態度——學生閱讀時間對閱讀成就影響之平均值 γ_{320}	−0.339	−3.044**	14
π_4 斜率			

學生家庭資本對閱讀成就影響之平均值 γ_{400}	0.892	4.789***	14
教師教學策略——學生家庭資本對閱讀成就影響之平均值 γ_{410}	0.019	1.185ns	14
教師閱讀態度——學生家庭資本對閱讀成就影響之平均值 γ_{420}	−0.023	−0.425ns	14
隨機效果	變異數	χ^2	自由度
階層三學校間平均閱讀成就之差異 $\mu_{00k}(\tau_\beta)$	0.002	9.904ns	14
階層二學校內班級間平均閱讀成就之差異 $r_{0jk}(\tau_\pi)$	11.124	56.621***	10
學校內班級間家庭結構對閱讀成就影響之差異 $\tau_{\pi11}$	1.417	22.872ns	26
學校內班級間學生性別對閱讀成就影響之差異 $\tau_{\pi22}$	7.971	51.362**	26
學校內班級間閱讀時間對閱讀成就影響之差異 $\tau_{\pi33}$	1.925	55.582***	26
學校內班級間家庭資本對閱讀成就影響之差異 $\tau_{\pi44}$	0.336	34.234ns	26
階層一班級內學生閱讀成就分數的差異 σ^2	31.895		

ns $p > .05$　*$p < .05$　**$p < .01$　***$p < .001$

↻ 五、脈絡模型

　　階層一解釋變項為家庭結構、學生性別、閱讀時間、家庭資本,「閱讀時間」、「家庭資本」採用組平減轉換,第二層班級群組脈絡變項「班閱讀時間」、「班家庭資本」以總平減置回、第三層學校組織脈絡變項「校閱讀時間」、「校家庭資本」以總平減置回,三個層次模型為:

階層一模型:

$$READ_{ijk} = \pi_{0jk} + \pi_{1jk} \times (HOME_{ijk}) + \pi_{2jk} \times (SEEX_{ijk}) + \pi_{3jk} \times (TIME_{ijk} - \overline{TIME}_{.jk}) +$$
$$\pi_{4jk} \times (HCUL_{ijk} - \overline{HCUL}_{.jk}) + e_{ijk}$$

階層二模型:

$$\pi_{0jk} = \beta_{00k} + \beta_{01k}(CTIME_{jk} - \overline{CTIME}_{..}) + \beta_{02k}(CHCUL_{jk} - \overline{CHCUL}_{..}) + r_{0jk}$$
$$\pi_{1jk} = \beta_{10k} + r_{1jk}$$
$$\pi_{2jk} = \beta_{20k} + r_{2jk}$$
$$\pi_{3jk} = \beta_{30k} + r_{3jk}$$
$$\pi_{4jk} = \beta_{40k} + r_{4jk}$$

階層三模型:

$$\beta_{00k} = \gamma_{000} + \gamma_{001}(SCTIME_k - \overline{SCTIME}_{.}) + \gamma_{002}(SCHCUL_k - \overline{SCHCUL}_{.}) + \mu_{00k}$$

$$\beta_{01k} = \gamma_{010} + \mu_{01k}（隨機效果）$$

$$\beta_{02k} = \gamma_{020} + \mu_{02k}（隨機效果）$$

$$\beta_{10k} = \gamma_{100} + \mu_{10k}（隨機效果）$$

$$\beta_{20k} = \gamma_{200} + \mu_{20k}（隨機效果）$$

$$\beta_{30k} = \gamma_{300} + \mu_{30k}（隨機效果）$$

$$\beta_{40k} = \gamma_{400} + \mu_{40k}（隨機效果）$$

HLM 視窗界面如下：

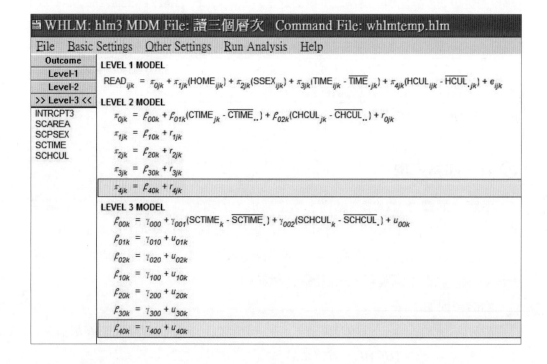

按功能表「Run Analysis」（執行分析）選項，DOS 視窗出現以下訊息：
「Computing..., please wait」，之後出現分析錯誤的對話視窗。

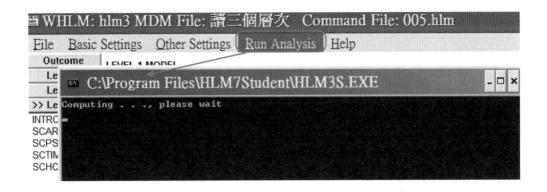

　　DOS 視窗自動關閉之後，出現的「WHLM」對話視窗，視窗內容提示語為：
「The analysis completed with errors.」表示界定的多層次模型之分析結果錯誤，
模式估計值無法估算。

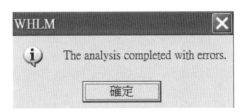

　　輸出結果之「hlm3.htm」文件檔案最後的提示字語如下：

HLM3 is unable to compute starting values based on the specified model.

Every level-1 predictor matrix is near singular.

1) Center one or more level-1 predictors.

2) One (or more) of the random effects should be either deleted from the modelor
   treated as fixed.

　　多層次分析執行程序根據界定的模型無法計算起始數值，因為階層一預測
變項矩陣是近乎奇異矩陣（結構方程模式中奇異矩陣易產生非正定問題），研
究者可以採取的處理方法：1. 關注第一層次一個較重要的個體解釋變項或較多
第一層次的解釋變項，簡化階層二或階層三總體層次的變項。2. 將一個（或較

多）隨機效果從模型中刪除或將隨機效果改為固定效果。

範例處理中，將階層三斜率項（學校間的差異）的隨機效果改為固定效果，階層三模型變為：

$$\beta_{00k} = \gamma_{000} + \gamma_{001}(SCTIME_k - \overline{SCTIME}) + \gamma_{002}(SCTIME_k - \overline{SCTIME}) + \mu_{00k}$$

$$\beta_{01k} = \gamma_{010} \text{（固定效果）}$$

$$\beta_{02k} = \gamma_{020} \text{（固定效果）}$$

$$\beta_{10k} = \gamma_{100} \text{（固定效果）}$$

$$\beta_{20k} = \gamma_{200} \text{（固定效果）}$$

$$\beta_{30k} = \gamma_{300} \text{（固定效果）}$$

$$\beta_{40k} = \gamma_{400} \text{（固定效果）}$$

HLM 視窗界面如下：

WHLM: hlm3 MDM File: 讀三個層次　Command File: whlmtemp.hlm

File　Basic Settings　Other Settings　Run Analysis　Help

Outcome
Level-1
Level-2
>> Level-3 <<
INTRCPT3
SCAREA
SCPSEX
SCTIME
SCHCUL

LEVEL 1 MODEL

$$READ_{ijk} = \pi_{0jk} + \pi_{1jk}(HOME_{ijk}) + \pi_{2jk}(SSEX_{ijk}) + \pi_{3jk}(TIME_{ijk} - \overline{TIME}_{.jk}) + \pi_{4jk}(HCUL_{ijk} - \overline{HCUL}_{.jk}) + e_{ijk}$$

LEVEL 2 MODEL

$$\pi_{0jk} = \beta_{00k} + \beta_{01k}(CTIME_{jk} - \overline{CTIME}_{..}) + \beta_{02k}(CHCUL_{jk} - \overline{CHCUL}_{..}) + r_{0jk}$$

$$\pi_{1jk} = \beta_{10k} + r_{1jk}$$

$$\pi_{2jk} = \beta_{20k} + r_{2jk}$$

$$\pi_{3jk} = \beta_{30k} + r_{3jk}$$

$$\pi_{4jk} = \beta_{40k} + r_{4jk}$$

LEVEL 3 MODEL

$$\beta_{00k} = \gamma_{000} + \gamma_{001}(SCTIME_k - \overline{SCTIME}) + \gamma_{002}(SCHCUL_k - \overline{SCHCUL}) + u_{00k}$$

$$\beta_{01k} = \gamma_{010} + u_{01k}$$

$$\beta_{02k} = \gamma_{020} + u_{02k}$$

$$\beta_{10k} = \gamma_{100} + u_{10k}$$

$$\beta_{20k} = \gamma_{200} + u_{20k}$$

$$\beta_{30k} = \gamma_{300} + u_{30k}$$

$$\beta_{40k} = \gamma_{400} + u_{40k}$$

TIME HCUL have been centered around the group mean.

註：TIME、HCUL 經由組平減轉換。

CTIME CHCUL have been centered around the grand mean.

註：CTIME、CHCUL 經由總平減轉換。

SCTIME SCHCUL have been centered around the grand mean.

註：SCTIME、SCHCUL 經由總平減轉換。

Final estimation of fixed effects（最後效果估計值）
（with robust standard errors）（採用強韌性標準誤）

Fixed Effect 固定效果	Coefficient 係數	Standard error 標準誤	t-ratio t 值	Approx. $d.f.$ 自由度	p-value 顯著性
For INTRCPT1, π_0					
For INTRCPT2, β_{00}					
INTRCPT3, γ_{000}	61.019635	0.854795	71.385	12	< 0.001
SCTIME, γ_{001}	−0.127530	0.956812	−0.133	12	0.896
SCHCUL, γ_{002}	1.842454	0.894015	2.061	12	0.062
For CTIME, β_{01}					
INTRCPT3, γ_{010}	3.505740	0.863675	4.059	9	0.003
For CHCUL, β_{02}					
INTRCPT3, γ_{020}	2.726848	0.980958	2.780	9	0.021
For HOME slope, π_1					
For INTRCPT2, β_{10}					
INTRCPT3, γ_{100}	2.375953	0.430065	5.525	9	< 0.001
For SSEX slope, π_2					
For INTRCPT2, β_{20}					
INTRCPT3, γ_{200}	2.175698	1.105331	1.968	9	0.081
For TIME slope, π_3					
For INTRCPT2, β_{30}					
INTRCPT3, γ_{300}	4.133294	0.488663	8.458	9	< 0.001
For HCUL slope, π_4					
For INTRCPT2, β_{40}					
INTRCPT3, γ_{400}	1.027908	0.140348	7.324	9	< 0.001

　　固定效果係數值中 $\gamma_{100} = 2.376$，$t(9) = 5.525$（$p < .001$），達統計顯著水準，表示學生家庭結構對學生閱讀成就有顯著影響作用，完整家庭學生的閱讀成就平均高於單親家庭 2.376 分（家庭結構虛擬變項的編碼中，水準數值 1 為完整家庭、水準數值 0 為單親家庭）。$\gamma_{200} = 2.176$，$t(9) = 1.968$（$p > .05$），未達統計顯著水準，表示學生性別對學生閱讀成就沒有顯著影響作用。$\gamma_{300} = 4.133$，

$t(9) = 8.458$（$p < .001$），達統計顯著水準，表示學生閱讀時間對學生閱讀成就有顯著正向影響，學生每週閱讀時間平均增加一個單位，學生閱讀成就可提高 4.133 分。$\gamma_{400} = 1.028$，$t(9) = 7.324$（$p < .001$），達統計顯著水準，表示學生家庭文化資本對學生閱讀成就有顯著正向影響，學生家庭文化資本平均增加一個單位，學生閱讀成就可提高 1.028 個單位（分）。在控制四個班級層次的解釋變項後，四個個體層次（學生層次）的解釋變項對閱讀成就仍有顯著影響作用的為學生家庭結構、每週閱讀時間、家庭文化資本，其重要性依序為「閱讀時間」、「家庭結構」、「家庭文化資本」。

就第二層班級特徵解釋變項或脈絡變項對學生閱讀成就的影響而言，$\gamma_{010} = 3.506$，$t(9) = 4.059$（$p < .01$），達到統計顯著水準，表示各校內班級的「班閱讀時間」對學生閱讀成就有顯著正向影響，各校內班級平均閱讀時間增加一個單位，班級學生閱讀成就平均可提高 3.506 分。

$\gamma_{020} = 2.727$，$t(9) = 2.780$（$p < .05$），達統計顯著水準，表示各校內班級的「班家庭文化資本」對學生閱讀成就有顯著正向影響，各校內班級平均家庭文化資本增加一個單位，班級學生閱讀成就平均可提高 2.727 分。

就第三層學校組織特徵解釋變項或脈絡變項對學生閱讀成就的影響而言，$\gamma_{001} = -0.128$，$t(12) = -0.133$（$p > .05$），未達統計顯著水準，表示各學校之校閱讀時間對學生閱讀成就沒有顯著影響。如果 γ_{001} 達到統計顯著水準，參數估計值為正值，表示各學校平均閱讀時間對學生閱讀成就有顯著正向影響，如 $\gamma_{001} = 0.245$，其意涵為各學校平均閱讀時間增加一個單位，學校平均閱讀成就可提高 0.245 分（各校平均增加的單位量）。$\gamma_{002} = 1.842$，$t(12) = 2.061$（$p > .05$），未達統計顯著水準，表示各學校之校家庭資本對學生閱讀成就沒有顯著影響。若是 γ_{002} 達到統計顯著水準，參數估計值為正值，表示各學校平均家庭資本對學生閱讀成就有顯著正向影響，如 $\gamma_{002} = 0.257$（$p < .05$），其意涵為各學校平均家庭資本增加一個單位，學校平均閱讀成就可提高 0.257 分（各校平均增加的單位量）。

考量學生個體層次家庭結構、學生性別、閱讀時間、家庭資本四個解釋變項與階層二、階層三脈絡變項班閱讀時間、班家庭資本、校閱讀時間、校家庭資本的影響後，所有學生閱讀成就的調整後平均值 $\gamma_{000} = 61.020$。

Final estimation of level-1 and level-2 variance components

（階層一與階層二變異成分最後估計值）

Random Effect 隨機效果	Standard Deviation 標準差	Variance Component 變異數	d.f. 自由度	χ^2 卡方值	p-value 顯著性
INTRCPT1, r_0	3.56084	12.67956	12	58.00213	< 0.001
HOME slope, r_1	0.92010	0.84659	28	23.76030	> .500
SSEX slope, r_2	3.71518	13.80257	28	57.22854	0.001
TIME slope, r_3	1.88035	3.53570	28	92.40264	< 0.001
HCUL slope, r_4	0.51462	0.26483	28	36.14922	0.139
level-1, e	5.71146	32.62080			

　　第二層誤差項 r_{0jk} 的變異數 $\tau_{\pi00} = 12.680$，$\chi^2(12) = 58.002$（$p < .001$），達到統計顯著水準，表示控制階層二、階層三的脈絡變項及四個個體層次（學生層次）的解釋變項對閱讀成就的影響後，學校內班級間閱讀成就的差異還是達到顯著，各校閱讀成就還有顯著「班級間」的差異存在。各校班級內學生與學生間閱讀成就差異的變異 $\sigma^2 = 32.621$。$\tau_{\pi11} = 0.847$（$p > .05$）、$\tau_{\pi44} = 0.265$（$p > .05$）二個變異數均未達統計顯著水準，表示各校內班級之學生家庭結構對閱讀成就的影響程度沒有班級間的差異存在；各校內班級之學生家庭資本對閱讀成就的影響程度沒有班級間的差異存在，$\tau_{\pi33} = 3.536$（$p < .001$），達統計顯著水準，各校內班級之學生閱讀時間對閱讀成就的影響程度有顯著的班級間的差異。

Final estimation of level-3 variance components（階層三變異成分最後估計值）

Random Effect 隨機效果	Standard Deviation 標準差	Variance Component 變異數	d.f. 自由度	χ^2 卡方值	p-value 顯著性
INTRCPT1/INTRCPT2, u_{00}	0.07407	0.00549	12	10.22911	> .500

Deviance = 2951.561613

　　階層三方程中由於以階層二斜率為結果變項的方程設定為固定效果，因而階層三除了截距變異數估計值外，沒有各校間影響程度的變異數估計值，模式的離異係數值為 2951.562。$\tau_{\beta00} = 0.005$（$p > .05$），未達統計顯著水準，顯示同時考量模型中投入的解釋變項（學生家庭結構、學生性別、學生閱讀時間、學

生家庭資本)、階層二脈絡變項(班閱讀時間、班家庭資本)、階層三脈絡變項(校閱讀時間、校家庭資本)對學生閱讀成就分數的影響後,學校間平均閱讀成就的差異就沒有顯著不同。

【輸出結果之表格歸納】

學生層次解釋變項(模脈模型)對閱讀成就影響之結果摘要表

固定效果	係數	t 值	自由度
截距			
階層三所有學校學生閱讀成就之總體平均數 γ_{000}	61.020	71.385***	12
各校平均閱讀時間對閱讀成就影響之平均值 γ_{001}	−0.128	−0.133ns	12
各校平均家庭資本對閱讀成就影響之平均值 γ_{002}	1.842	2.061ns	12
階層二班級層次解釋變項/脈絡變項			
學校內班級「班閱讀時間」對閱讀成就影響之平均值 γ_{010}	3.506	4.059**	9
學校內班級「班家庭資本」對閱讀成就影響之平均值 γ_{020}	2.727	2.780*	9
π_1 斜率			
學生家庭結構對閱讀成就影響之平均值 γ_{100}	2.376	5.525***	9
π_2 斜率			
學生性別對閱讀成就影響之平均值 γ_{200}	2.176	1.968ns	9
π_3 斜率			
學生閱讀時間對閱讀成就影響之平均值 γ_{300}	4.133	8.458***	9
π_4 斜率			
學生家庭資本對閱讀成就影響之平均值 γ_{400}	1.028	7.324***	9
隨機效果	變異數	χ^2	自由度
階層三學校間平均閱讀成就之差異 $\mu_{00k}(\tau_{\beta00})$	0.005	10.229ns	12
階層二學校內班級間平均閱讀成就之差異 $r_{0jk}(\tau_{\pi00})$	12.680	58.002***	12
學校內班級間家庭結構對閱讀成就影響之差異 $\tau_{\pi11}$	0.847	23.760ns	28
學校內班級間學生性別對閱讀成就影響之差異 $\tau_{\pi22}$	13.803	57.229***	28
學校內班級間閱讀時間對閱讀成就影響之差異 $\tau_{\pi33}$	3.536	92.403***	28
學校內班級間家庭資本對閱讀成就影響之差異 $\tau_{\pi44}$	0.265	36.149ns	28
階層一班級內學生閱讀成就分數的差異 σ^2	32.621		

ns $p > .05$　　*$p < .05$　　**$p < .01$　　***$p < .001$

六、同時納入階層一與階層三解釋變項

層次一納入的解釋變項為學生性別、家庭資本（經總平減轉換）。

層次二截距項方程納入的解釋變項為班級教師閱讀態度（經總平減轉換）。

層次三截距項方程納入的解釋變項為學校所在地區、學校校長性別。

層次二、層次三的斜率項均為隨機效果。

階層一模型：

$$READ_{ijk} = \pi_{0jk} + \pi_{1jk} \times (SSEX_{ijk}) + \pi_{2jk} \times (HCUL_{ijk} - \overline{HCUL}_{...}) + e_{ijk}$$

階層二模型：

$$\pi_{0jk} = \beta_{00k} + \beta_{01k}(CTATT_{jk} - \overline{CTATT}_{..}) + r_{0jk}$$

$$\pi_{1jk} = \beta_{10k} + r_{1jk}$$

$$\pi_{2jk} = \beta_{20k} + r_{2jk}$$

階層三模型：

$$\beta_{00k} = \gamma_{000} + \gamma_{001}(SCAREA_k) + \gamma_{002}(SCPSEX_k) + \mu_{00k}$$

$$\beta_{01k} = \gamma_{010} + \mu_{01k}$$

$$\beta_{10k} = \gamma_{100} + \mu_{10k}$$

$$\beta_{20k} = \gamma_{200} + \mu_{20k}$$

HLM 視窗界面如下：

HCUL has been centered around the grand mean.

註：HCUL 經總平減轉換。

CTATT has been centered around the grand mean.

註：CTATT 經總平減轉換。

Final estimation of fixed effects（最後效果估計值）

（with robust standard errors）（採用強韌性標準誤）

Fixed Effect 固定效果	Coefficient 對數勝算比 係數	Standard error 標準誤	t-ratio t 值	Approx. d.f. 自由度	p-value 顯著性
For INTRCPT1, π_0					
For INTRCPT2, β_{00}					
INTRCPT3, γ_{000}	67.715964	1.426643	47.465	12	< 0.001
SCAREA, γ_{001}	0.838608	1.391240	0.603	12	0.558
SCPSEX, γ_{002}	−1.362524	1.098969	−1.240	12	0.239
For CTATT, β_{01}					
INTRCPT3, γ_{010}	0.993511	0.315769	3.146	14	0.007
For SSEX slope, π_1					
For INTRCPT2, β_{10}					
INTRCPT3, γ_{100}	−6.167945	1.297400	−4.754	14	< 0.001
For HCUL slope, π_2					
For INTRCPT2, β_{20}					
INTRCPT3, γ_{200}	2.276931	0.211297	10.776	14	< 0.001

　　固定效果估計值中 γ_{100} = −6.168，$t(14)$ = −4.754（$p < .001$），達統計顯著水準，表示學生性別對學生閱讀成就有顯著影響作用，水準數值編碼為 1 群組（男生）的學生其閱讀成就顯著低於水準數值編碼為 0 群組（女生），即女生的閱讀成就顯著高於男生 6.168 分（各校內班級中比較組學生分數低於參照組學生分數）。γ_{200} = 2.277，$t(14)$ = 10.776（$p < .001$），達統計顯著水準，表示學生家庭文化資本對學生閱讀成就有顯著正向影響，學生家庭文化資本平均增加一個單位，學生閱讀成就可提高 2.277 個單位（分）。

　　就第二層班級特徵解釋變項對學生閱讀成就的影響而言，γ_{010} = 0.994，$t(14)$ = 3.146（$p < .01$），達統計顯著水準，表示各學校內班級「教師閱讀態度」對

學生閱讀成就有顯著正向影響，各學校內班級教師閱讀態度增加一個單位，班級學生閱讀成就平均可提高 3.146 分。

就第三層學校組織特徵解釋變項對學生閱讀成就的影響而言，$\gamma_{001} = 0.839$，$t(12) = 0.603$（$p > .05$），未達統計顯著水準，學校所在地區對各校學生平均閱讀成就沒有顯著影響作用，如果 $\gamma_{001} = 0.839$ 達到統計顯著水準（$p < .05$），其意涵為學校地區變項中水準數值編碼為 1 的學校之「學校平均閱讀成就」顯著高於水準數值編碼為 0 的學校；相對的，若是 γ_{001} 的固定效果達到統計顯著水準，且參數估計值為負值，表示學校地區變項中水準數值編碼為 1 的學校之「學校平均閱讀成就」顯著低於水準數值編碼為 0 的學校。$\gamma_{002} = -1.363$，$t(12) = -1.240$（$p > .05$），未達統計顯著水準，學校之校長性別對各校學生平均閱讀成就沒有顯著影響作用。

Final estimation of level-1 and level-2 variance components
（階層一與階層二變異成分最後估計值）

Random Effect 隨機效果	Standard Deviation 標準差	Variance Component 變異數	d.f. 自由度	χ^2 卡方值	p-value 顯著性
INTRCPT1, r_0	4.02710	16.21750	too few df to compute （自由度太小，統計量無法估算）		
SSEX slope, r_1	4.77374	22.78863	15	30.46292	0.010
HCUL slope, r_2	1.02777	1.05631	15	30.40314	0.011
level-1, e	7.71535	59.52667			

第二層誤差項 r_{0jk} 的變異數 $\tau_{\pi00} = 16.218$，χ^2 統計量由於自由度太小無法估算。與零模型相較之下，第二層誤差項 r_{0jk} 的變異數 $\tau_{\pi00}$ 從 79.885 降至 16.218，變異數削減百分比為 $1 - \dfrac{16.218}{79.885} = \dfrac{79.885 - 16.218}{79.885} = 79.9\%$，同時考量學生性別、家庭資本、班級教師教學態度、學校所在地區、學校校長性別對學生閱讀成就的影響時，可以解釋學校內班級間閱讀成就變異的百分比為 79.9%。

誤差項 r_{1jk} 的變異數 $\tau_{\pi11} = 22.789$，$\chi^2(15) = 30.463$（$p < .05$）達到顯著水準，表示學校內學生性別對閱讀成就的影響有顯著的「班級間」差異存在；誤差項 r_{2jk} 的變異數 $\tau_{\pi22} = 1.056$，$\chi^2(15) = 30.403$（$p < .05$），達到顯著水準，表示學校

內學生家庭資本閱讀成就的影響有顯著的「班級間」差異存在。

第一層模型誤差項 e_{ijk} 的變異數 $\sigma^2 = 59.527$，與零模型相較之下，變異數從 119.617 降至 59.527，變異數削減比例值為：$1-\dfrac{59.527}{119.617}=\dfrac{119.617-59.527}{119.617}=$ 50.2%，可見第一層模型投入的二個解釋變項（學生性別、家庭文化資本）共可以解釋各校內班級中學生閱讀成就總變異的 50.2% 變異量。

Final estimation of level-3 variance components（階層三變異成分最後估計值）

Random Effect 隨機效果	Standard Deviation 標準差	Variance Component 變異數	d.f. 自由度	χ^2 卡方值	p-value 顯著性
INTRCPT1/INTRCPT2, u_{00}	2.11177	4.45957	12	29.95103	0.003
INTRCPT1/ CTATT, u_{01}	0.67815	0.45989	14	46.57885	< 0.001
SSEX/INTRCPT2, u_{10}	2.13429	4.55519	14	20.16378	0.125
HCUL/INTRCPT2, u_{20}	0.11466	0.01315	14	10.29947	> .500

Deviance = 3203.096601

第三層次誤差項 μ_{00k} 的變異數估計值 $\tau_{\beta00} = 4.460$，$\chi^2(12) = 29.951$（$p <$ .01），達統計顯著水準，表示控制學生性別、家庭資本、班級教師教學態度、學校所在地區、學校校長性別對學生閱讀成就的影響後，學校組織中閱讀成就還有顯著的「學校間」差異存在。與零模型相較之下，第三層次誤差項 μ_{00k} 的變異數估計值 $\tau_{\beta00}$ 從 54.961 降至 4.460，變異數削減百分比為：$1-\dfrac{4.460}{54.961}=$ 91.9%，表示同時考量個體層次學生性別、學生家庭文化資本、班級特徵的教師閱讀態度、學校層次的學校地區、學校校長性別對學生閱讀成就的影響時，可以解釋學校間閱讀成就變異的百分比為 91.9%。

誤差項 μ_{01k} 的變異數估計值 $\tau_{\beta01} = 0.460$，$\chi^2(14) = 46.579$（$p < .001$），達統計顯著水準，表示各校中班級教師閱讀態度對班級閱讀成就的影響有顯著的「學校間」差異存在，變異數 $\tau_{\beta01}$ 的意涵為各校中「班級教師閱讀態度對班級閱讀成就影響的平均斜率間的差異量」，此差異量達到顯著，顯示十五所學校中「班級教師閱讀態度」對班級閱讀成就影響的校平均斜率間有顯著不同。

誤差項 μ_{10k} 的變異數估計值 $\tau_{\beta10} = 4.555$，$\chi^2(14) = 20.164$（$p > .05$），未達統計顯著水準，表示各學校中學生之學生性別對閱讀成就的影響沒有顯著的「學

校間」差異存在；誤差項 μ_{20k} 的變異數估計值 $\tau_{\beta20} = 0.013$，$\chi^2(14) = 10.299$（$p > .05$），未達統計顯著水準，表示各學校中學生之家庭資本對閱讀成就的影響沒有顯著的「學校間」差異存在。

【輸出結果之表格歸納】

同時投入學校層次及個體層次解釋變項對閱讀成就影響的多層次模型估計結果摘要表

固定效果	係數	t 值	自由度
β_{00} 截距			
階層三所有學校學生閱讀成就之調整後總體平均值 γ_{000}	67.716	47.465***	12
階層三學校所在地區對各校閱讀成就影響的平均值 γ_{001}	0.839	0.603ns	12
階層三學校校長性別對各校閱讀成就影響的平均值 γ_{002}	−1.363	−1.240ns	12
階層二班級層次解釋變項			
學校內各班「教師閱讀態度」對閱讀成就影響之平均值 γ_{010}	0.994	3.146**	14
π_1 斜率			
班級內學生性別對閱讀成就影響之平均值 γ_{100}	−6.168	−4.754***	14
π_2 斜率			
班級內學生家庭資本對閱讀成就影響之平均值 γ_{200}	2.277	10.776***	14
隨機效果	變異數	χ^2	自由度
階層三學校間平均閱讀成就之差異 $\mu_{00k}(\tau_{\beta00})$	4.460	29.951**	12
學校間班級之「班教師閱讀態度」對班閱讀成就影響之差異 $\tau_{\beta01}$	0.460	46.579***	14
學校間班級內學生性別對閱讀成就影響之差異 $\tau_{\beta10}$	4.555	20.164ns	14
學校間班級內學生家庭資本對閱讀成就影響之差異 $\tau_{\beta20}$	0.013	10.299ns	14
階層二學校內班級間平均閱讀成就之差異 $r_{0jk}(\tau_{\pi00})$	16.218	------	------
學校內班級間學生性別對閱讀成就影響之差異 $\tau_{\pi11}$	22.789	30.463*	15
學校內班級間家庭資本對閱讀成就影響之差異 $\tau_{\pi22}$	1.056	30.403*	15
階層一班級內學生閱讀成就分數的差異 σ^2	59.527		
離異係數（−2LL）	3203.097		

ns $p > .05$　　* $p < .05$　　** $p < .01$　　*** $p < .001$

⏱ 七、階層三學校所在地區與階層一解釋變項之跨層次交互效果

層次一納入的解釋變項為家庭結構、學生性別、閱讀時間（經組平減轉換）、家庭資本（經組平減轉換）。

層次二未納入任何的解釋變項。

層次三納入的解釋變項為學校所在地區。

階層一模型：

$$READ_{ijk} = \pi_{0jk} + \pi_{1jk} \times (HOME_{ijk}) + \pi_{2jk} \times (SSEX_{ijk}) + \pi_{3jk} \times (TIME_{ijk}) + \pi_{4jk} \times (HCULi_{jk}) + e_{ijk}$$

階層二模型：

$$\pi_{0jk} = \beta_{00k} + r_{0jk}$$

$$\pi_{1jk} = \beta_{10k} + r_{1jk}$$

$$\pi_{2jk} = \beta_{20k} + r_{2jk}$$

$$\pi_{3jk} = \beta_{30k} + r_{3jk}$$

$$\pi_{4jk} = \beta_{40k} + r_{4jk}$$

階層三模型：

$$\beta_{00k} = \gamma_{000} + \gamma_{001}(SCAREA_k) + u_{00k}$$

$$\beta_{10k} = \gamma_{100} + \gamma_{101}(SCAREA_k) + u_{10k}$$

$$\beta_{20k} = \gamma_{200} + \gamma_{201}(SCAREA_k) + u_{20k}$$

$$\beta_{30k} = \gamma_{300} + \gamma_{301}(SCAREA_k) + u_{30k}$$

$$\beta_{40k} = \gamma_{400} + \gamma_{401}(SCAREA_k) + u_{40k}$$

TIME HCUL have been centered around the group mean.

註：TIME 與 HCUL 經組平減轉換。

混合模型中參數估計值 γ_{101}、γ_{201}、γ_{301}、γ_{401} 為學校組織層次（階層三解釋變項）與學生層次（階層一解釋變項）對結果變項閱讀成就的跨層次交互作用項，模式方程為 $\gamma_{101} \times HOME_{ijk} \times SCAREA_k$、$\gamma_{201} \times SSEX_{ijk} \times SCAREA_k$、$\gamma_{301} \times TIME_{ijk} \times SCAREA_k$、$\gamma_{401} \times HCUL_{ijk} \times SCAREA_k$。以 $\gamma_{401} \times HCUL_{ijk} \times SCAREA_k$ 為例，表示的是學生個體的家庭資本（階層一解釋變項）與學校所在地區（階層三解釋變項）是否會同時影響到學生閱讀成就，即學校內學生的家庭資本與學生閱

讀成就的關係，是否受到學校所在地區（都會地區或非都會地區）的影響，學校內各班學生的家庭資本與學生閱讀成就的關係之方程為 $\gamma_{400} \times HCUL_{ijk}$；以 $\gamma_{101} \times HOME_{ijk} \times SCAREA_k$ 為例，表示的是學生家庭結構解釋變項（階層一解釋變項）與學校所在地區（階層三解釋變項）是否會同時影響到學生閱讀成就，即學校內各班學生的家庭結構與學生閱讀成就的關係，是否受到學校所在地區（都會地區或非都會地區）的影響，學校內各班學生的家庭結構與學生閱讀成就的關係之方程為 $\gamma_{100} \times HOME_{ijk}$，如果 γ_{100} 估計值達到統計顯著水準（$p < .05$），表示學校內班級群組中的學生個體家庭結構會顯著影響到學生的閱讀成就表現，若是 γ_{101} 估計也會達統計顯著水準（$p < .05$），表示學校內各班學生個體家庭結構影響學生的閱讀成就表現程度又會受到學校所在地區的影響，不同學校所在地區的學生，各班學生家庭結構對閱讀成就影響的強度會有所不同。

Final estimation of fixed effects（最後效果估計值）

（with robust standard errors）（採用強韌性標準誤）

Fixed Effect 固定效果	Coefficient 係數	Standard error 標準誤	t-ratio t 值	Approx. d.f. 自由度	p-value 顯著性
For INTRCPT1, π_0					
For INTRCPT2, β_{00}					
INTRCPT3, γ_{000}	54.999998	2.999946	18.334	13	< 0.001
SCAREA, γ_{001}	12.990801	3.491604	3.721	13	0.003
For HOME slope, π_1					
For INTRCPT2, β_{10}					
INTRCPT3, γ_{100}	2.546163	0.775756	3.282	13	0.006
SCAREA, γ_{101}	−0.293035	0.969964	−0.302	13	0.767
For SSEX slope, π_2					
For INTRCPT2, β_{20}					
INTRCPT3, γ_{200}	1.554806	1.441214	1.079	13	0.300
SCAREA, γ_{201}	1.114183	1.960943	0.568	13	0.580
For TIME slope, π_3					
For INTRCPT2, β_{30}					
INTRCPT3, γ_{300}	5.015683	0.607454	8.257	13	< 0.001
SCAREA, γ_{301}	−1.581929	0.854664	−1.851	13	0.087

For HCUL slope, π_4					
For INTRCPT2, β_{40}					
INTRCPT3, γ_{400}	0.916911	0.241337	3.799	13	0.002
SCAREA, γ_{401}	0.147068	0.294053	0.500	13	0.625

　　階層一（學生層次解釋變項）與階層三（學校層次之解釋變項學校地區）跨層次交互作用項估計值 $\gamma_{101} = -0.293$，$t(13) = -0.302$（$p > .05$）、$\gamma_{201} = 1.114$，$t(13) = 0.568$（$p > .05$）、$\gamma_{301} = -1.582$，$t(13) = -1.851$（$p > .05$）、$\gamma_{401} = 0.147$，$t(13) = 0.500$（$p > .05$）等四個固定效果值均未達統計顯著水準，表示各校學生家庭結構、學生性別、閱讀時間、家庭資本對學生閱讀成就的影響程度均未受到「學校所在地區」學校層級變項的影響。各校之「學校所在地區」對學校內學生家庭結構、學生性別、閱讀時間、家庭資本與學生閱讀成就間之關係，未具有顯著的調節作用。

　　就學校內班級中學生家庭結構、學生性別、閱讀時間、家庭資本等四個學生個體的解釋變項對學生閱讀成就的影響而言，$\gamma_{100} = 2.546$，$t(13) = 3.282$（$p < .01$）、$\gamma_{300} = 5.016$，$t(13) = 8.257$（$p < .001$）、$\gamma_{400} = 0.917$，$t(13) = 3.799$（$p < .01$）等三個固定效果值均達統計顯著水準，且參數估計值為正，表示學校內各班學生家庭結構、閱讀時間、家庭資本對學生閱讀成就均有顯著正向影響；而 $\gamma_{200} = 1.555$，$t(13) = 1.079$（$p > .05$）固定效果值未達統計顯著水準，表示學校內各班學生之「學生性別」解釋變項對學生閱讀成就沒有顯著影響作用。

　　就學校組織特徵解釋變項「學校所在地區」對學生閱讀成就的影響而言，固定效果 $\gamma_{001} = 12.991$，$t(13) = 3.721$（$p < .01$）達統計顯著水準，且參數估計值為正，表示「學校所在地區」對學生閱讀成就有正向的影響，都會地區的學校（水準數值編碼為 1），學生的校閱讀成就顯著的高於非都會地區（水準數值編碼為 0）的學校 12.991 個單位（分）。

Final estimation of level-1 and level-2 variance components
（階層一與階層二變異成分最後估計值）

Random Effect 隨機效果	Standard Deviation 標準差	Variance Component 變異數	d.f. 自由度	χ^2 卡方值	p-value 顯著性
INTRCPT1, r_0	9.60733	92.30070	14	143.53691	< 0.001
HOME slope, r_1	1.03976	1.08110	14	15.27491	0.359
SSEX slope, r_2	2.74962	7.56042	14	22.93017	0.061
TIME slope, r_3	1.70616	2.91097	14	39.75633	< 0.001
HCUL slope, r_4	0.51947	0.26985	14	25.41010	0.030
level-1, e	5.64207	31.83291			

　　第二層誤差項 r_{0jk} 的變異數 $\tau_{\pi00}$ = 92.301，$\chi^2(14)$ = 143.537（p < .001），達到統計顯著水準，表示控制四個班級層次的解釋變項及學校層次之「學校所在地區」的解釋變項對閱讀成就的影響後，學校內班級間閱讀成就的差異還是達到顯著，即學校內閱讀成就還有顯著「班級間」的差異存在。與零模型相較之下，第二層誤差項 r_{0jk} 的變異數 $\tau_{\pi00}$ 從 79.885 反升至 93.300，可見納入的學生層次的解釋變項與學校層次的解釋變項，對於各校內「班級」閱讀成就的解釋量不大。

　　誤差項 r_{3jk} 的變異數 $\tau_{\pi33}$ = 2.911，$\chi^2(14)$ = 39.756（p < .001），達到顯著水準，表示學校內學生閱讀時間對閱讀成就的影響有顯著的「班級間」差異存在；誤差項 r_{4jk} 的變異數 $\tau_{\pi44}$ = 0.270，$\chi^2(14)$ = 25.410（p < .05），達到顯著水準，表示學校內學生家庭資本對閱讀成就的影響有顯著的「班級間」差異存在。誤差項 r_{1jk} 的變異數 $\tau_{\pi11}$ = 1.081，$\chi^2(14)$ = 15.275（p > .05），未達統計顯著水準，表示學校內學生家庭結構對閱讀成就的影響沒有顯著的「班級間」差異存在；誤差項 r_{2jk} 的變異數 $\tau_{\pi22}$ = 7.560，$\chi^2(14)$ = 22.930（p > .05），未達統計顯著水準，表示學校內學生性別對閱讀成就的影響沒有顯著的「班級間」差異存在。

　　第一層模型誤差項 e_{ijk} 的變異數 σ^2 = 31.833，與零模型相較之下，變異數從 119.617 降至 31.833，變異數削減比例值為：$1 - \dfrac{31.833}{119.617} = \dfrac{119.617 - 31.833}{119.617} =$ 87.8%，可見同時考量家庭結構、學生性別、閱讀時間、家庭資本四個學生層次解釋變項及學校層次解釋變項「學校所在地區」對學生閱讀成就的影響後，共可以解釋（班級內）學生閱讀成就總變異的 87.8% 變異量。

Final estimation of level-3 variance components（階層三變異成分最後估計值）

Random Effect 隨機效果	Standard Deviation 標準差	Variance Component 變異數	d.f. 自由度	χ^2 卡方值	p-value 顯著性
INTRCPT1/INTRCPT2, u_{00}	3.09146	9.55711	13	16.18245	0.239
HOME/INTRCPT2, u_{10}	0.47030	0.22118	13	9.67486	> .500
SSEX/INTRCPT2, u_{20}	2.21443	4.90368	13	20.11693	0.092
TIME/INTRCPT2, u_{30}	0.67982	0.46215	13	21.03219	0.072
HCUL/INTRCPT2, u_{40}	0.28194	0.07949	13	10.48130	> .500

Deviance = 2990.236336

　　第三層次誤差項 μ_{00k} 的變異數估計值 $\tau_{\beta00} = 9.557$，$\chi^2(13) = 16.182$（$p > .05$），未達統計顯著水準，表示控制家庭結構、學生性別、閱讀時間、家庭資本四個學生層次解釋變項及學校層次解釋變項「學校所在地區」對學生閱讀成就的影響後，學校組織中閱讀成就沒有顯著的「學校間」差異存在。

　　誤差項 μ_{10k} 的變異數估計值 $\tau_{\beta10} = 0.221$，$\chi^2(13) = 9.675$（$p > .05$）、誤差項 μ_{20k} 的變異數估計值 $\tau_{\beta20} = 4.904$，$\chi^2(13) = 20.117$（$p > .05$）、誤差項 μ_{30k} 的變異數估計值 $\tau_{\beta30} = 0.462$，$\chi^2(13) = 21.032$（$p > .05$）、誤差項 μ_{40k} 的變異數估計值 $\tau_{\beta40} = 0.079$，$\chi^2(13) = 10.481$（$p > .05$）均未達統計顯著水準，表示各學校中學生之學生性別對閱讀成就的影響沒有顯著的「學校間」差異存在，各學校中學生之家庭結構對閱讀成就的影響沒有顯著的「學校間」差異存在，各學校中學生之閱讀時間對閱讀成就的影響沒有顯著的「學校間」差異存在，學校中學生之家庭資本對閱讀成就的影響沒有顯著的「學校間」差異存在。

【輸出結果之表格歸納】

學校階層解釋變項與學生層次解釋變項對閱讀成就跨層次交互作用影響之結果摘要表

固定效果	係數	t 值	自由度
β_{00} 截距			
階層三所有學校學生閱讀成就之調整後總體平均值 γ_{000}	55.000	18.334***	13
階層三學校所在地區對各校學生閱讀成就影響之平均值 γ_{001}	12.991	3.721**	13
π_1 斜率			
各校內班級中學生家庭結構對閱讀成就影響之平均值 γ_{100}	2.546	3.282***	13
學校所在地區──各校內班級中學生家庭結構對閱讀成就影響之平均值 γ_{110}	−0.293	−0.302ns	13
π_2 斜率			
各校內班級中學生性別對閱讀成就影響之平均值 γ_{200}	1.555	1.079ns	13
學校所在地區──各校內班級中學生性別對閱讀成就影響之平均值 γ_{210}	1.114	0.568ns	13
π_3 斜率			
各校內班級中學生閱讀時間對閱讀成就影響之平均值 γ_{300}	5.016	8.257***	13
學校所在地區──各校內班級中學生閱讀時間對閱讀成就影響之平均值 γ_{310}	−1.582	−1.851ns	13
π_4 斜率			
各校內班級中學生家庭資本對閱讀成就影響之平均值 γ_{400}	0.917	3.799***	13
學校所在地區──各校內班級中學生家庭資本對閱讀成就影響之平均值 γ_{410}	0.147	0.500ns	13
隨機效果	變異數	χ^2	自由度
階層三學校間平均閱讀成就之差異 $\mu_{00k}(\tau_\beta)$	9.557	16.182ns	13
學校間家庭結構對閱讀成就影響之差異 $\mu_{10k}(\tau_{\beta10})$	0.221	9.675ns	13
學校間學生性別對閱讀成就影響之差異 $\mu_{20k}(\tau_{\beta20})$	4.904	20.117ns	13
學校間閱讀時間對閱讀成就影響之差異 $\mu_{30k}(\tau_{\beta30})$	0.462	21.032ns	13
學校間家庭資本對閱讀成就影響之差異 $\mu_{40k}(\tau_{\beta40})$	0.079	10.481ns	13

階層二學校內班級間平均閱讀成就之差異 $r_{0jk}(\tau_{\pi00})$	92.301	143.54***	14
學校內班級間家庭結構對閱讀成就影響之差異 $\tau_{\pi11}$	1.081	15.27ns	14
學校內班級間學生性別對閱讀成就影響之差異 $\tau_{\pi22}$	7.560	22.93ns	14
學校內班級間閱讀時間對閱讀成就影響之差異 $\tau_{\pi33}$	2.911	39.76***	14
學校內班級間家庭資本對閱讀成就影響之差異 $\tau_{\pi44}$	0.270	25.41**	14
階層一班級內學生閱讀成就分數的差異 σ^2	31.833		
離異係數（−2LL）= 2990.236			

ns $p > .05$ *$p < .05$ **$p < .01$ ***$p < .001$

第 10 章

多層次
縱貫資料分析

重複測量資料（repeated measure data）為在不同時間點情況下，對同樣受試者（個體或組織）所搜集的資料，其目的在探究個體或組織的變化情況。重複測量的資料，一般探究的問題有三：一為跨不同時間點所搜集的資料分數間是否有顯著不同，如果跨測量時距（measurement occasions）的平均數有顯著差異存在，表示個體或組織是有發生變化的；二為個體或組織的此種變化的軌跡型態或形狀（shape）為何？在三至四個時間點搜集的資料，一般呈現的變化軌跡型態為線性（linear）、二次曲線（quadratic）或非線性（nonlinear），如果個體潛在特質的變化形狀為線性成長，表示跨時間點間的成長變化程度是相同的；若是個體潛在特質的變化形狀為二次曲線（也屬於非線性形狀一種），隱含的是個體發展的變化率在跨某些時間點是加速（變快）或減緩（變慢）的；三是影響個體發展或潛在特質變化的重要預測變項（或稱共變項）為何。探究個體或組織成長變化軌跡情形的統計方法有二：一為結構方程模式之潛在成長曲線分析的方法；二為多層次模型分析方法。有關結構方程模式之潛在成長曲線分析的理論與實務應用，可參閱筆者編著的《結構方程模式－潛在成長曲線分析》專書，潛在成長曲線模型（LGM）與多層次成長模型二種方法，各有其探究目的與限制。

傳統重複量數（repeated measures）的資料，一般採用的統計方法為重複量數的單變項變異數分析，或重複量數的多變項變異數分析。重複量數的單變項變異數分析程序，資料結構要符合球面性（sphericity）的假定，所謂球面性假定指的是重複測量跨時間的變異數要相等（變異數同質性假定），任二個時距間的共變數也要相等，如果樣本數很小，採用單變項變異數分析比多變項變異數分析會有較高的統計考驗力（Raykov & Marcoulides, 2008）。以社會科學領域的準實驗設計而言，重複測量的數據資料一般會有前測、後測、追蹤測，從不同時間點測得的數據，比較實驗組、控制組在結果變項（依變項）的成長變化軌跡型態。重複測量的數據資料，在單變項變異數的統計分析程序中，一般會探究以下五個檢定：1. 資料結構是否符合球面性假定，此部分會進行 Mauchly 球面性考驗，如果資料結構未符合，會進行變異數統計量 F 值的校正；2. 個體跨時間點的分數是否有顯著不同，如果未達統計顯著水準，則表示個體在標的變項並沒有跨時間點的變化；3. 受試者內成長趨勢的形狀為何？如果受試者跨時間點之結果變項（潛在特質）有顯著的變化情況，其成長變化軌跡是

何種型態，從多項式的選項中可以判別受試者內的成長變化是線性、二次成長或三次成長的變化；4. 受試者間的因素效果，如果受試者跨時間的成長變化遵循某種特定軌跡型態，其成長變化率是否受到個體預測變項的影響，如受試者實驗處理的組別、受試者的性別、受試者的社經地位等；5. 受試者起始行為或初始狀態與之後跨時間點的成長變化率或加速率是否有顯著共變關係（是否有顯著相關），受試者之初始狀態的分數對之後成長變化率的影響效果是正向或是負向（Heck, Thomas, & Tabata, 2010）。

　　以多層次的概念來分析縱貫性的資料，不同時間點重複測得的數據為個體或組織內的變化情況，此為第一層的變項，個體本身的人口變項或個體特徵為第二層的變項，個體所巢套的群組屬性或組織巢套的系統特徵為第三層的變項。就二個階層的成長變化模型而言，每位個體跨時間點重複測量的數據被定義為個體成長變化軌跡及隨機誤差（random error）；個體群組或個體特徵在成長變化軌跡的差異檢定為第二層模型。假定註標符號「i」為受試樣本個體、「t」為測量時距，標的潛在特質或目標變項為 Y_{ti}，Y_{ti} 的意涵為個體 i 在時間點 t 搜集的數據，此數據為系統變化軌跡的函數加上隨機誤差。二次曲線成長模式包含線性與二次曲線成長元素模型的個體變化方程式為 $Y_{ti} = \pi_{0i} + \pi_{1i} \alpha_{ti} + \pi_{2i} \alpha_{ti}^2 + \varepsilon_{ti}$，其 α_{ti}、α_{ti}^2 為時間變動性變項（time-varying variable）、π_{0i} 是截距項、π_{1i}、π_{2i} 分別為線性與二次曲線成長變化率（growth rate），π_{1i} 線性斜率參數為每個時間距的平均變化率、π_{2i} 每個時間距的變化率中增加或減少程度，以學生識字能力跨四個年段（六、七、八、九歲）的成長變化為例，π_{1i} 線性斜率參數為正值且達到統計顯著水準，其意涵為學生跨四個年段間，每個年段平均識字能力的成長變化率；π_{2i} 二次成長斜率參數為正值且達到統計顯著水準，其意涵為學生跨四個年段間，每個年段平均識字能力的成長加速率，線性成長斜率參數表示的是成長變化的「平均變化率」、二次成長斜率參數表示的是成長變化的「平均變化率中的變化」（加速或減速）。ε_{ti} 表示的是估計個體內（within individuals）的差異（第一層的誤差項）。斜率參數 π_{1i}、π_{2i} 代表的是個體跨每個時距的變化情況，線性形狀為每個時間點之變化率，若是固定效果參數為正值，每個時間點變化率會增加；相對的，固定效果參數為負值，每個時間點變化率會減少，線性發展軌跡，三個階層之二次成長變化模型中，第一層方程為 $Y_{tij} = \pi_{0ij} + \pi_{1ij} \alpha_{tij} + \pi_{2ij} \alpha_{tij}^2 + \varepsilon_{tij}$，$j$ 為個體 i 所巢套的群體。有關時間變項 α 的編

碼，一般設定為 0、1、2、3（假定有四個時間點），其中時間點一（第一次測量）的時間變項編碼為 0，以確保截距項參數可以反映個體真實起始狀態（true initial status），二次曲線發展軌跡，時間變項 α 的編碼為 0、1（1×1）、4（$=2 \times 2$）、9（$=3 \times 3$）（假定有四個時間點），個體內殘差項 ε_{ti} 符應獨立性、平均數為 0、變異數為 σ^2 的常態分配。線性成長模式為 $Y_{ti} = \pi_{0i} + \pi_{1i}\alpha_{ti} + \varepsilon_{ti}$（Heck, Thomas, & Tabata, 2010）。

潛在特質成長變化模式之多層次分析的通用方程如下（Heck & Thomas, 2009）：

階層一模型：

$$Y_{ti} = \pi_{0i} + \pi_{1i}\alpha_{ti} + \pi_{2i}\alpha_{ti}^2 + \cdots + \pi_{ip}\alpha_{ti}^p + \varepsilon_{ti}$$

其中 π_{0i} 為截距參數，被定義為個體在一系列測量時距中某個時間點的真實狀態，π_{ip} 是成長軌跡參數，表示的是個體 i 跨時間點或跨時距的變化率，通用模型中包含不同型態的軌跡發展，如 $\pi_{1i}\alpha_{ti}$ 為線性成長、$\pi_{2i}\alpha_{ti}^2$ 為二次曲線成長、$\pi_{3i}\alpha_{ti}^3$ 為三次曲線成長。

階層二模型：

階層二模型納入的是個體層次（第二層）的預測變項，為個體或受試者的屬性或特徵，以學生為個體樣本時，預測變項如學生性別、社經地位、自我概念、健康狀態、控制信念等。模型中納入的個體預測變項，在於解釋預測變項對個體截距（起始狀態）與成長變化率的影響程度，對 $P + 1$ 個個體成長參數中的每一個參數方程為：

$$\pi_{pi} = \beta_{p0} + \sum_{q=1}^{Q_p} \beta_{pq} X_{qi} + r_{pi}$$

方程式中 X_{qi} 為個體 i 的人口變項或屬性特徵，或是實驗處理之組別，β_{pq} 表示的是 X_q 於第 p 個成長變化參數的效果，r_{pi} 是 p 個隨機效果矩陣。

階層三模型：

個體成長模型也可以被劃分為群組間與群組內的變異，階層三方程在於檢驗階層二截距（β_{p0}）與斜率（β_{pq}）參數的變異，註標 k 為個體巢套的群組或組織。

$$\beta_{pqk} = \gamma_{pq0} + \sum_{s=1}^{S_{pq}} \gamma_{pqs} W_{sk} + \mu_{pqk}$$

其中 γ_{pq0} 為組織層次模型的截距，W_{sk} 為組織層次的預測變項，γ_{pqs} 為階層三預測變項的結構參數，μ_{pqk} 為組織層次的隨機效果，階層三的殘差項假定符應常態分配，平均數為 0，所有配對元素有未知的變異數與共變數。

　　Hox（2002）指出：混合對稱共變異數矩陣，跨時間距的變異數與共變數值要相等，即重複測量資料的多層次模型中，任一時距之殘差變異數可以定義為時距層次殘差變異數 σ^2 與個人層次殘差變異數 σ_1^2 的加總，共變異數矩陣的對角線為 $\sigma^2 + \sigma_1^2$，對角線的矩陣元素均為二個時間距的共變數 σ_1，任何時距中第一層矩陣的變異數與共變數元素如下：$\begin{bmatrix} \sigma^2 + \sigma_1^2 & \sigma_1 & \sigma_1 \\ \sigma_1 & \sigma^2 + \sigma_1^2 & \sigma_1 \\ \sigma_1 & \sigma_1 & \sigma^2 + \sigma_1^2 \end{bmatrix}$。如果每個測量時距的變異數並沒有符合同質性假定，表示變異數為異質，任何二個時距間沒有共變關係，因而階層一殘差項共變異數矩陣的對角線外元素均為 0，

共變數矩陣型態為：$\begin{bmatrix} \sigma_1^2 & 0 & 0 \\ 0 & \sigma_2^2 & 0 \\ 0 & 0 & \sigma_3^2 \end{bmatrix}$，此種共變異數矩陣與重複測量資料結構的假定較不符合，因為在重複測量資料結構中，一般會假定受試者內測量時距間有殘差共變關係存在。另一種誤差共變異數矩陣為自我迴歸誤差共變異數矩陣（autoregression error covariance matrix），此種縱貫性資料假定個體內時間距的殘差都有顯著相關，共變數矩陣型態為：$\begin{bmatrix} 1 & \rho & \rho^2 \\ \rho & 1 & \rho \\ \rho^2 & \rho & 1 \end{bmatrix}$，四個時間距之自我

迴歸共變異數矩陣結構為 $\sigma^2 \begin{bmatrix} 1 & \rho & \rho^2 & \rho^2 \\ \rho & 1 & \rho & \rho^2 \\ \rho^2 & \rho & 1 & \rho \\ \rho^2 & \rho^2 & \rho & 1 \end{bmatrix}$。對應於自我迴歸誤差共變異

數矩陣為完全無結構化共變異數矩陣（unstructured covariance matrix），對角線的變異數是獨立的，二個時距的殘差共變數也是獨立的，此種共變異數矩陣型

態為：$\begin{bmatrix} \sigma_1^2 & \sigma_{21} & \sigma_{31} \\ \sigma_{21} & \sigma_2^2 & \sigma_{32} \\ \sigma_{31} & \sigma_{32} & \sigma_3^2 \end{bmatrix}$，無結構化的共變異數矩陣較符合縱貫性資料性質，但如果時間點的次數超過四次以上，此種誤差結構的共變異數矩陣十分複雜，因

而一般的研究中會假定第一層受試者內誤差結構為恆定共變異數矩陣（identity matrix），變異數為 σ^2，共變異數矩陣為 $\sigma^2 \begin{bmatrix} 1 & 0 & 0 \\ 0 & 1 & 0 \\ 0 & 0 & 1 \end{bmatrix}$（Heck, Thomas, & Tabata, 2010）。

就線性成長變化模式為例，階層一的方程式為：

$$Y_{ti} = \pi_{0i} + \pi_{1i}\alpha_{ti} + \varepsilon_{ti}，或\ Y_{ti} = \pi_{0i} + \pi_{1i}\alpha_{ti} + e_{ti}$$

其中誤差項 ε_{ti} 是獨立的，服從於平均數為 0、變異數為 σ^2 的常態分配，結果變項 Y_{ti} 為受試者 i 於時間點 t 測得的依變項測量值（標的潛在成長特質的數據）。截距參數 π_{0i} 是學生個體 i 在 α_{ti} 等於 0 時的真實狀態（起始狀態或初始能力），π_{1i} 為受試者 i 之潛在特質的成長變化率。

第二層以截距及斜率為結果變項的模型，若納入個體屬性或特徵等時間不變性的共變項，其方程式為（Raudenbush & Bryk, 2002）：

$\pi_{0i} = \beta_{00} + \sum_{q=1}^{Q_0} \beta_{0q}X_{qi} + r_{0i}$，$X_{qi}$ 為個體（受試者）i 第 q 個預測變項（或稱共變項/解釋變項）

$\pi_{1i} = \beta_{10} + \sum_{q=1}^{Q_1} \beta_{1q}X_{qi} + r_{1i}$，$r_{0i}$、$r_{1i}$ 分別為第一層個體內、第二層個體間差異的誤差項，屬於隨機效果，其誤差項的變異數分別為 τ_{00}、τ_{11}，共變數為 τ_{01}，τ_{00} 為個體間起始狀態（時間點 1 測得的測數值）的差異程度、τ_{11} 為個體間跨時間點的成長變化率的差異程度。

多層次縱貫分析模型，連續的測量資料巢套於個體之內，因而每位個體至少都有三次以上的測量數據或觀察資料，對每位個體於不同時間點測得的數據，為個體潛在特質的時間變動性變化情況，此種變化成長模型一般稱為隨機係數成長模型，個體內重複測得的縱貫數據為第一層的資料，個體跨時間點之潛在特質的成長變化型態可能為線性、二次曲線或片段線性。多層次分析模型的第二層為個體間的差異情況，為探究個體間的差異，第二層預測變項會加入個體屬性或個體特徵的變因，此種個體預測變項可能對個體起始狀態及潛在特質的成長變化率有顯著影響效果。當受試個體又巢套於不同群組，則群組的脈絡變項或群組的屬性特徵對群組內個體潛在特質的成長變化率，可能又會有顯著影響效果，考量個體所巢套的群組（如員工巢套於部門、學生巢套於班級），多層次縱貫分析模式為三個階層的模型，三個階層的多層次縱貫分析模型探究的

層次有三：個體之內（within individuals）的成長變化軌跡型態、個體間（between individuals）的成長變化軌跡型態及差異、群組間（between groups）的成長變化軌跡型態及差異。

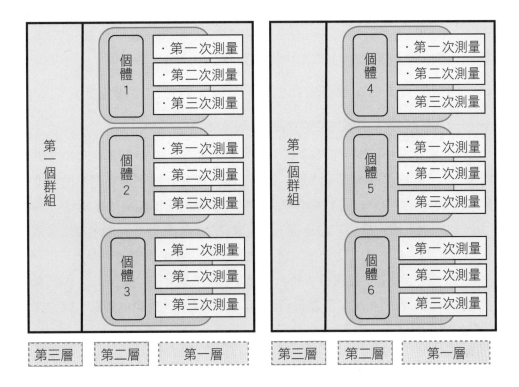

三個階層之多層次縱貫資料分析，探究的內容有以下幾項：各群組內個體潛在特質跨時間點之成長變化的軌跡型態為何？各群組內個體預測變項對潛在特質成長變化的初始狀態（水準）與變化率（形狀）是否有顯著的影響效果？各群組之群組屬性或群組共變項對各群組個體潛在特質成長變化的平均初始狀態（水準）與變化率（形狀）是否有顯著的影響效果？

三個階層個體成長模式之零模型方程為：

階層一模型：

$Y_{tij} = \pi_{0ij} + \varepsilon_{tij}$，其中結果變項 Y_{tij} 為第 j 個群體中第 i 位個體在時間點 t 測得的數據資料，π_{0ij} 為截距項、ε_{tij} 為第一層的誤差項，其變異數為 $\sigma^2_{\text{level\_1}}$。

階層二模型：

$\pi_{0ij} = \beta_{00j} + r_{0ij}$，其中 r_{0ij} 為個體間（第二層）的誤差項，其變異數為 $\sigma^2_{\text{level\_2}}$。

階層三模型：

$\beta_{00j} = \gamma_{000} + \mu_{00j}$，其中 μ_{00j} 為群組間（第二層）的誤差項，其變異數為 $\sigma_{\text{level}\_3}^2$。

階層三的組內相關係數 $ICC_{\text{level}\_3} = \dfrac{\sigma_{\text{level}\_3}^2}{\sigma_{\text{level}\_1}^2 + \sigma_{\text{level}\_2}^2 + \sigma_{\text{level}\_3}^2}$（群組間變異佔總變異的比例）、階層二的組內相關係數 $ICC_{\text{level}\_2} = \dfrac{\sigma_{\text{level}\_2}^2}{\sigma_{\text{level}\_1}^2 + \sigma_{\text{level}\_2}^2 + \sigma_{\text{level}\_3}^2}$（各群組中個體間變異佔總變異的比例）、階層一的組內相關係數 $ICC_{\text{level}\_1} = \dfrac{\sigma_{\text{level}\_1}^2}{\sigma_{\text{level}\_1}^2 + \sigma_{\text{level}\_2}^2 + \sigma_{\text{level}\_3}^2}$（個體內變異佔總變異的比例）。

多層次縱貫分析模型時間點的設定，一般會將第一次時間點的變項水準編碼設定為 0，以五次重複測量的資料為例，線性成長軌跡型態時間點的水準編碼依序為 0、1、2、3、4；二次成長軌跡型態時間點的水準編碼依序為 0、1、4、9、16；以六次重複測量的資料為例，線性成長軌跡型態時間點的水準編碼依序為 0、1、2、3、4、5；二次成長軌跡型態時間點的水準編碼依序為 0、1、4、9、16、25。進行多層次縱貫分析時，重複量測的次數不得少於三次，因為只有二次的資料無法看出受試者潛在特質跨時間點的實際成長變化型態。線性成長時間點的變項編碼圖示如下：

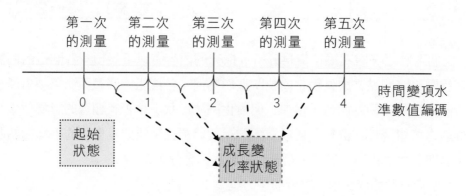

二次成長變化模型時間點的變項中，方程式元素包括原先線性方程，增列二次曲線成長變化方程 α_{ti}^2，方程式為 $Y_{ti} = \pi_{0i} + \pi_{1i}\alpha_{ti} + \pi_{2i}\alpha_{ti}^2 + \varepsilon_{ti}$。

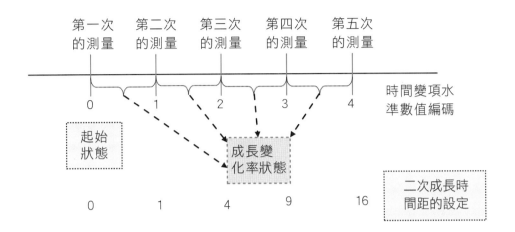

以四個時間點之重複量測的資料結構為例，成長變化軌跡型態為非線性的圖示範例如下：

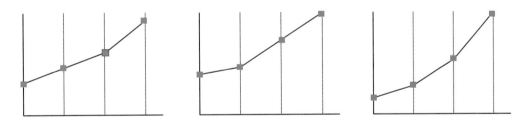

壹 學生創造力的成長變化

一、資料結構

研究者分別於第一學期、第二學期、第三學期、第四學期期末四個時間點，搜集 185 位學生創造力數據，個體學生之測量值愈高，表示其創造力愈佳。

敘述統計

	個數	最小值	最大值	總和	平均數	標準差	變異數
創造力	740	1	42	8677	11.73	7.748	60.032

所有 185 位學生在四個時間點（185 × 4=740），共 740 次測量所得的創造

力的描述性統計量，平均數為 11.73、標準差為 7.748、變異數為 60.032、最小值為 1、最大值為 42。

敘述統計

時間點		個數	最小值	最大值	總和	平均數	標準差	變異數
0	創造力	185	1	30	704	3.81	5.034	25.342
1	創造力	185	2	34	1640	8.86	4.860	23.616
2	創造力	185	6	42	2681	14.49	4.739	22.462
3	創造力	185	6	42	3652	19.74	5.109	26.104

185 位學生個體在四個時間點（四個學期）測得之創造力的描述性統計量，時間點 1（第一學期）、時間點 2（第二學期）、時間點 3（第三學期）、時間點 4（第四學期）的平均數分別為 3.81、8.86、14.49、19.74，變異數分別為 25.342、23.616、22.462、26.104。

根據四個時間點之創造力的分數（平均數），繪出學生跨四個時間點的成長變化趨勢圖：

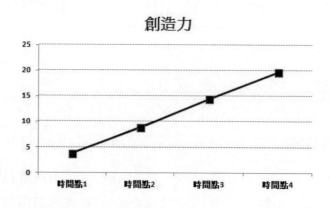

從上圖中可以看出，185 位學生樣本創造力分數在四個時間點的成長變化軌跡型態接近直線，表示符合線性成長變化模式。

縱貫性資料發展軌跡如果是二次曲線，則其發展軌跡型態的趨勢就不會符合線性，以學生四個年段識字能力的成長變化資料為例，四個時間點的識字能力平均值分別為 3.81、8.86、17.52、30.15。

時間點	識字能力
時間點 1	3.81
時間點 2	8.86
時間點 3	17.52
時間點 4	30.15

　　四個時間點繪製的成長變化圖如下：四個時間點之識字能力發展軌跡型態並不符合線性趨勢，而是符合二次多項式（二次成長變化型態）。此種發展軌跡型態採用多層次模型分析時，二次成長變化的斜率參數會達到統計顯著水準，表示二次成長變化斜率參數估計值顯著不等於 0。

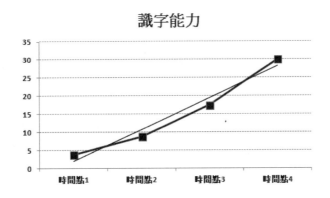

識字能力

　　第一層資料結構中，變項「STID」為學生編號、變項「CREA」為學生創造力的分數（每位學生重複測量四次，因而有四個時間點的創造力分數）、變項「TIME」為時間點變項，四個時間點假設創造力的變化為線性成長模式，每位學生的設定值分別為 0、1、2、3，每位學生重複測量的時間點編碼中，第一學期時間點測得的創造力，對應的線性模型時間編碼為 0、模型估計所得的截距參數（intercept parameter）可以被解釋為學生第一學期（起始狀態）的創造力真實分數，第二學期（第二次重複量測）、第三學期（第三次重複量測）、第四學期（第四次重複量測）的時間點編碼依序為 1、2、3；變項「QTIME」為二次曲線（quadratic）成長變化模式變項，時間點的設定值為 TIME × TIME（$TIME^2$），四個時間點的設定值分別為 0、1、4、9，線性成長模型的斜率參數是每個單位時間創造力（或潛在特質）的平均變化率，二次曲線成長模型

的斜率參數，表示的是在變化率中的「改變」（加速或減速）。個體成長變化模式的設定，如果個體或受試者重複測量的次數在四次以下，一般會進行線性成長模型（較簡單模型）與二次曲線成長模型（較複雜模型）的分析，至於其他成長變化型態模式參數的設定，也可以進行多層次的分析，只是時間點變項的編碼值要重新設定（吳明隆，2013）。範例表格為資料檔中，樣本學生編號180 至編號 185 四次時間點的數據資料。

STID	CREA	TIME	QTIME
180	20	0	0
180	21	1	1
180	22	2	4
180	24	3	9
181	25	0	0
181	26	1	1
181	26	2	4
181	26	3	9
182	27	0	0
182	34	1	1
182	38	2	4
182	42	3	9
183	25	0	0
183	25	1	1
183	25	2	4
183	26	3	9
184	30	0	0
184	30	1	1
184	42	2	4
184	42	3	9
185	19	0	0
185	29	1	1
185	39	2	4
185	42	3	9

第二層資料結構中，變項「STID」為學生編號，此變項為二個資料共同的

ID 關鍵變數，變數名稱必須相同。「SEX」變項為學生性別、「HOME」為學生家庭結構，二個變項為虛擬變項；「SES」為學生家庭社經地位、「ACH」為學生學業成就，二個變項均為計量變項，測量值愈高，表示學生個體家庭社經地位愈高，或學業成就愈佳。

STID	SEX	HOME	SES	ACH
180	1	0	22	94
181	0	1	20	95
182	1	1	19	88
183	1	1	18	98
184	1	1	17	100
185	1	1	21	99

第二層預測變項（ / 共變項 / 解釋變項）之描述性統計量如下：

敘述統計

共變項	個數	最小值	最大值	平均數	標準差	變異數
學生性別	185	0	1	.52	.501	.251
家庭結構	185	0	1	.55	.499	.249
社經地位	185	16	40	27.24	4.502	20.269
學業成就	185	30	100	79.46	16.688	278.478

學生性別變項的水準數值編碼中，1 為女生、0 為男生，其平均數為 0.52，表示女生群體佔全部樣本的 52.0%（n=96 人，男生樣本數 n=89）；學生家庭結構變項的水準數值編碼中，0 為單親家庭、1 為完整家庭，其平均數為 0.55，表示完整家庭學生群體佔全部樣本的 55.0%（n=101 人，單親家庭學生樣本數 =84）。社經地位計量變項的平均數為 27.24、變異數為 20.269；學業成就計量變項的平均數為 79.46、變異數為 278.478。

二、資料檔的整合

1. 執行功能表列「File」/「Make new MDM file」/「Stat package input」程序，開啟「Select MDM type」對話視窗，「Nested Models」方盒中內定的選項

為「⊙HLM2」，按『OK』鈕，開啟「Make MDM - HLM2」對話視窗。

2. 於「Make MDM - HLM2」對話視窗，「Structure of Data - this affects the notation only!」（資料結構）方盒中，選取「⊙longitudinal（occasions within persons）」選項，如果直接選用內定選項「⊙cross sectional（persons within groups）」也可以進行縱貫資料的分析，二個選項分析結果一樣，其差別在於各階層方程式加註的標記符號不同而已。第一層標的資料檔為「創造 1.sav」、第二層標的資料檔為「創造 2.sav」。

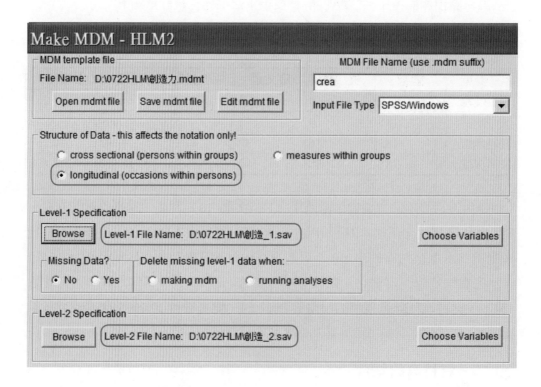

3. 第一層界定（Level-1 Specification）方盒，按『Choose Variables』（選擇變項）鈕，開啟「Choose variables - HLM2」對話視窗，「學生編號」（STID）

變項勾選「☑ ID」選項,「TIME」(時間距變項)、「CREA」(結果變項創造力分數)二個變項勾選「☑ in MDM」選項。

4. 第二層界定(Level-1 Specification)方盒,按『Choose Variables』(選擇變項)鈕,開啟「Choose variables-HLM2」對話視窗,「學生編號」(STID)變項勾選「☑ ID」選項,四個學生層次共變項「SEX」(學生性別)、「HOME」(學生家庭結構)、「SES」(學生家庭社經地位)、「ACH」(學生學業成就)等勾選「☑ in MDM」選項。

進行二個資料檔的 MDM 模組整合時,二個階層資料檔均必須依照「學生編號」ID 共同關鍵變項排序,如果沒有排序,按『Make MDM』(製作 MDM 模組)鈕後,會出現以下警告文字:「It looks like your level-1 file is not sorted. Please sort this file and re-run.」(階層一資料檔沒有排序,請依關鍵變數排序後存檔,再重新按『Make MDM』鈕以進行資料檔模組整合);「It looks like your level-2 file is not sorted. Please sort this file and re-run.」(階層二資料檔沒有

排序,請依關鍵變數排序後存檔,再重新按『Make MDM』鈕以進行資料檔模組整合),資料檔整合後出現的 DOS 視窗界面如下:

```
C:\Program Files\HLM7Student\HLM2S.EXE

               LEVEL-1 DESCRIPTIVE STATISTICS

VARIABLE NAME    N       MEAN       SD       MINIMUM    MAXIMUM
     TIME       740      1.50      1.12        0.00       3.00
     CREA       740     11.73      7.75        1.00      42.00
     QTIME      740      3.50      3.50        0.00       9.00


               LEVEL-2 DESCRIPTIVE STATISTICS

VARIABLE NAME    N       MEAN       SD       MINIMUM    MAXIMUM
     SEX        185      0.52      0.50        0.00       1.00
     HOME       185      0.55      0.50        0.00       1.00
     SES        185     27.24      4.50       16.00      40.00
     ACH        185     79.46     16.69       30.00     100.00

 740 level-1 records have been processed
 185 level-2 records have been processed
```

資料檔整合模組出現第一層的有效個數 N=740、第二層的有效個數 N=185,185 為有效樣本個數,每位受試者均有四次測量值,第一層的次數為 185 × 4=740。

貳 零模型——沒有成長變化模式

零模型中第一層並沒有納入時間變動性的變數,因而不是一種成長變化模型。

一、零模型

階層一模型:

$CREA_{ti} = \pi_{0i} + e_{ti}$

階層二模型：

$$\pi_{0i} = \beta_{00} + r_{0i}$$

混合模型：

$$CREA_{ti} = \beta_{00} + r_{0i} + e_{ti}$$

$CREA_{ti}$ 為個體學生 i 於時間點 t 測得的創造力分數。

```
WHLM: hlm2 MDM File: crea
File   Basic Settings   Other Settings   Run Analysis   Help
 Outcome      LEVEL 1 MODEL
>> Level-1 <<   CREAti = π0i + eti
  Level-2
INTRCPT1      LEVEL 2 MODEL
TIME            π0i = β00 + r0i
CREA
```

零模型估計結果如下：

τ（共變異數矩陣）

INTRCPT1,π_0	7.30327

π_{0i} 的變異數等於 7.303

Final estimation of fixed effects（最後效果估計值）
（with robust standard errors）（採用強韌性標準誤）

Fixed Effect 固定效果	Coefficient 係數	Standard error 標準誤	t-ratio t 值	Approx. $d.f.$ 自由度	p-value 顯著性
For INTRCPT1, π_0					
INTRCPT2, β_{00}	11.725980	0.331924	35.327	184	< 0.001

固定效果估計值 $\beta_{00} = 11.726$、標準誤為 0.332、$t(184) = 35.327$（$p < .001$），達到統計顯著水準，表示 β_{00} 的數值顯著不等於 0。由於模型中均沒有納入任何的預測變項，$\beta_{00} = 11.726$ 的數值表示的是所有學生（185 位）在 740 次（每位學生有四次）創造力測驗的總平均值。

Final estimation of variance components（變異成分最後估計值）

Random Effect 隨機效果	Standard Deviation 標準差	Variance Component 變異數	d.f. 自由度	χ^2 卡方值	p-value 顯著性
INTRCPT1, r_0	2.70246	7.30327	184	285.88306	< 0.001
level-1, e	7.26351	52.75858			

Deviance = 5113.710864
Number of estimated parameters = 2

隨機效果截距項的變異數估計值 τ_{00} = 7.303、$\chi^2(184)$ = 285.883（$p <$ .001），達到統計顯著水準，表示第二層學生個體在創造力平均分數間有顯著差異存在。第一層個體內不同時間點之創造力分數間之殘差項變異數 σ^2 = 52.759，組內相關係數 $\rho = \dfrac{\tau_{00}}{\tau_{00} + \sigma^2} = \dfrac{7.303}{7.303 + 52.759} = 0.122$，學生創造力的總變異量中有 12.2% 的變異來自學生個體之間、有 87.8% 的變異來自學生之內，第二層學生個體可以解釋創造力的變異量為 12.2%。

參 隨機係數的迴歸模型

一、線性成長變化模式

隨機係數模型（random coefficient model）或隨機係數的迴歸模型中，第一層模型只納入四個時間點的預測變項「TIME」，第二層沒有納入任何個體共變項或解釋變項，模型關注的是所有個體平均起始狀態 β_{00} 及平均創造力的成長變化率 β_{10}，模型又稱為無條件的成長模式（unconditional growth model），因為方程式中有納入跨時間點變項，因而是一種成長變化模型，但是模型中沒有納入任何第二層（學生個體層次）的共變項或預測變項，此種模型是一種無條件的成長變化模式，無條件的成長變化模型與零模型不同，無條件的成長變化模型在於探究潛在特質跨時間點的成長變化軌跡，而零模型因為沒有考量時間變動性的預測變項，因而無法探究潛在特質成長變化的發展趨勢。

階層一模型：

$$CREA_{ti} = \pi_{0i} + \pi_{1i} \times (TIME_{ti}) + e_{ti}$$

階層二模型：

$$\pi_{0i} = \beta_{00} + r_{0i}$$
$$\pi_{1i} = \beta_{10} + r_{1i}$$

混合模型：

$$CREA_{ti} = \beta_{00} + \beta_{10} \times TIME_{ti} + r_{0i} + r_{1i} \times TIME_{ti} + e_{ti}$$

隨機係數迴歸模型估計結果如下：

τ（共變異數矩陣）

INTRCPT1, π_0	23.35986	−2.11301
TIME, π_1	−2.11301	1.18606

　　固定效果 β_{00} 與 β_{10} 間的共變異數矩陣，對角色線為二個固定效果參數的變異數，其估計值分別 23.360、1.186，二個參數之間的共變數為 −2.113（起始狀態與成長變化率呈負向關係）。

τ（as correlations）（相關係數矩陣）

INTRCPT1, π_0	1.000	−0.401
TIME, π_1	−0.401	1.000

　　固定效果 β_{00} 與 β_{10} 間的相關係數矩陣，相關係數估計值為 −0.401，隨機係

數成長模型之相關矩陣為參數 π_{0i} 與 π_{1i}，為截距估計值（起始狀態）與成長變化估計值間的相關，相關係數為負值，表示學生創造力成長變化與第一學期起始狀態之創造力高低呈負向關係，起始狀態之創造力較高的個體，之後跨四個學期的成長變化率較慢或較緩；起始狀態之創造力較低的個體，之後跨四個學期的成長變化率較快或較大。

Random level-1 coefficient 階層一隨機係數	Reliability estimate 信度估計值
INTRCPT1, π_0	0.912
TIME, π_1	0.649

隨機係數的估計值中，截距項的信度係數為 0.912、成長變化率的信度係數為 0.649。個體變化之信度指標值愈高，表示資料中提供足夠的訊息量，可以確保以每個參數作為個人層次變數的函數之模型，也可以估計個人層次之共變項與成長參數間關聯的精確性（Raudenbush & Bryk, 2002）。多層次縱貫分析模型中，截距的信度係數通常會高於斜率（成長變化率）的信度係數，因為截距信度係數主要受到樣本大小單一因素的影響，但斜率信度係數除受到樣本大小影響外，也受到重複測量資料變異的影響，因而跨個體之斜率的真實變異數會比截距真實變異數還小（Heck & Thomas, 2009）。

Final estimation of fixed effects（最後效果估計值）

（with robust standard errors）（採用強韌性標準誤）

Fixed Effect 固定效果	Coefficient 對數勝算 比係數	Standard error 標準誤	t-ratio t 值	Approx. $d.f.$ 自由度	p-value 顯著性
For INTRCPT1, π_0					
INTRCPT2, β_{00}	3.711054	0.371055	10.001	184	< 0.001
For TIME slope, π_1					
INTRCPT2, β_{10}	5.343284	0.099157	53.887	184	< 0.001

固定效果估計值 β_{00} = 3.711、標準誤為 0.371、$t(184)$ = 10.001（$p < .001$），達到統計顯著水準，β_{00} 參數數值顯著不等於 0。由於模型中只納入第一層時間點的預測變項，β_{00} = 3.711 的數值表示的是所有學生（N = 185）在時間點 1

（第一學期）創造力之平均值，此平均數為所有學生之平均起始狀態（mean initial status）值或平均初始能力，也是學生第一學期之創造力的平均得分。β_{10} = 5.343、標準誤為 0.099、$t(184)$ = 53.887（$p < .001$），達到統計顯著水準，β_{10} 參數值顯著不等於 0，β_{10} 表示的平均成長變化率（mean growth rate），其意涵為所有學生在四個學期之創造力的平均變化成長程度，由於 β_{10} 的數值為正，表示學生的創造力是正向改變，每學期平均增加 5.343 個單位（分）。

根據固定效果估計值，學生創造力分數的成長變化情形整理如下表：

第一學期 創造力分數	第二學期 創造力分數	第三學期 創造力分數	第四學期 創造力分數
起始狀態	TIME = 1	TIME = 2	TIME = 3
3.711（β_{00}）	9.054	14.397	19.74
變化率（β_{10}）	5.343	5.343	5.343

Final estimation of variance components（變異成分最後估計值）

Random Effect 隨機效果	Standard Deviation 標準差	Variance Component 變異數	d.f. 自由度	χ^2 卡方值	p-value 顯著性
INTRCPT1, r_0	4.83320	23.35986	184	2094.58761	< 0.001
TIME slope, r_1	1.08906	1.18606	184	523.52340	< 0.001
level-1, e	1.79272	3.21383			

Deviance = 3757.187991
Number of estimated parameters = 4

截距項的變異數估計值 τ_{00} = 23.360（或以 r_{0i} = 23.360 表示）、$\chi^2(184)$ = 2094.588（$p < .001$），達到統計顯著水準，表示第二層學生個體在起始狀態（第一學期之創造力分數）間即有顯著個體間差異存在；學生個體間成長變化率的變異數估計值 τ_{11} = 1.186（或以 r_{1i} = 1.186 表示）、$\chi^2(184)$ = 523.523（$p < .001$），達到統計顯著水準，拒絕虛無假設：「個體成長變化率間沒有顯著不同」，即受試樣本個體間跨四個時間點（跨四個學期）之創造力的成長變化率有顯著差異。

學生跨四個時間點的創造力成長變化率為 5.343，成長變化率的變異數 τ_{11} =

1.186，意指估計值的標準差為 1.089，對某個學生個體而言，其創造力的成長變化率在平均值一個標準差以上，每學期的創造力將以 5.343 + 1.089 = 6.432 個單位（分）的速度增加；對某個學生個體而言，其創造力的成長變化率在平均值一個標準差以下，每學期的創造力將以 5.343−1.089 = 4.254 個單位（分）的速度改變。無條件成長模型之隨機效果估計值 τ_{00}、τ_{11} 分別表示的是個體起始狀態的變異程度、個體跨時間點成長變化率的變異程度。第一層個體內不同時間點之創造力分數間之殘差項變異數 $\sigma^2 = 3.214$，模型的離異係數等於 3757.188、零模型的離異係數值為 5113.711，與零模型相較之下，隨機係數成長線性模型的適配度較佳。無條件線性成長模型估計結果統整如下列摘要表：

無條件線性成長模型估計結果摘要表

固定效果	係數	標準誤	t 值	自由度
平均起始狀態 β_{00}	3.711	0.371	10.001***	184
平均成長率 β_{10}	5.343	0.099	53.887***	184
隨機效果	變異數		χ^2	自由度
個體間起始狀態的差異 r_{0i}	23.360		2094.588***	184
個體間成長變化率的差異 r_{1i}	1.186		523.523***	184
第一層誤差項 e_{ti}	3.214			
離異係數	3757.188			

***$p < .001$

　　於「WHLM: hlm2 MDM File:XXXX Command File」對話視窗，執行功能表列「File」（檔案）/「Graph Data」（圖形資料）/「line plots, scatter plots」（線性圖或散佈圖）程序，可以繪製每位學生個體在四次時間點之創造力的線性圖或散佈圖。在「Choose X and Y variables」對話視窗中，「X-axis」（X 軸）下的選項，選取時間點變項「TIME」；「Y-axis」（Y 軸）下的選單，選取結果變項「CREA」；「Number of groups」下的選單，選取「First ten groups」（前十位學生）；「Type of plot」方盒中，選取「◉Line/market plot」選項；「Pagination」方盒中，選取「◉All groups on same graph」（所有群組都在同一圖示中，群組為第二層的樣本，縱貫性資料為個體）選項，表示十位學生的資料變化呈現在相同的圖示中。

十位學生在四個時間點創造力的成長變化情況如下圖，從圖中可以明顯看
出學生的成長變化率有明顯不同。

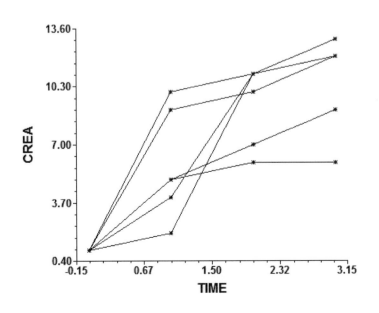

執行功能表列「File」（檔案）/「Graph Equation」（圖形方程）/「Level
－1 equation graphing」（階層一方程圖的繪製）程序，也可以繪製第一層學生
創造力跨時間點的變化圖示。在「Level －1 equation graphing」對話視窗中，X
軸方盒內第一層（Level-1）右邊的選單選取「TIME」變項，群組的個數選單
選取隨機抽樣（Random sample of spec'd prob），選取總學生樣本數的 20%，
「Probability（0 to 1）」（樣本數的比率，數值介於 0 至 1 中間）右邊的方格
內輸入 0.20。如果「Probability（0 to 1）」右邊的選項數值輸入 1（=100%），
表示呈現所有受試者的成長變化圖示，這與群組個數下拉式選單中選取所有群
體的功能相同，只是在成長變化模型中，第二層受試個體的樣本數較多，繪製
的成長變化圖可能會有許多重疊線條，在判讀上較為不方便。

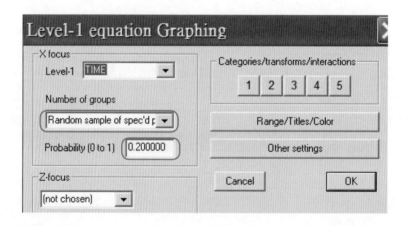

從圖示中可以看出，學生個體的起始狀態（時間點為 0 的截距常數）間有
明顯不同，而學生跨四個學期創造力的成長變化率也有很大的差異。由於圖形
是採用隨機抽取的方式，因而於視窗界面每進行一次圖形設定，則繪製的圖形
都會不一樣。

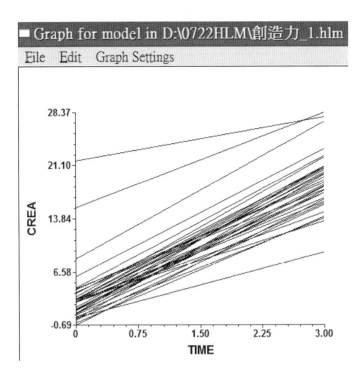

群組個數（Number of groups）選項之「群組」，在多層次縱貫性資料分析模型中為第二層受試者個體，範例中第二層個體有效樣本數 N = 185，下拉式選單選取所有群組選項「All groups（185）」，則 185 位個體跨四個時間點之創造力分數的成長變化如下圖：

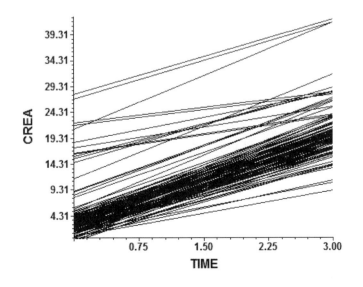

⟳ 二、隨機係數的迴歸模型——二次曲線成長

階層一模型：

$$CREA_{ti} = \pi_{0i} + \pi_{1i} \times (TIME_{ti}) + \pi_{2i} \times (QTIME_{ti}) + e_{ti}$$

或

$$CREA_{ti} = \pi_{0i} + \pi_{1i} \times (TIME_{ti}) + \pi_{2i} \times (TIME_{ti})^2 + e_{ti}$$

階層二模型：

$$\pi_{0i} = \beta_{00} + r_{0i}$$
$$\pi_{1i} = \beta_{10} + r_{1i}$$
$$\pi_{2i} = \beta_{20} + r_{2i}$$

混合模型：

$$CREA_{ti} = \beta_{00} + \beta_{10} \times TIME_{ti} + \beta_{20} \times QTIME_{ti} + r_{0i} + r_{1i} \times TIME_{ti} + r_{2i} \times QTIME_{ti} + e_{ti}$$

Random level-1 coefficient 階層一隨機係數	Reliability estimate 信度估計值
INTRCPT1, π_0	0.892
TIME, π_1	0.004
QTIME, π_2	0.176

　　線性型態的成長率係數信度估計值為 0.004、二次曲線的成長率係數信度估計值為 0.176，顯示學生創造力跨時間點的成長變化，採用二次曲線模型建構的函數之信度係數很低。

Final estimation of fixed effects（最後效果估計值）

（with robust standard errors）（採用強韌性標準誤）

Fixed Effect 固定效果	Coefficient 係數	Standard error 標準誤	t-ratio t 值	Approx. $d.f.$ 自由度	p-value 顯著性
For INTRCPT1, π_0					
INTRCPT2, β_{00}	3.757709	0.368528	10.197	184	< 0.001
For TIME slope, π_1					
INTRCPT2, β_{10}	5.203318	0.189240	27.496	184	< 0.001
For QTIME slope, π_2					
INTRCPT2, β_{20}	0.046655	0.067471	0.691	184	0.490

　　二次曲線成長率的估計值 β_{20} = 0.047、標準誤為 0.067、t(184) = 0.691（p > .05），未達統計顯著水準，β_{20} 參數值顯著等於 0，β_{20} 估計值等於 0，表示的二次曲線的成長變化模式並未發生在受試樣本學生之創造力的跨時間點變化中，線性變化模式之參數估計值 β_{10} = 5.203、標準誤為 0.189、t(184) = 27.496（p < .001），達統計顯著水準，學生創造力跨時間點的成長變化可以簡化為線性成長模式。

　　上述二次曲線成長模型之 π_{2i} 方程設定為隨機效果，為了與線性成長變化模型的適配度進行比較，將隨機效果的參數個數設定為相同，π_{2i} 方程由隨機效果改為固定效果。

階層一模型：

$$CREA_{ti} = \pi_{0i} + \pi_{1i} \times (TIME_{ti}) + \pi_{2i} \times (QTIME_{ti}) + e_{ti}$$

階層二模型：

$$\pi_{0i} = \beta_{00} + r_{0i}$$
$$\pi_{1i} = \beta_{10} + r_{1i}$$
$$\pi_{2i} = \beta_{20}$$

混合模型：

$$CREA_{ti} = \beta_{00} + \beta_{10} \times TIME_{ti} + \beta_{20} \times QTIME_{ti} + r_{0i} + r_{1i} \times TIME_{ti} + e_{ti}$$

Final estimation of fixed effects（最後效果估計值）

（with robust standard errors）（採用強韌性標準誤）

Fixed Effect 固定效果	Coefficient 係數	Standard error 標準誤	t-ratio t 值	Approx. $d.f.$ 自由度	p-value 顯著性
For INTRCPT1, π_0					
INTRCPT2, β_{00}	3.757709	0.368528	10.197	184	< 0.001
For TIME slope, π_1					
INTRCPT2, β_{10}	5.203318	0.189240	27.496	184	< 0.001
For QTIME slope, π_2					
INTRCPT2, β_{20}	0.046655	0.067471	0.691	369	0.490

真實截距項參數（π_{0i}），起始狀態估計值 β_{00} = 3.758，$t(184)$ = 10.197（p < .001），達到統計顯著水準，β_{00} 參數顯著不等於 0；線性成長變化率（π_{1i}）之參數估計值 β_{10} = 5.203，$t(184)$ = 27.496（p < .001），達到統計顯著水準；二次曲線成長變化率（π_{2i}）之參數估計值 β_{20} = 0.047，$t(369)$ = 0.691（p > .05），未達統計顯著水準。由於二次成長變化的固定效果斜率參數估計值未達統計顯著水準，表示母群體中 β_{20} 參數顯著為 0，二次成長變化項參數不存在，成長變化模式之學生跨四個學期的創造力分數變化，沒有加速（突然加快）或減速（突然減慢）的情況。如果二次曲線成長變化率（π_{2i}）之參數估計值 β_{20} = 0.047 達到統計顯著水準，表示學生跨四個學期的創造力平均以 5.203 變化率改變外，某些時距內（某二個學期內）會再以 0.047 的加速率增加。

Final estimation of variance components（變異成分最後估計值）

Random Effect 隨機效果	Standard Deviation 標準差	Variance Component 變異數	$d.f.$ 自由度	χ^2 卡方值	p-value 顯著性
INTRCPT1, r_0	4.83287	23.35662	184	2091.67852	< 0.001
TIME slope, r_1	1.08864	1.18513	184	522.79630	< 0.001
level-1, e	1.79396	3.21830			

Deviance = 3758.449886
Number of estimated parameters = 4

隨機效果值中截距項的變異數 τ_{00} = 23.357（p < .001）、線性成長變化率的

變異數 τ_{11} = 1.185（p < .001）均達統計顯著水準，表示個體間第一學期創造力分數有顯著不同；學生個體間跨四個學期的創造力成長變化率也有顯著不同。第一層個體內的殘差項變異數 σ^2 = 3.218（p < .001），達統計顯著水準，個體跨時間點創造力分數間是有顯著差異的，模型的離異係數為 3758.450。

　　線性成長模型（簡單模型）的離異係數為 3757.188、二次曲線成長模型（複雜模型）的離異係數為 3758.450，二者的卡方值差異量為 −1.262（簡單模型減複雜模型），表示使用二次曲線成長模型與線性成長模型相較之下，無法有效降低整體模型的離異係數值。當有較多參數的複雜模型與較少參數的簡單模型相互比較結果，離異係數值的變化情況不顯著，採用較少參數的簡單模型更能反映資料結構的特性，因為較符合模型簡約準則。進行巢套模型比較時，包含較少參數的模型稱為參照模型（或簡單模型，如線性成長變化模型）、包含較多參數的模型稱為比較模型（或複雜模型，如二次成長變化模型），一般而言，簡單模型的偏離值會高於複雜模型，進行概似比檢定時，用簡單模型的離異係數減複雜模型的離異係數，其差異值符合二個模型之自由度相減的卡方分配。如果差異值的卡方統計量未達顯著，或差異值接近 0，表示複雜模型與簡單模型的適配度沒有顯著不同，此時，較佳的方法是採用簡單模型，因為簡單模型較符合模式簡約準則。

【SPSS 混合模式的估計結果與操作程序】

↺ 一、線性成長變化模型執行結果

模式維度 [b]

		N 層	共變異數結構	N 參數	主題變數
固定效果	截距	1		1	
	TIME	1		1	
隨機效應	截距 + TIME[a]	2	非結構化	3	STID
殘差				1	
總數		4		6	

a. 在 11.5 版中，已變更 RANDOM 副命令的語法規則。您的命令語法所產生的結果，可能與先前版本產生的結果不同。若您使用的是版本 11 語法，請參閱現有語法參考指南以取得詳細資訊。
b. 依變數：創造能力 創造能力 .

被估計的參數（parameters）共有六個，二個固定效果（fixed effects），三個隨機參數（截距、時間斜率變異數、截距與斜率間的共變數）、一個殘差變異數（個體內差異）。

資訊條件 [a]

−2 限制對數概似值	3757.188
Akaike 的訊息條件 （AIC）	3765.188
Hurvich 和 Tsai 的條件 （AICC）	3765.243
Bozdogan 的條件 （CAIC）	3787.604
Schwarz 的貝葉斯條件 （BIC）	3783.604

以愈小愈好的形式顯示資訊條件。
a. 依變數：創造能力 創造能力.

線性成長變化模式的 −2LL 值為 3757.188，AIC、AICC、CAIC、BIC 等模式適配度指標值分別為 3765.188、3765.243、3787.604、3783.604。

固定效果估計 [a]

參數	估計	標準誤差	$d.f.$ 自由度	t	顯著性	95% 信賴區間 下界	95% 信賴區間 上界
截距	3.711054	.372062	184.000	9.974	.000	2.976998	4.445110
TIME	5.343284	.099426	184	53.741	.000	5.147122	5.539445

a. 依變數：創造能力 創造能力.

真實截距項參數（π_{0i}），起始狀態估計值 $\beta_{00} = 3.711$，t 值統計量 = 9.974（$p < .001$），達到統計顯著水準，線性成長變化率（linear growth rate）（π_{1i}）之參數估計值 $\beta_{10} = 5.343$，t 值統計量 = 53.741（$p < .001$），達到統計顯著水準，學生每學期創造力平均增加量為 5.343 個單位。

估計固定效果的相關矩陣 [a]

參數	截距	TIME
截距	1	−.450
TIME	−.450	1

a. 依變數：創造能力 創造能力.

　　起始狀態估計值 β_{00} 與線性成長變化率 β_{10} 間的相關係數，相關係數估計值為 $-.450$，表示起始狀態創造力愈高的學生，跨四個學期的成長變化率愈少。

　　共變異數參數：

估計共變異數參數 [a]

參數		估計	標準誤差	Wald Z	顯著性	95% 信賴區間	
						下界	上界
殘差		3.213831	.236286	13.601	.000	2.782541	3.711972
截距 + TIME [subject = STID]	UN（1,1）	23.359861	2.675098	8.732	.000	18.663511	29.237967
	UN（2,1）	−2.113009	.557697	−3.789	.000	−3.206075	−1.019944
	UN（2,2）	1.186055	.196437	6.038	.000	.857289	1.640902

a. 依變數：創造能力 創造能力.

　　殘差列的估計值為第一層個體內差異的變異數 $\sigma^2 = 3.214$（$p < .001$），表示母群體的變動情況，為平均個體創造力估計值環繞學生個體真正變化軌跡的差異程度，虛無假設為母群體變異數參數等於 0。無結構化（unstructured）共變異數矩陣包含隨機截距 UN（1,1）的變異數、隨機線性斜率 UN（2,2）的變異數、隨機截距與隨機線性斜率間的共變關係 UN（2,1）。$\tau_{00} = 23.360$（$p < .001$）、$\tau_{11} = 1.186$（$p < .001$）均達統計顯著水準，表示個體間第一學期創造力分數有顯著不同；學生個體間跨四個學期的創造力成長變化率也有顯著不同。$\tau_{01} = -2.113$（$p < .001$）起始狀態與線性成長變化率有顯著的共變關係，表示學生第一學期的創造力分數與跨時間點的成長變化率改變有顯著負相關存在。

　　SPSS 輸出的「估計共變異參數」表的參數估計值，其顯著性檢定採用的統計量為 Wald Z，表中呈現的顯著性欄為雙尾檢定，起始狀態與成長變化率之共變關係可能為正、也可能為負，因而是雙尾檢定，其顯著性機率值直接看表中「顯著性」欄中的數值，**但變異數估計值是否顯著等於 0 或大於 0，則是單尾檢定**，因為變異數估計值不能為負值，進行截距參數變異數與成長變化斜率變異數的顯著性檢定時，要將 Wald Z 統計量對應的「顯著性」欄中的數值再除以 2，才是單尾檢定的顯著性機率值。

隨機效果共變異數結構 （G）[a]

	截距 I STID	TIME I STID
截距 I STID	23.359861	−2.113009
TIME I STID	−2.113009	1.186055

非結構化
a. 依變數：創造能力 創造能力.

隨機效果共變異數結構表中的對角線為起始狀態與線性成長變化率參數的變異數，另一對角線相同的參數為二個估計值的共變數（−2.113）。

二、線性成長變化模式的操作程序

1. 執行功能表列『分析（A）』/『混合模式（X）』/『線性（L）』程序（Analyze/ Mixed Models/Linear），開啟「線性混合分析：指定受試者和重複」對話視窗。

   將第二層單位「學生編號[STID]」變數，選入右邊「受試者（S）」（Subjects）下的方格中，按『繼續』鈕，開啟「線性混合模式」對話視窗。變數清單中「學生編號 [STID]」變項，因為變項「STID」有增列變數標記「學生編號」，所以會出現「學生編號 [STID]」，如果將變數標記「學生編號」刪除，變數清單中只會呈現變數名稱「STID」。

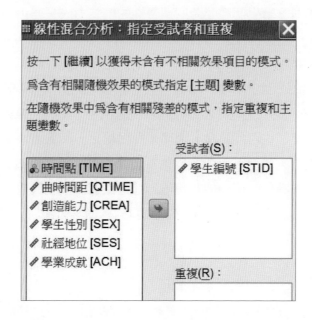

2. 「線性混合模式」對話視窗中,點選左邊變數清單結果變項「創造能力 [CREA]」至右邊「依變數(D)」下的方格中,將線性成長變化時間點變項「時間點 [TIME]」變項選至右邊「共變量(C)」下方格中。

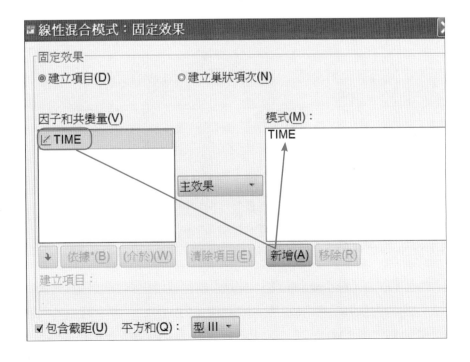

3. 按右邊『固定(X)』鈕(Fixed),開啟「線性混合模式:固定效果」對話視窗,在「因子和共變量(V)」方盒中點選「TIME」共變項,中間選項選取「主效果」,按『新增(A)』鈕,將共變項「TIME」選至右邊「模式(M)」下的方格中,按『繼續』鈕,回到「線性混合模式」對話視窗。

4. 按『隨機（N）』（Random）鈕，開啟「線性混合模式：隨機效果」對話視窗。「共變異數類型（V）」（Covariance Type）右邊的選項改選為「非結構化」（Unstructured）選項，隨機效果方盒中勾選「☑ 包含截距（U）」選項；在「因子和共變異數（F）」方盒中點選「TIME」共變項，中間選項選取「主效果」，按『新增（A）』鈕，將共變項「TIME」選至右邊「模式（M）」下的方格中，主題分組對話盒中，將「受試者（S）」方盒內的「學生編號 [STID]」第二層 ID 變項點選至右邊「組合（O）」下方格中。按『繼續』鈕，回到「線性混合模式」對話視窗。

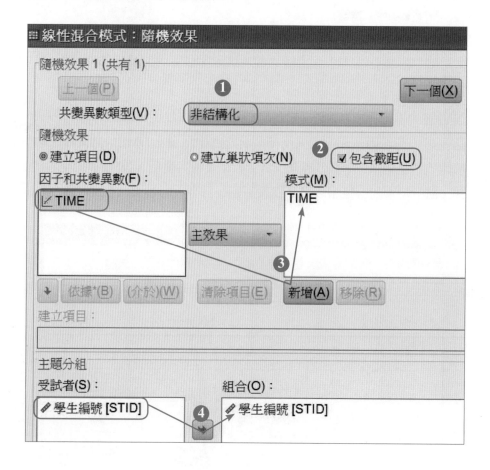

5. 按『估計（E）』（Estimation）鈕，開啟「線性混合模式：估計值」對話視窗，模式內定的方法為「⊙ 限制最大概似值（REML）」法（另一模式估計法為「最大概似值（ML）法」）；疊代方法中，內定最大疊代次數為 100，

視窗範例中，將最大疊代運算次數調高為「5000」或「1000」，按『繼續』
鈕，回到「線性混合模式」對話視窗。

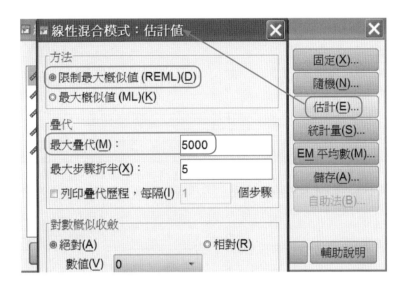

6.　按『統計量（S）』（Statistics）鈕，開啟「線性混合模式：統計量」對話視窗，
「模式統計量」方盒中勾選「☑ 參數估計值（P）」（Parameters estimates）、「☑
共變異數參數的檢定（A）」（Tests for covariance parameters）、「☑ 參數
估計值共變異數（M）」（Covariance of parameter estimates）、「☑ 隨機效
果的共變異數（N）」（Covariance of random effects）四個選項，按『繼續』
鈕，回到「線性混合模式」對話視窗，按『確定』鈕。

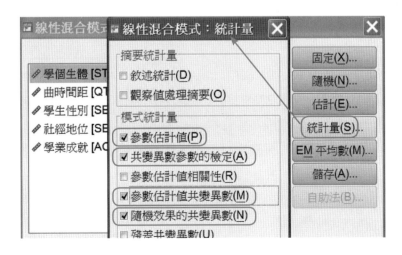

⏱ 三、二次曲線成長變化模型估計結果

模式維度 [b]

		N 層	共變異數結構	N 參數	主題變數
固定效果	截距	1		1	
	TIME	1		1	
	QTIME	1		1	
隨機效應	截距 + TIMEa	2	非結構化	3	STID
殘差				1	
總數		5		7	

a. 在 11.5 版中，已變更 RANDOM 副命令的語法規則。您的命令語法所產生的結果，可能與先前版本產生的結果不同。若您使用的是版本 11 語法，請參閱現有語法參考指南以取得詳細資訊。
b. 依變數：創造能力 創造能力 .

被估計的參數 （parameters）共有七個，三個固定效果（fixed effects）、三個隨機參數（截距、時間斜率變異數、截距與斜率間的共變數）、一個殘差變異數（個體內差異）。

資訊條件 [a]		線性成長模型	差異量（△D）
−2 限制對數概似值	3760.288	3757.188	3.100
Akaike 的訊息條件 （AIC）	3768.288	3765.188	3.100
Hurvich 和 Tsai 的條件 （AICC）	3768.342	3765.243	3.099
Bozdogan 的條件 （CAIC）	3790.698	3787.604	3.094
Schwarz 的貝葉斯條件 （BIC）	3786.698	3783.604	3.094

以愈小愈好的形式顯示資訊條件。
a. 依變數：創造能力 創造能力 .

二次曲線成長變化模式的 −2LL 值為 3760.288，AIC、AICC、CAIC、BIC 等模式適配度指標值分別為 3768.288、3768.342、3790.698、3786.698。因為二次曲線成長變化模型比線性成長變化模型估計的參數多一個，可將二次曲線成長變化模型視為比較模型（較複雜模型）、線性成長變化模型為參照模型（較簡單模型），二個模型在 −2LL、AIC、AICC、CAIC、BIC 的改變資訊值分別為 3.100、3.100、3.099、3.094、3.094，差異值甚小，資料結構採用線性成長變化模型可達模型簡約準則。

固定效果估計[a]

參數	估計	標準誤差	df	t	顯著性	95% 信賴區間	
						下界	上界
截距	3.757709	.377861	195.646	9.945	.000	3.012506	4.502913
TIME	5.203318	.221417	513.272	23.500	.000	4.768322	5.638313
QTIME	.046655	.065946	369	.707	.480	−.083022	.176333

a. 依變數：創造能力 創造能力．

　　真實截距項參數（π_{0i}），起始狀態估計值 $\beta_{00} = 3.758$，t 值統計量 $= 9.945$（$p < .001$），達到統計顯著水準，β_{00} 參數顯著不等於 0；線性成長變化率（π_{1i}）之參數估計值 $\beta_{10} = 5.203$，t 值統計量 $=23.500$（$p < .001$），達到統計顯著水準；二次曲線成長變化率（π_{2i}）之參數估計值 $\beta_{20} = 0.047$，t 值統計量 $= 0.707$（$p > .05$），未達統計顯著水準，二次成長變化率參數估計值顯著等於 0，表示個體所來自的母群體，跨四個時間點之創造力分數的成長變化情況，並沒有呈現二次曲線成長軌跡型態。

估計共變異數參數[a]

參數		估計	標準誤差	Wald Z	顯著性	95% 信賴區間	
						下界	上界
殘差		3.218176	.236925	13.583	.000	2.785758	3.717715
截距 + TIME [subject = STID]	UN（1,1）	23.356820	2.675125	8.731	.000	18.660492	29.235083
	UN（2,1）	−2.111706	.557721	−3.786	.000	−3.204820	−1.018592
	UN（2,2）	1.185187	.196468	6.032	.000	.856413	1.640174

a. 依變數：創造能力 創造能力．

　　隨機效果值中 $\tau_{00} = 23.357$（$p < .001$）、$\tau_{11} = 1.185$（$p < .001$）均達統計顯著水準，表示個體間第一學期創造力分數有顯著不同；學生個體間跨四個學期的創造力成長變化率也有顯著不同。$\tau_{01} = -2.112$（$p < .001$）起始狀態與線性成長變化率有顯著的共變關係。第一層個體內的殘差項變異數 $\sigma^2 = 3.218$（$p < .001$），達統計顯著水準，個體跨時間點創造力分數間是有顯著差異的。

⟲ 四、SPSS 混合模式執行二次曲線成長模型程序

1. 執行功能表列『分析（A）』/『混合模式（X）』/『線性（L）』程序（Analyze/ Mixed Models/Linear），開啟「線性混合分析：指定受試者和重複」對話視窗。
    將第二層單位「學生編號 [STID]」變數選入右邊「受試者（S）」（Subjects）下的方格中，按『繼續』鈕，開啟「線性混合模式」對話視窗。

2. 「線性混合模式」對話視窗中，點選左邊變數清單結果變項「創造能力 [CREA]」至右邊「依變數（D）」下的方格中，將線性成長變化時間點變項「時間點 [TIME]」變項選至右邊「共變量（C）」下方格中，再將二次曲線成長時間距變項「曲時間距 [QTIME] 變項選至右邊「共變量（C）」下方格中。

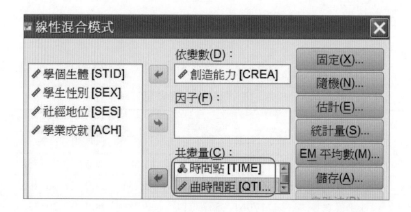

3. 按右邊『固定（X）』鈕（Fixed），開啟「線性混合模式：固定效果」對話視窗，在「因子和共變量（V）」方盒中點選「TIME」共變項，中間選項選取「主效果」，按『新增（A）』鈕，將共變項「TIME」選至右邊「模式（M）」下的方格中；再點選「QTIMR」共變項，按『新增（A）』鈕，將共變項「QTIME」選至右邊「模式（M）」下的方格中，按『繼續』鈕，回到「線性混合模式」對話視窗。

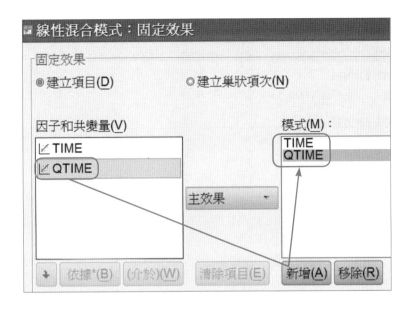

4. 按『隨機（N）』（Random）鈕，開啟「線性混合模式：隨機效果」對話視窗。「共變異數類型（V）」（Covariance Type）右邊的選項改選為「非結構化」（Unstructured）選項，隨機效果方盒中勾選「☑包含截距（U）」選項；在「因子和共變量（V）」方盒中點選「TIME」共變項，中間選項選取「主效果」，按『新增（A）』鈕，將共變項「TIME」選至右邊「模式（M）」下的方格中，主題分組對話盒中，將「受試者（S）」方盒內的「學生編號 [STID]」第二層 ID 變項點選至右邊「組合（O）」下方格中。按『繼續』鈕，回到「線性混合模式」對話視窗（二次曲線成長變化模型隨機效果的設定與線性成長模型的設定相同）。

肆 以截距為結果的模型

　　第二層截距方程式之預測變項增列四個時間不變性的共變數：學生性別（SEX）、學生家庭結構（HOME）、學生社經地位（SES）、學生學業成就（ACH）。以截距為結果的迴歸模型在於探究個體層次的共變項在學生創造力的起始狀態的差異情況，對於創造力成長變化率的影響則未加以探討。

WHLM: hlm2 MDM File: crea   Command File: whlmtemp.hlm

File   Basic Settings   Other Settings   Run Analysis   Help

Outcome
Level-1
>> Level-2 <<
INTRCPT2
SEX
HOME
SES
ACH

LEVEL 1 MODEL

$CREA_{ti} = \pi_{0i} + \pi_{1i}(TIME_{ti}) + e_{ti}$

LEVEL 2 MODEL

$\pi_{0i} = \beta_{00} + \beta_{01}(SEX_i) + \beta_{02}(HOME_i) + \beta_{03}(SES_i - \overline{SES}.) + \beta_{04}(ACH_i - \overline{ACH}.) + r_{0i}$

$\pi_{1i} = \beta_{10} + r_{1i}$

階層一模型：

$CREA_{ti} = \pi_{0i} + \pi_{1i} \times (TIME_{ti}) + e_{ti}$

階層二模型：

$\pi_{0i} = \beta_{00} + \beta_{01} \times SEX_i + \beta_{02} \times HOME_i + \beta_{03} \times SES_i + \beta_{04} \times ACH_i + r_{0i}$

$\pi_{1i} = \beta_{10} + r_{1i}$

SES ACH have been centered around the grand mean.

註：SES、ACH 二個個體層次計量共變項經總平減轉換。

混合模型：

$CREA_{ti} = \beta_{00} + \beta_{01} \times SEX_i + \beta_{02} \times HOME_i + \beta_{03} \times SES_i + \beta_{04} \times ACH_i + \beta_{10} \times TIME_{ti}$
$\quad + r_{0i} + r_{1i} \times TIME_{ti} + e_{ti}$

混合模型中：$\beta_{00} + \beta_{01} \times SEX_i + \beta_{02} \times HOME_i + \beta_{03} \times SES_i + \beta_{04} \times ACH_i + \beta_{10} \times$
$TIME_{ti}$ 為多層次模式的固定效果；$r_{0i} + r_{1i} \times TIME_{ti} + e_{ti}$ 為多層次模式的隨機效果，隨機效果包括第一層個體內殘差項 e_{ti}、第二層個體起始狀態間的誤差項 r_{0i}、第二層個體間成長變化率的誤差項 $r_{1i} \times TIME_{ti}$。

以截距為結果的迴歸模型估計結果如下：

τ（as correlations）（相關係數矩陣）

INTRCPT1,π_0	1.000	−0.492
TIME,π_1	−0.492	1.000

學生創造力的平均起始狀態與平均變化率間的相關係數估計值為 $-.492$，二個參數間呈顯著負相關。

Random level-1 coefficient 階層一隨機係數	Reliability estimate 信度估計值
INTRCPT1, π_0	0.847
TIME, π_1	0.649

隨機係數的估計值中，截距項參數的信度係數為 0.847、成長變化率參數的信度係數為 0.649。

Final estimation of fixed effects（最後效果估計值）
（with robust standard errors）（採用強韌性標準誤）

Fixed Effect 固定效果	Coefficient 係數	Standard error 標準誤	t-ratio t 值	Approx. $d.f.$ 自由度	p-value 顯著性
For INTRCPT1, π_0					
INTRCPT2, β_{00}	1.835620	0.412104	4.454	180	< 0.001
SEX, β_{01}	2.255126	0.595920	3.784	180	< 0.001
HOME, β_{02}	1.291716	0.436339	2.960	180	0.003
SES, β_{03}	−0.501213	0.100391	−4.993	180	< 0.001
ACH, β_{04}	0.141103	0.020875	6.759	180	< 0.001
For TIME slope, π_1					
INTRCPT2, β_{10}	5.343284	0.099157	53.887	184	< 0.001

固定效果估計值中，$\beta_{00} = 1.836$（$p < .001$）為調整後的創造力起始狀態平均值，$\beta_{01} = 2.255$（$p < .001$），達到統計顯著水準，表示學生性別在起始狀態之創造力分數間有顯著不同，β_{01} 的係數值為正，水準數值編碼為 1 的群組（女生）在第一學期的創造力平均數顯著高於水準數值編碼為 0 的群組（男生），控制學生家庭結構、社經地位、學業成就對學生起始創造力的影響後，女生第一學期的創造力顯著高出男生 2.255 個單位；$\beta_{02} = 1.292$（$p < .01$），達到統計顯著水準，表示不同家庭結構的學生在起始狀態之創造力分數間有顯著不同，γ_{02} 的係數值為正，水準數值編碼為 1 的群組（完整家庭）在第一學期的創造力平均數顯著高於水準數值編碼為 0 的群組（單親家庭），控制學生性別、社經

地位、學業成就對學生起始創造力的影響後，完整家庭群組學生第一學期的創造力顯著高出單親家庭群組學生 1.292 個單位。

$\beta_{03} = -0.501$（$p < .001$），達到統計顯著水準，表示學生社經地位對學生起始狀態之創造力高低有顯著影響效果，學生社經地位每增加一個單位，第一學期的創造力即減少 0.501 個單位（分）；$\beta_{04} = 0.141$（$p < .001$），達到統計顯著水準，表示學生學業成就對學生起始狀態之創造力高低有顯著影響效果，學生學業成就每增加一個單位，起始創造力（第一學期創造力的分數）就增加 0.141 個單位（分）。

有條件的線性成長變化模型中，同時考量四個個體層次的預測變項（學生性別、學生家庭結構、學生社經地位、學生學業成就）對創造力初始狀態分數的影響，納入的四個預測變項均有顯著的影響效果。

Final estimation of variance components（變異成分最後估計值）

Random Effect 隨機效果	Standard Deviation 標準差	Variance Component 變異數	d.f. 自由度	χ^2 卡方值	p-value 顯著性
INTRCPT1, r_0	3.52736	12.44229	180	1183.37724	< 0.001
TIME slope, r_1	1.08905	1.18603	184	523.52031	< 0.001
level-1, e	1.79272	3.21385			

Deviance = 3635.607092

截距項的變異數估計值 $\tau_{00} = 12.442$、$\chi^2(180) = 1183.377$（$p < .001$），達到統計顯著水準，表示第二層學生個體在起始狀態（第一學期之創造力分數）間有顯著個體間差異存在；學生個體間成長變化率的變異數估計值 $\tau_{11} = 1.186$、$\chi^2(184) = 523.520$（$p < .001$），達到統計顯著水準，拒絕虛無假設：「個體成長變化率間沒有顯著不同」；接受對立假設：「個體成長變化率間有顯著不同」。即受試樣本個體跨四個時間點（跨四個學期）之創造力的成長變化率有顯著差異。隨機效果估計值 τ_{00}、τ_{11} 分別表示的是個體起始狀態的變異程度、個體跨時間點成長變化率的變異程度。第一層個體內不同時間點之創造力分數間之殘差項變異數 $\sigma^2 = 3.214$，模型的離異係數值為 3635.607，隨機係數成長線性模型離異係數等於 3757.187，與無條件成長模型相較之下，以截距為結果之模型的適

配度較佳。截距參數變異數的削減百分比為 $[(23.360-12.442) \div 23.360]=46.7\%$，模型中投入的四個個體層次的共變項可以解釋學生創造力分數初始狀態 46.7% 的變異量。

伍 以截距與斜率為結果的模型—共變項為學生性別

第二層個體共變項的加入，表示要探究的是學生屬性或個體特徵的預測變項（或稱共變項）對學生起始狀態創造力及創造力的線性成長變化率是否有顯著影響。第二層個體共變項對成長變化率的影響方程為以斜率為結果的模型，對截距參數的影響方程為以截距為結果的模型，以截距與斜率作為結果的模型（完整模型）在於探究個體共變項在成長軌跡變化上的差異情況，或對成長變化軌跡的影響程度。

階層一模型：

$$CREA_{ti} = \pi_{0i} + \pi_{1i} \times (TIME_{ti}) + e_{ti}$$

階層二模型：

$$\pi_{0i} = \beta_{00} + \beta_{01} \times (SEX_i) + r_{0i}$$
$$\pi_{1i} = \beta_{10} + \beta_{11} \times (SEX_i) + r_{1i}$$

混合模型：

$$CREA_{ti} = \beta_{00} + \beta_{01} \times SEX_i + \beta_{10} \times TIME_{ti} + \beta_{11} \times SEX_i \times TIME_{ti} + r_{0i} + r_{1i} \times TIME_{ti} + e_{ti}$$

混合模型中「$\beta_{11} \times SEX_i \times TIME_{ti}$」為成長變化率與共變項間的關係，若是跨層次交互作用項 β_{11} 估計值達到統計顯著水準，表示學生創造力四個學業的成長變化率受到性別共變項的影響。

File　Basic Settings　Other Settings　Run Analysis　Help

| Outcome |
| Level-1 |
| >> Level-2 << |

LEVEL 1 MODEL

$CREA_{ti} = \pi_{0i} + \pi_{1i}(TIME_{ti}) + e_{ti}$

INTRCPT2
SEX
HOME
SES
ACH

LEVEL 2 MODEL

$\pi_{0i} = \beta_{00} + \beta_{01}(SEX_i) + r_{0i}$

$\pi_{1i} = \beta_{10} + \beta_{11}(SEX_i) + r_{1i}$

Mixed Model

$CREA_{ti} = \beta_{0c} + \beta_{01}*SEX_i + \beta_{1c}*TIME_{ti} + \beta_{11}*SEX_i*TIME_{ti} + r_{0i} + r_{1i}*TIME_{ti} + e_{ti}$

Final estimation of fixed effects（最後效果估計值）
（with robust standard errors）（採用強韌性標準誤）

Fixed Effect 固定效果	Coefficient 係數	Standard error 標準誤	t-ratio t 值	Approx. $d.f.$ 自由度	p-value 顯著性
For INTRCPT1, π_0					
INTRCPT2, β_{00}	2.240449	0.386333	5.799	183	< 0.001
SEX, β_{01}	2.833978	0.701446	4.040	183	< 0.001
For TIME slope, π_1					
INTRCPT2, β_{10}	5.055056	0.135187	37.393	183	< 0.001
SEX, β_{11}	0.555439	0.193739	2.867	183	0.005

　　固定效果估計值中，$\beta_{00} = 2.240$（$p < .001$）為調整後的創造力起始狀態平均值，$\beta_{01} = 2.834$（$p < .01$），達到統計顯著水準，表示學生性別在起始狀態之創造力分數間有顯著不同，β_{01} 的係數值為正，水準數值編碼為 1 的群組（女生）在第一學期的創造力平均數顯著高於水準數值編碼為 0 的群組（男生），在其他變因都相同的情況下，女生群體在時間點 1 測得的平均創造力分數顯著高於男生群體 2.834 單位（分）。斜率成長變化率而言，$\beta_{10} = 5.055$、$t(183) = 37.393$（$p < .001$），達到統計顯著水準，β_{10} 表示的是受試者跨四個時間點之創造力的成長變化率，每學期學生的創造力平均增加 5.055 個單位（分）；$\beta_{11} = 0.555$、$t(183) = 2.867$（$p < .01$），達到統計顯著水準，表示 β_{11} 參數顯著不等於 0，學生性別共變項對學生跨四個時間點之創造力的成長變化率有顯著影響效果，女學生群體（水準數值編碼為 1——比較組）比男學生群體（水準數值編碼為 0——參照組）的成長變化多了 0.555 個單位。

以截距與斜率作為結果模型中，投入的個體層次共變項個數如有二個以上，由於共變項間可能會有共線相依的情況，在控制其他共變項的影響下，可能發生某個共變項對結果變項的成長變化率顯著性不同的情況，即單獨投入個體共變項時，此共變項（預測變項）對結果變項的成長變化率有顯著影響效果，但與其他共變項一同投入第二層方程式後，對結果變項的成長變化率沒有顯著影響效果。

Final estimation of variance components（變異成分最後估計值）

Random Effect 隨機效果	Standard Deviation 標準差	Variance Component 變異數	d.f. 自由度	χ^2 卡方值	p-value 顯著性
INTRCPT1, r_0	4.63389	21.47291	183	1929.71017	< 0.001
TIME slope, r_1	1.05744	1.11819	183	501.35632	< 0.001
level-1, e	1.79272	3.21383			

Deviance = 3712.830131

截距項的變異數估計值 τ_{00} = 21.473、$\chi^2(183)$ = 1929.710（$p < .001$），達到統計顯著水準，表示第二層學生個體在起始狀態（第一學期之創造力分數）間有顯著個體間差異存在；學生個體間成長變化率的變異數估計值 τ_{11} = 1.118、$\chi^2(183)$ = 501.356（$p < .001$），達到統計顯著水準，受試樣本個體跨四個時間點（跨四個學期）之創造力的成長變化率有顯著差異。第一層個體內不同時間點之創造力分數間之殘差項變異數 σ^2 =3.214，無條件成長變化模型的截距項變異數估計值為 23.360，增列學生性別共變項的有條件成長變化模型的截距項變異數估計值為 21.473，變異數削減比值為 (23.360−21.473)÷23.360=0.081，學生性別共變項可以解釋學生個體間創造力分數起始狀態總變異的 8.1% 之變異量。模型的離異係數為 3712.830，無條件的線性成長模型的離異係數值為 3757.188，以截距與斜率為結果的模型與無條件的線性成長模型相較之下，模型的適配度顯著較佳。

混合模型中將固定效果參數估計代入，方程式為：

創造力$_{ti}$ = 2.240 + 2.834 × SEX_i + 5.055 × $TIME_{ti}$ + 0.555 × SEX_i × $TIME_{ti}$ + (r_{0i} + r_{1i} × $TIME_{ti}$ + e_{ti})

預測變項水準數值編碼為 0 的男生群體，跨四個學期的成長變化率方程式為：

$$創造力_{ti} = 2.240 + 2.834 \times 0 + 5.055 \times TIME_{ti} + 0.555 \times 0 \times TIME_{ti} + (r_{0i} + r_{1i} \times TIME_{ti} + e_{ti})$$

預測變項水準數值編碼為 1 的女生群體，跨四個學期的成長變化率方程式為：

$$創造力_{ti} = 2.240 + 2.834 \times 1 + 5.055 \times TIME_{ti} + 0.555 \times 1 \times TIME_{ti} + (r_{0i} + r_{1i} \times TIME_{ti} + e_{ti})$$

將隨機效果項刪除，TIME 時間變項分別設定為 0、1、2、3，求出二個方程式在四個學期創造力的分數，如下表：當第二層個體層次只納入學生性別預測變項，多層次模型估計結果之截距項參數 $\beta_{00} = 2.240$，為水準數值編碼為 0 之男生群體的初始狀態，即第一學期創造力的平均分數，$\beta_{01} = 2.834$，表示女生群體比男生群體高出 2.834 個單位（分），女生群體的初始狀態或起點狀態為 $2.240 + 2.834 = 5.074$ 個單位（分）。

TIME	男生	女生
0	2.24	5.074
1	7.295	10.684
2	12.35	16.294
3	17.405	21.904

根據上表數據，以試算表繪製的圖示如下：

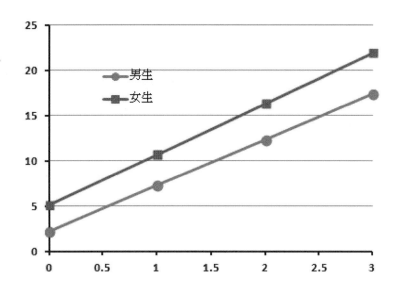

　　從上圖中可以看出，女生群體在創造力的初始狀態平均分數高於男生群體，而跨四個學期之創造力的成長變化率也大於男生群體。

【SPSS 混合模式執行結果與程序】

　　有條件的線性成長變化模式，第二層的方程式為：

$$\pi_{0i} = \beta_{00} + \beta_{01} \times (SEX)_i + r_{0i}$$
$$\pi_{1i} = \beta_{10} + \beta_{11} \times (TIME \times SEX)_i + r_{1i}$$

r_{0i}、r_{1i} 代表個體間截距與斜率的變異，跨層次交互作用項為「$TIME \times SEX$」。

↻ 一、輸出結果

模式維度 [b]

		N 層	共變異數結構	N 參數	主題變數
固定效果	截距	1		1	
	TIME	1		1	
	SEX	1		1	
	TIME × SEX	1		1	
隨機效應	截距 + TIME[a]	2	非結構化	3	STID
殘差				1	
總數		6		8	

a. 在 11.5 版中，已變更 RANDOM 副命令的語法規則。您的命令語法所產生的結果，可能與先前版本產生的結果不同。若您使用的是版本 11 語法，請參閱現有語法參考指南以取得詳細資訊。
b. 依變數：創造能力創造能力.

　　共變數結構矩陣設定為非結構化，模型中估計的固定效果參數有四個、第二層隨機效果參數估計值有三個、第一層殘差項隨機效果有一個，待估計的參數值共有八個。

資訊條件 [a]

−2 限制對數概似值	3712.830
Akaike 的訊息條件 （AIC）	3720.830
Hurvich 和 Tsai 的條件 （AICC）	3720.885
Bozdogan 的條件 （CAIC）	3743.235
Schwarz 的貝葉斯條件 （BIC）	3739.235

以愈小愈好的形式顯示資訊條件。
a. 依變數：創造能力 創造能力.

　　納入學生性別共變項之有條件的線性成長變化模式，−2LL、AIC、AICC、CAIC、BIC 等模式適配度指標值，分別為 3712.830（HLM 統計軟體估計的 −2LL 參數為 3712.830）、3720.830、3720.885、3743.235、3739.235。

固定效果估計 [a]

參數	估計	標準誤差	df	t	顯著性	95% 信賴區間	
						下界	上界
截距（β_{00}）	2.240449	.516281	183	4.340	.000	1.221821	3.259078
TIME（β_{10}）	5.055056	.140663	183	35.937	.000	4.777527	5.332586
SEX（β_{01}）	2.833978	.716698	183	3.954	.000	1.419924	4.248032
TIME * SEX（β_{11}）	.555439	.195267	183.000	2.845	.005	.170174	.940703

a. 依變數：創造能力 創造能力．

　　固定效果估計值中，β_{00} = 2.240（p < .001）為調整後的創造力起始狀態平均值，β_{01} = 2.834（p < .001），達到統計顯著水準，表示學生性別在起始狀態之創造力分數間有顯著不同，β_{01} 的係數值為正，其意涵為在其他變因都相同的情況下，女生群體在時間點 1 測得的平均創造力分數顯著高於男生群體 2.834 單位（分），假設男生群組（水準數值編碼為 0）在第一學期創造力的平均分數為 2.240 個單位，則女生群組（水準數值編碼為 1）在第一學期創造力的平均分數為 2.240 + 2.834 = 5.074 個單位。以斜率成長變化率而言，β_{10} = 5.055（p < .001），達到統計顯著水準，β_{10} 表示的是受試者跨四個時間點之創造力的成長變化率，每學期學生的創造力平均增加 5.055 個單位（分）；β_{11} = 0.555（p < .01），達到統計顯著水準，表示 β_{11} 參數顯著不等於 0，學生性別共變項對學生跨四個時間點之創造力的成長變化率有顯著影響效果，女學生群體（水準數值編碼為 1——比較組）比男學生群體（水準數值編碼為 0——參照組）的成長變化多 0.555 個單位（分）。

估計共變異數參數 [a]

參數		估計	標準誤差	Wald Z	顯著性	95% 信賴區間	
						下界	上界
殘差		3.213831	.236286	13.601	.000	2.782541	3.711972
截距 + TIME [subject = STID]	UN（1,1）	21.472909	2.485509	8.639	.000	17.114473	26.941281
	UN（2,1）	−2.527081	.547636	−4.615	.000	−3.600428	−1.453734
	UN（2,2）	1.118190	.190062	5.883	.000	.801372	1.560259

a. 依變數：創造能力 創造能力.

　　截距項的變異數估計值 τ_{00} = 21.473（p < .001），達到統計顯著水準，表示第二層學生個體在起始狀態（第一學期之創造力分數）間有顯著個體間差異存在；學生個體間成長變化率的變異數估計值 τ_{11} = 1.118（p < .001），達到統計顯著水準，受試樣本個體跨四個時間點（跨四個學期）之創造力的成長變化率有顯著差異。第一層個體內不同時間點之創造力分數間之殘差項變異數 σ^2 = 3.214（p < .001）。

二、SPSS 混合模式執行程序

1. 執行功能表列『分析（A）』/『混合模式（X）』/『線性（L）』程序（Analyze/Mixed Models/Linear），開啟「線性混合分析：指定受試者和重複」對話視窗。
   將第二層單位「學生編號 [STID]」變數選入右邊「受試者（S）」（Subjects）下的方格中，按『繼續』鈕，開啟「線性混合模式」對話視窗。

2. 「線性混合模式」對話視窗中，點選左邊變數清單結果變項「創造能力 [CREA]」至右邊「依變數（D）」下的方格中，將線性成長變化時間點變項「時間點 [TIME]」變項及「學生性別 [SEX]」共變項選至右邊「共變量（C）」下方格中。

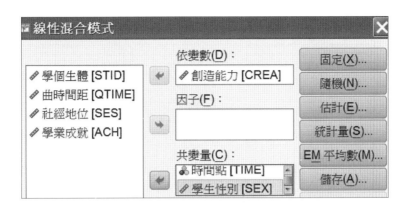

3. 於「線性混合模式：固定效果」對話視窗中，於「因子和共變量（V）」方
盒內逐一選取時間點變項「TIME」及共變項「SEX」，再按『新增（A）』
鈕將之點選至右邊「模式（M）」下方格中。中間變項的屬性改選為「交
互作用」，同時選取時間點變項「TIME」及共變項「SEX」，按『新增（A）』
鈕點選二個變項的交互作用項至右邊「模式（M）」下方格中，交互作用
項的符號為「TIME*SEX」。

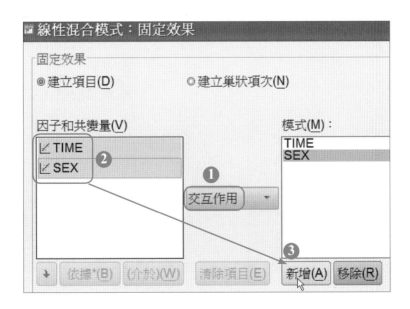

　　模式（M）下方格中，「TIME」、「SEX」分別為第一層及第二層的固定
效果值，「TIME*SEX」為跨層次交互作用項。

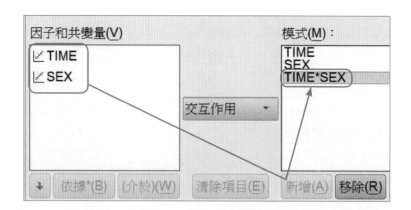

三、固定效果交互作用項的第二種操作設定

1. 於「 建立項目（D）」選項中，逐一設定單一預測變項或共變項的固定效果，之後改選為「⊙ 建立巢狀項次（N）」選項。

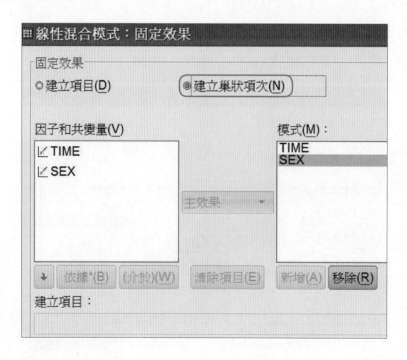

2. 於「因子和共變量（V）」方盒中，選取「TIME」 時間點變項，按向下鈕 ，將 TIME 變項選至「建立項目：」的方格中。

3. 按下『依據＊（B）』鈕，可以增列交互作用「＊」符號於「TIME」變項的
後面。

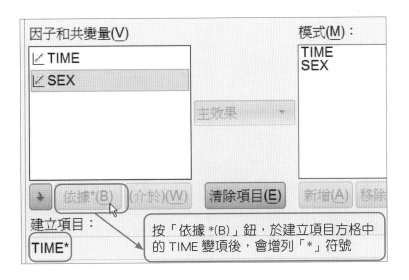

按「依據＊(B)」鈕，於建立項目方格中
的 TIME 變項後，會增列「＊」符號

4. 於「因子和共變量（V）」方盒中，點選第二層個體間的共變項學生性別

「SEX」，按向下鈕 ↓ ，可將「SEX」共變項置於「TIME*」的後面，變成「TIME* SEX」符號。

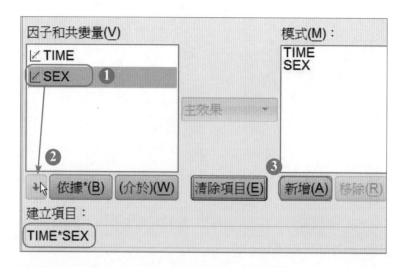

5.　「建立項目：」下方格內變項關係為「TIME* SEX」，按『新增（A）』鈕，可將交互作用項移至「模式（M）」下的方格中。

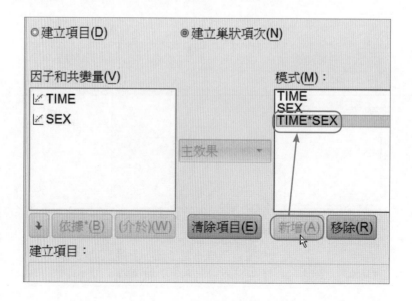

陸 以截距與斜率為結果的模型—共變項為學生學業成就

學生個體的學業成就為計量變項，是第二層的預測變項，可以採用未平減或總平減的轉換，範例中採用總平減轉換投入模型中。

一、HLM 的執行結果

階層一模型：

$$CREA_{ti} = \pi_{0i} + \pi_{1i} \times (TIME_{ti}) + e_{ti}$$

階層二模型：

$$\pi_{0i} = \beta_{00} + \beta_{01} \times (ACH_i) + r_{0i}$$
$$\pi_{1i} = \beta_{10} + \beta_{11} \times (ACH_i) + r_{1i}$$

混合模型：

$$CREA_{ti} = \beta_{00} + \beta_{01} \times ACH_i + \beta_{10} \times TIME_{ti} + \beta_{11} \times ACH_i \times TIME_{ti} + (r_{0i} + r_{1i} \times TIME_{ti} + e_{ti})$$

ACH has been centered around the grand mean.

註：學業成就變項經總平減轉換。完整混合方程之 HLM 視窗界面如下：

$$CREA_{ti} = \beta_{00} + \beta_{01} \times (ACH_i - \overline{ACH}_.) + \beta_{10} \times TIME_{ti} + \beta_{11} \times (ACH_i - \overline{ACH}_.) \times TIME_{ti} + (r_{0i} + r_{1i} \times TIME_{ti} + e_{ti})$$

Final estimation of fixed effects（最後效果估計值）

（with robust standard errors）（採用強韌性標準誤）

Fixed Effect 固定效果	Coefficient 係數	Standard error 標準誤	t-ratio t 值	Approx. $d.f.$ 自由度	p-value 顯著性
For INTRCPT1, π_0					
INTRCPT2, β_{00}	3.711054	0.347351	10.684	183	< 0.001
ACH, β_{01}	0.106650	0.021138	5.045	183	< 0.001
For TIME slope, π_1					
INTRCPT2, β_{10}	5.343284	0.096584	55.323	183	< 0.001
ACH, β_{11}	0.018341	0.006234	2.942	183	0.004

固定效果估計值中，β_{00} = 3.711（p < .001）為調整後的創造力起始狀態平均值，β_{01} = 0.107（p < .001），達到統計顯著水準，表示學生學業成就對學生在起始狀態之創造力分數有顯著的影響效果，β_{01} 的係數值為正，其影響效果為正向，當學生學業成就增加一個單位，學生第一學期創造力分數可提高 0.107 個單位。斜率成長變化率而言，β_{10} = 5.343、$t(183)$ = 55.323（p < .001），達到統計顯著水準，β_{10} 表示的是受試者跨四個時間點之創造力的成長變化率，每學期學生的創造力平均增加 5.343 個單位（分）；β_{11} = 0.018、$t(183)$ = 2.942（p < .01），達到統計顯著水準，表示 β_{11} 參數顯著不等於 0，學生學業成就共變項對學生跨四個時間點之創造力的成長變化率有顯著正向影響效果，學業成就增加一個單位，學生跨四個時間點之創造力的成長變化率約可提高 0.018 個單位。

Final estimation of variance components（變異成分最後估計值）

Random Effect 隨機效果	Standard Deviation 標準差	Variance Component 變異數	$d.f.$ 自由度	χ^2 卡方值	p-value 顯著性
INTRCPT1, r_0	4.50722	20.31500	183	1835.51992	< 0.001
TIME slope, r_1	1.04969	1.10186	183	496.70664	< 0.001
level-1, e	1.79272	3.21383			

Deviance = 3703.948577

截距項的變異數估計值 τ_{00} = 20.315、$\chi^2(183)$ = 1835.520（p < .001），達到統計顯著水準，表示第二層學生個體在起始狀態（第一學期之創造力分數）

有顯著個體間差異存在；學生個體間成長變化率的變異數估計值 $\tau_{11} = 1.102$、$\chi^2(183) = 496.707$（$p < .001$），達到統計顯著水準，受試樣本個體跨四個時間點（跨四個學期）之創造力的成長變化率有顯著差異。第一層個體內不同時間點之創造力分數間之殘差項變異數 $\sigma^2 = 3.214$，無條件成長變化模型的截距項變異數估計值為 23.360，增列學生性別共變項的有條件成長變化模型的截距項變異數估計值為 20.315，變異數削減比值為 $(23.360-21.473) \div 23.360 = 0.130$，學生學業成就共變項可以解釋學生個體間起始狀態之創造力分數總變異的 13.0% 之變異量。

將固定參數估計值代入混合方程模式，方程式為：

$$創造力_{ti} = 3.711 + 0.107 \times (ACH_i - ACH_{.}) + 5.343 \times TIME_{ti} + 0.018 \times (ACH_i - ACH_{.}) \times TIME_{ti} + (r_{0i} + r_{1i} \times TIME_{ti} + e_{ti})$$

學生學業成就總平均數為 79.46，標準差為 16.69，學業成就上下一個標準差的學業成就測量值分別為 96.15（$= 79.46 + 16.69$）、62.77（$= 79.46 - 16.69$），總平減轉換的三個參數值分別為 16.69、0、-16.69，參數值取代原先 $(ACH_i - ACH_{.})$，方程式分別為：

$$創造力_{ti} = 3.711 + 0.107 \times 16.69 + 5.343 \times TIME_{ti} + 0.018 \times 16.69 \times TIME_{ti} + (r_{0i} + r_{1i} \times TIME_{ti} + e_{ti})$$

$$創造力_{ti} = 3.711 + 0.107 \times 0 + 5.343 \times TIME_{ti} + 0.018 \times 0 \times TIME_{ti} + (r_{0i} + r_{1i} \times TIME_{ti} + e_{ti})$$

$$創造力_{ti} = 3.711 + 0.107 \times (-16.69) + 5.343 \times TIME_{ti} + 0.018 \times (-16.69) \times TIME_{ti} + (r_{0i} + r_{1i} \times TIME_{ti} + e_{ti})$$

以固定效果參數估計值為方程，並將時間變項的水準數值分別以 0、1、2、3 代入方程式中，學業成就 +1SD、平均數（$Z = 0$）、學業成就 $-1SD$ 群體之創造力的成長變化數據如下：

TIME	+1SD	Z = 0	−1SD
0	5.50	3.711	1.93
1	11.14	9.054	6.97
2	16.78	14.397	12.01
3	22.43	19.740	17.05

根據三個群體的跨四個時間點的成長變化數據，以試算表繪出的圖示如下：

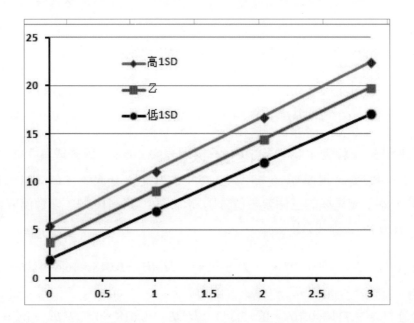

　　+1SD 群體在創造力的初始狀態、跨四個學期的線性成長變化率，都大於學業成就 Z = 0 及 −1SD 群體，而 Z = 0 群體在創造力的初始狀態、跨四個學期的線性成長變化率，都又大於學業成就 −1SD 群體。

二、SPSS 混合模式程序執行結果

資訊條件 [a]

−2 限制對數概似值	3703.949
Akaike 的訊息條件 （AIC）	3711.949
Hurvich 和 Tsai 的條件 （AICC）	3712.003
Bozdogan 的條件 （CAIC）	3734.353
Schwarz 的貝葉斯條件 （BIC）	3730.353

以愈小愈好的形式顯示資訊條件。
a. 依變數：創造能力 創造能力 .

模式估計之資訊條件五個指標值分別如下：−2LL = 3703.949、AIC = 3711.949、AICC = 3712.003、CAIC = 3734.353、BIC = 3730.353。

固定效果估計 [a]

參數	估計	標準誤差	df	t	顯著性	95% 信賴區間	
						下界	上界
截距 (β_{00})	3.710535	.349244	183	10.624	.000	3.021473	4.399597
ACH_ 平減 (β_{01})	.106650	.020985	183.000	5.082	.000	.065247	.148054
TIME(β_{10})	5.343195	.097110	183	55.022	.000	5.151595	5.534794
TIME * ACH_ 平減 (β_{11})	.018341	.005835	183	3.143	.002	.006828	.029854

a. 依變數：創造能力 創造能力 .

固定效果估計值中，β_{00} = 3.711（$p < .001$）為調整後的創造力起始狀態平均值，β_{01} = 0.107（$p < .001$），達到統計顯著水準，表示學生學業成就對學生在起始狀態之創造力分數間有顯著的影響效果，β_{01} 的係數值為正，其影響效果為正向，當學生學業成就增加一個單位，學生第一學期創造力分數可提高 0.107 個單位。就斜率成長變化率而言，β_{10} = 5.343（$p < .001$），達到統計顯著水準，β_{10} 表示的是受試者跨四個時間點之創造力的成長變化率，每學期學生的創造力平均增加 5.343 個單位（分）；「TIME * ACH_ 平減」交互作用項為 β_{11} 估計值。β_{11} = 0.018（$p < .01$），達到統計顯著水準，顯示 β_{11} 參數顯著不等於 0，學生學業成就共變項對學生跨四個時間點之創造力的成長變化率有顯著正向影響效果，學業成就增加一個單位，學生跨四個時間點之創造力的成長變化率約可提

高 0.018 個單位。

估計共變異數參數 [a]

參數		估計	標準誤差	Wald Z	顯著性	95% 信賴區間	
						下界	上界
殘差		3.213831	.236286	13.601	.000	2.782541	3.711972
截距 + TIME [subject = STID]	UN（1,1）	20.314996	2.364741	8.591	.000	16.170883	25.521121
	UN（2,1）	−2.677528	.540937	−4.950	.000	−3.737746	−1.617310
	UN（2,2）	1.101858	.188409	5.848	.000	.788092	1.540545

a. 依變數：創造能力 創造能力 .

　　第一層個體內不同時間點之創造力分數間之殘差項變異數 $\sigma^2 = 3.214$。截距項的變異數估計值 $\tau_{00} = 20.315$（$p < .001$），達到統計顯著水準，表示第二層學生個體在起始狀態（第一學期之創造力分數）間有顯著個體間差異存在；學生個體間成長變化率的變異數估計值 $\tau_{11} = 1.102$（$p < .001$），達到統計顯著水準，受試樣本個體跨四個時間點（跨四個學期）之創造力的成長變化率有顯著「個體間」差異。$\tau_{01} = -2.678$（$p < .001$），達統計顯著水準，學生第一學期創造力分數與跨時間點成長變化呈顯著負向共變關係。

　　在截距與斜率為結果模型（完整模型）中，以學生家庭結構為預測變項的結果如下：

　　階層一模型：

$$CREA_{ti} = \pi_{0i} + \pi_{1i} \times (TIME_{ti}) + e_{ti}$$

　　階層二模型：

$$\pi_{0i} = \beta_{00} + \beta_{01} \times (HOME_i) + r_{0i}$$
$$\pi_{1i} = \beta_{10} + \beta_{11} \times (HOME_i) + r_{1i}$$

Final estimation of fixed effects（最後效果估計值）

（with robust standard errors）（採用強韌性標準誤）

Fixed Effect 固定效果	Coefficient 係數	Standard error 標準誤	t-ratio t 值	Approx. $d.f.$ 自由度	p-value 顯著性
For INTRCPT1, π_0					
INTRCPT2, β_{00}	3.044911	0.388514	7.837	183	< 0.001
HOME, β_{01}	1.220164	0.708360	1.723	183	0.087
For TIME slope, π_1					
INTRCPT2, β_{10}	5.276830	0.131974	39.984	183	< 0.001
HOME, β_{11}	0.121722	0.195679	0.622	183	0.535

固定效果估計值中，β_{00} = 3.045（p < .001）為調整後的創造力起始狀態平均值，β_{01} = 1.220（p > .05），未達統計顯著水準，表示學生家庭結構對學生在起始狀態之創造力分數間沒有顯著的影響效果。斜率係數估計值，β_{10} = 5.277（p < .001），達到統計顯著水準，學生創造力的成長變化每個學期平均約增加 5.277 個單位，β_{11} = 0.122（p > .05），未達統計顯著水準，其意涵為學生家庭結構對學生創造力的成長變化率沒有顯著影響效果，即不同家庭結構群組學生在創造力的成長變化率沒有顯著不同。

以截距與斜率為結果模型（完整模型）中，以學生家庭社經地位為預測變項的結果如下：

階層一模型：

$CREA_{ti} = \pi_{0i} + \pi_{1i} \times (TIME_{ti}) + e_{ti}$

階層二模型：

$\pi_{0i} = \beta_{00} + \beta_{01} \times (SES_i) + r_{0i}$

$\pi_{1i} = \beta_{10} + \beta_{11} \times (SES_i) + r_{1i}$

SES has been centered around the grand mean.

註：SES 變項經總平減轉換。

Final estimation of fixed effects（最後效果估計值）

（with robust standard errors）（採用強韌性標準誤）

Fixed Effect 固定效果	Coefficient 係數	Standard error 標準誤	t-ratio t 值	Approx. $d.f.$ 自由度	p-value 顯著性
For INTRCPT1, π_0					
INTRCPT2, β_{00}	3.711054	0.339572	10.929	183	< 0.001
SES, β_{01}	−0.453112	0.131234	−3.453	183	< 0.001
For TIME slope, π_1					
INTRCPT2, β_{10}	5.343284	0.089731	59.548	183	< 0.001
SES, β_{11}	0.127820	0.027801	4.598	183	< 0.001

　　截距參數 π_{0i} 的估計值中，β_{00} = 3.711（p < .001）為調整後的創造力起始狀態平均值，β_{01} = −0.453（p < .001），達統計顯著水準，表示學生家庭社經地位對學生在起始狀態之創造力分數間有顯著的影響效果，其影響為負向。斜率係數 π_{1i} 估計值結果，β_{10} = 5.343（p < .001），達到統計顯著水準，學生創造力的成長變化每個學期平均約增加 5.343 個單位，β_{11} = 0.128（p < .001），達統計顯著水準，其意涵為學生家庭社經地位對學生創造力的成長變化率有顯著影響效果，學生社經地位一個標準差改變量，學生在創造力的成長變化率約為 1SD ± 0.128，社經地位預測變項對學生創造力成長變化率的影響效果為正向。

柒 以截距與斜率為結果的模型－同時投入四個個體層次共變項

　　第一層模型為線性成長模式，第二層模型中納入學生個體層次的四個時間不變性的共變項（學生性別、學生家庭結構、學生社經地位、學生學業成就）。以截距與斜率為結果的模型，除可以探究個體特徵的共變項（預測變項）對學生創造力起始狀態的影響外，也可以探究投入模型中的共變項對學生創造力跨時間點之成長變化率的影響程度。

一、HLM 估計結果

　　階層一模型：

$CREA_{ti} = \pi_{0i} + \pi_{1i} \times (TIME_{ti}) + e_{ti}$

階層二模型：

$$\pi_{0i} = \beta_{00} + \beta_{01} \times (SES_i) + \beta_{02} \times (HOME_i) + \beta_{03} \times (SES_i) + \beta_{04} \times (ACH_i) + r_{0i}$$

$$\pi_{1i} = \beta_{10} + \beta_{11} \times (SES_i) + \beta_{12} \times (HOME_i) + \beta_{13} \times (SES_i) + \beta_{14} \times (ACH_i) + r_{1i}$$

SES ACH have been centered around the grand mean.

註：第二層個體層次之社經地位、學業成就二個預測變項採用總平減轉換。

混合模型：

$$CREA_{ti} = \beta_{00} + \beta_{01} \times SES_i + \beta_{02} \times HOME_i + \beta_{03} \times SES_i + \beta_{04} \times ACH_i + \beta_{10} \times TIME_{ti}$$
$$+ \beta_{11} \times SEX_i \times TIME_{ti} + \beta_{12} \times HOME_i \times TIME_{ti} + \beta_{13} \times SES_i \times TIME_{ti} +$$
$$\beta_{14} \times ACH_i \times TIME_{ti} + r_{0i} + r_{1i} \times TIME_{ti} + e_{ti}$$

File   Basic Settings   Other Settings   Run Analysis   Help
Outcome   **LEVEL 1 MODEL**
Level-1 $CREA_{ti} = \pi_{0i} + \pi_{1i}(TIME_{ti}) + e_{ti}$
>> Level-2 <<
INTRCPT2   **LEVEL 2 MODEL**
SEX $\pi_{0i} = \beta_{00} + \beta_{01}(SEX_i) + \beta_{02}(HOME_i) + \beta_{03}(SES_i - \overline{SES}.) + \beta_{04}(ACH_i - \overline{ACH}.) + r_{0i}$
HOME
SES $\pi_{1i} = \beta_{10} + \beta_{11}(SEX_i) + \beta_{12}(HOME_i) + \beta_{13}(SES_i - \overline{SES}.) + \beta_{14}(ACH_i - \overline{ACH}.) + r_{1i}$
ACH

Random level-1 coefficient 階層一隨機係數	Reliability estimate 信度估計值
INTRCPT1,π_0	0.838
TIME,π_1	0.574

    隨機係數的估計值中，截距項的信度係數為 0.838、成長變化率的信度係數為 0.574。

Final estimation of fixed effects（最後效果估計值）

（with robust standard errors）（採用強韌性標準誤）

Fixed Effect 固定效果	Coefficient 對數勝算比 係數	Standard error 標準誤	t-ratio t 值	Approx. d.f. 自由度	p-value 顯著性
For INTRCPT1, π_0					
INTRCPT2, β_{00}	2.011767	0.444268	4.528	180	< 0.001
SEX, β_{01}	2.108327	0.709608	2.971	180	0.003
HOME, β_{02}	1.108601	0.536382	2.067	180	0.040
SES, β_{03}	−0.683273	0.118684	−5.757	180	< 0.001
ACH, β_{04}	0.130869	0.025167	5.200	180	< 0.001
For TIME slope, π_1					
INTRCPT2, β_{10}	5.230389	0.167977	31.138	180	< 0.001
SEX, β_{11}	0.094085	0.229432	0.410	180	0.682
HOME, β_{12}	0.117360	0.176157	0.666	180	0.506
SES, β_{13}	0.116684	0.032752	3.563	180	< 0.001
ACH, β_{14}	0.006559	0.008302	0.790	180	0.431

　　固定效果估計值中，β_{00} = 2.012（p < .001）為調整後的創造力起始狀態平均值，β_{01} = 2.108（p < .01），達到統計顯著水準，表示學生性別在起始狀態之創造力分數間有顯著不同，γ_{01} 的係數值為正，顯示女生群體在第一學期的創造力平均數顯著高於男生群組 2.108 個單位（分）；β_{02} = 1.109（p < .05），達到統計顯著水準，不同家庭結構的學生在起始狀態之創造力分數間有顯著不同，β_{02} 的係數值為正，顯示完整家庭群體在第一學期的創造力平均數顯著高於單親家庭群組 1.109 個單位（分）。

　　β_{03} = −0.683（p < .001），達到統計顯著水準，表示學生社經地位對學生起始狀態之創造力高低有顯著影響效果，學生社經地位每增加一個單位，第一學期的創造力即減少 0.683 個單位（分）；β_{04} = 0.131（p < .001），達到統計顯著水準，表示學生學業成就對學生起始狀態之創造力高低有顯著影響效果，學生學業成就每增加一個單位，起始創造力分數或測量值就增加 0.141 個單位（分）。

　　個體層次共變項對創造力成長變化率的影響效果而言，β_{10} = 5.230（p <

.001），表示學生跨四個學期之創造力成長變化率為 5.230，平均每個學期以 5.230 單位正向變化；$\beta_{11} = 0.094$（$p > .05$），未達統計顯著水準，表示不同學生性別在其四個學期之創造力成長變化率沒有顯著不同。當多層次模型只投入學生性別共變項，則學生性別共變項對學生創造力的成長變化率有顯著之影響效果，但當第二層以截距與斜率為結果的模型，同時納入學生性別、學生家庭結構、家庭社經地位、學業成就四個共變項時，學生性別共變項對創造力成長變化率就沒有顯著影響效果。

$\beta_{12} = 0.117$（$p > .05$），未達統計顯著水準，表示不同家庭結構對學生在四個學期之創造力成長變化率沒有顯著影響效果；$\beta_{13} = 0.117$（$p < .001$），達統計顯著水準，表示學生社經地位對學生四個學期之創造力成長變化率有顯著影響效果，學生的社經地位愈高，跨四個時間點的成長變化愈快或愈多，學生的社經地位愈低，創造力跨四個時間點的成長變化愈慢或愈少；$\beta_{14} = 0.007$（$p > .05$，未達統計顯著水準，表示學生學業成就的高低對學生創造力的成長變化率沒有顯著影響效果。當多層次模型只投入學生學業成就共變項，則學生學業成就共變項對學生創造力的成長變化率有顯著之影響效果，但當第二層以截距與斜率為結果的模型，同時納入學生性別、學生家庭結構、家庭社經地位、學業成就四個共變項時，學生學業成就共變項對創造力成長變化率就沒有顯著影響效果。

Final estimation of variance components（變異成分最後估計值）

Random Effect 隨機效果	Standard Deviation 標準差	Variance Component 變異數	d.f. 自由度	χ^2 卡方值	p-value 顯著性
INTRCPT1, r_0	3.41516	11.66335	180	1113.19973	< 0.001
TIME slope, r_1	0.93080	0.86638	180	422.62080	< 0.001
level-1, e	1.79272	3.21383			

Deviance = 3613.424284

截距項的變異數估計值 $\tau_{00} = 11.663$、$\chi^2(180) = 1113.120$（$p < .001$），達到統計顯著水準，表示第二層學生個體在起始狀態（第一學期之創造力分數）間有顯著個體間差異存在；學生個體間成長變化率的變異數估計值 $\tau_{11} = 0.866$、

$\chi^2(180) = 422.621$（$p < .001$），達到統計顯著水準，受試樣本個體跨四個時間點（跨四個學期）之創造力的成長變化率有顯著差異。第一層個體內不同時間點之創造力分數間之殘差項變異數 $\sigma^2 = 3.214$，模型的離異係數值為 3613.424。

以截距和斜率為結果的線性成長模型估計結果，統整成下列表格：

以截距和斜率為結果的線性成長模型之估計結果摘要表

固定效果	係數	標準誤	t 值	自由度
起始狀態模型 π_{0i}				
調整後的起點狀態 β_{00}	2.012	0.444	4.528***	180
學生性別對起始狀態的影響 β_{01}	2.108	0.710	2.971**	180
家庭結構對起始狀態的影響 β_{02}	1.109	0.536	2.067*	180
社經地位對起始狀態的影響 β_{03}	−0.683	0.119	−5.757***	180
學業成就對起始狀態的影響 β_{04}	0.131	0.025	5.200***	180
成長變化率模型 π_{1i}				
平均成長變化率 β_{00}	5.230	0.168	31.138***	180
學生性別對成長變化率的影響 β_{11}	0.094	0.229	0.410	180
家庭結構對成長變化率的影響 β_{12}	0.117	0.176	0.666	180
社經地位對成長變化率的影響 β_{13}	0.117	0.033	3.563***	180
學業成就對成長變化率的影響 β_{14}	0.007	0.008	0.790	180
隨機效果	變異數		χ^2	自由度
個體間起始狀態的差異 r_{0i}	11.663		1113.200***	180
個體間成長變化率的差異 r_{1i}	0.866		422.621***	180
第一層誤差項 e_{ti}	3.214			
離異係數（−2LL）	3613.424			

*$p < .05$　**$p < .01$　***$p < .001$

🕙 二、SPSS 混合模式估計結果

資訊條件 [a]

−2 限制對數概似值	3613.424
Akaike 的訊息條件 （AIC）	3621.424
Hurvich 和 Tsai 的條件 （AICC）	3621.479
Bozdogan 的條件 （CAIC）	3643.796
Schwarz 的貝葉斯條件 （BIC）	3639.796

以愈小愈好的形式顯示資訊條件。
a. 依變數：創造能力 創造能力.

模式估計之資訊條件五個指標值分別如下：−2LL = 3613.424、AIC = 3621.424、AICC = 3621.479、CAIC = 3643.796、BIC = 3639.796。

固定效果估計 [a]

參數	估計	標準誤差	df	t	顯著性	95% 信賴區間	
						下界	上界
截距	2.009653	.514187	180.000	3.908	.000	.995043	3.024264
TIME	5.230609	.169347	180.000	30.887	.000	4.896450	5.564769
SEX	2.108327	.686629	180.000	3.071	.002	.753449	3.463204
HOME	1.108601	.556334	180.000	1.993	.048	.010825	2.206376
SES_ 平減	−.683273	.065406	180.000	−10.447	.000	−.812335	−.554211
ACH_ 平減	.130869	.020624	180.000	6.345	.000	.090173	.171566
TIME * SEX	.094085	.226140	180.000	.416	.678	−.352141	.540311
TIME * HOME	.117360	.183227	180.000	.641	.523	−.244190	.478910
TIME * SES_ 平減	.116684	.021541	180.000	5.417	.000	.074178	.159190
TIME * ACH_ 平減	.006559	.006793	180.000	.966	.336	−.006845	.019962

a. 依變數：創造能力 創造能力.

固定效果估計值中，β_{00} = 2.010（$p < .001$）為調整後的創造力起始狀態平均值，β_{01} = 2.108（$p < .01$），達到統計顯著水準，表示學生性別在起始狀態之創造力分數間有顯著不同；β_{02} = 1.109（$p < .05$），達到統計顯著水準，表示不同家庭結構的學生在起始狀態之創造力分數間有顯著不同；β_{03} = −0.683（$p < .001$），達到統計顯著水準，表示學生社經地位對學生起始狀態之創造力高低

有顯著影響效果；$\beta_{04} = 0.131$（$p < .001$），達到統計顯著水準，表示學生學業成就對學生起始狀態之創造力高低有顯著影響效果。

個體層次共變項對創造力成長變化率的影響效果而言，$\beta_{11} = 0.094$（$p > .05$），未達統計顯著水準，表示不同學生性別在其四個學期之創造力成長變化率沒有顯著不同。$\beta_{12} = 0.117$（$p > .05$），未達統計顯著水準，表示不同家庭結構對學生在四個學期之創造力成長變化率沒有顯著影響效果；$\beta_{13} = 0.117$（$p < .001$），達統計顯著水準，表示學生社經地位對學生四個學期之創造力成長變化率有顯著影響效果，學生的社經地位愈高，跨四個時間點的成長變化愈快或愈多，學生的社經地位愈低，創造力跨四個時間點的成長變化愈慢或愈少；$\beta_{14} = 0.007$（$p > .05$），未達統計顯著水準，表示學生學業成就的高低對學生創造力的成長變化率沒有顯著影響效果。

估計共變異數參數[a]

參數		估計	標準誤差	Wald Z	顯著性	95% 信賴區間	
						下界	上界
殘差		3.213831	.236286	13.601	.000	2.782541	3.711972
截距 + TIME [subject = STID]	UN（1,1）	11.663348	1.475860	7.903	.000	9.101515	14.946268
	UN（2,1）	−1.389941	.390463	−3.560	.000	−2.155234	−.624648
	UN（2,2）	.866380	.165949	5.221	.000	.595206	1.261102

a. 依變數：創造能力 創造能力.

第一層個體內不同時間點之創造力分數間之殘差項變異數 $\sigma^2 = 3.214$；截距項的變異數估計值 $\tau_{00} = 11.663$（$p < .001$），達統計顯著水準；學生個體間成長變化率的變異數估計值 $\tau_{11} = 0.866$（$p < .001$），達統計顯著水準，受試樣本個體跨四個時間點（跨四個學期）之創造力的成長變化率有顯著差異。第二層學生個體平均起始狀態創造力與四個學期的創造力成長變化率的共變數 $\tau_{01} = -1.390$（$p < .001$），達統計顯著水準。

⟳ 三、SPSS 混合模式操作程序

1. 執行功能表列『分析（A）』/『混合模式（X）』/『線性（L）』程序（Analyze/ Mixed Models/Linear），開啟「線性混合分析：指定受試者和重複」對話視

窗。

將第二層單位「學生編號[STID]」變數選入右邊「受試者（S）」（Subjects）下的方格中，按『繼續』鈕，開啟「線性混合模式」對話視窗。

2. 「線性混合模式」對話視窗中，點選左邊變數清單結果變項「創造能力[CREA]」至右邊「依變數（D）」下的方格中，將線性成長變化時間點變項「時間點[TIME]」變項選至右邊「共變量（C）」下方格中。再將第二層個體預測變項「SEX」（學生性別）、「HOME」（家庭結構）、「SES_平減」（社經地位總平減）、「ACH_平減」（學業成就總平減）點選至右邊「共變量（C）」下方格中。

3. 在「線性混合模式：固定效果」對話視窗，中間效果選項選取「主效果」，在「因子和共變量（V）」方盒中點選「TIME」、「SEX」（學生性別）、「HOME」（家庭結構）、「SES_平減」（社經地位總平減）、「ACH_平減」共變項，按『新增（A）』鈕，將五個變項選至右邊「模式（M）」下的方格中。

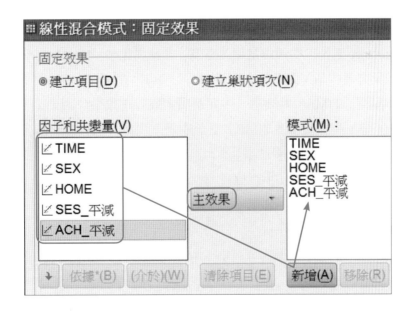

4. 在「線性混合模式：固定效果」對話視窗，中間效果選項改選為「交互作用」，在「因子和共變量（V）」方盒中逐一點選配對變項「TIME」&「SEX」（學生性別）、「TIME」&「HOME」（家庭結構）、「TIME」&「SES_

平減」(社經地位總平減)、「TIME」&「ACH_平減」,分別按『新增(A)』鈕,將四個配對變項之交互作用項選至右邊「模式(M)」下的方格中。

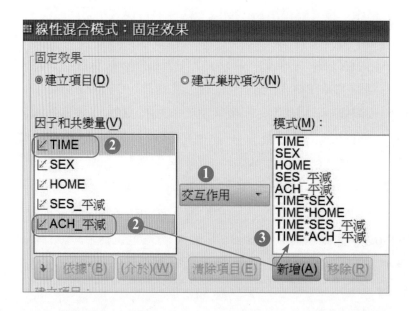

5. 在「線性混合模式:隨機效果」對話視窗。「共變異數類型(V)」(Covariance Type)右邊的選項改選為「非結構化」(Unstructured)選項,隨機效果方盒中勾選「☑包含截距(U)」選項;在「因子和共變異數(F)」方盒中點選「TIME」共變項,中間選項選取「主效果/因子」,按『新增(A)』鈕,將共變項「TIME」選至右邊「模式(M)」下的方格中,主題分組對話盒中,將「受試者(S)」方盒內的「學生編號 [STID]」第二層 ID 變項,點選至右邊「組合(O)」下方格中。

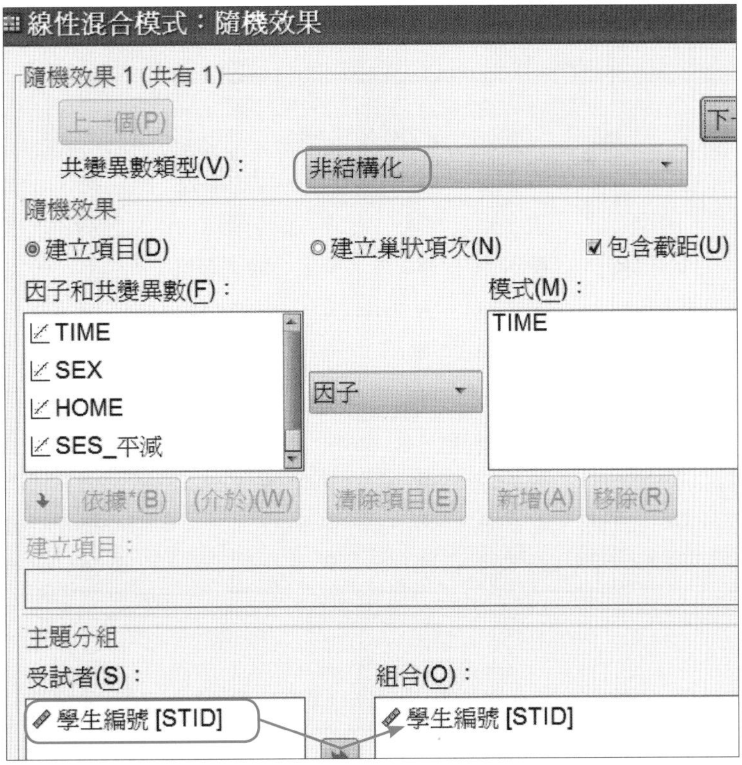

　　下圖為 SPSS 混合模式的所有變項名稱，其中「SES_平減」為原始 SES 的
測量值減所有學生個體 SES 的總平均值（M = 27.24），「ACH_平減」為原始
ACH 的測量值減所有學生個體 ACH 的總平均值（M = 79.46），二個第二層的
預測變項在多層次模型中即是進行總平減的轉換。

	名稱	類型	寬度	小數	標記	值	遺漏
1	STID	數字的	11	0	學生編號	無	無
2	TIME	數字的	11	0	時間點	無	無
3	QTIME	數字的	8	0	曲時間距	無	無
4	CREA	數字的	4	0	創造能力	無	無
5	SEX	數字的	8	0	學生性別	無	無
6	HOME	數字的	4	0	家庭結構	無	無
7	SES	數字的	8	0	社經地位	無	無
8	ACH	數字的	8	0	學業成就	無	無
9	SES_平減	數字的	4	0		無	無
10	ACH_平減	數字的	4	0		無	無

　　以下為進行 SPSS 混合模式程序之資料檔建檔範例，第二層個體特徵之預測變項：SEX、HOME、SES、ACH 等變項進行解構，如此才能對應第一層重複四次測量的數據。

STID	TIME	QTIME	CREA	SEX	HOME	SES	ACH	SES_ 平減	ACH_ 平減
180	0	0	20	1	0	22	94	−5	15
180	1	1	21	1	0	22	94	−5	15
180	2	4	22	1	0	22	94	−5	15
180	3	9	24	1	0	22	94	−5	15
181	0	0	25	0	1	20	95	−7	16
181	1	1	26	0	1	20	95	−7	16
181	2	4	26	0	1	20	95	−7	16
181	3	9	26	0	1	20	95	−7	16
182	0	0	27	1	1	19	88	−8	9
182	1	1	34	1	1	19	88	−8	9
182	2	4	38	1	1	19	88	−8	9
182	3	9	42	1	1	19	88	−8	9
183	0	0	25	1	1	18	98	−9	19
183	1	1	25	1	1	18	98	−9	19
183	2	4	25	1	1	18	98	−9	19
183	3	9	26	1	1	18	98	−9	19
184	0	0	30	1	1	17	100	−10	21
184	1	1	30	1	1	17	100	−10	21
184	2	4	42	1	1	17	100	−10	21
184	3	9	42	1	1	17	100	−10	21
185	0	0	19	1	1	21	99	−6	20
185	1	1	29	1	1	21	99	−6	20
185	2	4	39	1	1	21	99	−6	20
185	3	9	42	1	1	21	99	−6	20

　　將原先第二層資料解構後，增列到第一層資料結構中（N = 740），結果變項創造力與共變項的描述性統計量摘要表如下：

敘述統計

變項	個數	最小值	最大值	平均數	標準差	變異數
創造能力	740	1	42	11.73	7.748	60.032
學生性別	740	0	1	.52	.500	.250
家庭結構	740	0	1	.55	.498	.248
社經地位	740	16	40	27.24	4.493	20.187
學業成就	740	30	100	79.46	16.654	277.348

結果變項創造力的總平均數為 11.73、學生性別與家庭結構二個虛擬共變項的平均數分別為 0.52、0.55；社經地位與學業成就二個計量共變項的平均數分別為 27.24、79.46，與原先資料未合併前的統計量一樣。以 SPSS 混合模式進行分析時，全部的樣本數 N = 740，個體樣本數為 185，每位受試個體在結果變項「創造力」各有四次的分數。

主要參考文獻

吳明隆（2013）。結構方程模式—潛在成長曲線分析。臺北市：五南。

Heck, R. H., & Thomas, S. T. （2009）. *An introduction to multilevel modeling techniques.* New York, NY: Routledge.

Heck, R. H., Thomas, S. L., & Tobata, L. N. （2010）. *Multilevel and Longitudinal modeling with IBM SPSS.* New York: Routledge.

Raudenbush, S. W, & Bryk, A. S. （2002）. *Hierarchical linear models: Applications and data analysis methods*（2nd ed.）. New Bury Park, CA: Sage.

Raykov, T., & Marcoulides, G. A. （2008）. *An introduction to applied multivariate analysis* （2nd ed.）. New York: Routledge.

最實用 圖解

五南圖解財經商管系列

※最有系統的圖解財經工具書。

※一單元一概念，精簡扼要傳授財經必備知識。

※超越傳統書籍，結合實務與精華理論，提升就業競爭力，與時俱進。

※內容完整、架構清晰、圖文並茂、容易理解、快速吸收。

五南文化事業機構
WU-NAN CULTURE ENTERPRISE

地址：106台北市和平東路二段339號4樓
電話：02-27055066 ext 824、889

http://www.wunan.com.tw/
傳眞：02-27066 100

國家圖書館出版品預行編目資料

多層次模式的進階應用 / 吳明隆 張毓仁著.
-- 初版. -- 臺北市：五南, 2014.07
　面；　公分
ISBN 978-957-11-7671-0(平裝)

1.社會科學 2.研究方法 3.線性結構

501.28　　　　　　　　　　103011360

1H88

多層次模式的進階應用

作　　　者－吳明隆　張毓仁

發 行 人－楊榮川

總 編 輯－王翠華

主　　　編－張毓芬

責任編輯－侯家嵐

文字校對－陳俐君

封面設計－盧盈良

排版設計－徐慧如　張明蕙

出 版 者－五南圖書出版股份有限公司

地　　　址：106 台北市大安區和平東路二段 339 號 4 樓

電　　　話：(02)2705-5066

傳　　　真：(02)2706-6100

網　　　址：http://www.wunan.com.tw

電子郵件：wunan@wunan.com.tw

劃撥帳號：01068953

戶　　　名：五南圖書出版股份有限公司

台中市駐區辦公室／台中市中區中山路 6 號

電　　　話：(04)2223-0891

傳　　　真：(04)2223-3549

高雄市駐區辦公室／高雄市新興區中山一路 290 號

電　　　話：(07)2358-702

傳　　　真：(07)2350-236

法律顧問　林勝安律師事務所　林勝安律師

出版日期：2014 年 7 月初版一刷

定　　　價　新臺幣 620 元